D1994887

WELT

WEIT

WEG

Über den Autor:
Dieter Langer, nach dem Krieg in den Trümmern Berlins aufgewachsen, studierte in Düsseldorf Maschinenbau und in München Betriebswirtschaft. Als Globetrotter lebte und arbeitete er in Deutschland, Kalifornien, Mexiko und der Schweiz. Abenteuer und Reisen sind seine Leidenschaft. Er fuhr, flog und segelte um die Welt. Mit dem Hundeschlitten zog er durch Grönland, bestieg zwei 6,000-er im Himalaya und landete mit seinem Fallschirm auf vier Kontinenten. Seine ersten Schritte als Autor waren in englischer Sprache. Er schrieb Artikel über seinen Abenteuerflug für amerikanische Fliegerzeitschriften und sein Buch: *„The Trip, a year-long flying odyssey Around-the-World"*. Heute lebt der Autor in Düsseldorf und teilt seine Erlebnisse und Erfahrungen mit Lesern und Zuhörern.

www.weltweitweg.eu

Dieter Langer

WELT
WEIT
WEG

Camper, Cockpit & Kajüte
Brennender Asphalt, vereiste Flügel,
kochende See & eiskalte Piraten

Bibliografische Information der Deutschen Nationalbibliothek
Die Deutsche Nationalbibliothek verzeichnet diese Publikation in der Deutschen Nationalbibliografie; detaillierte bibliografische Daten sind im Internet über http://dnb.d-nb.de abrufbar.

Dieter Langer
WELT WEIT WEG
Camper, Cockpit & Kajüte.

Berlin: Pro BUSINESS 2015

ISBN 978-3-86386-884-0

1. Auflage 2015

Produktion und Herstellung: Pro BUSINESS GmbH
Gedruckt auf alterungsbeständigem Papier
Printed in Germany
www.book-on-demand.de

Herausgeber: Wolfgang Te Breuil

Titel & Cover: Rian Heller, Berlin

Bildquellen (alle Nutzungsrechte beim Autor):
Rolf & Yai Rascher: S. 319 Bild #4; S. 320, Bild #6, 7 & 8.
Die Karten sind ‚public domain' von Tom Patterson und Stefan Räber, deutsche Version.
Restliche Fotos: © Dieter Langer

Dieses Buch ist auch als Hardcover-Ausgabe unter der
ISBN 978-3-86386-885-7 erschienen
sowie als eBook unter der
ISBN 978-3-86460-144-6

Ein Wort vorweg

Als ich 1993 über den Sydney-Writers-Walk in Australien promenierte, entdeckte ich zu meinen Füßen ein Zitat von Jack London. In Messing verewigt, standen Worte, die meiner Lebensphilosophie entsprachen:

„I would rather be ashes than dust,
a spark burnt out in a brilliant blaze,
than be stifled in dry rot...
For man's chief purpose is to live,
not to exist;
I shall not waste my days trying to prolong them;
I shall use my time."

In freier Übersetzung schrieb ich ins Logbuch:

„Lieber wäre ich Asche als Staub,
ein Funke verbrannt in einem leuchtenden Feuerwerk,
nicht verrottet im Trockenen...
Denn der Menschen Bestimmung ist zu leben,
nicht zu existieren;
meine Tage werde ich nicht verschwenden,
um sie zu verlängern;
ich werde sie leben."

In diesem Sinne, liebe Leser, wünsche ich Ihnen ein angenehmes Herzklopfen beim Abbrennen des Feuerwerks.

Dieter Langer

INHALTSVERZEICHNIS

Mitten auf dem Südatlantik

8. Juli 2009

„Ala Di Sabah"

Achter Geburtstag

Tiefblaue See und hellblauer Himmel - bis zum Horizont. Mein Blick übers Meer bleibt ungebrochen. Nirgends eine Insel, kein anderes Boot. Seit dreizehn Tagen bin ich keinem Schiff mehr begegnet und werde das Gefühl nicht los, der Einzige auf dem Südatlantik zu sein. Allein mit *Ala di Sabah.* Ihre Segel stehen im Wind, kein Zerren oder Schlagen in der Takelage. Ruhig gleitet sie durch die Wellen, über einen Ozean, der nicht enden will. Seine Größe messe ich in Wochen, kämpfe mit Tagen quälender Einsamkeit.

Schönwetterwolken beleben meinen Tag und der Blick in den Himmel regt meine Fantasie an. Ein Papagei mit krummem Schnabel schwebt vorüber und die nächste Wolke ist ein auf dem Rücken liegender Bär. Er lacht sogar. Ein fliegender Teppich mit vielen Fransen zieht vorbei und jede fünfte Wolke ist ein springender Delfin, was an meiner Liebe zu den verspielten Tümmlern liegt.

In meiner Fantasie setze ich mich auf die Wolke über mir

und schaue aufs Meer. Im tiefen Blau unter mir ein romantischer Zweimaster mit rostbraunen Segeln und einem Segler, der träumend auf Deck liegt. Mein Traumbild.

Drei Jahre belebte es meine Fantasie, dann lag er vor mir, mein Traum. Im Yachthafen von Long Beach im sonnigen Kalifornien, vor zehn Jahren. Ein sechsunddreißig Jahre alter Zweimaster aus Holz, im klassischen Clipperdesign. Made in Japan. Die Masten aus lackierter Rottanne, der Rumpf aus Eiche mit Mahagoniplanken und ein ebenes Deck aus geschliffenem Teakholz. Winden, Schiffsglocke und Kompass glänzten in poliertem Messing, wie auch die Öllampen und kleinsten Verschlüsse unter Deck. Im Salon war ich von matt lackiertem Mahagoni umgeben und dunkelgrüne Samtkissen versprachen ein wohliges Zuhause. Es gab kein Zurück mehr, ich hatte mich in sie verliebt. Du und ich, versprach ich ihr, wir werden um die Welt segeln.

Alles an ihr entsprach meinen seglerischen Vorstellungen: zehn Meter Rumpflänge, mittelgroße Segelfläche, großes Cockpitdeck und eine hübsche Kajüte. Nur der Bootsname, der passte nicht zu mir und meiner Reise. Mit einer *Seeprinzessin* wollte ich nicht um die Welt segeln. Beim zweiten Glas Rotwein fand ich den Bootsnamen, der meine bevorstehende Segelreise mit Worten beschrieb: *Ala di Sabah.*

Ala heißt auf Spanisch Flügel und wie auf Flügeln wollte ich die Welt umsegeln. Mit gleicher Leichtigkeit, wie ich zuvor die Welt umflogen hatte.

Di ist Italienisch, bedeutet Zugehörigkeit. Es verbindet die Tat mit dem Schönen, verband mich und mein Boot.

Sabah ist auf Arabisch der goldene Sonnenaufgang und wird oft als Mädchenname benutzt. Zwei Dinge verbanden mich mit dem Wort. Eine syrische Freundin hieß Sabah und ich träumte seit langem vom Sonnenaufgang über dem Meer.

Ala di Sabah – Auf den Flügeln der aufgehenden Sonne.

Du musst noch Kurs und Position checken, befiehlt der

Skipper oder ist es *Ala di Sabah* die zu mir spricht? Wer immer mich ruft, die Pflicht beendet meinen träumenden Blick in die Wolken. Hinunter gehts die Niedergangstreppe in den Salon und an den Navigationstisch. Das GPS zeigt 784 Seemeilen bis Salvador de Bahia und mit dem jetzigen Wind sind es noch sieben Tage bis Brasilien. Heute ist Mittwoch, der 8. Juli 2009. Dann wäre ich ... .

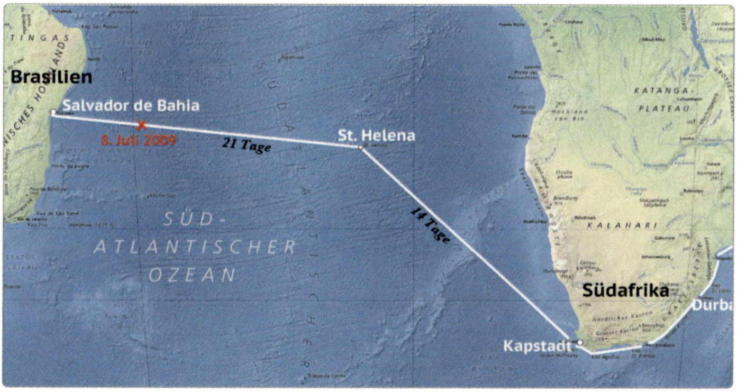

35 Tage auf dem Südatlantik

„Moment!" bricht's aus mir heraus. *„Heute ist der achte Geburtstag meines zweiten Lebens."*

Mit drei Sprüngen bin ich wieder im Cockpit, umarme den Besanmast und küsse sein lackiertes Holz, küsse meine *Ala di Sabah.*

„Ala di Sabah, erinnerst du dich? Heute vor acht Jahren! Wir beide müssen feiern."

Zurück im Salon, greife ich zu den alten Aufzeichnungen, einschließlich der Kugel. Mit dem Logbuch in der linken und einer Dose Bier in der rechten Hand gehts hoch ins Cockpit. Meinen Hintern drücke ich in den Beanbag und meine Augen fliegen über die Zeilen vom 8. Juli 2001: *„...blickte ihnen keuchend hinterher. Das Wichtigste hast du geschafft. Die Piraten sind von Bord. Dann verließen mich meine Kräfte. Ich sackte auf* *die Knie, kippte zur Seite und schloss die Augen. Ruf um Hilfe, weckte mich mein Unterbewusstsein. Auf allen Vieren versuchte ich das Funkgerät zu erreichen, aber wahnsinnige Schmerzen lähmten meine Arme. Ich verharrte auf den Knien und schaute auf mein blutverschmiertes T-Shirt. Dunkles Blut tropfte aus meiner Brust. Dann sah ich das Einschussloch."*

Kopfschüttelnd schiebe ich das zerfledderte Logbuch unter den Beanbag und lasse die Kugel in meine rechte Hand fallen. Eine Kugel hat mich getroffen, schrieb die Presse, nur ist das Geschoss so groß wie das letzte Glied meines kleinen Fingers und schwerer als eine Euromünze. Wieder schaue ich mir den Kratzer am Geschoss an, den meine Rippe im Blei hinterlassen hat. Es ist der Bruchteil eines Millimeters, den meine Rippe das Geschoss ablenkte und mir das Leben rettete. Erinnerungen schießen mir durch den Kopf, voran das Glück, das ich damals hatte. Verdammt viel Glück. Folgte dem Schuss doch ein Martyrium, das so grausam wie der Überfall war. Eine Nacht, in der ich mich dreimal vom Leben verabschiedete.

Gedankenversunken öffne ich die Bierdose und zischend spritzt der Schaum übers Deck. Macht nichts, meine *Ala di Sabah* soll mitfeiern.

„Lass es dir schmecken, meine Liebe, um dich hatte ich auch Angst. Wusste ja nicht, ob die Piraten zurückkommen."

Erfrischend ist der erste Schluck und dankbar gebe ich Neptun ein Schlückchen über die Reling. Mein zweiter Schluck ist ein kräftiger und schöne Erinnerungen weckt er. Wundervolle Segeljahre folgten dem Piratenüberfall: der Törn in den Südpazifik, durch die Inselwelt Asiens in den Indischen Ozean und ums Kap der Guten Hoffnung in den Südatlantik.

Krachend fliegt der Angelalarm übers Deck, fegt meine Erinnerungen ins Meer. Mit einem Hechtsprung bin ich an der Angelleine. Der Zug an der Leine ist nicht überwältigend, aber auch kein Kinderspiel. Fünf bis sechs Kilo hat der Bursche mindestens.

„Ich werde dich tanzen lassen, bis du müde bist", rufe ich ihm entgegen.

Wieder höre ich mich laut reden, empfinde aber keine Scheu mehr meine Gedanken auszusprechen. Nach Wochen allein auf See, ist die Einsamkeit kaum noch zu ertragen. Ich spreche mit mir selbst, mit *Ala di Sabah*, zu den Fischen und zum Meer. Heute Nacht habe ich dem Besanmast mit Worten gedankt, dass er mir in der Nacht ein sicherer Halt ist. Besser laut reden als schweigend übers Meer starren und sich die Gedanken verwirren lassen. Nur frage ich mich, ob mein Verhalten noch normal ist. Werde ich langsam verrückt? Es gab ja einige Segler, die nach Wochen allein auf hoher See verrückt wurden. Ihre Boote wurden unversehrt gefunden, die Segler nie. Nur die immer wirrer werdenden Eintragungen im Logbuch wiesen darauf hin.

„Ist nicht böse gemeint mit dem tanzen lassen", entschuldige ich mich beim Fisch und ziehe ihn langsam ans Boot. Hand über Hand lasse ich die Angelleine aufs Deck fallen, bringe dreißig Meter mühelos ein. Dann beginnt unser Zweikampf. Verzweifelt versucht mein Fang nach rechts und links auszubrechen. Den schneidenden Schmerz in den Händen kann ich kaum noch ertragen, habe aber keine Hand frei, den schützenden Lederhandschuh zu greifen. Als würde der Fisch meine Schmerzen spüren, erhöht er seine Zugkraft. Die Leine gleitet durch meine Hände und in Verzweiflung lege ich drei Windungen um den Seilpin, an dem ich mich festhalte. Damit ist die Leine arretiert. Wenn er jetzt seine Chance wahrnimmt, kann er auf mich zuschwimmen und den Haken auswerfen. Hastig streife ich den rechten Lederhandschuh über und greife zur Leine. Spannungslos hängt sie im Wasser.

„Er hat den Haken ausgeworfen."

Plötzlich ein kräftiger Ruck und ich muss mich am Pinbrett festhalten, um nicht über Bord zu fallen.

„Er hängt noch am Haken!"

Einige Minuten kämpft er kraftvoll, versucht in die Tiefe zu entkommen. Dann taucht er ermüdet auf und am Ende der Leine blitzt es blaugrün, eine Golddorade. Auf zehn Meter kann ich sie heranziehen, dann taucht sie ab, versucht unter dem Boot zu entkommen. Ich lasse sie kämpfen, bis ihre Ausbrüche schwächer werden. Mühelos kann ich sie ans Boot ziehen, doch als sie mich wahrnimmt, wird ihr Kampf wild, die Zugkraft gewaltig. Die gespannte Leine um die rechte Hand gewickelt, gehe ich mittschiffs, lasse ihr keine Chance, auf die andere Seite des Kiels zu schwimmen. Ihr dunkelgrüner Rücken schießt am Boot entlang, und immer öfter zeigt sie ihren hellen Bauch, legt sich erschöpft auf die Seite.

Auch ich werde schwächer, muss mich am Pinbrett abstützen, um ihren Kopf aus dem Wasser zu ziehen. Kraftvoll wirft sie den Kopf hin und her, während ich versuche, das Gaff in ihre Kiemen zu setzen. Fünf Minuten dauert unser Kampf, dann sitzt der Haken. Platschend landet sie auf dem Deck. Sofort werfe ich ein Handtuch über sie und mich auf sie. Ihr kraftvoller Tanz übers Teakdeck endet. Trotz des Leinengewirrs in meinen Händen kann ich die Flasche puren Alkohols greifen und schütte ihr eine Ladung in die Kiemen. Ein letztes Mal bäumt sie sich auf, dann schläft sie ein.

Triumphierend lasse ich mich in den Beanbag fallen, bin erleichtert, die Trophäe auf Deck zu haben. Goldglänzend liegt sie neben mir, wird mir für die nächsten Tage das Menu verfeinern.

Ermüdet vom Kampf, schließe ich die Augen für ein Nickerchen.

Der Warnton des Tiefenmessers reißt mich aus dem Schlaf und auf die Füße. In Panik schaue ich übers Meer und ins Wasser. Unendliche Tiefe ist unter mir. Ich renne übers Deck auf die Bugspitze, auch hier nur tiefblaue See. Weiterhin piept der Alarm. Ich springe aufs Kabinendach, halte mich am Großmast fest und beobachte die Wellen. Jede Schaumkrone erscheint mir plötzlich als brechende Welle. Das ist unmöglich, hier kann kein Riff sein.

Bleib ruhig, Dieter, es wird ein Fischschwarm unter dem Boot sein.

Das Meer im Auge behaltend, hangle ich mich ins Cockpit zurück. Der Tiefenmesser piept im Dauerton, zeigt zwanzig Meter. Kurzzeitig drei Querbalken ohne Alarm, dann erneutes Piepen und fünfzehn Meter auf der Anzeige.

Was ist unter mir los?

Querbalken auf dem Tiefenmesser bedeuten mindestens zweihundert Meter Wassertiefe und die Seekarte zeigt zweitausend. Doch weiterhin piept der Tiefenmesser, so erschreckend wie ein Rauchmelder, der einen um Mitternacht aus dem Schlaf reißt. Endlich stoppt er, das Display zeigt wieder Querbalken.

Dieser verdammte Piepton, sofort hat er mich wieder ans Riff vor einem Jahr erinnert. Fünf Minuten braucht mein Herz sich zu beruhigen, dann lasse ich mich wieder in den Beanbag fallen, in meinen mit Styroporkugeln gefüllten ‚Bohnensack', in dem ich so gemütlich liege wie auf der Couch. Gespannt auf die Fortsetzung, greife ich zum Buch, das mir seit Tagen Freude bereitet, *Wendekreis des Krebses* von Henry Miller. Bewundernswert ist sein Werk, weil er mich herausfordert über mein Leben nachzudenken. Vieles, was ich als normal empfinde, stellt er in Frage. Genießerisch ist es, weil er seine sexuellen Abenteuer tabulos mit seinen Lesern teilt. Für mich als Einhandsegler ein unterhaltsames Buch, da es auf den langen Passagen meine Fantasie belebt.

Die Buchseiten färben sich rot, werden vom letzten Tageslicht erhellt. Ich klappe das Buch zu und genieße den feurigen Farbwechsel am Himmel. Die Farbspiegelungen auf dem Meer lassen das Wasser brennen, doch leider nur kurz. Wenig Zeit bleibt mir die Farbenvielfalt zu genießen, da der Sonnenuntergang nah am Äquator schnell vorüber ist. Innerhalb von

Minuten versinkt die Sonne am Horizont.

Jetzt beginnt der gemütliche Teil der Nachtwache. Müde bin ich noch nicht, will mich aber zurückziehen, möchte Wind und Wellen für einige Zeit vergessen. Hinunter geht's in den Salon, und umgeben von verziertem Mahagoniholz, grünen Samtkissen und flackernden Öllampen koche ich mein Dinner. Ein Kochfreak bin ich nicht, aber mit Kochen und einem kräftigen Abendessen bewältige ich die ersten Stunden der Nachtwache.

Ein Topf Reis steht als erstes auf dem Gasherd, dann zerlege ich die Dorade. Das zarte Fleisch hinter den Kiemen hebe ich fürs Sushi in der Nacht auf und die großen Filetstücke lege ich in den Kühlschrank. Die kleinen Stücke brate ich kurz an und koche sie in einer Sahnesauce gar. Mit einem Schuss Cognac verfeinere ich die Sauce, dann serviere ich mir die Dorade, wie es einem Geburtstagskind gebührt.

„Voilà, Monsieur!“

Über mich selbst schmunzelnd, setze ich mich an den Salontisch, klemme die Serviette in die Shorts und greife zum Rotweinglas.

„Happy Birthday, Captain!“

Nach dem Dinner, wie jeden Abend auf langen Passagen, lockt die Koje wie ‚das Weib‘ zum Schlaf und ich zwinge mich an ‚ihr‘ vorbei ins Cockpit hoch. Denn ein nur fünfminütiges Nickerchen würde in stundenlangem Schlaf enden.

Ins Dunkel blickend, suche ich nach einem Thema, das mich die Nacht hindurch wach halten wird. Meistens sind es Erinnerungen an bestandene Abenteuer, die mein Herz höher schlagen lassen, aber oftmals denke ich auch an Ereignisse zurück, die mich wieder schmunzeln lassen.

Diese Lösung, die langen Nachtwachen durchzuhalten, fand ich vor sechs Jahren in Mikronesien. Als ich mit wenig Wind über den Äquator schaukelte und den Tag herbeisehnte. Waren meine Gedanken in den Nächten zuvor hin und her gesprungen, so bissen sie sich in dieser Nacht an einem Apfel fest.

An einem Apfel!

Nie in meinem Leben hatte ich über Äpfel nachgedacht, sie waren überall und immer verfügbar. Ich bin mit dem Apfel groß geworden. Aber nach Jahren in der Südsee mit Bananen und Ananas verlangte mein Körper nach einem Apfel. In jener Nacht ließen mich die Gedanken an Äpfel nicht mehr los. Ihre leuchtenden Farben hatte ich vor Augen und ihren frischen Geschmack auf der Zunge. Ich sah den Apfelbaum meiner Kindheit in unserem Garten und mich mit meinen Geschwistern Äpfel pflücken. Meine Mutter sah ich die Äpfel für den Winter im Keller einlagern und sah den Apfel, den sie meinem Vater täglich zur Arbeit mitgab. Vor meinen Augen tanzten weiße Apfelblüten und ich schmeckte Apfelmus und Apfelkuchen. Im Morgengrauen saß ich wach im Beanbag, konnte nicht glauben, wie stark die Erinnerungen meine Nacht belebten.

Seit diesem Tag halte ich mich in den Nächten auf langen Passagen mit Erinnerungen wach, blicke auf meine Weltreisen zurück und auf Abenteuer, die mir tief unter die Haut gingen. Bewusst erinnere ich mich an Erlebnisse, die mir noch heute kalte Schauer über den Rücken jagen. Wie der Kampf um *Ala di Sabah* im Riff auf den Malediven. Wo mich das Paradies in die Falle lockte und wir zu zerschellen drohten. Vor einem Jahr war's, und noch immer schmerzt es, wenn ich ans Krächzen der vibrierenden Masten beim Aufschlagen auf die Korallen denke. Und an den Schock, der mich in den ersten Minuten lähmte, als ich meine Segelreise beendet sah. Dann der nahezu aussichtslose Versuch, das Boot vom Riff zu ziehen, bis eine weiße Koralle am Riffgrund mir Hoffnung gab. Als ihre Schönheit und mein nahendes Ende so nah beieinander lagen. Lebendig ist die Erinnerung, als kämpfte ich erneut ums Überleben meiner *Ala di Sabah*. Meine Herzfrequenz erhöht sich und die Erinnerung wird mich für die ersten Stunden heute Nacht wach halten:

Im Riff auf den Malediven

18. März 2008

Es war ein Segeltag, wie ich ihn mir erträumte. Der Himmel war wolkenfrei und eine leichte Brise gab mir einen geruhsamen Törn - quer durchs nördliche Atoll der Malediven. Die Route hatte ich auf meiner Seekarte markiert und auf meinem Computer geprüft. Zweiunddreißig Seemeilen ohne Hindernisse bis zur *Grünen Insel* im Süden des Atolls. Alle drei Segel standen im Wind, der Tiefenmesser zeigte kontinuierlich vierzig Meter und der Autopilot hielt uns auf Kurs. *Ala di Sabah* glitt geschmeidig durchs Wasser, und im Schatten des überdachten Steuerstands las ich *Ruf der Wildnis* von Jack London.

Unbeachtet von mir wanderte die Sonne über den Zenit und die See änderte ihre Farbe. Sie wurde ein glänzendes Silber und heuchelte mir eine ungestörte See vor, bis zu den Inseln am Horizont. Ich überprüfte meine GPS-Position, korrigierte den Kurs und legte mich wieder in den Schatten. Meine Gedanken verloren sich im Buch.

Plötzlich piepte der Tiefenalarm. Krachen, Rumsen und Krächzen folgte. Schnell wie eine Katze sprang ich aus dem Beanbag und ein kurzer Rundblick offenbarte das Unfassbare: Ich war auf ein Riff gesegelt, hing mitten in Korallen fest.

„Das kann nicht wahr sein", schrie ich, stand wie gelähmt im Cockpit. Der Kiel schlug gegen die Korallen, die Planken ächzten. In der Hoffnung, noch wenden zu können, drehte ich das Steuerrad nach Backbord, löste alle Leinen, ließ den Wind aus den Segeln, riss sie aufs Deck.

Nur nicht tiefer ins Riff treiben, befahl der Skipper in mir.

Jede Welle, die achtern anschlug, hob uns einen halben Meter an und drückte uns tiefer ins Riff. Das Boot erzitterte beim Aufschlagen auf die Korallen und meine *Ala di Sabah* schrie vor Schmerz. Ich startete den Motor, legte den Rückwärtsgang ein und gab Vollgas, wollte ein Weiterdriften verhindern. Die Bilgepumpe schaltete ich auf Dauerbetrieb falls wir leckschlugen.

Erst in diesem Moment sah ich die Größe des Riffs. Etwa zweihundert Meter lang und einhundert Meter breit, einen halben Meter unter Wasser. Drei Bootslängen waren wir eingedrungen. Der bootslange Kiel hing zwischen Korallen fest und das Ruder zerrieb sich an einem Korallenkopf. Mit jeder Welle wurde das Boot mürbe geschlagen. Meine Gedanken überschlugen sich. Ich konnte nicht fassen im Riff zu stehen, sah meine Weltreise beendet, wusste nicht was ich tun sollte. Mein Hoffnungslosigkeit lähmte mich.

Weiterhin schlug der Rumpf gegen die Korallen, die Masten vibrierten, die Planken erzitterten. *Ala di Sabah* kämpfte ums Überleben.

Wach auf und kämpfe, schrie der Abenteurer in mir. *Du musst sie hier rausholen!*

Ich griff zum Mikrofon und sandte einen Notruf:

„Mayday, Mayday, Mayday, this is sailing vessel Ala di Sabah. Mayday, Mayday, Mayday, position east..., position north..., Sailing vessel Ala di Sabah aground on a reef, position east..., position north..., Mayday, Mayday, Mayday."

Einige Minuten vergingen, niemand antwortete. Verzweifelt suchte ich auf dem Meer ein anderes Boot. Es gab kein anderes Boot. Erneut griff ich zum Mikrofon.

„Mayday, Mayday, Mayday, this is sailing vessel Ala di Sabah. Mayday, Mayday, Mayday, position east..., position north.... Sailing vessel Ala di Sabah aground on a reef, position east..., position north..., Mayday, Mayday, Mayday."

Sekundenlanges Knacken im Radio, dann meldete sich eine Funkstation: *„Wir haben ihren Notruf an die Coast Guard weitergeleitet. Der Küstenschutz ist informiert."*

Wieder und wieder schlug das Boot gegen die Korallen und die Erschütterungen spürte ich wie Peitschenhiebe. Mir wurde bewusst, dass mir die Zeit davonlief. Bevor Hilfe einträfe, läge *Ala di Sabah* zerschlagen im Riff.

Ich warf das Schlauchboot ins Wasser, startete den Außenborder und fuhr ums Boot herum, wollte sehen wo sie fest hing. Durch die brechenden Wellen konnte ich nicht viel erkennen und kletterte aufs Boot zurück, griff zur Schwimmbrille, zog Handschuhe über und ließ mich ins Wasser gleiten.

An den Korallen zog ich mich unter Wasser und inspizierte den Bootsrumpf. Einige Planken hatten tiefe Kratzer, aber keine war gebrochen. Der Kiel klemmte zwischen Korallen fest. Holz war zersplittert und an vielen Stellen Farbe abgekratzt. Am Ruderende fehlten handgroße Holzstücke. Zum Glück war die Schiffsschraube durchs Ruder geschützt, drehte weiterhin unter Vollgas rückwärts.

Das Kielende war mein Problem. Es hing zwischen zwei Korallenköpfen fest und mit jedem Auf und Ab zersplitterte Holz. Aber ich sah eine Chance. Wenn sich das Boot durch eine Welle anhob, fehlten dem Kiel nur wenige Zentimeter über einen Korallenkopf hinweg in eine tiefere Mulde.

Ich hangelte mich ins Schlauchboot zurück, startete den Außenborder und drückte mit Vollgas gegen achtern. Das Schlauchboot drohte in der Mitte zusammenzuklappen, aber der Druck war nicht stark genug, das Boot über den Korallenkopf zu drücken. Mein Rettungsversuch war gescheitert.

Ich blieb im Beiboot sitzen, starrte auf den weißen Rumpf und wurde mit jedem Aufschlag aufs Riff hoffnungsloser.

„Tut mir leid, Ala di Sabah“, nuschelte ich. *„Ich schaffe es nicht.“*

Im Funkradio hörte ich den Ruf nach *Ala di Sabah* und stieg aufs Boot zurück. Details bezüglich Bootstyp, Personen an Bord, Nationalität etc. wollten sie wissen. Dafür hatte ich keine Zeit. Mein Boot war jetzt wichtiger. Sollte sie leckschlagen, hatte ich genügend Zeit, mich um meine Rettung zu kümmern.

„Please, stand by", sagte ich kurz, denn ich hatte eine neue Idee und wieder Hoffnung.

Ich muss das Ende des Kiels etwa zwanzig Zentimeter anheben, sprach ich mir Mut zu. *Wenn mir das gelingt, kann ich sie über den Korallenkopf schieben.*

Sofort schleppte ich schwere Gegenstände aus den hinteren Stauräumen auf die Bugspitze. Wasserkanister, Dieselkanister, Heckanker und Generator, alles was Gewicht hatte, stellte ich auf den Bug. Mit einem Sprung die Treppe hinunter, war ich im Salon und trug Werkzeugkisten, Ersatzteile, Konserven und Bücher in die Kabine vor den Hauptmast. Was ich schnell greifen konnte, warf ich nach vorne.

Dann sprang ich die Salontreppe hoch und schaute übers Heck. Es hatte sich angehoben. Die Wellen brachen nicht mehr gegen die Achterplatte, sie glitten unters Boot. Der Kiel setzte nur noch leicht auf die Korallen auf, die Masten vibrierten nicht mehr.

Erneute Rufe aus dem Funkradio ignorierte ich, nahm meine Chance wahr das Boot zu retten. Ich befestigte ein dickes Tau an der Achterklampe, warf es ins Beiboot, sprang hinterher und befestigte das andere Ende an der Motorplatte des Schlauchboots. Den Außenborder schaltete ich in den Rückwärtsgang, straffte das Tau und gab Vollgas.

Mein Blick verharrte auf dem Korallengrund, wo eine schneeweiße blumenartige Koralle aus dem Meer bunter Farben hervorstach. Ich machte sie zu meiner Referenz, ob sich unser Gespann bewegte, ich meine *Ala di Sabah* über den Korallenkopf ziehen konnte. Mein Blick haftete wie ein Magnet an ihrer Schönheit.

„Schönheit und Elend so nah beieinander", blubberte ich durch den Schauer, den mir eine Welle ins Gesicht spritzte. Das Schlauchboot war bereits zur Hälfte mit Wasser gefüllt

und der Außenbordmotor sackte immer tiefer. Der Benzintank vom Außenborder schwamm hinter mir, schlug mit jeder Welle gegen meinen Rücken. Ich ergriff ihn und hielt ihn auf der Schulter über Wasser.

Nur kein Wasser in den Tank einsaugen, schrien meine Gedanken. *Das ist das Ende des Rettungsversuchs.*

Unermüdlich hoben die Wellen *Ala di Sabah* an und immer wieder setzte sie auf, gefolgt von einem Ruck im Schlauchboot. Kurz das schöne Gefühl des freien Schwimmens, dann wieder der Stopp beim Aufsetzen.

Hat sich Ala di Sabah bewegt?

Mein Blick verharrte auf der weißen Koralle und mit jedem Ruck bewegten wir uns Zentimeter von der Koralle weg. Weiterhin hörte ich das Aufsetzen und Anschlagen, aber es war nicht mehr so ächzend, so schmerzend. Plötzlich war die weiße Koralle unter mir verschwunden und mein Blick fiel auf eine blaue Koralle.

„Wir sind in Fahrt!", schrie ich übers Meer, man hätte es meilenweit hören können.

Die Wassertiefe über der blauen Koralle konnte ich schwer abschätzen und ich fürchtete ein erneutes Aufsetzen. Mit dem Beiboot zog ich nach Backbord, vorbei an der blauen Koralle. Einige Korallenarme zerbrachen, aber wir verloren keine Fahrt. Unsere kriechende Geschwindigkeit hielt an. Unter mir wurde das Wasser blauer, die Farben der Korallen verblassten.

Noch eine Bootslänge, dann sind wir aus dem Riff.

Beide Motoren liefen unter Vollgas, nur wurde die Zugkraft des Außenborders immer geringer, weil das Schlauchboot voller Wasser war. *Ala di Sabah* drohte sich quer in die Wellen zu legen.

Du musst das Hauptruder herumwerfen, befahl der Skipper.

„Jetzt oder nie!", schrie ich, schaltete den Außenborder auf neutral und zog mich am Tau ans Boot zurück. Mit einer Rolle

über die Bordwand landete ich im Cockpit und stürzte mich an den Steuerstand. Mit der linken Hand drehte ich das Steuerrad und mit der rechten schaltete ich in den Vorwärtsgang. Überhastet. Der Motor starb ab. Wir lagen quer in den Wellen, eine Bootslänge vor dem Riff.

Ruhig Dieter, keine Fehler mehr.

Ich schaltete in den Leerlauf, startete den Motor und legte gefühlvoll den Vorwärtsgang ein. Dann gab ich Vollgas. Die Korallen wurden wieder sichtbar und ich erwartete ein erneutes Aufschlagen. Unsere Geschwindigkeit war nahe Null. Irgendwo hingen wir fest. Ich drehte mich um und sah das Beiboot halb versunken. Kurz der Gedanke, das Tau zu kappen, doch wir bewegten uns noch. Langsam, aber weg vom Riff. Ungläubig schaute ich aufs Riff, konnte mein Glück nicht fassen. *Ala di Sabah* war wieder frei. Fünf Bootslängen vom Riff schaltete ich den Autopiloten ein und rollte die Fock aus. Sollte der Motor ausfallen, hatte ich die Chance am Riff vorbeizusegeln.

Es ist kurz vor Mitternacht und ein Wechselbad der Gefühle hält mich wach. Die Erinnerung an den verzweifelten Kampf auf dem Riff und die Freude, als wir wieder frei waren. Dankbar, dass *Ala di Sabah* mit mir kämpfte und alle Schläge ertrug, umarme ich den Besanmast und gebe ihr einen dicken Kuss aufs lackierte Holz. Ganz ohne Scheu, denn wir zwei sind über die Jahre zusammengewachsen. Wir sind ein Paar geworden. Oft reden Segler von *Ala di Sabah*, obwohl sie mich meinen, und sprechen sie mit mir, fragen sie, wie es meiner *Ala di Sabah* geht.

Dass es ihr gut geht, dafür sorge ich. Ich kümmere mich um jedes Stück Holz ihres über vierzig Jahre alten Körpers und halte sie jung. Jedes Jahr nehme ich sie aus dem Wasser und schleife ihr altes Kleid ab, suche in ihren Planken nach Holzwürmern. Ist sie von den Parasiten befreit, lege ich ihr ein neues Unterwasserkleid an und belege ihren Körper mit mehreren Lagen schützender Farbe. Als Letztes poliere ich ihren strahlend weißen Rumpf, den burgundfarbigen Zierstreifen und die vielen Messingbeschläge.

Und sie? Sie verzieh mir das Riff und vergibt mir meine Schwächen auf hoher See, wenn ich als Einhandsegler nicht alle Aufgaben gleichzeitig meistern kann. Sie sagt mir auf ihre Weise, wie schön ihre Reise ist. Angenehm, wenn die Winde lautlos durch ihre Segel streichen, wenn ihr Bug sanft durch die Wellen gleitet. Oder sie klagt in krächzenden Holztönen, dass zu viel Segeltuch im Wind steht und die raue See ihren Körper verwindet. Ich höre ihr Klagen und lasse Wind aus den Segeln, steuere einen leichteren Kurs. Ein Kurs wie heute Nacht, in der zehn Grad Kurskorrektur ein müheloses Trimmen ist.

Mein Magen knurrt, es ist Zeit fürs Nachtessen. Vorbereitet während des Dinners, steht es in zwei Minuten auf dem Tablett. Eine Schale Reis, einige Stücke Dorade, zwei Noriblätter, ein Teelöffel Wasabi und Kikkoman-Sojasauce. Die Bambusmatte für die Sushirolle fehlt, denn ich esse heute rustikal. Mit einem Noriblatt zwischen den Fingern nehme ich etwas Reis, lege einen Streifen Dorade drauf, forme beides mundgerecht, tauche es in Sojasauce und lege es mir auf die Zunge. Das scharfe Wasabi kitzelt meinen Gaumen und hält mich wach.

„War es nicht riskant, ins Riff zu springen?“, werde ich oft gefragt, wenn ich vom Kampf auf dem Riff erzähle. Natürlich hatte ich Angst. Aber nicht um mich. Der Gedanke, dass *Ala di Sabah* auf dem Riff zerschellt, ließ mich kämpfen als ginge es um mein Leben. Nur wenn sie zerschmettert im Riff gelegen hätte, wäre ich in die Rettungsinsel geklettert.

„Nur wer aufgibt, hat keine Chance.“ Ein Spruch fürs Leben, den ich beherzigt habe, wohin ich segelte, flog oder fuhr. Denn viele Male war Unmögliches zu bewältigen. Wie der Hurrikan *Aletta* zu Anfang meiner Segelreise, als ich seekrank

wurde und glaubte, eine Weltumseglung nicht zu schaffen. An das kraftraubende Unwohlsein werde ich mich später erinnern, wenn ich an die gesamte Segelreise zurückdenke. In einer der fünf Nächte, die noch vor mir liegen.

Aufgegeben habe ich auch nicht bei einem Nachtflug durch ein Sturmgebiet vor Australien, auf meinem zweiten Flug um die Welt mit dem ‚Olympischen Vogel', wie ich das bunt bemalte Flugzeug nannte. Obwohl mir die Situation aussichtslos erschien. Denn ich flog durch eine Gewitterfront, in der sich das einmotorige Flugzeug elektrostatisch auflud und zu explodieren drohte. Dankbar dass ich den Flug überlebte, schaue ich ins Universum über mir, in den Nachthimmel voller Sterne. Wie heute die Sterne funkeln, blitzten damals die Stroblichter an den Flügelspitzen meiner kleinen Maschine. Mehr war von ihr im Gewitter nicht zu erkennen. Meine Fantasie belebt sich und ich stelle mir vor, wie die Maschine hoch über mir explodiert. In der heutigen klaren Nacht wäre das Feuerwerk bis zum Horizont sichtbar, würde sich im Meer spiegeln, für zig Seemeilen im Umkreis. Damals, im Himmel voller Wolken, hätten es die Crews der Schiffe als Teil des Gewitters wahrgenommen, das bis aufs Wasser reichte. Es war das grausamste Unwetter, durch das ich je flog. Mit Hagelkörnern groß wie Tischtennisbälle und Blitze in meinem Cockpit, das voller Benzintanks war.

Die Nachtwache ist noch lang, ich werde mich an den ganzen Flug erinnern:

Flug durch die Hölle

Zweiter Weltflug 1996

Vierzehn Flugstunden hatte ich für die vierzehnhundert nautische Meilen von Fidschi nach Brisbane eingeplant, doch schon vor dem Start in Nadi gab es das erste Problem: das Wetter. Ein Nieselregen begrenzte die Sicht auf weniger als drei Meilen, und wie das Flugwetter nach Australien war, konnte mir der Wetterdienst nicht sagen. Seine Faxgeräte funktionierten nicht.

„Keine Sorge, sagte der Leiter der Flugkontrolle. *„Wir geben dir das Wetter über Funk durch und werden deinen Flugplan später nach Brisbane faxen. Dein begrenzter Sichtflug ist genehmigt. Du kannst sofort starten."*

Mein Bauchgefühl sagte mir, tue es nicht, aber mein Vortragstermin in Melbourne erforderte den sofortigen Abflug.

In der ersten Stunde flog ich zweihundert Meter über dem Wasser, durch leichten Nieselregen. Dann brachen die Wolken auf und ich stieg auf 3000 Meter. Meine Funkanfrage nach dem Flugwetter entlang der Route blieb weiterhin unbeantwortet, aber ich machte mir keine Sorgen. Das Wetter hatte sich verbessert, der Motor schnurrte gleichmäßig und alle Fluginstrumente waren im grünen Bereich. Die Sonne über den Wolken erfreute mein Gemüt und die schönen Wolkenformationen ließen mich die Wetterprobleme vergessen. In meinen Gedanken war ich bereits bei meinen Fliegerfreunden in Australien, die ich auf meinem ersten Flug um die Welt kennengelernt hatte. Wilde Luftakrobaten, die auf kleinsten Wiesen vor ihren Häusern landen konnten. Dort würde auch ich landen und mit ihnen durch Australien fliegen.

Über Neukaledonien traf ich auf eine riesige Gewitterzelle, die ich in 4000 Meter Höhe umfliegen musste. Danach umgab mich wieder Sonnenschein und nach sieben Stunden hatte ich die Hälfte der Strecke hinter mir, 1357 Kilometer. Ein Meer weißer Wolken trennte mich vom Ozean und vereinzelt ragten Gewitterwolken in den Himmel, standen wie weiße Türme vor mir. Leicht konnte ich sie umfliegen. Kleinere Wolken durchflog ich und wurde auf der anderen Seite vom blauen Himmel empfangen.

Bei einbrechender Dunkelheit änderte sich das Wetter. Eine pechschwarze Gewitterfront füllte den Horizont, kam unaufhaltsam auf mich zu. Sie war zu breit, um nach links oder rechts auszuweichen, zu hoch darüber hinweg zu fliegen. Zurückfliegen konnte ich nicht mehr, ich hatte den *Point of No Return* bereits überflogen. Kalt lief es mir über den Rücken, als ich Blitze in den Wolken sah.

Das wird hart, äußerte sich der Pilot in mir. *Da drinnen ist die Hölle los. Mit einem Wetterradar könntest du die Gewitterzentren in den Wolken umfliegen, nur hast du keins. Du musst im Blindflug durchs Inferno.*

Um frei von körperlichen Belastungen zu sein, erledigte ich die Toilette, aß zwei Bananen, drei Scheiben Zwieback und trank einen halben Liter Wasser. Vorsorglich pumpte ich den Sprit der äußeren Flügeltanks in die inneren, um nicht beim Kampf im Unwetter ans Umschalten denken zu müssen. Ich zog den Sitzgurt fest, hängte mir die Taschenlampe um den Hals und versuchte Fidschi ein weiteres Mal über Funk zu erreichen, wollte ihnen meine Position durchgeben, für den Notfall. Vergeblich! Auf dem Flugplan notierte ich die magnetische Kompassrichtung nach Brisbane, für den Fall, dass Blitze die Elektronik zerstörten, sowie die bevorstehende Flugdistanz und voraussichtliche Ankunftszeit.

Langsam verschwand der blaue Himmel, die ersten Wolkenfetzen huschten vorbei, dann tauchte ich in den donnernden Koloss ein. Dunkler Nebel klebte an der Windschutzscheibe und mit erschreckender Helligkeit schossen Blitze durch die Wolken. Die brachiale Gewalt des Unwetters erfasste das Flugzeug und Turbulenzen warfen es wie eine Feder durch die Luft. Von Aufwinden wurde es nach oben getragen und im nächsten Moment ging's im freien Fall abwärts. Kaum hatte ich das Flugzeug wieder stabilisiert, folgte der nächste Aufwind. Querwinde änderten meine Flugrichtung und wie ein Stein fiel die Maschine nach unten, bis sie schlagartig der nächste Aufwind erfasste. Der Flug wurde zu einem Balanceakt zwischen Sturzflug und Strömungsabriss. Das Strömungsabrisshorn ertönte im Dauerton, das rote Warnlicht blieb erleuchtet. Der Luftstrom über die Flügel, der die Maschine in der Luft hielt, drohte abzureißen. Ein unkontrollierter Absturz stand bevor.

„Du darfst nie die Kontrolle über deine Maschine verlieren", kam mir die Warnung meines Fluglehrers in Erinnerung. *„Halte deine Maschine in der Luft, egal wohin du sie fliegst.*

Meine Augen hingen an den Instrumenten und meine Arme und Beine korrigierten hektisch die Fluglage, Geschwindigkeit und Richtung. Sekundenschnell musste ich reagieren, um nicht aus dem Himmel zu fallen.

Dann verzog sich der Nebel schlagartig und ich flog in eine riesige Wolkenhöhle, in einen freien Raum inmitten dichter Wolken. Gewaltige Feuerschweife entluden sich in den Wolkenwänden und horizontale Feuerspeere schossen aus ihnen hervor. Die Blitze kreuzten meine Flugbahn, krachten in die gegenüberliegenden Wolken. Wolken kämpften gegen Wolken und im Schlachtfeld dazwischen kämpfte ich, versuchte die kleine Maschine in der Luft zu halten.

Welch ein Wahnsinn! schoss es mir durch den Kopf. *Hier komm ich nicht lebend durch.*

Die Feuerblitze blendeten mich und für Sekunden konnte ich die Fluginstrumente nicht mehr ablesen. Das Strömungsabrisshorn ertönte, das Alarmlicht blieb rot.

„Halte die Maschine in der Luft", schrie ich mich an, versuchte die Kontrolle übers Flugzeug zu bewahren.

Erneut umschloss uns schwarzer Nebel und wieder ging es abwärts, seitwärts und aufwärts. Meine Augen verharrten auf den Instrumenten, meine Arme und Beine reagierten automatisch.

Eine Ewigkeit später wurden die Luftschläge weicher, das Auf und Ab kontrollierbarer. Vorsichtig korrigierte ich die Flugrichtung, trimmte das Flugzeug und checkte die Instrumente. Alle waren im grünen Bereich. Vereinzelt noch einige Blitze, aber nicht mehr im Sekundentakt. Erleichtert atmete ich auf. „*Geschafft*!"

Erst ungläubig, dann mit Grauen, nahm ich die ersten Schneeflocken wahr, die über die Frontscheibe glitten. In wenigen Sekunden wurden sie zu Hagelkörnern und ihr Aufschlagen auf der Frontscheibe hörbar. Dann wurden die Hagelkörner zu Eisklumpen, die auf der Windschutzscheibe explodierten. Das Krachen der Aufschläge übertönte den Motorenlärm.

Das hält die Frontscheibe nicht aus, bemerkte der Ingenieur in mir. *Keine Scheibe kann das aushalten. Der Propeller muss sich ja buchstäblich durchs Eis sägen, das kann nicht gut gehen.*

Wie ein Blitz traf mich der Gedanke an die Stoffbespannung des Flugzeugs. Wird die Bespannung die aufschlagenden Eisbrocken überstehen? Ein kleiner Riss in der Bespannung und das Flugzeug wird zerfetzt.

Es werden nur noch Sekunden sein, äußerte sich der Pessimist in mir.

Erschöpft lehnte ich mich zurück, flog wie ein Autopilot. Erst als das Motorengeräusch das Krachen der Eisklumpen wieder übertönte, erwachte ich aus der Gefühlsstarre. Die Hagelkörner wurden kleiner, umströmten das Flugzeug wie Schneeflocken. Die weiße Wand vor mir löste sich auf und es wurde wieder dunkel vor der Frontscheibe. Rechts und links noch einige Blitze, aber kein Donner mehr.

Jetzt bist du durch, sprach ich mir Mut zu. *Das Gewitterzentrum hast du hinter dir.*

Im Cockpit war es dunkler als zuvor, die Instrumentenbeleuchtung war ausgefallen. Drehzahl, Steiggeschwindigkeit und Kreiselkompass konnte ich nur mit Hilfe der Taschenlampe ablesen. Immer wieder sah ich Blitze, hörte aber keinen Donner. Ich spürte auch keine Druckwellen. Konzentriert blickte ich in die Dunkelheit vor der Frontscheibe.

Wieder ein Blitz.

Ungläubig verfolgte ich den nächsten Blitz. Es war kein

Blitz in den Wolken, es war ein Riesenfunke im Cockpit. Ein Miniblitz, der sich von der Verstrebung im Flugzeug an die Innenseite der Frontscheibe entlud.

Mein Gott, ging's mir durch den Kopf, *das Flugzeug hat sich elektrostatisch aufgeladen!*

Zögernd bewegte ich meine rechte Hand zur Scheibe, wollte die elektrische Ladung auf mich entladen. Schon auf halbem Weg ins Dunkel schossen blauweiße Blitze von meinen Fingerspitzen, entluden sich knisternd an der Frontscheibe. Meine Hand leuchtete auf, wie eine Geisterhand.

Geschockt realisierte ich, was passiert war. Die vorbeistreichenden Eiskristalle hatten die plastifizierte Stoffbespannung des Flugzeugs elektrostatisch aufgeladen und die aufgeladene Außenhaut entlud sich über den Flugzeugrahmen ins Innere der Maschine. Die Miniblitze hatten auch die Glühbirnen der Instrumentenbeleuchtung verbrannt. Wie gelähmt fiel ich in den Sitz zurück und schaute auf den 180 Liter Zusatztank neben mir.

Wenn sich ein Miniblitz in den Tank entlädt, bemerkte der Pilot in mir, *endet mein Flug* als *riesiger Feuerball. Niemand wird je erfahren, was passiert ist. Finden wird man nichts. Ich werde verglühen wie die Glühbirnen der Instrumente.*

Nur wer aufgibt hat keine Chance, forderte mein Überlebensinstinkt und zögernd bewegten sich meine Hände durchs Cockpit. Vorsichtig berührte ich die Verstrebungen und Fenster und stechend entluden sich Miniblitze an meinen Fingerspitzen. Hoffnungslos fiel ich wieder in den Sitz zurück, wollte aufgeben.

Du musst weiterkämpfen, befahl der Abenteurer in mir. *Denk an deinen Fallschirmsprung, als sich der Schirm in letzter Sekunde öffnete. Solange du in der Luft bist, hast du eine Chance.*

Ich griff zur Wasserflasche und entleerte sie über meinem Kopf. Dann öffnete ich das Belüftungsfenster und lenkte den kalten Luftstrom auf meinen Körper. Die Kälte belebte meine verharrenden Gedanken. Nach allem, was ich in den letzten zwei Stunden erlebt hatte, grenzte es an ein Wunder, dass ich noch in der Luft war. Der Motor schnurrte, die Windschutzscheibe hatte keine Sprünge und die Stoffbespannung keine Risse.

Über Funk rief ich die Flugleitung in Brisbane. Die Funkverbindung wurde durch Blitze unterbrochen und die Wetterinformation war unverständlich. Dankbar war ich, dass mich Brisbane bereits auf dem Radar hatte.

Weiterhin flog ich in dicken Regenwolken, aber die Turbulenzen wurden geringer. Ich durchlief die Checkliste und bereitete den Anflug auf Brisbane vor.

Brisbane Tower meldete sich: *„Der Seitenwind auf Landebahn 19 beträgt 25 Knoten. Eine andere Landebahn steht nicht zur Verfügung."*

Fünfundzwanzig Knoten Seitenwind war zu viel für meinen leichten Flieger. Verzweifelt versuchte ich Brisbane zu erklären, dass die starken Winde zu einer Bruchlandung führen würden, dass ich es aber gewohnt war, auf kurzen Landebahnen zu landen. Ich schlug vor, mich auf dem Rollfeld landen zu lassen, direkt in den Wind.

Nach zwei Minuten Funkpause wurde mein Vorschlag abgelehnt. Mit Vectorangaben, vorgegebener Höhe und Flugrichtung, wurde ich wartend in der Luft gehalten. Wie ein Autopilot hielt ich mich in der Luft, hatte keine Kraft mehr nach einer anderen Lösung zu suchen.

Brisbane Tower meldete sich erneut, bot mir eine Alternative an. Sie könnten mich zum alten Flugplatz Eagle Farm dirigieren, der neben dem Brisbane International Airport liegt. Dort könnte ich gegen den Wind landen, nur habe der Flugplatz keine Landebahnbeleuchtung. Sie könnten aber ein Auto am Anfang der Piste aufstellen, das mit seinen Scheinwerfern den Aufsetzpunkt in Landerichtung beleuchten würde.

Sofort erklärte ich mich einverstanden, denn es war kurz vor Mitternacht, mein Flugbenzin fast verbraucht und meine Nerven am Ende. Brisbane Tower gab mir Vectorangaben durch die Wolken bis zum Endanflug auf Eagle Farm. Immer noch in Wolken und ohne Sicht, flog ich auf die Landebahn zu.

Brisbane Tower: „*Three Foxtrott Bravo, haben sie die Landebahn in Sicht?*"

Ich: „*Negativ!*" Ich war in 150 Meter Höhe, tief in Wolken, konnte den Flugplatz nicht erkennen.

Brisbane Tower: „*Three Foxtrott Bravo, haben sie die Landebahn in Sicht?*"

Ich: „*Negativ!*" In 100 Meter Höhe sah ich immer noch keine Landebahn.

Brisbane Tower: „*Three Foxtrott Bravo, haben sie die Landebahn in Sicht?*"

Ich: „*Three Foxtrott Bravo hat die Landebahn in Sicht.*"

Ich hätte ‚*Negativ*' sagen müssen, da ich die Landebahn immer noch nicht sah. Was aber zur Folge gehabt hätte, dass ich die Landung abbrechen, durchstarten und zurück auf Höhe gemusst hätte. Welch grausame Alternative ohne Sprit in den Tanks.

Ich vertraute den Radaranweisungen von Brisbane Tower und setzte meinen Landeanflug fort. Sollte der Anflug ungenau sein, könnte ich mit der kleinen Maschine meinen Flug noch in zwanzig Meter Höhe korrigieren. Ich musste landen.

Die Einweisung von Brisbane Tower war perfekt, denn in 50 Meter Höhe erkannte ich die Lichter des Autos am Landepunkt. Ich flog aufs Auto zu, dann ergriffen meine Scheinwerfer die nasse Landebahn. Problemlos glitt ich auf die Piste von Eagle Farm.

Schweißdurchtränkt folgte ich dem gelb blinkenden *Follow Me*-Auto und nach einigen Kilometern erreichten wir die Gangways des Brisbane International Airport. Direkt neben einem Jumbo stand der Einweiser mit winkenden Armen. Ich rollte auf ihn zu, er kreuzte die Arme, ich stoppte das Flugzeug und schaltete den Motor aus.

Sofort war das Flugzeug von Polizei, Immigrations- und Zollbeamten umstellt. Wie das Unwetter über dem Meer, prasselte der Vorwurf auf mich ein: *„Wie können sie hier ohne Flugplan einfliegen?"*

Zu meinem Erstaunen hörte ich, dass Fidschi meinen Flugplan an Brisbane nicht weitergeleitet hatte. Wäre ich auf dem Ozean notgelandet, hätte es keine Suchaktion gegeben, nur den Kommentar: *„Verschollen!"*

Ein schwacher Lichtschein am Horizont beendet meinen Rückblick. Es wird ein Passagier- oder Containerschiff sein. Diese Ungeheuer aus Stahl kündigen ihr Kommen in der Nacht mit diffusem Licht über dem Horizont an. So wie der aufgehende Mond, bevor er sein Gesicht zeigt. Nur steht dieser heute leuchtend über mir.

Der Schein am Horizont verstärkt sich, erhellt die Wolken über dem Meer. In wenigen Minuten wird das Ungeheuer seine Lichter zeigen. Schnell springe ich in die Kombüse runter und koche mir einen Kaffee.

Zurück auf Deck ist das diffuse Licht zur Beleuchtung eines Containerschiffs geworden, etwa zwanzig Seemeilen entfernt. Auf dem Radarschirm ist es nicht zu erkennen und mein Funkradio ist zu schwach für die Entfernung. Meine Rufe auf Kanal 16 bleiben unbeantwortet. Der Containerriese kommt nicht näher, fährt an uns vorbei.

Mühsam halte ich mich auf den Beinen, bleibe am Besanmast stehen, um nicht einzuschlafen. Die frühen Morgenstunden sind die härtesten der Nachtwache. Die Müdigkeit schmerzt, aber zwei Stunden muss ich noch durchhalten. Die Sicherungsleine ist eingeklinkt und abwechselnd gehe ich nach rechts und links an die Reling, um den Körper in Bewegung zu halten. Mit Liegestützen und Kniebeugen pumpe ich

Sauerstoff durch meine Adern, lasse meine Gedanken nicht einschlafen.

Ich will noch auf ein Abenteuer zurückblicken, das die größte Herausforderung und das schönste Erlebnis auf der Weltreise mit dem Camper war. Die Fahrt durch den Norden Afghanistans. Auf einer schmalen Sandstraße, die ein Teil der alten Seidenstraße nach China war. Ein Landstrich, durch den Alexander der Große und Dschingis Khan auf ihren Eroberungskriegen zogen und Reste ihrer Kulturen zurückließen. Einige Karawansereien entlang der sandigen Piste hatten diese Zeiten noch erlebt. Nicht so die schwarz vermummten Reiter, die uns, mit Gewehren über ihren Schultern, tagelang im Auge behielten und Angst einflößten. Viele Jahre liegt das Abenteuer im Hindukusch zurück, und es war nur ein kleiner Teil der Camperreise um die Welt. In der morgigen Nacht werde ich die ganze Reise erzählen. Jetzt, bis zum Sonnenaufgang, werde ich mich an die Abenteuer auf der Nordroute durch Afghanistan erinnern:

Schwarze Reiter im Hindukusch

Camperreise 1974

„Die Nordroute ist nur mit einem Allrad-Fahrzeug befahrbar. Mit eurem Camper schafft ihr das nie“, warnten uns ortskundige Afghanen in Kabul, der Hauptstadt Afghanistans. *„Die Route entlang der russischen Grenze ist gefährlich und die einspurige Sandpiste durch Winterschäden noch unbefahrbar.“*

„Wir werden es schaffen“, antwortete ich und missachtete die zweifelnden Blicke meiner Frau. *„Umkehren können wir jederzeit. Morgen früh brechen wir auf.“*

Durchs gewaltige Hindukusch-Gebirge fuhren wir nach Norden, Richtung Sowjetunion. Die Fahrt sollte unser Test sein, ob wir vor der russischen Grenze auf die Sandstraße nach Westen in Richtung Persien abbiegen oder umkehren müssten. Und schon am ersten Tag zweifelten wir an unserem

Vorhaben.

Der 3600 Meter hohe Salang Pass war verschneit und die Straße von Erdrutschen überschüttet. Stundenlang saßen Fahrzeuge im Geröll fest, an denen wir in den engen Schluchten und Spitzkehren nicht vorbeikamen. Drei Tage kämpften wir uns durch die Berge, dann ging es abwärts in die Russische Tiefebene.

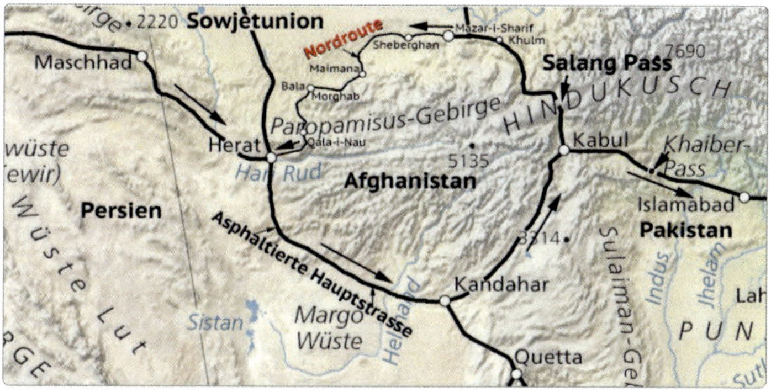

Nordroute durch Afghanistan

Wir stoppten in Khulm, einer kleinen Stadt mit alten Lehmhäusern, die für ihren jahrhundertealten Basar bekannt war. Kaum hatten wir den Basar betreten, entdeckte Inge Handarbeiten in Stoff und Fell, die es angeblich nur dort gab. Was unsere Reisekasse schmälerte und die Schränke überfüllte.

Mit großen Augen standen wir plötzlich Ulli und Babsi gegenüber. Ein gleichaltriges Pärchen, das wir in Kabul kennengelernt hatten. Sie waren mit einem umgebauten VW-Bus unterwegs und zu unserer Überraschung ebenfalls auf dem Weg zur Nordroute. Zu ihrer Verstärkung hatten sie Bert und Katie mitgenommen, ein junges Pärchen, das nach dem Abitur durch Asien reiste. Wir beschlossen, die Nordroute gemeinsam zu fahren.

Am nächsten Tag brachen wir sechs nach Mazar-i-Sharif

auf, dem Anfang der Nordroute. Auf halber Strecke verweigerten uns Straßenposten die Weiterfahrt, denn die übliche Straßenmaut von zwanzig Afghani, etwa zwei D-Mark, reichten den Polizisten nicht. Ich hätte hinten doppelte Bereifung, argumentierten sie, also müsse ich auch doppelt bezahlen. Bei Ulli waren vier Personen im Bus, wofür sie ebenfalls das Doppelte verlangten. Auch bestand der Chef im Kontrollhäuschen darauf, dass unsere Frauen aus den Autos stiegen und ihre Pässe persönlich vorlegten. Für ihn war es eine der wenigen Möglichkeiten, sich unverschleierte Europäerinnen aus der Nähe anzuschauen. Perplex waren wir, als er uns in gebrochenem Deutsch ansprach und zum Tee einlud. Stolz schilderte er uns seine Ausbildung auf einer deutschen Polizeischule. Beim Verabschieden stand er uns militärisch korrekt gegenüber und straffte seine Polizeiuniform aus Nordrhein-Westfalen.

In Mazar-i-Sharif, der größten Stadt im Norden Afghanistans, versorgten wir uns mit Lebensmitteln und Getränken, die auf der kommenden Route knapp werden würden. Unsere Diesel- und Wassertanks füllten wir bis zum Rand, wozu wir an der Tankstelle geschickt verhandeln mussten. Denn die Zapfsäule zeigte zwanzig Liter gezapften Diesel, aber mein Ersatzkanister war nur mit sechzehn Liter gefüllt. Diesen Trick der Afghanen kannten wir, doch der Tankwart beharrte darauf, dass die Niveauanzeige auf meinem Kanister eine Fälschung sei. Seine Tankuhr sei geeicht und außerdem dürfe er mir nur zwanzig Liter Diesel verkaufen, da es rationiert sei.

Lange genug waren wir in Afghanistan um zu wissen, wie wir unsere Tanks voll bekämen. Ich erkundigte mich nach seinen Söhnen, Töchter wurden von den Männern nicht erwähnt, und stolz erzählte er von drei Burschen, die kräftig und fleißig waren. Aber, so klagte er, koste das Studium seiner Jungen sehr viel Geld. Lernen ist lebenswichtig, stimmte ich ihm bei und drückte ihm drei Dollar in die Hand. Umgehend und korrekt lief der Diesel in unsere Tanks.

Bis zum Mittag hatten wir alle Vorbereitungen für die Nordroute abgeschlossen und brachen nach Scheberghan auf. Obwohl als Sandpiste in unserer Karte eingezeichnet, waren die einhundertzwanzig Kilometer asphaltiert. Kurz vor Sonnenuntergang erreichten wir die staubüberzogene Stadt und übernachteten auf einer Wiese am Stadtrand.

Mit der aufgehenden Sonne am nächsten Morgen, wurde es heiß im Camper. In wenigen Minuten waren wir nass geschwitzt. Die Hauptstraße wurde zur Schotterpiste und mühsam kämpften wir uns durch tiefe Furchen. Gegen Mittag wurde die Straße zur Sandpiste und feiner Wüstenstaub klebte wie Wasserfarbe an unseren Körpern. Ulli folgte mit großem Abstand, vermied die von uns aufgewirbelte Staubwolke. Verdreckt und erschöpft erreichten wir Andkhui. Ein kleines braunes Lehmdorf, dessen niedrige Rundkuppelhäuser aus der Ferne wie eine Anhäufung kleiner Sandberge aussahen.

In dunkle Tücher eingewickelte Afghanen winkten uns zu einer mit Farsi, der afghanischen Landessprache, beschrifteten Adobe. Es war eine Wohnung, die tagsüber als Restaurant diente. In großen Töpfen kochten Fleisch, Gemüse und Reis auf dem Herd. Am Rand auf der warmen Ofenplatte lagen Fladenbrote. Trotz des beißenden Geruchs von Hammelfleisch traten wir ein. Ein vollbärtiger Afghane führte uns zu einem kleinen, angenehm kühlen Raum, in dem ein Kelimteppich das einzige Mobiliar war. Jeder von uns bekam ein Rückenkissen gereicht, und wir lehnten uns entspannt an die kühlen Lehmwände.

Sofort wurde Tee serviert und unsere Bestellung blieb mangels Farsi-Kenntnissen auf Zeigen und Nicken beschränkt. Worauf der Sohn des Chefs alles servierte, was die Küche zu bieten hatte. Reis, Hammelfleisch und ein Gemüsedurcheinander. Da wir nicht gewohnt waren mit den Händen zu essen, zogen wir unsere Löffel aus den Taschen und leerten die riesige Kupferplatte. Zum Nachtisch brachte uns der Hausherr knuspriges Fladenbrot, legte ein Stück Haschisch auf die Kupferplatte und stellte eine Wasserpfeife in unsere Mitte. Behaglich legten wir unsere Köpfe auf die kunstvoll geknüpften Kissen und verlängerten die Siesta in den Abend.

Bevor uns die Sonne den Schweiß aus den Poren trieb, brachen wir am nächsten Morgen auf. Die schmutzig braune Schotterstraße im Dorf wurde zu einem Pfad im Wüstensand, wo der Sand so weiß und fein war wie der in einer Eieruhr. Hinter uns zogen wir Staubwolken her, die minutenlang über dem Pfad hingen. Die Fahrspur zu verlassen war unmöglich, denn die Räder würden sich sofort im feinen Sand eingraben.

Das Problem bei Gegenverkehr ging mir durch den Kopf, als der Alptraum bereits auf mich zukam: eine riesige Staubwolke in etwa einem Kilometer Entfernung. Ob es ein Fahrzeug oder eine Karawane war, konnte ich nicht erkennen. Ich hielt Ausschau nach einem festen Halteplatz und stoppte auf einer Sandkuppe. Über die Motorhaube kletterte ich aufs Dach des Campers und sah Kamele in der Staubwolke. Ob uns die Karawane auf dem Pfad entgegenkam, konnte ich nicht erkennen.

Die Staubwolke hinter uns hatte sich gelegt, und ich sah Ullis VW-Bus im Sand stecken. Eine Viertelstunde warteten wir, dann zog Ulli wieder eine Staubwolke hinter sich her. Mit den Armen winkend kam er auf uns zu, gab zu verstehen durchfahren zu wollen.

„Der Motor bringt keine Leistung mehr“, schrie er. *„Ich muss in Fahrt bleiben.“*

Mein Handzeichen anzuhalten ignorierte er, ließ uns in seiner Staubwolke zurück. Als ich wieder Sicht bekam, sah ich seinen Camper an der Karawane vorbeifahren. Sofort startete ich den Motor, folgte ihm. Kurz vor unserem Tagesziel Daolatabad saß Ulli erneut fest. Wir buddelten seinen Camper aus dem Sand und schlugen unser Nachtquartier neben dem Pfad auf.

Bei Sonnenaufgang wurden wir vom Glockengeläut einer Kamelkarawane geweckt, die nur wenige Meter an uns vorbeizog. Ein bunter Zug, beladen mit Kupfertöpfen, Stoffballen, Messingschalen, Holzkohle und glänzenden Aluminiumutensilien. Obwohl früh am Morgen, nahm Inge die handgeknüpften Satteltaschen auf den Rücken der Kamele wahr. Es waren besonders schöne Chordjin, verziert mit weißen Seemuscheln. Ich ahnte Inges Vorhaben und startete den Motor. Vergebens.

„Siehst du die handgeknüpften Chordjin?", bemerkte Inge. *„Das rotbraune Farbmuster ist typisch für Baluchistan. Auch Seemuscheln sind eingeknüpft! Das sind außergewöhnliche Handarbeiten. Wir müssen ihm unbedingt eine Satteltasche abkaufen".*

Ich stellte den Motor ab, dachte über das ‚unbedingt' nach und hatte keine Wahl. Die Karawane verlangsamte ihren Trott und der Kamelführer blieb vor uns stehen.

„Salem Aleikum".

„Aleikum Salam".

Wir luden ihn zum Frühstück ein und mit „Shukran" und ständigem Kopfnicken bedankte er sich für den heißen Tee, ein Stück Fladenbrot und einige Weintrauben. Unsere Gesprächsversuche blieben unverstanden, aber er lachte viel. Er sprach in Farsi auf uns ein, als verstünden wir ihn. Seine Freundlichkeit war derart erfrischend, dass Inge uns mit der Polaroidkamera fotografierte. Sie legte das Fotopapier in seine geöffneten Hände und langsam entwickelte sich das Bild. Er schaute mich an, blickte zu seinen Kamelen und wieder aufs Foto. Dann lachte er aus vollem Herzen, denn er hatte sich wiedererkannt.

Diesen Moment hielt meine Frau für den richtigen und zeigte auf die Satteltasche des Kamels hinter ihm. Sie nahm ein paar afghanische Geldscheine in die Hand und fragte:

„How much?"

Ghazan, so hieß der freundliche Afghane, ging zum Kamel und zog eine versilberte Kupferschale aus der Satteltasche. *„Ticiatsch Afghani"*, sagt er. Ich traute meinen Ohren nicht, das war Russisch und hieß tausend Afghani.

„Njet, njet", antwortete ich und drückte meinen Zeigefinger auf die Satteltasche. *„Eto, eto. Chordjin(Satteltasche)."* Sein Blick verfinsterte sich. Er hob die Hand und winkte ab. *„Njet, njet."*

Von dem folgenden Redeschwall verstand ich nichts, begriff aber, dass er das Kamel nicht entladen konnte. Wohin sollte er die Ware in den vollgestopften Taschen verladen?

„Ticiatsch", wiederholte er und hielt meiner Frau die versilberte Kupferschale entgegen. Er war ein exzellenter Händler, denn er hatte das Leuchten in Inges Augen erkannt. Mir wurde klar, dass, wenn es für Inge mit der Satteltasche schon nicht klappte, die Kupferschale ein schöner Trost war.

„Pjatsch zotna", halbierte ich den Preis auf fünfhundert.

„Zem", verringerte er seinen Preis auf siebenhundert.

„Njet, njet", winkte ich ab. *„Pjatsch zotna Afghani."*

„Da, da", antwortete er lächelnd und drückte Inge die Kupferschale in die Hand. Keine Frage, wir hatten zu viel bezahlt. Für einen besseren Handel hätten wir uns Zeit nehmen müssen, aber Zeit hatten wir nicht. Ulli war bereits unseren Augen entschwunden.

Während der ersten halben Stunde der Weiterfahrt waren wir optimistisch, denn die Piste wurde fester und wir kamen zügig voran. Dann führte die Straße durch Felder mit Bewässerungsgräben und so vorsichtig ich auch durch den Schlamm manövrierte, immer häufiger rutschte der Wagen in einen Graben, drohte umzukippen. Die Tanks setzten auf den Sandbuckeln auf und der linke Tank schlug leck. Wir verloren Diesel.

„Sollten wir nicht besser umdrehen und die Nordroute ver-

gessen?", fragte Inge besorgt. *„Wenn das so weitergeht, hält unser Auto nicht durch. Die Straße ist schon hier unpassierbar und hinter Maimana beginnen die Berge."*

„Lass es uns versuchen", antworte ich etwas gröber als gewollt, denn ich war mir nicht mehr sicher, dass wir es schaffen würden. *„Wenn es noch härter wird, kehren wir um."*

Langsam schließen sich meine Augenlider, meine Beine wollen mich nicht mehr aufrecht halten. Die letzte Stunde der Nacht vor dem Sonnenaufgang ist die schwerste, und ich benötige dringend einen „Augenöffner". Müde hangle ich mich in die Kombüse runter, brühe mir einen Tee auf und zerschneide eine Zitrone. Drei Teile der Zitrone drücke ich überm Tee aus und das letzte Viertel zerkaue ich. Der Zitronensaft zieht meine Wangen nach innen und meine Augenlieder nach oben. Schüttelnd wehrt sich mein Körper gegen die Zitronensäure, die selbst in die Zehenspitzen vordringt. Mit dem Tee spüle ich den sauren Geschmack von der Zunge und steige aufgeputscht ins Cockpit hoch. Der östliche Himmel ist weiterhin dunkel, und ich lasse meine Erinnerungen wieder zur Nordroute in Afghanistan schweifen.

Mit hängenden Gesichtern warteten Ulli und sein Team vor einer Teestube in Daolatabad.

„Der Motor kommt nicht mehr auf Trab", sagte Ulli niedergeschlagen. *„Ich glaube, der läuft nur noch auf drei Zylindern."*

Wir ließen Tee nachschenken und fachsimpelten, wie wir den Motor wieder fit machen könnten. Dazu benötigten wir eine Werkstatt mit Montagegrube und laut umstehender Afghanen gab es diese nur in Maimana, der nächsten Stadt.

„Auf geht's!", rief Ulli optimistisch. Er startete den Motor, kam stotternd bis zum Ortsausgang, dann war Schluss. Der Motor gab keinen Ton mehr von sich. Unsere Stimmung sank auf den Tiefpunkt.

Um unsere Lethargie zu durchbrechen, fiel ich auf die Knie und rief: *„Allah Akbar, Allah Akbar."*

„Allah ist der Größte", stimmte Ulli ein und drehte den Zündschlüssel. Allah schwieg.

„Allah schickt euch eher eine Jungfrau, als dass er euch den Motor repariert", bemerkte Bert zynisch.

Resigniert saßen wir im Schatten unserer Autos, als überraschend ein alter, offener englischer Militärlaster stoppte. Auf der Ladepritsche saßen eingestaubte Hippies, die einen Abenteuertrip über die Nordroute machten. Der Fahrer stieg aus, kam auf uns zu und fragte, ob wir Probleme hätten. Wir schilderten ihm unsere ausweglose Situation. Er zögerte keine Sekunde und nahm Ullis Camper an den Haken.

Im Schneckentempo fuhren wir in die Berge. Zwanzig Kilometer schafften wir bis zum Sonnenuntergang und schlugen auf einer Wiese, in einer Furcht einflößenden Schlucht, unser Nachtquartier auf. Steilwände umgaben uns und nur ein schmaler Streifen des Himmels war sichtbar. Hellbraun im letzten Sonnenlicht, wurden die Steilwände in der Nacht zu einkesselnden Mauern. Ängstlich lagen wir in unseren Betten und zweifelten an der Machbarkeit der Nordroute.

Am frühen Morgen gab der Starter unseres Motors keinen Ton von sich. Der feine Staub hatte ihn zugesetzt. Die Abenteurer kamen uns zu Hilfe und schoben den Wagen die Wiese hinunter, bis der Motor ansprang. Der englische Fahrer nahm Ulli wieder an den Haken und gegen Mittag erreichten wir die Werkstatt in Maimana.

Ersatzteile für Ullis Motor hätte er nicht, erklärte uns der groß gewachsene Chef der kleinen Werkstatt, könnte diese aber in einigen Wochen aus Kabul beschaffen. Wir schlugen Ulli vor, mit uns nach Herat zu fahren, sich dort die Teile zu besorgen und mit einem Jeep nach Maimana zurückzufahren. Ulli entschied sich in Maimana bei seinem Camper zu bleiben, wollte dort auf die Ersatzteile aus Kabul warten. Er bat uns,

Bert und Katie nach Herat mitzunehmen.

Beide stiegen zu uns in den Camper und mit zwei Stunden Verspätung folgten wir den Spuren des allradgetriebenen Militärlasters. Im Gebirge wurde die Fahrspur schmaler und der Anstieg steiler. Tiefe Löcher und Fahrspuren füllten wir mit Sand und Steinen, um durchzukommen. Kurz vor Dunkelheit erreichten wir das Zeltcamp der Hippies.

„Wie habt ihr das geschafft?", fragte uns der Engländer erstaunt und schüttelte ungläubig den Kopf. *„Ich hätte nie gedacht, dass ihr es schaffen würdet. Selbst wir hatten bei den tiefen Durchfahrten Probleme."*

Er zeigte auf die Ladefläche seines Lasters, auf der zwei Abenteurer mit blutenden Kopfwunden lagen. Sie waren mit ihren Köpfen gegen das Gestänge des Faltdachs geknallt.

In der Hoffnung, vor dem Militärlaster zu bleiben, brachen wir am folgenden Morgen als erste auf, hofften im Notfall auf seine Hilfe. Nach fünf Kilometern harter Straßenarbeit auf der ausgewaschenen Gebirgspiste, hupte er hinter uns. Mit hoffnungslosen Gesichtern ließen wir ihn passieren. Mit dem Laster schwand auch mein Optimismus. Die Hälfte der Nordroute hatten wir hinter uns, aber die vor uns liegenden Berge Band-i-Turkestans schienen unüberwindbar. Der Anstieg des holprigen Pfades wurde steiler und unser 65PS-Motor schaffte es nicht mehr. Inge, Bert und Katie mussten ihn schiebend unterstützen.

Über uns in den Bergen ertönte eine Hupe und sofort kletterte Bert den Berghang hoch, wollte erkunden, wer uns entgegenkam. Denn in der engen Schlucht kam kein Fahrzeug an uns vorbei. Wir mussten eine passierbare Stelle erreichen. Um den Afghanen unser Kommen zu signalisieren, blies ich das Horn im Dauerton. Eine schwarze Dieselwolke hinter uns herziehend, kämpften wir uns die Serpentine hoch. Bert war meinem Blickfeld entschwunden.

Erneut ertönte die Hupe und im gleichen Moment tauchten Bert und ein Afghane in der Kurve vor uns auf. Heftig winkten sie mit den Armen. Hinter ihnen kam ein Laster um die Kurve und ein Afghane sprang vom Trittbrett des Führerhauses, warf einen Holzblock vor die Hinterräder. Drei Wagenlängen vor mir kam der hochbeladene Laster zum Stehen.

Bert kam auf mich zu und sagte: *„Wenn der Fahrer etwas früher gehalten hätte, wärst du vorbeigekommen. Ich habe versucht ihn noch vor der Kurve anzuhalten, vergeblich.“*

Mit grimmigem Blick sprang der Fahrer aus der Kabine, prüfte die Holzblöcke vor den Hinterrädern und zündete sich eine Zigarette an. Ich zuckte mit den Schultern und ging auf ihn zu.

„Salem Aleikum.“

„Aleikum Salam.“

Gestikulierend sprach er in Farsi auf mich ein, wollte mir klarmachen, dass ich zurücksetzen solle. Ich zeigte zur Kurve vor mir und gab ihm zu verstehen mir die Situation anschauen zu müssen.

Berti hatte es richtig erkannt. Wenn der Afghane fünfzig Meter früher dicht an der Felswand gestoppt hätte, wären wir vorbeigekommen. Nur kam ich an der Sturheit des Fahrers vorerst nicht vorbei. Ich solle zurücksetzen, erklärte er, bis er eine Möglichkeit sah, an mir vorbeizufahren.

Auf dem schmalen Gebirgspfad abwärts zurückzusetzen war zu riskant für uns. Daher auch die Regel, dass aufwärts fahrende Fahrzeuge Vorfahrt haben, nur hatte der Fahrer davon noch nichts gehört. In Afghanistan hat der Stärkere Vorfahrt.

Plötzlich sprangen fünf Afghanen vom Laster, die verborgen zwischen der Fracht mitfuhren. Alle hatten ein Gewehr über der Schulter und gingen mitten auf dem Fahrweg in die Sitzhocke. Wie auf einem Bazar begannen sie zu diskutieren. Aus ihren Gesten las ich, dass das Problem afghanisch gelöst werden sollte: der Schwächere gibt nach.

Um die angespannte Atmosphäre aufzulockern, verteilte ich Zigaretten und bot ihnen Orangensaft an. Vereinzelt hörte ich russische Worte und versuchte, mich mit holprigem Russisch verständlich zu machen. Es sollte uns doch als deutsch-afghanische Freunde möglich sein, eine beidseitig gute Lösung zu finden.

Der Fahrer folgte mir zur Kurve, wo Bert glaubte, wir hätten passieren können. Mit einer Zeichnung im Sand zeigte ich ihm, dass, wenn er dicht an die Felswand zurücksetzten würde, ich den Camper direkt neben seinem Laster fahren könnte. Dann, sobald ich neben ihm stünde, sollte er langsam an mir vorbeiziehen. Der Fahrer zuckte mit den Schultern und ging zu seinem Holzklotzbremser.

Wie wichtig der Holzklotzbremser war, hatten mir Afghanen in Kabul erklärt. Denn er muss den Lastwagen in den Bergen zum Stehen bringen. Ein gefährlicher Job, weil er dazu während der Fahrt vom Fahrzeug springen und den schweren Holzklotz vor die Hinterräder werfen muss. Deshalb fährt er nicht in der Fahrerkabine mit, sondern auf dem vorderen Kotflügel.

Das Palaver der herumsitzenden Afghanen endete abrupt und sie erhoben sich. Der Fahrer gab Anweisungen und kletterte hinters Steuer. Schwarzer Dieselqualm schoss aus dem Auspuff und meterweise quälte sich der Laster rückwärts den Berg hoch. Der Holzklotzbremser riss den Klotz an sich und blieb auf Höhe der Hinterräder. Dann ertönte ein Pfeifkonzert der umstehenden Afghanen. Der Fahrer stoppte und der Bremser warf den Holzklotz vor die Hinterräder. Die Ladung des Lasters war haarscharf an der Felswand. Mit dem Daumen zeigte ich nach oben. Der Fahrer nickte und blieb hinterm Steuer sitzen.

Ich ging zurück zu unserem Camper und klappte den Seitenspiegel ein, um keinen Millimeter zu verschenken. Mit schleifender Kupplung näherte ich mich dem Laster. Bert gab mir Handzeichen, wie viel Platz ich noch hatte zwischen Laster und Abgrund. Ich konzentrierte mich auf Bert, hoffte, dass er keinen Fehler machte. Das bärtige Gesicht des Fahrers zog an meinem Fenster vorbei und auf der rechten Seite hing meine Beifahrertür über dem Abgrund. Bert gab mir Zeichen, näher an den Laster zu fahren. Als die Ladung des Lasters an unserem Lack kratzte, trat ich auf die Bremse. Weder links noch rechts konnte ich aussteigen, um zu prüfen, ob die Räder sicheren Halt hatten.

„Insha Allah", flüsterte ich, konnte nur hoffen, dass der Holzklotzbremser keinen Fehler machte. Ein zu schnelles Losrollen ohne Korrektur hätte uns über die Kante des Abhangs gedrückt. Schrittweise quetschte sich der Laster an uns vorbei, begleitet vom unerträglichen Kratzen seiner Ladung an unserem Blech. Als es endlich endete, war der Laster vorbei. Ohne anzuhalten fuhr der Fahrer weiter. Die umstehenden Afghanen rannten hinterher und sprangen wieder auf ihre Plätze zwischen der Ladung.

Schweißüberströmt stiegen Inge und Katie aus dem Camper. Sie hatten sich die ganze Zeit hinter dem Vorhang verstecken müssen, um nicht gesehen zu werden. Es war ein Muss in den Bergen, wo die Sharia aufs Strengste eingehalten wurde.

Gegen Mittag erreichten wir Bala Morghab, eine Karawanserei im Tal des Morghab Flusses. Ein kleines Dorf voller Reiter und Karawanen und einer von Kamelen ausgetretenen Hauptstraße, auf der Pferde, Kamele und Esel das bessere Transportmittel waren. Vor einigen Lehmhütten standen Kisten mit Obst und Gemüse, und eine Bretterbank im Schatten eines Wellblechdachs war die Teestube. Wir gesellten uns zu den Tee schlürfenden Afghanen, die ihre Augen auf unsere Frauen richteten, die unter Kopftüchern und langen Gewändern in der Mittagshitze fast umkamen.

Schweigend tranken wir Tee, bissen lieblos ins Fladenbrot

und löffelten gleichgültig gebratenen Reis. Beim zähen und fettigen Kebab griffen nur Bert und ich zu. Das Schöne um uns nahmen wir nicht mehr wahr, und die Freude an der Nordroute war uns vergangen. Unsere Gedanken hingen am Durchkommen.

Drei hoch beladene Lastwagen fuhren an der Teestube vorbei, hinterließen stinkende Staub- und Rußfahnen. Sie fuhren in die Berge nach Qala-i-Nau. Den Ort, den wir an diesem Tag noch erreichen wollten.

„Wenn einer von denen auf der Strecke Probleme hat, kommen wir nie an ihm vorbei", unterbrach Bert unser Schweigen. *„Das kann aber auch unser Vorteil sein, Berti"*, antwortete ich. *„Denn sie müssen die Straße begradigen, wenn es unpassierbare Stellen gibt. Das macht es leichter für uns. Lasst uns aufbrechen und an ihren Fersen bleiben."*

Durch Sand und Geröll ging's das Morghab Tal aufwärts. Mehrmals mussten wir den Fluss durchfahren, wobei Bert vorausging und die Tiefe auslotete. In einigen Durchfahrten räumten Arbeitstrupps die größten Steine aus dem Weg, beseitigten die Winterschäden. Aus dem Flussbett heraus begann die steile Auffahrt nach Qala-i-Nau. Der Fahrweg wurde enger, die Fahrspuren noch tiefer. Mit Spaten und Schwielen an den Händen schaufelten wir die Fahrrinnen zu. Bis zum Sonnenuntergang schafften wir fünfzig Kilometer. Qala-i-Nau erreichten wir nicht.

Unser Nachtlager schlugen wir auf einer kleinen Wiese neben dem Fahrweg auf, inmitten roter Mohnblumen. Ein traumhafter Platz, der zum Alptraum wurde, als wir in den Bergen zwei vermummte Reiter wiedererkannten, die uns seit Bala Morghab verfolgten. In schwarzer Afghanentracht und mit Schrotflinten auf den Rücken, sahen sie furchterregend aus. Ihre Patronengürtel glänzten im Abendlicht und ihr Blick blieb auf uns gerichtet.

Mit Angst im Nacken bauten wir Berts Zelt auf und zu unserer Sicherheit entzündeten wir ein Lagerfeuer. Wir beschlossen, es die Nacht über am Leben zu halten. Unsere Frauen ließen wir im Camper schlafen, sie sollten im Ernstfall den Feuerlöscher als Waffe benutzen. Den zweiten Feuerlöscher legten wir zwischen Bert und mir ans Lagerfeuer. Im Stundenturnus liefen wir ums Feuer, um unsere Wachsamkeit zu zeigen. Die Nacht wurde stockdunkel und die schwarzen Reiter waren nicht mehr zu erkennen.

„Wo stecken die Burschen nur?", flüsterte Bert.

Beide ‚sahen' wir sie mit ihren Kumpanen heranstürmen und unsere Fantasien über das raue Afghanistan trieben wilde Blüten, gaben uns keine Ruhe mehr. Die Nacht war totenstill, nur das Knistern des brennenden Holzes zu hören. Bert lag am Lagerfeuer und ich auf der anderen Seite des Campers. Bei den kleinsten Geräuschen schreckten wir auf und die suchenden Strahlen unserer Taschenlampen trafen sich. Es waren Füchse, Feldmäuse und Schlangen, die uns wachhielten. Jede Stunde tauschten wir unsere Plätze und mit den ersten Sonnenstrahlen an den Bergspitzen hatten wir die schlaflose Nacht überstanden. Die schwarzen Reiter waren verschwunden und wir todmüde.

Zum Frühstück gab's nur Fladenbrot und Tee. Wir wollten sofort aufbrechen. Ich wechselte das Öl im Luftfilter und prüfte die Reifen. Mein Blick streifte die Blattfedern hinter den Reifen, und um zu verkraften was ich sah, setzte ich mich ins Gras. Von den vier Federblättern, rechts und links an der Hinterachse, waren drei gebrochen. Die Achse wurde pro Seite nur noch von einem Federblatt gehalten. Bräche eines der Blätter, verlören wir die Hinterachse, was in der verlassenen Bergregion das Ende des Campers bedeutete. Geschockt blieb ich im Gras sitzen und nur langsam begann mein Ingenieursgehirn nach einer Lösung zu suchen. Unsere einzige Chance war, die Federpakete zu entlasten und das letzte Federblatt nur noch als Achshalter zu benutzen. Ein Durchfedern musste unbedingt verhindert werden.

Inge und Katie machten ein kräftiges Frühstück, während Bert und ich unsere Sandbretter in Stücke sägten. Wir klemmten sie zwischen Achse und Fahrzeugrahmen und befestigten sie mit dickem Bindedraht. Nach zwei Stunden hatten wir die Hinterachse gesichert und ihr jegliche Federung genommen.

Niedergeschlagen und zweifelnd, dass die Achse halten würde, brachen wir auf. Das Fahrtempo verringerte ich auf Schritttempo und kriechend erreichten wir Qala-i-Naw. Von den drei Lastern fehlte jede Spur. Sie waren vor uns, auf dem steilen Anstieg zum dreitausend Meter hohen Paropamisus Pass. Ohne Pause fuhren wir weiter, kämpften uns die steilen Serpentinen hoch. Dank Berts Adlerauge für passierbare Ausweichstellen konnten wir zwei entgegenkommenden Lastwagen problemlos ausweichen. Was uns optimistisch stimmte, noch vor Einbruch der Dunkelheit den Pass zu erreichen. Weitere zehn Kilometer schafften wir, dann wurde unser Optimismus gestoppt. Vor uns, auf dem einspurigen Fahrweg, standen die drei Laster hintereinander aufgereiht. Das linke Vorderrad des ersten Lasters stand normal in der Spur, das rechte Rad stand quer. Der Querlenker war gebrochen. Drei Afghanen arbeiteten an der Problemlösung und nach meiner Schätzung würde es Stunden dauern. Wir zogen uns in den Camper zurück und holten den verdienten Schlaf nach.

Zwei Gewehrschüsse beendeten unser Nickerchen. Bert und ich stürmten aus dem Auto. Die umstehenden Afghanen schauten in die Berge und zeigten auf ausgetrocknetes Buschwerk, etwa zweihundert Meter über uns. Ein Afghane trat aus den Büschen und kam den Berg herunter. Auf seinen Schultern trug er ein erlegtes Tier. Als er eintraf, hielt er stolz den erlegten Fuchs und sein Gewehr aus dem Ersten Weltkrieg in die Luft. Die um uns stehenden Afghanen nickten in Zustimmung, denn ein Wildtier zu erlegen, erklärten sie, sei eine mannhafte Tat.

Drei Stunden später ertönte das Horn des ersten Lasters.- die Reparatur war beendet. Behänd kletterten die Afghanen auf ihre Lastwagen, stiegen in die bunt bemalte Holzkiste über dem Kabinendach oder auf ihren Platz zwischen der Fracht. Schwarze Dieselwolken hinterlassend, kroch unsere Kolonne den Pass hoch.

Je höher wir kamen, desto erfrischender wurde die Luft und unsere Niedergeschlagenheit schwand. Wir erfreuten uns wieder an den gewaltigen Bergen und sahen die bunten Wildblumen am Wegesrand. Als ein klarer Bach die Piste kreuzte, schlugen wir vorzeitig unser Nachtlager auf. Wir wollten uns den Staub der letzten Tage aus den Poren waschen. Freudig rissen wir die schweißverkrusteten T-Shirts vom Körper, doch die Illusion der Erfrischung starb beim ersten Eintauchen ins eiskalte Nass. Unser langersehntes Bad endete in einer Katzenwäsche.

Frierend, in Pullover und Decken gehüllt, warteten wir am nächsten Morgen auf die wärmende Sonne. Heißer Tee brachte uns auf Touren, stimmte uns optimistisch, die Nordroute zu schaffen. Zum Pass waren es nur noch wenige Kilometer. Konzentriert hielt ich die Fahrspur im Auge und verpasste die Passhöhe. Plötzlich ging es nur noch bergab, in die Wärme der Persischen Tiefebene. Im Übermut schütteten wir uns das restliche Trinkwasser über den Kopf und feierten die überstandenen Strapazen. Bei Sonnenuntergang erreichten wir die Stadt Herat, das Ende der Nordroute.

Erneut stießen wir auf das Abenteuerteam des Engländers und parkten neben dem Militärlaster. Müde, aber glücklich, lauschten wir den Abenteuergeschichten der Globetrotter aus aller Welt, und die lockeren Worte eines Seglers ließen mich träumen:

„Wenn's dir zu heiß wird", sagte er cool, *„springst du ins Wasser. Brennt dir die Sonne aufs Haupt, setzt du dich in den*

Schatten. Die Segel treiben das Boot und die Windfahne steuert den Kurs."

Geweckt von Delfinen

661 Seemeilen vor Brasilien

Die Worte des Seglers in Afghanistan sind Wirklichkeit geworden. Mit vollen Segeln treibe ich übers Meer und der Autopilot steuert den Kurs. Die Sonne erhellt den Sternenhimmel, die Nacht ist überstanden. Vor mir am Horizont verabschiedet sich strahlend weiß der Mond und gibt mir im heller werdenden Himmel sein letztes Lächeln. Die ersten Sonnenstrahlen treffen aufs Deck, es ist Zeit für meinen Morgenschlaf. Schlaf, den ich tagsüber nachhole, in der Hoffnung, von anderen Schiffen gesehen zu werden. Ein letzter Blick geht übers Meer, dann stelle ich den Wecker und lege mich in den Beanbag. Von Wind und Wellen lasse ich mich in den Schlaf schaukeln.

Beim zweiten Wecksignal bin ich auf den Füßen, sehe weit und breit kein anderes Boot. Verschlafen balanciere ich zum Hauptmast und lasse die Reffs der Nacht aus den Segeln. Sofort sind wir einen halben Knoten schneller, nähern uns Brasilien mit viereinhalb Knoten.

Zum Frühstück gibt's Yoghurt-Müsli mit getrockneten Bananen und einen brasilianischen Kaffee. Hoch geht's in den Schatten auf der Achterbank und in den Himmel schauend döse ich vor mich hin.

Leises Schnaufen und pfeifende Töne kommen näher, werden lauter. Müde ziehe ich die Augenlider hoch und sehe hellbraune Rückenflossen durchs Wasser schneiden. Sofort bin ich auf den Beinen.

„Delfine!"

Als wollten sie in die Planken meiner *Ala di Sabah* krachen, schießen sie auf uns zu. In letzter Sekunde tauchen sie ab und mit lautem Schnaufen vor der Bugspitze wieder auf. Ihr Pfeifen und Schnattern übertönt das Rauschen der Wellen. Mein Herz jubelt über ihr plötzliches Auftauchen und lachend balanciere ich zum Vorstag. Um sie nicht zu erschrecken, lege ich mich behutsam auf den Bugspriet, bin zwei Meter über ihnen. Dicht gedrängt schwimmen sieben Delfine unter mir, sind mir im Auf und Ab der Wellen zum Greifen nahe. Ohne einander zu berühren, schwimmen sie Zentimeter vor dem Bugholz. Geschmeidig gleiten sie durchs Wasser und wechseln mit wenigen Schlägen der Schwanzfluke von einer Bootsseite zur anderen. Pfeilschnell stürmen sie dem Boot voraus, schießen aus dem Wasser und lassen sich plumpsend wieder hineinfallen.

Unter mir dreht sich ein Delfin auf die Seite, zeigt seinen cremefarbenen Bauch. Er schaut zu mir hoch, behält mich im Auge. Ohne seine Spielgefährten zu berühren, schwimmt er eingeengt zwischen den graubraunen Rücken der anderen. Laut imitiere ich sein Quieken und verschmitzt lacht er mich an, scheint mein Jubeln zu verstehen. Mit kraftvollen Schlägen stürmt er davon und schießt zehn Meter weiter aus dem Wasser. In der Luft vollzieht er eine akrobatische Rolle und lässt sich platschend, als wäre es absichtlich, wieder ins Wasser fallen.

„Toller Salto“, rufe ich ihm hinterher.

Die anderen Delfine müssen meine Freude spüren, denn plötzlich schießen alle aus dem Wasser, drehen sich in der Luft und tanzen mit ihrer Schwanzfluke auf den Wellen. Einige fliegen zwei, drei Meter hoch und schauen mich mit lachenden Gesichtern an. Ihre Kraft und Freude scheint endlos.

Die Mehrzahl der Delfine schwimmt rechts und links vom Boot, taucht gleichmäßig und scheinbar mühelos durch die Wellen. Sie sind nicht schneller als wir, gleiten durchs Wasser, als würden sie uns zu unserer Sicherheit begleiten.

„Ihr seid sicher die Älteren“, rufe ich ihnen zu, *„und belächelt die akrobatischen Spielereien eurer Jungen vor dem Bug.“*

Zu ihnen sprechend, verlasse ich die Bugspitze und nähere mich einem Alten, der nur zwei Meter neben dem Boot schwimmt. Ich beuge mich über die Reling und schaue in seine Augen. Freundlich und ruhig sieht er mich an. Er fühlt sich ungestört und bleibt nah am Boot. Seine lang vorstehende Schnauze ist ein lachender Mund und laut schnaufend bläst er aus seinem Blasloch. Seine Augen bleiben auf mich gerichtet, als rede er mit mir.

„Ich genieße eure Lebensfreude", rufe ich mit beruhigender Stimme. *„Danke, dass ihr gekommen seid."*

Wir haben Spaß mit dir und deinem Boot, spiegeln seine Augen und minutenlang schauen wir uns an. Er bleibt nah am Boot, muss meine Liebe zu Delfinen spüren.

„Wenn ich nur mit dir reden könnte", flüstere ich. *„Ich sehne mich nach Worten und du könntest mir viel über deine Reise erzählen. Wie schön sie war und wohin sie geht. Hast du ein Junges, das vorne in den Bugwellen spielt?"*

Ich gehe zurück auf den Bugspriet und beobachte die vor der Bugspitze spielenden Jungen. Zwei von ihnen behalte ich im Auge, weil sie als perfektes Paar schwimmen, nur wenige Zentimeter vor dem Bugholz. Wie eintrainiert schwimmen sie nach rechts und links, nach oben und unten. Auch ihr Ausbrechen weg vom Boot ist zeitgleich. Für einige Sekunden entwischen sie meinem Blick, dann schießen sie aus dem Wasser, werfen ihre Schwanzfluke nach oben und tauchen kopfüber wieder ein. Weiterhin imitiere ich ihre piepsenden Laute, doch nur drei Delfine kehren vor die Bugspitze zurück. Als hätte man auch sie gerufen, machen sie eine Kehrtwende und verschwinden unter dem Boot.

Schmunzelnd schaue ich ihnen hinterher. Wie konnte ich glauben, dass es nur die Jungen waren, die so verspielt durch die Luft sprangen und mich mit ihren Sprüngen und Saltos begeisterten? Die Alten spielen sicher genauso verrückt. Vielleicht waren die Delfine neben dem Boot nur müde, sind nicht die extrovertierten Typen, die vor dem Boot ihre Show abziehen.

Die letzten Delfine entschwinden meinen Augen und ich frage mich, wohin ihre Reise geht. Sie können in wenigen Wochen im Nordatlantik sein, im Indischen Ozean oder im Pazifik. Welch große Freiheit! Vielleicht sind sie deshalb so verspielt?

Verrückt, meine Gedanken, segle ich doch mit gleicher Freiheit übers Meer. Mein Kurs ist Brasilien und wie es weitergeht ist unbestimmt. Gewiss ist nur das Wetter. Die Passatwinde sind warm, der Himmel wolkenlos, das Meer ruhig und die Segel mit Wind gefüllt. Ein idealer Tag ihn lesend zu verbringen. Nur kann ich mich nicht zwischen *Ruf der Wildnis* von Jack London und *Morgenröte* von Nietzsche entscheiden. Beide Bücher stehen nebeneinander im Regal, geben mir Anstöße über Freiheit nachzudenken. Jack London, der Freiheit lebendig beschreibt und seinen Wolfshund heulen lässt, und Nietzsche, der wortgewandt mit Moralgedanken die Freiheit definiert.

Muss mich ja nicht entscheiden.

Ruf der Freiheit

Lebenslänglich

Schulterzuckend nehme ich beide Bücher mit ins Cockpit hoch. Vielleicht kann ich mit beiden die Worte Sartres besser erklären, dass man 'verurteilt ist, frei zu sein'.

Ich frage mich allerdings, ob die Welt in seiner Zeit so viel freier war als in meiner. Denn ich wurde in einer Zeit geboren, in der ich verurteilt war, unfrei zu sein. Eindreiviertel Jahr nach meiner Geburt endete der Zweite Weltkrieg, und nur das Vorzeichen meiner Unfreiheit änderte sich. Wobei ich mich in meinen Kinderjahren nicht unfrei fühlte, denn meine Mutter kümmerte sich liebevoll um uns Kinder, meine zwei Schwestern und mich. Sie führte gefühlvoll Regie.

Die einzige Freiheit die ich als Kind wollte, war, spät nach Hause zu kommen und auf meiner Mandoline westliche Schlager zu klimpern. Was ich allerdings zur falschen Zeit tat, denn als unsere Klampfengruppe fleißig die staatliche Lobeshymne spielte, klimperte ich in der letzten Reihe ungestört den westlichen Schlager *Tiritomba*. Ich meine sogar, ich spielte ihn fehlerfrei, nur war es das letzte Mal. Der Musiklehrer hatte meine falschen Fingergriffe erkannt und stoppte mit seinem Dirigentenstock abrupt alle Instrumente, nur meine Mandoline nicht.

Mein Vater konnte mir von Freiheit nicht viel erzählen, denn in russischer Kriegsgefangenschaft gab es keine und in der DDR nur die halbe Freiheit. Und die endete 1955 für meine Mutter und uns Kinder in der Verbannung, als mein Vater in den Westen flüchtete, um uns dort ein neues Zuhause aufzubauen. Das Regime nahm uns die Wohnung und verbannte uns in das Wachhäuschen eines alten Gutshofs. Klein-Sibirien nannten wir es, weil es weit außerhalb der Stadt lag und wir es im Winter nie schafften, dass Häuschen durchzuheizen, obwohl es nur aus einem Zimmer bestand. An jeder Wand stand ein Bett und neben der Tür war der Kohleherd. Eisblumen hielten das kleine Fenster über meinem Bett verschlossen und jede Nacht stiegen wir mit angewärmten Ziegelsteinen ins Bett. Das Schlimmste aber waren die Nächte, in denen ich durch den Schnee stapfen musste, um das Plumpsklo im Garten zu erreichen. Das kleine Holzhäuschen mit Herz, in dem ich einfror wie die Wasserpumpe auf dem Hof.

Als ich dreizehn war, schlug der Arbeiter- und Bauernstaat erneut zu. Weil ich mit einem Schulfreund von Ost-Berlin nach West-Berlin gefahren war, wo wir uns den Western *Die Glorreichen Sieben* mit Horst Buchholz ansahen. Ein systemtreuer Mitbürger hatte uns verfolgt und unsere von der Parteilinie abweichende Tat der Schuldirektion gemeldet. Am folgenden Tag warf man mir vor, ich hätte meine Freiheit missbraucht. Freiheit! Ich flog von der Schule und wurde in eine Schule strafversetzt, die einige Kilometer tiefer in der Zone lag.

Kurz nach meinem fünfzehnten Geburtstag hatte auch meine Mutter von der halben Freiheit genug. Wir flohen in den Westen zu meinem Vater. Meine Mutter war in Unfreiheit aufgewachsen und wollte für uns Kinder eine bessere Zukunft. Nur meine große Schwester, fünf Jahre älter als ich und volljährig, blieb, vor Liebe blind, im Osten.

Vielleicht war Sartre so vorhersehend und meinte die Konsumfreiheit, als er sagte, 'dass man verurteilt ist, frei zu sein'. Diese Freiheit konnte ich im Westen wahrhaftig genießen. Sie war zwar teuer, denn ich musste viele Autos waschen, um mir ein paar Jeans zu kaufen, aber es war mir eine Freude, in meinen bescheidenen Verhältnissen zu konsumieren. Ich träumte wie alle jungen Burschen vom Auto und merkte nicht, wie der Konsum mich einfing.

Einen Weckruf erhielt ich durch die ‚*Dann würde ich...*'-Gespräche während meiner Lehrzeit. Diese fanden jeden Freitag nach der Auszahlung des wöchentlichen Lohns statt, der noch bar in einer durchsichtigen Tüte einschließlich Lohnstreifen ausgehändigt wurde. Während der letzten Arbeitsstunden dieser Freitage, die wir Lohntütenball nannten, war es meine verantwortungsvolle Aufgabe als Lehrling, den Lottoschein der Tippgemeinschaft zur Annahmestelle zu bringen. Und, mit einer unter meinem Arbeitskittel versteckten Flasche Korn, zurückzukehren. Der Korn war klar und ebenso klar erzählten die Arbeiter von ihren Träumen. Sie tranken den sechs Richtigen auf dem Lottoschein entgegen.

Interessiert hörte ich zu: *„Dann würde ich ..., hätte ich doch nur ..., nie wieder machen..., von vorne anfangen ..., nie mehr wie jetzt ..., in den Sack hauen ..., sich die Welt anschauen."*

Am Montagmorgen war alles wie zuvor. Keiner hatte gewonnen, keiner war abgehauen. Alle waren wieder zur Arbeit erschienen.

„Zwei Richtige hatte ich und drei Zahlen nur eine daneben", rief der Meister durch die Werkstatt und winkte mit seinem Lottoschein. *„Mein Gott, wenn ich gewonnen hätte."*

Es bedurfte weniger Lohntütenbälle, da dürstete ich nach meiner Freiheit. Freiheit, die mir ein Studium meiner Wahl erlaubte, und die Möglichkeit gab, Geld zu verdienen und ohne Beschränkungen auf Reisen zu gehen. Diese Freiheit hatte ich und dazu das Glück, eine weise Frau als Mutter zu haben. Sie kümmerte sich um unsere Erziehung und Ausbildung, denn mein Vater war mehr der musische Teil unserer fünfköpfigen Familie. Er arbeitete hart, füllte Mutters Haushaltskasse und verbrachte seine Abende müde vor dem Fernseher oder in seinem Gesangsverein. Da meine Mutter nie die Gelegenheit bekam zu studieren, hatte sie für uns Halberwachsene eine fördernde Regel aufgestellt: Wer von uns studierte, musste kein monatliches Kostgeld in die Haushaltskasse legen. Was meinem Vater nur zur Hälfte recht war, aber Mutter kämpfte wie eine Löwin, wenn es um unsere Ausbildung ging.

Sie gab mir auch einige ihrer Lebenserfahrungen und Weisheiten mit auf den Weg: *„Teile dir das Leben in drei Teile ein. Das erste Drittel deines Lebens lernst du, im zweiten Drittel verdienst du dein Geld und im letzten Drittel genießt du deine Früchte."*

Sie hatte viel über das Leben nachgedacht, welches sie in ihren jungen Jahren nicht hatte leben können. Jahre, die ihr keine Gelegenheit zum Reisen gaben. Immer wieder erzählte sie von ihren unerfüllten Reiseträumen, die sich langsam in meinem Kopf festsetzten.

Als ein Schlager von Udo Jürgens populär wurde, lachte sie laut und sagte: *„Das könnte ein Schlager aus der DDR sein, der die Arbeiter anspornt, bis zum fünfundsechzigsten Lebensjahr hart zu arbeiten. Der ihnen verspricht, dass mit sechsundsech-*

zig Jahren das schöne Leben beginnt, es dann richtig losgeht."

„Glaub mir Junge", sagte sie, *„wenn du bis dahin nicht einige deiner Träume gelebt hast, wirst du wenig Erinnerungen für das letzte Drittel haben. Lebe, solange du mit dem Arsch wackeln kannst."*

Selten verwendete meine Mutter derart harte Worte, aber sie wollte sicher sein, dass ich sie verstand. Mit ihr hatte ich einen Menschen an meiner Seite, der mir half, aus meiner Freiheit mehr zu machen als nur zu konsumieren. Mit Freude sah sie, dass ich nach dem Studium nicht für ein teures Auto sparte, sondern für ein ergänzendes Wirtschaftsstudium in München. Diese Freude teilte die Firma, bei der ich zwei Jahre als Ingenieur gearbeitet hatte, ganz und gar nicht. Dort waren sie sich sicher, ich würde wie die anderen Kollegen ein Leben lang als Konstruktionsingenieur in der Firma tätig bleiben. Wie der Chef, der bereits sein vierzigstes Arbeitsjubiläum feierte und eine goldene Armbanduhr geschenkt bekam. Sie glaubten, ich wäre auf die silberne scharf, die es bereits nach fünfundzwanzig Jahren gab. Zwei Jahre hatte ich ja schon hinter mir.

Kostenlos war meine Freiheit nicht. Sagten doch schon die alten Philosophen: Freiheit sei das höchste Gut. Was bedeutet, dass sie sehr, sehr teuer ist. Preiswert war sie nur, wenn ich allein in der Wüste stand oder auf dem unendlichen Meer war. Die Konsumgesellschaft hatte nicht meine Freiheit im Sinn. Ohne Unterbrechung sollte ich bis zum Rentenalter arbeiten und kontinuierlich für die Rente einzahlen. Man schuf sogar ein Gesetz, welches mich verpflichtete, während meiner Reisezeit in eine Krankenkasse einzuzahlen, obwohl mir eine Reiseversicherung ausreichte. Sonst fallen sie aus dem System, sagten sie, und kommen nie wieder rein.

Auch meine Autoversicherung wurde teurer, da ich auf den Reisen um die Welt die Hälfte der Zeit auf der linken Straßenseite fuhr. Das System erkannte die ‚falsche' Spur nicht an, nur die rechte Fahrbahn war die richtige.

Ich blieb frei und der Aufwand, nach den Reisen wieder Arbeit zu finden, kostete viel Kraft und Geld. Diesen Preis der Freiheit zahlte ich gern. Was viele meiner Bekannten nicht so sahen und meinten, ich hätte keine soziale Verantwortung. Dass ich, wie sie, bis zum Rentenalter arbeiten sollte und danach tun und lassen könnte, was ich wollte. Ich verzieh ihnen, als ich sah, wie sie täglich Papier hin und her schoben und sich beim Beamtenmikado keiner bewegen durfte.

Freiheit ist die Freiheit der anders Denkenden, hatte Rosa Luxemburg gesagt. Nur ist es schwer, damit zu leben, was ich in den Vereinigten Staaten erfuhr. In dem Land, das aller Welt erzählt, dass es bei ihnen die große Freiheit gibt. Bei meiner Einreise glaubte ich in die ehemalige DDR einzureisen, so ‚freundlich' war die Immigrationsbehörde. Im Land durfte ich das Wort Kommunismus nicht erwähnen, sonst war ich von CIA Agenten umstellt. Ich musste auch auf meinem Flug um die Welt eine Landung in Vietnam von der Liste streichen, denn es war für die Amerikaner ein Land der Bösen. Sie verboten mir, mit meinem amerikanischen Flugzeug dort zu landen. Die Bösen waren die anders Denkenden, bei denen laut Rosa Luxemburg unsere Freiheit beginnt.

Dennoch war ich nah dran, die amerikanische Staatsbürgerschaft zu beantragen. Bis ich das Statement von John Adams, dem zweiten Präsidenten der Vereinigten Staaten aus dem Jahre 1826 las: ‚*There are two ways to conquer and enslave a nation. One is by the sword, the other is by debt.*' (Es gibt zwei Wege eine Nation zu erobern und zu versklaven. Der eine ist mit dem Schwert, der andere durch Verschuldung.)

Neugierig fragte ich meine amerikanischen Freunde nach ihren Finanzen und hörte, dass alle verschuldet waren. Über ihre Kreditkarten bis hin zu den Ratenzahlungen, die ihnen von den Banken als große Freiheit angeboten wurden. Auch meine amerikanische Freundin Donna war verschuldet und ich schenkte ihr zum Geburtstag die letzten Raten für ihr Auto, um sie freizukaufen.

Weiterhin ist die See ruhig, der Wind beständig und kein Schiff kreuzt meinen Kurs. Faul bleibe ich im Beanbag liegen und verschiebe das Mittagessen auf später. Wichtiger ist es auszuschlafen. Ich stelle den Alarm auf zwei Stunden, werfe beim Wecksignal einen kurzen Blick übers Meer und gönne mir eine weitere Mütze Schlaf.

Zurück sind meine Gedanken beim *Ruf der Freiheit*, dem ich jetzt auf der Segelreise leicht folgen kann. Nur im Berufsleben war es schwer, wenn ich an die Zeit vor der Weltreise mit dem Camper denke. Nach einigen Jahren am Schreibtisch lieferten sich der Lockruf der Ferne und die Sicherheit eines geplanten Lebens in meinem Herzen einen harten Kampf. Meine Freunde sparten für Häuser und planten Familien, hatten vorhersehbare Leben vor Augen. Und in mir, da rief der Abenteurer.

Meine langjährige Freundin Inge war ebenfalls vom Fernweh infiziert und gemeinsam reisten wir Ende der Sechziger Jahre mit dem Rucksack durch Griechenland und Israel. Beide waren wir von den fremdartigen Kulturen fasziniert und Reisen wurde unser gemeinsames Lebensziel. Wir heirateten und planten unser Leben. Von meinem Gehalt als Ingenieur lebten wir und Inges Lehrergehalt legten wir auf die hohe Kante. Nach drei Jahren hatten wir das Geld für eine Weltreise zusammen.

Einige Freunde beglückwünschten uns zur bevorstehenden Reise, andere sahen eine ungewisse, ja gescheiterte Zukunft auf uns zukommen.

„Wie kannst Du“, sagten sie, *„als achtundzwanzigjähriger Ingenieur deine erfolgversprechende Berufskarriere aufgeben und um die Welt reisen? Inge ist verbeamtet auf Lebenszeit, das*

gibt man nicht auf."

Viele sahen unseren Schritt so negativ, dass wir zu zweifeln begannen. Sollten wir unsere Reise auf später verschieben?

„Dann wird es unsere Träume nur noch auf dem Lohntütenball geben, von dem du mir immer erzählt hast", bemerkte Inge in harschem Ton. *„Wenn wir jetzt nicht loslassen, schaffen wir es nie."*

Uns beiden wurde bewusst, dass wir alles hatten, um unseren Traum zu verwirklichen: Geld, Gesundheit und Tatendrang. Was uns schwerfiel, war, aus dem ‚abgesicherten' Leben auszusteigen und uns ins unsichere Abenteuer zu stürzen.

Bei der amerikanischen Firma, für die ich arbeitete, schlug meine Kündigung wie eine Bombe ein. Man rief mich nach New York zu einem Gespräch und bot mir einen neuen Vertrag mit höherem Salär an. Mit sofortiger Wirkung wäre ich stellvertretender Verkaufsleiter und in zwei Jahren Chef für ganz Europa. Diese Beförderung hatte ich nicht erwartet und begann zu schwanken, weil das Dollarzeichen vor meinen Augen blitzte. Das verflixte Geld, das Träume erfüllen und zerstören kann. Doch der Lockruf der Ferne war stärker als Geld, und ich verabschiedete mich aus der Geschäftswelt.

Inge sagte ebenfalls ‚Adieu' zu ihrem abgesicherten Leben und kündigte als Lehrerin auf Lebenszeit. Was ihrem Vater, der ebenfalls Beamter war, einem Herzinfarkt nahebrachte.

„Wie kannst du ihr das antun?", schrie er mich an, als ich über unsere Reiseroute sprach. Er machte mich zum bösen Buben, der ich nur zur Hälfte war.

Mit farblosem Sonnenuntergang verabschiedet sich der Tag, deutet mit tiefen Wolken am Horizont einen Wetterwechsel an. Zur Vorsicht ziehe ich ein Reff in alle Segel. Mit einer Tasse Tee in der Hand drücke ich mich in den Beanbag und lasse meine Erinnerung für die Nacht zur Weltreise mit dem Camper wandern. Zu einer Reise, die mein Leben veränderte. Die mir das Vertrauen gab, mich selbstständig zu machen; die Kraft, in den USA eine Vertriebsfirma aufzubauen; den Mut, mit einem einmotorigen Sportflugzeug um die Welt zu fliegen; die Freiheit, eine romantische Segelreise um die Welt anzutreten. Die Reise mit dem Camper war meine Lehrzeit fürs Leben, nach der mich der Mechanismus der heimischen Gesellschaft nicht mehr einfangen konnte.

Erste Weltreise

Weltreise mit dem Camper

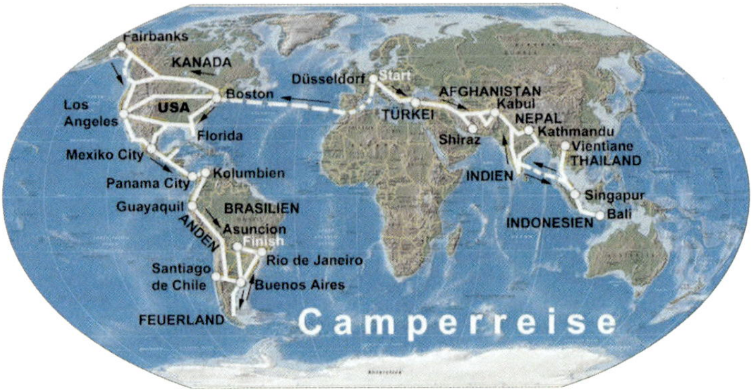

Mit den Füßen auf der Erde, 1973 - 1975

Nordroute in Afghanistan

Swayambunath Stupa, Nepal

Campingplatz in Kerala, Indien

Taj Mahal, Agra, Indien

Prozession zum Tempel, Bali

Goldener Tempel in Laos

Auf Frachter über die Ozeane

Canyon im Yellowstone Park

Sonnenpyramide, Mexiko

Indios am Atitlan See

Inge in Machu Picchu

Blick auf Rio de Janeiro

Jede große Reise beginnt mit dem ersten Schritt.

Von unseren Düsseldorfer Freunden verabschiedeten wir uns mit einer Party, und am nächsten Morgen gab ich unserem Camper die Sporen. Einem Mercedes Lieferwagen, den wir für die Reise selbst ausgebaut hatten, mit Betten, Schränken, Küche und Kühlschrank. Nach zwei Kilometern stand die Polizei vor uns, mitten auf der Straße. Ihr Radar habe vierundsechzig km/h gezeigt und das koste zwanzig Mark. Ich öffnete unsere Reisekasse und gab ihnen den Zwanziger.

„Wenn du so weiterfährst“, bemerkte Inge, *„reicht unsere Reisekasse nur bis zur Türkei.“*

So verließen wir Düsseldorf mit einem Knöllchen in der Tasche und lachenden Herzen gen Süden, der Sonne entgegen. Der Himmel über Deutschland und Österreich war stark bewölkt und erst an der Adriaküste Jugoslawiens schien uns täglich die Sonne. Da unser Urlaub unbegrenzt war, fuhren wir gemütlich und mit vielen Stopps die zerklüftete Küstenstraße entlang. Wir übernachteten in traumhaften Buchten am Meer, ließen uns von der Sonne bräunen und gewöhnten uns ans Zigeunerleben mit dem Camper. Unser neues Zuhause bewährte sich bestens, nur die Hitze machte uns zu schaffen. Drei weitere Ventilatoren über den Betten lösten das Problem.

In den Bergen Montenegros sah ich unsere Reise schon beendet, bevor sie richtig begonnen hatte. Inge wollte mir beweisen, dass sie ohne vorherige Übung den Dreieinhalbtonner fahren konnte. Der Verkehr auf der schmalen Bergstraße war gering und ich legte mich ins Bett, um eine falsche Bemerkung meinerseits zu vermeiden. Dann hörte ich *„Hilfe, Scheißer“,* meinen Kosenamen den ich hier nicht näher erklären möchte, sprang aus dem Bett, stürmte ins Führerhaus und stand im Dunkeln. Vor uns, im schwachen Scheinwerferlicht, eine Tunnelwand.

„Ich kann nichts mehr sehen“, erklärte Inge und blieb auf

der Bremse stehen. *„Hier ist kein Licht im Tunnel."*

„Erster Gang und weiterfahren", sagte ich so ruhig wie vertretbar und schaltete das Fernlicht ein. *„Fahr weiter! Jetzt den zweiten Gang. Auf keinen Fall stehen bleiben, dann rast uns einer hinten rein."*

Langsam durchfuhren wir die Kurve und das Ende des Tunnels wurde sichtbar. Die Pupillen meiner Frau stellten sich auf die Dunkelheit ein und sie gab wieder Gas.

„Wenn du aus der prallen Sonne in einen Tunnel fährst", erklärte ich ihr meine Methode, *„dann schließe ein Auge vor dem Tunnel und öffne es erst, wenn du im Tunnel bist. Dann ist die Pupille groß genug, im Dunkeln zu sehen."*

Selbst benötigte ich einige tausend Kilometer, den Kleinlaster in den Griff zu bekommen, um ihn sicher durchs chaotische Verkehrsgewühl Istanbuls zu bugsieren.

Scheibensalat in der Türkei

Obwohl wir noch in Europa waren, fühlten wir uns in Istanbul bereits im Orient. Das Stadtbild war von antiken, mittelalterlichen und neuzeitlichen Baustilen geprägt, die Griechen, Römer, Byzantiner und Osmanen hinterlassen hatten, mit Moscheen, Palästen, Harems und Basaren. In der Stadt pulsierte ein den Orient und Okzident verbindendes Leben, das für uns fremdartig und geheimnisvoll war.

Gemeinsam mit anderen Reisenden, die nach Asien unterwegs waren, übernachteten wir im Stadtpark vor der Hagia Sophia, der ein idealer Platz mitten in der Stadt war, um uns ins orientalische Leben Istanbuls zu stürzen. Auch war er sicher, denn für ein geringes Bakschisch an den Parkwächter wurde unser Camper Tag und Nacht bewacht.

Im Topkapi Serail, dem ehemaligen Regierungssitz der Sultane des Osmanischen Reiches, erhielten wir den notwendigen geschichtlichen Einblick ins orientalische Leben. Der Palast ist ein Museum und zeigt den Reichtum der osmanischen

Herrscher zu jener Zeit. Edle Baumaterialien wie Marmor, Kristalle und Tropenholz hatten sie verwendet und tonnenweise Gold zur Ausschmückung der Räume. In den vier verschiedenen Höfen sahen wir, wie die Diener lebten, die Beamten, die Sultane und die hunderten von Haremsdamen. Porträts, Gewänder und Juwelen verstärkten unsere Fantasie und für einige Stunden tauchten wir in die Welt von Tausendundeiner Nacht ein.

Viele Tage verbrachten wir in den engen Gassen des Kapali Carsi Basars, der uns in eine orientalische Stimmung versetzte, die Karl May in seinen Büchern so herrlich beschrieben hatte. Wie in Basaren üblich, waren die Geschäfte nach Branchen sortiert. Es gab die Straße der Goldhändler, der Teppichhändler, der Antiquitätenhändler und jede Handwerkszunft hatte ihren eigenen Bezirk, was das Einkaufen vereinfachte und das Geldausgeben erleichterte.

Die Freundlichkeit der Türken war überwältigend und bei Plauderstunden mit Tschai, türkischem Tee, lernten wir unsere ersten türkischen Worte: *Alas Maladik, Güle Güle.* Auf Wiedersehen.

Bei der Massage in einem traditionellen Hamam, dem türkischen Dampfbad, rubbelte uns der Masseur die schöne Bräune von der Haut und machte uns wieder zu hellhäutigen Europäern. Unsere Tage beendeten wir im Pudding Shop Café nahe der Blauen Moschee, wo es die neusten Informationen für Reisende gab, die auf der Landroute von Istanbul nach Indien unterwegs waren: Mitfahrgelegenheiten, Berichte von der Strecke, wo wir sicher übernachten konnten und was sehenswert war. Und, wo Ganoven unterwegs waren.

Gemeinsam mit Inges jüngerem Bruder Wolfgang, der mit seinem Freund Werner in einem VW-Camper durch die Türkei unterwegs war, setzten wir mit der Fähre nach Asien über und fuhren in den Süden der Türkei. Die antiken Ruinen der Geschichte entlang unseres Weges zeigten, wie stark die Türkei mit Europa verbunden war. Aus griechischer und römischer Zeit standen noch Tempelreste in Pergamon, Troja und Ephesus, durch deren Überbleibsel ich Inge in unerträglicher Hitze begleiten musste. Für Inge waren die großen Steine ein kulturelles Abenteuer, für mich Geschichte.

Große Freude empfanden wir beim Durchwandern der Tuffstein Canyons von Göreme, obwohl uns der Schweiß am Körper klebte. Das Klettern durch die schmalen Schluchten und Höhlen war eine körperliche Herausforderung, die unseren vom Autofahren verspannten Muskeln guttat. Zur Erholung setzten wir uns in Pamukkale stundenlang ins erquickende Wasser der Kalksteinterrassen.

Auf der Straße nach Ankara passierte das, wovor uns erfahrene Reisende in der Osttürkei gewarnt hatten. Beim Durchfahren eines Dorfes warf ein junger Bursche einen Stein in unsere Windschutzscheibe. Sofort zerlegte sich diese in zigtausend kleine Splitter. Wir rannten dem Kerl hinterher, fingen ihn ein und brachten ihn zur Polizei. Als diese uns zu der kleinen Hütte brachte, wo der Junge mit seiner Mutter lebte, winkten wir ab. Die arme Frau hatte keine Lira für die Scheibe übrig.

Das Gute an der Fahrt ohne Scheibe war die frische Luft, die uns abkühlte. Die schlechte Nachricht, dass es nirgends eine Ersatzscheibe gab, und eine Lieferung aus Deutschland Wochen gedauert hätte. Uns blieb keine Wahl, wir mussten in Ankara eine neue Scheibe anfertigen lassen.

Erneut war die Hilfsbereitschaft der Türken enorm und ihre handwerklichen Fähigkeiten meisterlich. Musste doch eine über zwei Meter breite und ein Meter hohe Scheibe, dem gebogenen Fensterrahmen des Autos entsprechend, hergestellt werden. Nach zwei Tagen Suche hatten wir eine flache Glasscheibe aufgetrieben, die größer war als unsere alte Scheibe. Der Scheibenspezialist schweißte uns ein Eisengestell in der Form der alten Windschutzscheibe, nur passte das riesige Windschutzscheibengestell nicht in seinen Brennofen.

Nach zwei weiteren Tagen Suche lag die Scheibe am dritten Abend in Ankaras größtem Brennofen und wurde auf Rotglut erhitzt. Durch ein Beobachtungsloch sah ich, wie sie sich allmählich in die Form des Scheibengestells absenkte. Über Nacht wurde die Temperatur des Ofens langsam heruntergefahren, damit die Scheibe spannungsfrei ihre Form hielt.

Am nächsten Morgen folgte das mit Spannung erwartete Einpassen. Der Glaser muss jahrelange Erfahrung gehabt haben, denn in weniger als einer Stunde beschnitt er die Scheibe, klebte die alte Dichtung in den Fensterrahmen und setzte die Scheibe ein. Sie passte haargenau. Nicht einen Wassertropfen ließ sie durch und das bei stürmischem Monsunregen, wie wir ihn später in Malaysia erlebten.

Dankbar verabschiedeten wir uns von Inges Bruder Wolfgang und Werner, die uns tagelang durch Ankara gefahren hatten. Sie fuhren zurück nach Deutschland und wir gen Osten, nach Anatolien. Die Hauptstraße wurde zur Schotterpiste, auf der Pferde- und Eselskarren unsere Fahrt verlangsamten. Rechts und links Weideland, soweit das Auge reichte und auf den Feldern Erntemethoden mit Sichel und Dreschflegel, wie wir es nur aus Geschichtsbüchern kannten. Lehmhüttendörfer passten sich der tristen Landschaft an und Campingplätze wurden rar. Gemeinsam mit Überlandlastern, die nach Persien, Afghanistan und dem Irak unterwegs waren, übernachteten wir an Tankstellen und durchquerten die abgeschiedene Welt im Eiltempo.

Persien vor dem Umsturz

In Persien wurde unser Leben wieder farbenfroh und orientalisch. Besonders in Isfahan, im Zentrum des Landes. Wir übernachteten im Herzen der Stadt auf dem Meidan-Schah-Platz, einem der schönsten Plätze des Morgenlandes. Geweckt wurden wir vom Muezzin der Schah Moschee und unser erster Blick durch die neue Frontscheibe fiel auf bunte Blumen in der Parkanlage vor dem Ali Qapu Palast, dem Königspalast. Rechts strahlte im Morgenlicht die Blaue Moschee und links strömten die ersten Händler durchs große Eingangstor in den Basar. Der Maiden-Schah-Platz erwachte und zeigte seine monumentale Schönheit.

Im Basar gefielen uns besonders die kunstvoll verzierten Silber- und Kupferwaren, sowie die handgeknüpften Teppiche, deren orientalische Muster und Herkunft uns Raschid erklärte. Sein Geschäft hatten wir betreten, um ein Silbertablett zu kaufen, das als Dekoration auf seinen Teppichen lag.

„Auf diesem Tablett habe ich schon als Kind unseren Kunden Tee serviert“, antwortete er in ausgezeichnetem Englisch. *„Nie würde mein Vater das Tablett verkaufen. Es gehört zu unserem Inventar wie ich. Aber bitte verweilt und trinkt einen Tee mit mir.“* Er schnipste mit den Fingern und sein neunjähriger Sohn, den er uns später als Ahmed vorstellte, verließ mit dem Tablett unterm Arm das Geschäft.

Raschid zeigte auf Kameltaschen, die mit Stroh gefüllt als Sitzkissen auf dem Boden lagen. *„Bitte nehmt auf den Chordjin Platz“*, sagte er freundlich und setzte sich uns gegenüber auf die Teppiche.

„Wollt ihr ein Silbertablett kaufen oder ein versilbertes Kupfertablett?“

„Eher ein versilbertes“, äußerte Inge unseren Wunsch. *„Es geht uns nicht ums Silber. Uns gefällt die Verzierung und die eingravierten arabischen Worte.“*

„Oh“, antwortete Raschid, *„dies sind Worte in Farsi, unserer Landessprache. Wir Schiiten sprechen Farsi.“*

Oh, Oh, dachte ich, Fauxpas. Wenn ich ihm noch sage, dass ich kein gläubiger Christ, sondern Atheist bin, serviert er mir den duftenden Tee nicht mehr, mit dem sein Sohn eintraf.

„Mir ging es wie euch“, sagte er, unser Halbwissen übergehend. *„Als ich die ersten lateinischen Worte sah, konnte ich zwi-*

schen englischen und deutschen Wörtern nicht unterscheiden. Jetzt kann ich es. Ich habe Englisch gelernt und auch ein wenig Deutsch. Mit den Sprachen lernte ich auch Geschichte und war erstaunt, wie nah sich Perser und Europäer sind."

Ahmed stellte das Tablett mit den drei gefüllten Teegläsern zwischen uns, legte seine rechte Hand auf die Brust und verneigte sich. *„Genießt Allahs Gabe"*, flüsterte er.

„Wusstet ihr", fuhr Raschid fort, *„dass Isfahan ein kultureller Kreuzweg war, wo sich europäische und indische Händler mit der safawidischen Hofgesellschaft vermischten? Schah Abbas, und das ist fünfhundert Jahre her, sah die Herrscher des christlichen Europas als potentielle Verbündete gegen seine Feinde, die Osmanen, an. Wir waren für Jahrhunderte Handelspartner von Europa. Luxusgüter wie Seide und Teppiche verkauften wir an die Europäer gegen Gold und Silber. Persien war unter Schah Abbas ein kosmopolitischer Staat. Er war tolerant gegenüber Europäern und lud sie ein, uns zu besuchen. So wie jetzt Schah Pahlavi."*

Inge erahnte meine politischen Äußerungen und sah mich böse an. Sie wollte jeglicher politischen Diskussion aus dem Weg gehen, doch ich konnte meine Meinung nicht zurückhalten.

„Auch ich halte Schah Pahlavi für einen guten Staatsmann", äußerte ich. *„Nur ist er in seinen Visionen dem Volk so weit voraus, dass es ihm nicht folgen wird. Ayatollah Khomeini plant bereits die Revolution gegen ihn und die Europäer stärken ihn. Wenn Khomeini an die Macht kommt, bekommt ihr eine Diktatur des Islams. Dann wird ..."*

„Raschid", unterbrach mich Inge erzürnt, *„würdest du mir bitte die Besonderheiten der Teppiche aus Isfahan erklären?"*

Raschid nickte mir zu, er hatte verstanden. Ruhig schilderte er die Bedeutung Isfahans als Teppichzentrum.

„Seine Blütezeit erreichte der Perserteppich unter Schah Abbas dem Großen, dem Schah den ich eben erwähnte. Er re-

gierte um 1600. Nach erfolgreichen Kriegen gegen die Osmanen und Usbeken erneuerte er das persische Reich und verlegte die Hauptstadt nach Isfahan. Damit begann die Hochzeit der persischen Teppichkunst. Schah Abbas erhob das Teppichknüpfen zur Hofkunst und richtete kaiserliche Manufakturen ein. Um eine hohe Kunstfertigkeit schon bei den Knüpfvorlagen zu erreichen, wurden Mustergestalter an berühmten Kunstschulen dafür ausgebildet. Sie zeichneten ihre Muster auf Millimeterpapier, die Knüpfer auf die Teppiche übertrugen. Immer feinere Teppiche wurden geknüpft, die kleinste Details darstellten. Dabei erhöhten die Knüpfer die Knotenzahl auf über eine Million Knoten pro Quadratmeter. Eine Feinheit, die nur mit Seide-, Gold- und Silberfäden zu erreichen war. Die Qualität der Teppichmanufakturen unterstand dem kaiserlichen Palast, der die Produktion kontrollierte. Was den hohen Stellenwert bezeugt, den die Teppichkunst in Persien innehatte. Heute ist unsere Qualität immer noch hervorragend, aber die alte Knüpfart könnte niemand mehr bezahlen."

Ein Teppich von Raschid hätte auch unser Budget gesprengt. Wir bedankten uns für den Tee und schlenderten ohne Teppich und Silbertablett tiefer in den jahrhundertealten Basar. Es war eine Wanderung durch die persische Lebenskultur. Kunstvoll bestickte Trachten hingen in den Gängen, glänzende Gold- und Silberarbeiten leuchteten in Glasvitrinen und Teppiche mit den schönsten Farben und Mustern lagen zu unseren Füßen. Verführt vom Duft des Orients, kauften wir kiloweise getrocknete Früchte und machten uns auf den Weg in den Süden Persiens, nach Shiraz.

Auf halber Strecke entlang der Dasht-e-Kavir Wüste wollten wir umkehren, weil die Hitze unerträglich wurde. Wir schlossen die Fenster, so brutal brannte uns die heiße Luft auf der Haut. Der Asphalt kochte und der Gesang unserer Reifen begleitete uns durch die Wüste. Über dem Asphalt tanzten Fata Morganas als schwarze Punkte in der Luft, es waren die

Luftspiegelungen der Laster, etwa einen Kilometer vor uns. Erst wenige hundert Meter nah, erkannte ich, ob der Laster in unsere Richtung fuhr oder uns entgegenkam.

Im Zagrosgebirge konnten wir wieder die Fenster öffnen und sogen den frischen Duft von Blumen- und blühenden Obstplantagen ein. Nach einer kühlen Nacht in den Bergen erreichten wir Shiraz, den *Garten Persiens.* Über der Stadt lag ein liebliches Rosenaroma und die Luft war angenehm mild, was unsere Nächte im Camper wieder erholsam machte.

Bis auf die dritte Nacht, die wir gemeinsam mit anderen Reisenden am Lagerfeuer auf dem Campingplatz verbrachten, als eine Diskussionsrunde politisch wurde und ich der Einzige war, der den Schah einen guten Landesvater nannte. Weil ich in den geheuchelten Worten des Ayatollah Khomeini einen islamischen Diktator sah, der die Frauen wieder unter den Schleier zwingen wollte. Was auf die Rolle gegangene Hippies, jene, die von uns immer kostenlos mitgenommen werden wollten, anders sahen. Für sie gab es nur eine Vision: Persien gewaltsam zu verändern. Sie folgten den Steine werfenden Straßenführern in Berlin. Inge sah das bedauerlicherweise ähnlich, was zwischen uns eine ‚Gewitterwolke' aufziehen ließ, die uns bis Teheran den ‚Himmel' verdunkelte.

Persien befand sich im Umbruch, und dass ein Umbruch viele Generationen dauert, erlebten wir durch die Bekanntschaft mit Studenten in Teheran. Zwei von ihnen hatten uns zu einem Picknick in die Berge eingeladen. Mit Begeisterung folgten wir der Einladung, denn sie würden ihre Frauen mitbringen, was Inge besonders erfreute, denn sie wollte sich mit jungen Frauen austauschen. Dies war bis dato schwierig, da viele Frauen verschleiert durch die Stadt liefen und wir sie nicht ansprechen wollten.

Im Cafégespräch in Teheran hatten die beiden Studenten die westlichen Freiheiten noch gelobt und bewundert, aber zum Picknick erschienen ihre Frauen bis auf einen schmalen

Sehschlitz verschleiert. Im Schatten einer alten Pinie breiteten wir einen Kelimteppich aus und diskutierten über Persiens Annäherung an die westliche Kultur. Die Frauen äußerten sich nur selten und die Diskussion war ein wenig idealistisch, aber frei und offen. Zwischendurch genossen wir frische Melonen, Granatäpfel, Datteln und Nüsse. Als uns das Trinkwasser ausging, fuhren die jungen Männer ins Dorf, um Nachschub zu holen. Kaum waren sie unserem Blickfeld entschwunden, fielen bei den Frauen die Schleier. Freudig und lächelnd zeigten sie ihre Schönheit und die unter den Schleiern verborgene westliche Kleidung.

„Ihr müsst doch unseretwegen in dieser Hitze nicht unter dem Schleier schwitzen", sagte Inge überrascht. *„Eure Männer erwähnten doch, dass sie westlich denken und gegen den Schleier sind."*

„Das sagen sie nur, um euch mit ihrer angeblich freien Denkweise zu beeindrucken", antworteten sie. *„In der Realität folgen sie den Anweisungen ihrer Väter und des Imam, bei denen unsere Freiheit endet. Der Schah hat für uns die Universitäten geöffnet und den Schleierzwang abgeschafft, nur hat es in den Köpfen der Imame keinen Platz."*

Beim Erscheinen ihrer Männer zogen die Frauen die Kopftücher wieder übers Gesicht und ihre schönen Augen lächelten uns weiterhin freundlich zu. Wir erlebten den Zwiespalt einer uns fremden Kultur.

„Kann man nur hoffen", sagte ich nach der Begegnung zu Inge, *„dass wir Europäer schnell lernen, die Kultur des Islams zu verstehen. Ansonsten treiben wir das Land in die Arme der Mullahs, wie Khomeini."*

„Dann misch dich nicht ein", fuhr mich Inge harsch an. *„Jetzt können wir noch frei reisen und das sollte für uns beide das Wichtigste sein. Ich bin nicht gezwungen, mich hinter dem Schleier zu verstecken."*

Für die nächsten drei Tage sprachen wir nur das Nötigste

miteinander. Inge hatte meine politischen Äußerungen der letzten Tage nicht toleriert, ließ mich ihre Kritik als Kälte spüren. Ich jedoch wollte nicht durch die Welt reisen, ohne mit den Menschen zu diskutieren. Spannung lag in der Luft und langsam wurde der Raum im Camper zu klein für uns zwei.

Während der eine im Camper war, saß der andere im Stuhl davor. Inge störte plötzlich mein nächtliches Schnarchen, was bis dato nicht der Fall war. Mir schmeckte ihre Küche nicht mehr und ich aß in persischen Restaurants. Meine Nächte verbrachte ich mit anderen Abenteurern und kehrte erst morgens zum Camper zurück. Unsere Verbohrtheit ging soweit, dass keiner dem anderen sagte, was er vorhatte oder tun würde. Zynisch warfen wir uns dumme Bemerkungen an den Kopf oder gingen stumm aneinander vorbei.

„Deine alten Steine kannst du dir in Zukunft alleine ansehen", brummte ich und ging in die Stadt. Ich setzte mich in ein Café und dachte an die Worte eines erfahrenen Camperfreundes: 'Es kommt der Tag, an dem es für euch beide im Camper zu eng wird. Diesen Tag müsst ihr überstehen. Danach läuft vieles harmonischer.'

„Willst du auch ein Ei?", fragte Inge am nächsten Morgen.

„Wenn du kannst, so wie immer", sagte ich gröber als gewollt und setzte mich an den Frühstückstisch.

Inge nahm mir gegenüber Platz und schaute mir lächelnd in die Augen: *„Schlacht vorbei?"*

„Schlacht vorbei!"

Afghanistan nach dem König

In Richtung Afghanistan winkten uns die Menschen, dass wir anhalten sollten, was uns verwunderte. Bis wir begriffen warum. Unser Kleintransporter war vom gleichen Typ wie die vielen Kleinbusse, die zwischen den Dörfern hin- und herfuhren. Sie hielten unseren Camper für einen dieser Minibusse, die in Persien in Lizenz gebaut wurden. Gelegentlich stoppten wir und nahmen an den Straßen stehende Einheimische und Polizisten ins nächste Dorf mit. Auch Frauen, die unter einem Schleier ohne Sehschlitz verborgen waren. Ihr Salem Maleikum und Shukran waren die einzigen Worte, die wir hörten.

Durch ein fünf Kilometer breites Niemandsland fuhren wir nach Afghanistan und erhielten an der Grenzstation den Königlichen Einreisestempel. Das Königliche wurde jedoch durchgestrichen, denn Afghanistan befand sich im politischen Umbruch. Das Königshaus war entmachtet worden. Von der aktuellen Revolution spürten wir wenig, das Leben schien weiterzugehen wie zuvor. Nur bei den jüngeren Afghanen, mit denen wir sprachen, blühte die Hoffnung auf Veränderung. Nur huschten auch ihre Frauen weiterhin unter der Vollverschleierung an uns vorbei.

Auf staubiger Schotterpiste, die ein Teil der alten Handelsstraße nach China war, kämpften wir uns mühsam durch die Berge des Hindukusch zu den Band-i-Amir Seen, einer Naturschönheit in der trockenen Bergwüste. Esel- und Kamelkarawanen zwangen uns in engen Gebirgsschluchten zum Anhalten und die mit Lasten oder Familien mit Hab und Gut beladenen Tiere zogen scheu an uns vorbei.

„Hier ist es wie im wilden Kurdistan“, erklärte ich Inge meine Begeisterung. *„Abenteuerliche Schluchten, wie sie Karl May beschrieben hat.“*

Zweimal blieben wir im Wüstensand stecken und Inge bemerkte mit staubbelegter Zunge: *„Für heute reicht's an Abenteuer.“*

Dann blickten wir in dreitausend Meter Höhe auf die farbige Seenlandschaft, in der jeder der durch Kalkstein aufgestauten Seen eine andere Farbe hat. Vom tiefsten Blau bis zum hellsten Türkis. Wir stoppten am Ufer des türkisfarbigen Band-i-Panir Sees, neben zwei großen Zelten, die als Hotel und Restaurant dienten.

Vor dem Restaurant stand ein halbes Duzend mit roten

Bommeln geschmückter Pferde, die für Tagesausflüge vermietet wurden. Vor dem Hotel parkten zwei russische Jeeps und zu unserer Überraschung der hellblaue VW-Käfer mit Düsseldorfer Kennzeichen. Nach ihm wurden wir oft von anderen Reisenden gefragt, da das ‚Pärchen mit dem Käfer' doch ebenfalls aus Düsseldorf kam. In Band-i-Amir lernten wir sie kennen, Wolfgang und Angi. Tausende Kilometer entfernt von Düsseldorf, obwohl sie dort in unserer Nähe wohnten und wir in der gleichen Kneipe unser Bier tranken. Von uns hatten sie ebenfalls gehört, dem ‚Mercedes aus Düsseldorf'. Gemeinsam verbrachten wir den Abend in unserem Camper und tauschten Lebens- und Reisegeschichten aus. Wolfgang und Angi waren frisch verheiratet und nahmen sich eine halbjährige berufliche Auszeit, Wolfgang als Arzt und Angi als Apothekerin. Wie ihre Reise weitergehen würde wollten sie in Kabul entscheiden, der Hauptstadt Afghanistans, wo Wolfgang eine Nachricht von der Düsseldorfer Universitätsklinik erwartete. Unsere Reise- und Abenteuerpläne waren sehr ähnlich. Inge und Angi wollten exotische und verlassene Ecken dieser Erde entdecken und auf einsamen Inseln die Füße hochlegen. Wolfgang und ich, mittelgroß und gleich fit, hatten den Ehrgeiz, hohe Berge zu bezwingen. Was beide Damen sofort aus ihrem Programm strichen, aber versprachen, unten auf uns zu warten.

Beim Frühstück am nächsten Morgen sahen wir Angi und Wolfgang mit müden Gesichtern. Sie hatten auf den Tschapoys, den aus Holz gezimmerten Schlafgestellen im Hotelzelt, eine ruhelose Nacht verbracht. Dennoch brachen wir auf, die farbigen Seen zu umwandern, was zu einer kräftezehrenden Kletterei wurde, weil wir auf die Seen von einem fünfhundert Meter hohen Bergkamm blicken wollten. Schweißgebadet erreichten wir den Kamm und ließen nur noch unsere Blicke um die Seen wandern.

Nah am Ufer des Blauen Sees erblickten wir Felswohnungen und stiegen zu ihnen hinunter. Es waren Felsgrotten, die mit aufgestapelten Steinen abgeschottet waren. Vor der Mauer spielten verstaubte Kinder im Sand und hinter der Mauer stieg grauer Rauch aus einer Kochstelle auf. Angi holte einige Bonbons aus ihrer Umhängetasche und hielt sie den Kindern entgegen. Erst zögernd, dann aber fix und lachend, griffen sie nach den Süßigkeiten. Langsamen Schrittes trat ein alter Mann hinter der Mauer hervor und kam mit drei Eiern in der Hand auf uns zu. Er öffnete das Tragetuch über seiner Schulter und der Duft frisch gebackener Fladenbrote eroberte unsere Nasen. Zehn Afghani wollte er für die Eier und zehn für die Brote. Die Eier lehnten wir ab, denn sie waren meist halb ausgebrütet. Die duftenden Brote kauften wir, obwohl wir wussten, dass auch Sand mit eingebacken war. Der Alte machte das Handzeichen ihm zu folgen und führte uns zu einer winzig kleinen Mühle. Vom überlaufenden Wasser des Blauen Sees wurden die Mühlsteine angetrieben und es roch nach frisch gemahlenem Mehl. Mit den Händen machte uns der Afghane verständlich, noch mehr Brote backen zu können. Wir nickten und zeigten auf unsere Autos. „Bale", sagte er zustimmend.

Den Abend verbrachten wir plaudernd im Restaurantzelt, wo mir ein belgischer Fahrer vom Startproblem seines Dieselmotors erzählte, und dass dieser nicht vor zwei Uhr nachmittags ansprang. Was am geringen Luftdruck in der Höhe und der sauerstoffarmen Luft lag.

Als Erstes am nächsten Morgen versuchte ich meinen Motor zu starten und gab nach fünfminütigem Geleier enttäuscht auf. Aus einer gemeinsamen Weiterfahrt mit Angi und Wolfgang wurde nichts, denn Wolfgangs VW brummte beim ersten Versuch. Er wollte unbedingt nach Kabul, um zu erfahren, ob er noch Zeit hätte nach Indien weiterzufahren. Damit verloren wir uns vorläufig aus den Augen und ahnten nicht, dass wir in den folgenden Jahren noch viele Reisen gemeinsam unternehmen würden.

Den halben Vormittag benötigte ich, einen aufgeschlitzten Reifen mit Handwerkzeugen von der Felge zu ziehen, was bei Lkw-Reifen eine schweißtreibende Knochenarbeit ist. Unerwartet wurde ich jedoch mit fünfzig Afghani belohnt. Denn kaum hatte ich den nutzlosen Reifen von der Felge, kam ein Afghane und kaufte ihn mir ab. Verdutzt fragte ich, wozu er diesen in der Bergwüste brauchte. Er deutete auf seine Sandalen, hob einen Fuß und zeigte auf eine zentimeterdicke Laufsohle aus Reifengummi.

„Verstehe“, sagte ich, lachte und zeigte auf den alten Reifen. *„Michelin! Garantiert noch hunderttausend Gehkilometer.“*

„Links! Links!“ in Pakistan

Zu unserer Sicherheit fuhren wir im Konvoi mit Lastwagen über den Khyberpass nach Pakistan. Jenen gefürchteten Pass durchs Hindukusch-Gebirge, an dem viele Eroberer, die Afghanistan von Indien aus besetzen wollten, gescheitert waren. Wie die Engländer, die während ihrer Kolonialzeit in zwei verlustreichen Schlachten umkehren mussten. Räuberische Banden überfielen weiterhin Karawanen, Lastwagen und Reisende und entsprechend ängstlich kämpften wir uns die engen Schluchten hoch. Die Schönheit der zerklüfteten Schluchten sahen wir nur im Vorbeifahren, denn wir hatten nicht den Mut länger anzuhalten, wovor uns die einheimischen Lkw-Fahrer warnten.

In Pakistan schlug uns die höllische Hitze des indischen Subkontinents vor dem Monsun entgegen und es war unmöglich, im aufgeheizten Camper zu schlafen. Wir mieteten uns Tschapoys und schliefen wie die Pakistani im Freien.

Die Umstellung auf Linksverkehr, ein Relikt aus britischer Kolonialzeit, wurde uns am dritten Tag auf einer wenig befahrenen Landstraße fast zum Verhängnis. Im Schatten eines Baumes hatten wir eine längere Mittagspause eingelegt und nach einem ausgiebigen Nickerchen fuhr ich gedankenlos auf die Landstraße zurück. Endlich auf Geschwindigkeit, kam uns auf der einspurigen Chaussee ein voll beladener Lastwagen entgegen. Aus Gewohnheit wich ich nach rechts in den Sand aus, gab die halbe Straße frei. Wir sollten aneinander vorbeikommen. Auch er machte die halbe Straße frei, nur fuhr er auf meine Seite. Beide hielten wir unsere Geschwindigkeit, rasten aufeinander zu.

„Was macht denn der Idiot", schrie ich und trat auf die Bremse. Ein Zusammenstoß schien unvermeidbar. Im gleichen Moment schrie Inge: *„Nach links! Nach links!"*

Ich riss das Steuer herum, schaffte es noch auf die linke Straßenseite, dann gab es einen furchtbaren Knall und unser rechter Außenspiegel zersplitterte an Inges Seitenfenster. Mit zittrigen Beinen brachte ich den Wagen zum Stehen. Inge hing bleich in ihrem Sitz, senkte den Kopf.

„Mein Gott, Scheißer", flüsterte sie, *„ich dachte, das war's."*

Der pakistanische Fahrer hatte nicht angehalten oder den Fuß vom Gas genommen. Mit Vollgas fuhr er weiter. Wir jedoch nahmen einen roten Filzstift, malten ein DIN A4 großes Plakat und klebten es aufs Armaturenbrett.

LINKS FAHREN, LINKS!

Auf dem Dach der Welt

Indien begrüßte uns „by the millions" mit *How are you mister? What's your name? Where do you come from?* Wir brauchten einige Zeit uns daran zu gewöhnen, überall von Menschen umringt zu sein, egal wo wir waren oder was wir taten. Die ganz Dreisten schlichen sich aufs Gelände der Government Resthouses, wo wir oftmals übernachteten, und klopften an den Camper. Und wieder hörten wir: *How are you mister? What's your name? Where do you come from?*

Über Neu-Delhi, der Hauptstadt Indiens, lag eine schwüle Hitze, die wir tagsüber noch ertragen konnten. Nachts aber, war erholsames Schlafen unmöglich. Wir verließen die indische Tiefebene und flohen in den Norden. In Lucknow überquerten wir Indiens heiligen Fluss, den Ganges, durchfuhren das fruchtbare Teraigebiet und folgten der Dschungelstraße in den Himalaya.

Im frischen Bergklima Nepals, am Phokara-See, ließen wir Körper und Seele baumeln. Am Fuße der höchsten Berge der Welt genossen wir Ruhe und Abgeschiedenheit. Tagelang wanderten wir durch grüne Täler und übernachteten bei den Einheimischen in rotbraunen Lehmhütten inmitten der Reisterrassen. Häufig schliefen wir in Schlafsäcken auf den flachen Dächern und genossen das Gold der letzten Sonnenstrahlen im Schnee der Achttausender. Stunden später, im kalten Sternenlicht, standen die Schneegipfel wie eiskalte Engel über uns.

Nepals Hauptstadt Kathmandu begeisterte uns mit ihren vielen Tempeln, die den verschiedensten Göttern gewidmet sind. Affentempel und Liebestempel, hinduistisch und buddhistisch. Religion ist ein Bestandteil des nepalesischen Alltags, die mit Freude gezeigt und zelebriert wird. Wie das blutige Opferfest in Patan, bei dem hunderten von Büffeln und Ziegen mit einem Schwerthieb der Kopf abgeschlagen wurde und das Blut gegen die Tempelmauern spritzte, was unsere Freude für den Rest des Tages in Grenzen hielt.

Schöner anzusehen war der weiß strahlende Stupa auf dem Swayambhunath Hügel, den wir in der Morgenfrische erstiegen. Über 365 Steinstufen und begleitet von unzähligen Affen. Sie hatten auf dem Hügel ihren eigenen Tempel und verlangten ihren Wegezoll von Erdnüssen und Bananen. Mein Bild vom ‚kuscheligen Affen' zerrissen sie, als sie mir die Fototasche entreißen wollten. Als ich ihnen auf die Pfoten schlug, fauchten sie und drohten, mich mit ihren langen Reißzähnen anzugreifen. Schweißgebadet erreichte ich den Stupa und mein Bild vom ‚heiligen' Tempel der Affen war zerstört.

Der buddhistische Grabhügel, eine gewaltige Halbkugel aus Stein, war frisch gekalkt und mit bunten Fähnchen behängt. Auf die Halbkugel aufgesetzt war eine vergoldete, viereckige Reliquienkammer, in der Überreste von Buddha und besonderen Mönchen aufbewahrt wurden. Auf den Außenwänden der Kammer blickten Buddhas blau gemalte Augen in alle vier Himmelsrichtungen. Mystisch geschwungene asiatische Augen, die nach längerem Betrachten freundlicher wurden. Bei meinem Rundgang um den Stupa schienen sie mich im Auge zu behalten, und wann immer ich beim Drehen der Gebetsmühlen aufschaute, blickten sie zu mir herunter. So, als beobachteten sie mich.

Fasziniert hielt ich inne und vertiefte meinen Blick. Buddhas Augen wurden lebhaft, als wollten sie mir etwas sagen.

„Gut!", flüsterte ich. *„Sagt mir, ob meine Reise schön enden wird."* Buddhas Augen lächelten.

Buddhas Aura, die mich umgab, müssen die Affen gespürt haben, denn sie ließen mich unbehelligt die 365 Stufen wieder absteigen.

Auf einer sehr schmalen und wenig befahrenen Landstraße fuhren wir nach Kodari an der chinesischen Grenze. Von dort aus wollten wir nach Tibet weiterfahren. Obwohl China 1973 noch ‚verschlossen' war, waren wir am ersten Tag optimistisch, nach China einreisen zu dürfen. Denn der chinesische Beamte lud uns freundlich zu einem Gespräch ein. Am zweiten Tag wurden die Fragen nach Beruf, politischer Einstellung und warum wir um die Welt fuhren, detaillierter. Nur hatte unsere Antwort, wir reisten als Privatleute um die Welt, in ihren Köpfen keinen Platz. Am dritten Tag hielten sie uns für Spione, fragten nach unseren Auftraggebern und verwehrten uns die Einreise.

Indien, Land der Emotionen

Zurück in Indien, schienen alle Inder auf den Straßen zu

sein, zu Fuß, mit dem Fahrrad, im Auto oder auf einem Ochsenkarren. Alle in einem Verkehrschaos, das nicht nach Vorschriften, sondern nach eigenen Gesetzen ablief: Das Recht des Stärkeren. Lastwagen wichen keinem Pkw aus und dieser keinem Motorrad. Der Motorradfahrer hupte sich die Tröte heiser, scheuchte Radfahrer und Fußgänger von der Straße. Nur Busse hatten eine Sonderstellung, sie bretterten immer. Und zwischen all dem Durcheinander: die heilige Kuh, die alles zum Stehen brachte.

Ihre Blinker benutzten die Inder so gut wie nie. Sie zeigten das Abbiegen mit Handzeichen an. Den Arm aus dem Fenster hängen, manchmal nach rechts unten zeigend, bedeutete ‚ich werde nach rechts abbiegen'. Was sofort oder nach zig Kilometern der Fall sein konnte. Ging der Arm nach oben, bedeutete es nicht wie bei uns ‚anhalten'. Nein, der Fahrer bog dann irgendwann nach links ab. Da Indien Linksverkehr hat und der Fahrer rechts im Auto saß - ich in meinem Camper aber links - war das Autofahren ein spannungsgeladener Überlebenskampf.

Um das wilde Verkehrschaos zu bewältigten ohne die Nerven zu verlieren, beschränkten wir uns auf zweihundert Kilometer pro Tag. Wir nahmen uns die Zeit anzuhalten und das farbige Indien vom Norden bis zur Südspitze kennen zu lernen. Von der hellbraunen Wüste Rajasthans zu den grünen Teebergen in Nilgiri und entlang der Kokosnussalleen in Kerala. Die Bauwerke der Religionen waren so vielfältig wie die Farben Indiens. Der Goldene Tempel der Sikhs in Amritsar, die hinduistischen Tempel in Mysore, der Mahabodhi Tempel der Buddhisten in Bodhgaya, die Jami Masjid Moschee der Muslime in Delhi und der Jain Tempel in Ranakpur.

Besondere Freude empfanden wir beim Besuch der Erotik Tempel in Khajurao, einem riesigen Tempelbezirk mit erotischen Skulpturen des Tantrismus. Ein öffentliches Meisterwerk der Kunst des Liebens. Anregend und farbig in den Darstellungen, zeigte es die sexuellen Möglichkeiten, unser Erdenleben zu verschönern.

Das Zeugnis einer unsterblichen Liebe besuchten wir in Agra, das Taj Mahal. Der Großmogul Schah Jahan hatte es zum Gedenken an seine verstorbene Hauptfrau in fünfzehn Jahren Bauzeit errichten lassen. Ein Meisterwerk aus weißem Marmor, wo jeder eingefügte Edelstein eine Liebeserklärung war.

Eine illustre Nacht verbrachten wir auf einer Tigerjagd im Dschungel des Ghat Gebirges, wo wir mit indischen Freunden auf der Lauer lagen und auf den Tiger warteten. Sichtbar für uns blökte ängstlich eine Ziege, die als Köder an einen Baum gebunden war. Diese tat uns derart Leid, dass wir eine Flasche Whisky zwischen den Jägern rundgehen ließen, um mit Maltgeruch den Tiger fernzuhalten. Die glühenden Tigeraugen zeigten sich nicht und wir waren stolz, die Ziege bis zum Morgengrauen verteidigt zu haben. Müde kehrten wir in den Bungalow zurück und lachten uns in den Schlaf. Denn Affen hatten in erfolgreicher Jagd unseren gesamten Obstkorb geleert.

Für tausende Kilometer hatten wir die chaotische Fahrweise in Indien gut überstanden, doch in Kerala, im Süden Indiens, erwischte es uns. Nicht durch den Verkehrsunfall direkt, sondern durch den Mob, der uns lynchen wollte. Vor einer derartigen Situation hatten uns erfahrene Indienreisende und die Inder selbst gewarnt: ‚Solltet ihr je in einen Unfall verwickelt sein, von dem ihr noch wegfahren könnt, dann unbedingt weiterfahren. Erst in der nächst größeren Stadt für euren eigenen Schutz zur Polizei gehen. Ansonsten werdet ihr gelyncht.‘

Das Weiterfahren hatte ich im Sinn, als wir mit gedrosselter Geschwindigkeit durch ein Dorf fuhren. Vor uns ein Taxi, dem wir schon seit längerer Zeit folgten, denn der Fahrer schlängelte sich geschickt mit Hupen und Handzeichen durch den Verkehr. Plötzlich rannte ein Mädchen wenige Meter vor dem Taxi auf die Straße. Der Taxifahrer und ich erblickten das Kind gleichzeitig, aber ein Ausweichen war unmöglich. Zu viele Fußgänger waren um uns. Mit voller Kraft traten wir auf die Bremse. Der Taxifahrer konnte den Aufprall nicht mehr verhindern. Das Mädchen flog über seine Motorhaube und landete auf dem Bürgersteig, nur wenige Meter neben unserem Camper. Regungslos blieb es liegen.

Bevor ich den ersten Gang einlegen und weiterfahren konnte, waren wir schon von Menschen umstellt. Innerhalb weniger Sekunden blockierten hunderte Inder die Hauptstraße. Der Verkehr stand still. Der Taxifahrer wurde aus dem Auto gerissen und verschwand in der Menschenmasse. Jemand schrie und alle richteten ihre Blicke auf uns. Blanker Hass spiegelte sich in den Augen der Masse.

„Schließ die Seitenscheibe, verriegle die Tür“, rief ich Inge zu. *„Greif zum Feuerlöscher.“*

Der Mob wandte sich unserem Camper zu, schlug gegen Fenster und Blech, versuchte gewaltsam unsere Türen zu öffnen. Ich riss die Sicherungsstifte aus den Feuerlöschern, denn sollten sie eindringen, würden wir uns wehren und ihnen den Löschschaum in die Augen sprühen. Erst waren es Fäuste, die schlugen, dann tauchten dicke Knüppel auf. Mit Handzeichen versuchte ich ihnen klarzumachen, dass wir das Mädchen nicht angefahren hatten und zeigte aufs Taxi. Die hysterische Meute begann zu toben. Die dumpfen Schläge wurden lauter, das Gebrüll beängstigend. Es war nur eine Frage der Zeit, bis die Scheiben nachgaben. Inge saß wie gelähmt auf ihrem Sitz. Fassungslos blickte sie in die hasserfüllten Gesichter. Mir war klar, sollte der Mob die Scheibe einschlagen, durfte er Inge auf keinen Fall zu fassen bekommen. Inge war kein physischer Kämpfer. Wenn es zum Kampf kommen sollte, wollte ich sie hinter mir wissen.

„Wenn die erste Scheibe zersplittert, springst du nach hinten“, schrie ich ihr zu. Zweifelte aber, sie dann noch beschüt-

zen zu können. Das Adrenalin in mir kochte, ich würde kämpfen. In der Fahrerkabine konnte ich mich frei bewegen und uns verteidigen.

Plattgedrückte Gesichter klebten an unseren Seitenfenstern, die Meute schien sich selbst zu zerquetschen. Ich hielt die Düse des Feuerlöschers gegen die Scheibe, Zentimeter vor ihre Augen. Sie schrien vor Angst als sie ins Rohr blickten, konnten aber keine Handbreit zurückweichen. Aus dem Augenwinkel sah ich einen jungen Mann auf unsere Stoßstange klettern. Er will die Windschutzscheibe eintreten, dachte ich, und sprang in den Fahrersitz, wollte den Motor starten. Er gestikulierte, dass wir ruhig bleiben sollten und zu meiner Überraschung zeigte er keine Aggressivität. Er hielt sich am Scheibenwischer fest, richtete sich auf und schrie der Menschenmasse etwas entgegen. Er wiederholte sein Geschrei nach rechts und links und zeigte aufs Taxi. Langsam senkten sich die Knüppel, die Schläge gegen unseren Camper verstummten.

Dann tauchten die ersten Polizisten auf. Holzstockschlagend schoben sie sich durch die aufgebrachte Masse. Der Mob ließ die Knüppel fallen und die angespannte Atmosphäre beruhigte sich. Ein Polizist kam mit erhobenem Stock auf uns zu. Er befahl uns ruhig zu bleiben und erst weiterzufahren, wenn er uns ein Zeichen gäbe.

Mit Blaulicht schob sich ein Krankenwagen durch die Menschen, hielt neben uns. Während das Mädchen auf einer Trage in den Wagen geschoben wurde, zog sich die Menge von der Straße zurück, so schnell wie sie gekommen war. Der Polizist nickte mir zu, gab uns das Zeichen weiterzufahren.

„Indien ist schön“, bemerkte Inge. *„Aber Gnade uns Gott, wenn wir einen Unfall haben.“*

Mann über Bord im Indischen Ozean

Unsere Weiterfahrt durch Burma nach Thailand verweigerte uns der kommunistische Parteichef der Burmesischen Botschaft mit der Begründung, die Landstraße sei zu ‚unsicher'. Wir boten ihm an, einen Konvoi mit fünf weiteren Campern zu bilden, die ebenfalls nach Thailand wollten, und für den notwendigen ‚Begleitschutz' zu bezahlen. Drei Tage hofften wir, dann kam das ‚No' aus Rangun.

Gemeinsam mit zwei Campern, die dennoch weiter nach Asien wollten, fuhren wir zur Hafenstadt Madras im Südosten Indiens, um über den Golf von Bengalen nach Malaysia überzusetzen. Mit dem Passagierschiff *Chidambaram,* das als Personen-Fähre zwischen Madras und Penang verkehrte und Autos auf dem Deck mitnahm.

Das Wetter war für eine Seefahrt bestens, mit blauem Himmel und geringem Seegang. Inge kämpfte mit schwacher Seekrankheit und ich stöberte neugierig durchs Schiff. Die *Chidambaram* war ein altes französisches Passagierschiff, das Jahrzehnte auf den Weltmeeren hinter sich hatte, mit viel Rost unter dick aufgetragener Farbe. Nur im Maschinenraum sah man ihr das Alter nicht an.

Es war am zweiten Tag auf See, als sich das Schiff plötzlich stark nach Backbord neigte. Die Liegestühle, in denen wir lesend auf Deck lagen, drohten umzukippen. Eilig rannten wir zur anderen Seite des Schiffes, auf die Hochseite, wo eine Gruppe Inder an der Reling stand und hektisch diskutierend aufs Meer zeigte. Wir folgten ihrem Fingerzeig und sahen zwei Seemeilen entfernt einen kleinen Punkt im Meer. Das Schiff beendete den harten Kurs, drosselte die Fahrt und hielt auf den Punkt zu. Das Sonnendeck füllte sich mit Passagieren und wir hörten, was passiert war. Ein Seemann war samt Rettungsboot über Bord gefallen. Ein Anstreicher, der während unserer Fahrt die Haltebügel der kleinen Boote mit frischer Farbe belegte. Den Haltehebel des Bootes, in dem er stand, wollte er besonders gut streichen und legte ihn um. Womit er sich verabschiedete.

Den hohen Fall hatte er gut überstanden, denn er saß im Rettungsboot und winkte panisch. Kein Problem, dachte ich. Die See war ruhig, wir konnten den Seemann im Auge behalten. Nur gelang es der Crew nicht, ein Rettungsboot abzusenken. Die Anstreichercrew hatte zu viel Farbe benutzt. Die Hebel waren verklebt. Als auch das zweite Rettungsboot nicht funktionierte, begann ich, mir Sorgen zu machen. Was passiert, wenn es für alle brenzlig wird? Gott sei Dank funktionierte das dritte Rettungsboot und nach zwei Stunden im Wasser war unser Seemann wieder an Bord.

Die *Chidambaram* legte am Kay in Penang an und wir bekamen wieder festen Boden unter die Füße. Mussten aber noch nervenaufreibende Minuten überstehen, als unser Camper am Kranhaken hin und her pendelte. Wir beteten zum Himmel, dass die Anstreichercrew den Haltehebel richtig eingeklinkt hatte - sie hatte.

Multikulti in Malaysia

Auf hervorragenden Asphaltstraßen durchfuhren wir ein Land, das sich im wirtschaftlichen Aufbruch befand. Vorbei an Zinnminen, Latexplantagen, Ölpalmenwälder und Fischfarmen. Das Bild, das wir von Malaysia bekamen, entsprach den Schilderungen zweier Inder, mit denen wir auf der *Chidambaram* die Kabine teilten. Sie arbeiteten als Gastarbeiter auf einer Latex-Plantage und ernährten damit ihre Familien in Indien. Fünfzehn Prozent der Bevölkerung seien indischen Ursprungs, erklärten sie, die vorwiegend in der Landwirtschaft arbeiten. Oder in Jobs, die den Malaien wenig Freude bereiten. Die Chinesen seien mit fünfunddreißig Prozent die zweitgrößte Bevölkerungsgruppe und hervorragende Geschäftsleute. Sie würden hart und viel arbeiten, wären geschickte Händler und brächten die Wirtschaft vorwärts. Als ich sie fragte, was die Malaien täten, lächelten sie. Den Malaien gehöre das Land, antworteten sie. Sie seien vorwiegend als Staatsbedienstete beschäftigt, die mehr Zeit in den Moscheen als in ihren Büros verbringen.

Je näher wir Kuala Lumpur kamen, der Hauptstadt Malaysias, desto heißer wurde es im Auto. Wir näherten uns dem Äquator und die Sonne heizte das Auto zur Sauna auf. Dennoch machten wir keine Rast, fuhren schweißüberströmt weiter, um das Postamt noch vor der Schließung zu erreichen. Inge stürmte mit unseren Pässen zum Poste-Restante-Schalter, während ich drei Runden um das hübsche altorientalische Gebäude fuhr. Mit einer Hand voller Briefe winkte sie mir zu und sprang freudestrahlend wieder ins Auto.

„Auf in ein klimatisiertes Café," rief sie und drückte mit beiden Händen die Briefe an ihre Brust. *„Wir haben sieben Briefe bekommen."* Briefe die Nachrichten aus der Heimat waren, auf die wir nach zwei Monaten ohne Post sehnsüchtig warteten.

Während ich nach einem kühlen Plätzchen Ausschau hielt, las mir Inge die Absender der Briefe vor. Nur schwer konnte sie widerstehen, den ersten Brief aufzureißen, hielt sich aber an unsere Vereinbarung, die Briefe nur gemeinsam zu öffnen. Denn jeder Brief war für uns ein Geschenk aus der Heimat. Erst als uns der Kellner im Restaurant Kaffee und Eis servierte, begannen wir zu lesen. Die Überraschung war ein Brief von meiner Schwester aus Ost-Berlin, die unseren Brief aus Indien erhalten hatte. Denn wir wussten nie, ob unsere Post von der Stasi durchgelassen wurde. Manchmal legten wir Bilder und Zeitungsartikel aus der fernen Welt bei, die bei ihr nie ankamen. Viele Nachrichten in den Briefen waren banal, aber fern der Heimat war es schön auch diese zu lesen. Den folgenden Tag machten wir zum Ruhetag und beantworteten alle Briefe.

Auf der Insel Dyong, im Delta des Terengganu-Flusses an der Ostküste Malaysias, schlug mein Ingenieursherz um viele Takte höher, denn ich lernte die jahrhundertalte und auf der Welt einzigartige Dübeltechnik beim Bau von Holzbooten kennen. Wir waren der Einladung eines Schiffsbauers gefolgt, der uns diese Besonderheit beim Bau von Dyong-Dschunken erklärte. Wo die Planken über einem Feuer gebogen und danach auf Stoß aufeinandergesteckt wurden. Dabei steckten in der unteren Planke Eisenholzdübel, etwa alle fünf Zentimeter und bis zu hundert Stück, die in Löcher der nächsten Planke passen mussten. Zwischen den Planken wurde ein Streifen Baumrinde zum Abdichten gelegt. Die aufeinandergedübelten Planken ergaben die Bootsform, einen selbsttragenden Rumpf. Erst als die Bootsschale fertig war, wurden die Spanten und der Bootsaufbau eingebaut. Die Boote wurden nicht nach Plan, sondern nach dem Auge und Können des Bootsbauers hergestellt. Fasziniert sah ich zu, wie Bootsbauer mit simplen Handwerkzeugen sechs Meter lange Planken aus hartem Chengalholz millimetergenau aufeinanderdübelten: welch eine meisterliche Handwerksarbeit.

Obwohl Thailand nur 150 Kilometer nördlich von Terengganu liegt, mussten wir fünfhundert Kilometer quer durch den Dschungel der malaiischen Halbinsel fahren, um die Hauptstraße von Singapur nach Bangkok zu erreichen. Durch einen Regenwald, in dem Monsunregen auf uns niederprasselte, wie wir es zuvor nicht erlebt hatten. Wo die Scheibenwischer uns keine Sicht mehr verschafften und wir zur Sicherheit anhielten.

Thailand immer lächelnd

Schon auf den ersten Kilometern in Thailand spürten wir, dass Thailand anders war, verschönt durch goldene Tempel und lachende Menschen. Auch durch die bunten Geisterhäuschen vor den Häusern entlang der Straße. Kleine Tempel in verschiedenen Farben, hübsch dekoriert und gefüllt mit Opfergaben. Oftmals hielten wir an, um sie zu bewundern. Die Thais stellen sie für den Erdgeist auf, der durch den Hausbau vertrieben wurde. Sie gaben dem Geist ein neues Zuhause. Er sollte fremde Eindringlinge vom Haus fernhalten und erhielt täglich frische Blumen, Räucherstäbchen, Speisen und Getränke. War der Erdgeist zufrieden, versicherten uns die Thais, bringt er der Familie Glück und Gesundheit.

Die vielen Tempelanlagen entlang unserer Route waren angenehme und sichere Plätze zum Übernachten. Sie gaben uns auch die Gelegenheit, mit den gelborange gekleideten Mönchen über Buddhas Lehre zu philosophieren. Wobei ich zum ersten Mal Buddhas Worte hörte, dass Menschen erst Ruhe und Glück in sich selbst finden müssen, bevor sie mit anderen Menschen glücklich zusammenleben können. Welch wunderbare Erkenntnis.

Unser Vorurteil über thailändische Mönche änderte sich, als wir sahen, wie sie lebten. Sie waren nicht die ‚Bettelmönche', die barfuß mit der Reisschale in der Hand bettelnd durch die Straßen zogen, wie wir es in der Schulzeit gelernt hatten. Denn je tiefer wir ins Landesinnere reisten, desto deutlicher sahen wir, dass sie nicht bettelten, sondern die Reisschalen der Mönche von den Thais mit Freude und Dankbarkeit gefüllt wurden. Wir spürten das Glück, das die Thais beim Geben empfanden, beim ‚etwas Gutes tun'. Die Größe des Gegebenen war unwichtig. Es ging ums Geben. Um die gute Tat des Tages, die uns allen inneres Glück beschert. Täglich trafen wir Menschen, die eine zusätzliche Portion Essen kochten und den Mönchen in die Schale legten. Wir begegneten Markthändlern, die aus Dankbarkeit, dass es ihnen gut ging, die Schale mit Geld für die Erhaltung der Tempel füllten. Viele der Gaben verteilten die Mönche an Menschen, die der Hilfe bedurften. Es war der erfüllende Kreislauf des Geben und Nehmen, des Yin und Yang. Es ging um das Wenige, das der Gebende mit Freude gab und der Bedürftige mit Dankbarkeit entgegennahm.

Das Verkehrschaos in Bangkok mieden wir und fuhren mit Wassertaxis durch die Khlongs, den Wasserstraßen der Stadt.

Auf kleinen Booten, die laut knatternd schnell erschienen, uns aber nur langsam zu den schwimmenden Märkten schipperten. Auch zum Wat Phra Kaeo, dem Tempel des Königs. Ein wahrhaft königlicher Tempel, mit filigranen Holzschnitzereien, Wandmalereien, vergoldeten Buddhas und dem Smaragd-Buddha aus Jade.

Von der schwülen Hitze Bangkoks erholten wir uns im Norden Thailands, in Chiang Mai, einer Stadt mit Charme und Tradition, die auch Rose des Nordens genannt wird. Im Goldenen Dreieck von Laos, Thailand und Burma gelegen, ist sie das Zentrum der Bergvölker, deren Gold der Schlafmohn ist, den sie tief im Dschungel anbauen. Wir durchquerten den Norden auf einer Sandstraße entlang der laotischen Grenze, die uns durch dichten Dschungel führte, der teilweise schwarz und tot wie eine Kohlehalde aussah, niedergebrannt durch Napalmbomben. Baumstümpfe standen geisterhaft in ihrer Asche und nirgends war ein bunter Vogel zu sehen oder ein tierischer Schrei zu hören. Die einzigen Tiere waren mit Waffen und Munitionskisten beladene Elefanten, mit denen Pathet-Lao-Soldaten der kommunistischen Widerstandsbewegung durch den Dschungel zogen. Wir kamen dem Mekong und dem Vietnamkrieg immer näher, glaubten aber, die Kämpfe würden uns nicht berühren. Das lächelnde Thailand hatte uns sorglos gemacht. Wir spürten nicht, dass wir in die falsche Richtung fuhren.

Krieg in Laos

Zur Überquerung des Mekong benutzten wir eine Pontonfähre nahe der Stadt Nong Kai. Sie lag Vientiane, der größten Stadt in Laos, nur wenige Kilometer südlich gegenüber. Statt nach Norden, also flussaufwärts nach Vientiane, fuhr die Fähre flussabwärts und umschiffte einige Untiefen. Just in dem Moment, als sie umdrehte, um flussaufwärts zu schippern, näherte sich der Fähre von hinten ein Schnellboot und kam längsseits. Flink wurde die Ladeklappe des neben uns stehenden Lasters geöffnet und in Windeseile sechs Kisten Waffen und Munition aufs Schnellboot verladen. In zwei Minuten war der Schmuggel vollzogen. Mit meiner Kamera wollte ich noch ein Bild vom Schnellboot schießen, doch der Fahrer des Lastwagens drückte meinen Arm nach unten. Er schaute mir drohend in die Augen und sagte: *„No!"*

Spätestens nach diesem Zwischenfall hätten wir begreifen müssen, dass wir bereits im Kriegsgebiet waren. Doch wir ignorierten auch das dritte Zeichen, dass die Welt um uns herum nicht mehr normal war, beim Geldumtausch in Vientiane. Als die Angestellte in der Staatsbank unsere D-Mark nicht in laotische Kip umwechselte, sondern in US-Dollar. Mit der Bemerkung: *„Die Dollar könnt ihr auf dem Schwarzmarkt besser umtauschen als die D-Mark. Dort bekommt ihr dreimal mehr Kip als bei uns."*

Von ihrer Freundlichkeit waren wir begeistert, weil uns die Fahrt durch Laos wenig kosten würde. Durch die Berge wollten wir ins Landesinnere nach Luang Prabang fahren, dem Sitz des Königs. Nur kam es zu dieser preiswerten Fahrt nicht mehr. Die Pathet Lao sorgten in der folgenden Nacht für Unruhe.

Als wir die ersten dumpfen Töne hörten, glaubten wir, die Mönche zelebrierten ein Fest, schlügen im nah gelegenen Tempel auf ihre großen Trommeln. Dann hatten die dumpfen Töne keinen rhythmischen Klang mehr und wurden zu einem erschreckenden Getöse. Schnell kam der Lärm näher und wir hörten die ersten Granateinschläge. Soldaten rannten durch die Stadt, Gewehrfeuer hallte durch die Nacht und Militärlastwagen rasten an unserem Camper vorbei.

Verzweifelt suchte ich nach einem besseren Schlafplatz, fürchtete aber, mit unserem Auto zwischen die kämpfenden Parteien zu geraten. Ich spürte die Ohnmacht, mit der wir dem Krieg gegenüberstanden. Sollten wir uns im Straßengraben verstecken? Für einige Minuten kamen die Kampfhandlungen näher, dann verlagerten sie sich in den Süden der Stadt. Wir schlossen die Fenster und erlebten eine schlaflose Nacht. Die Nacht, in der wir endlich begriffen, am falschen Ort zur falschen Zeit zu sein.

Zu unserer Überraschung war das Leben in Vientiane am nächsten Morgen wieder so normal, als hätte es die Kämpfe in der Nacht nie gegeben. Wir jedoch waren gewarnt und verprassten eiligst unsere schwarz umgetauschten Kip auf dem Morgenmarkt.

Gegen Mittag setzten wir mit der Pontonfähre wieder nach Thailand über und fuhren mit der Kriegsangst im Nacken nach Bangkok zurück. Als wir die vielen GIs in der Stadt sahen, gaben wir erneut Gas und durchfuhren die malaiische Halbinsel im Eiltempo bis ans südliche Ende, nach Singapur. In einen Stadtstaat, der mit Disziplin ins einundzwanzigste Jahrhundert stürmte und alles unter Kontrolle haben wollte.

Mit dem Camper durften wir nicht einreisen, denn Hippies waren in Singapur nicht erwünscht. Wir parkten den Camper auf dem Parkplatz eines Hotels in Johor Bahru und machten Tagesbesuche von Malaysia aus. Wobei Inge am Grenzübergang freundlichst die Schere gereicht wurde, um mir die Haare zu kürzen. Erst danach war ich für Singapur ein normaler, sagen wir besser, ein genormter Mensch. Dennoch erlebten wir schöne Tage auf der Boogie Street, in chinesischen Restaurants, beim Shopping auf der Orchard Road und ergatterten einen preiswerten Flug nach Djakarta auf Indonesien.

Bali, ein wenig ist genug

Mit Bus und Zug durchkreuzten wir die Vulkaninsel Java auf dem Weg nach Bali, zur Insel der Götter. Reisende, die wir unterwegs trafen, sprachen vom Paradies, von der traumhaften Insel mit liebenswerten Menschen.

Wahrhaftig, die Lebensweise der Balinesen verschönte die

Insel. In traditioneller farbiger Kleidung feierten sie täglich ein Fest, feierten die Geburt eines Kindes mit scheinbar gleicher Freude wie die Beerdigung eines Mitbewohners. Bei den Göttern bedankten sie sich täglich und trugen gefüllte Gabenkörbe zu den Tempeln.

Am Strand von Kuta hatten wir uns eine kleine Strohhütte im Palmenhain gemietet und lebten inmitten einer balinesischen Familie. Geweckt wurden wir von der Sonne, begleitet vom Quieken umherlaufender Hängebauchferkel und dem Geklapper der Holzglocken grasender Kühe. Die Frau des Hauses begrüßte uns allmorgendlich in balinesischer Tracht und legte ein Blattgeflecht mit farbiger Blüte, einem Räucherstäbchen und etwas Reis auf unsere Terrasse. Es war eine hübsche und wohlriechende morgendliche Opfergabe für die Götter, die uns beschützen sollten. Danach brachte sie Tee und Bananen, die sie im Vorbeigehen von der nächsten Staude pflückte.

Zum ausgiebigen Frühstück gingen wir in Made's Restaurant, wo Hippies aus aller Welt diskutierten und philosophierten. Unser Thema: wie wir die Welt in ein Paradies wie Bali verändern könnten. Zeit hatten wir genug, denn unsere täglichen Aktivitäten bestanden aus Nichtstun. Wir mussten nur herausfinden, wo die Einheimischen wieder ein Fest feierten, und unser Tag wurde bunt und erlebnisreich. Wie die Verbrennung eines Verstorbenen, dessen Leiche in einem hölzernen, mit Stroh gefüllten Wasserbüffel in Flammen aufging. Die Balinesen halfen seiner Seele, in eine andere Welt aufzusteigen.

In die abgelegenen Dörfer fuhren wir mit dem Motorrad und verweilten bei Holzschnitzern und Steinmetzen, die Götter- und Sagenfiguren für ihre Tempel schufen. Und bei Künstlern, die entlang grüner Reisterrassen ihre Fantasien auf Stoff malten, belebt durch Magic Mushrooms, die es im Omelett oder als Drink gab. Wo es die Pilze gab, war damals kein Geheimnis, und viele von uns sahen die grünen Palmen in prächtigen Farben.

Am Strand lebten wir von Früchten, die Balinesinnen in Körben auf ihren Köpfen an den Strand brachten. Waren ihre Obstkörbe leer, bedankten sie sich bei den Göttern und setzten sich zu uns. Den Tag beendeten sie in einem Tempel, um ihren Seelen Glück zu schenken. Das Leben der Balinesen erschien uns ein freudiger Tanz zu sein, so schön wie das Farbenspiel der untergehenden Sonne im filigranen Meerestempel Tanah Lot.

Das abendliche Leben füllten Schattenspiele, Hahnenkämpfe und Tempeltänze. Gamelan Musik klang aus vielen Tempeln, wo junge Mädchen graziös den Barong tanzten. Männer tanzten sich mit scharfen Kris Dolchen in Trance, und am Ende des Abends war das Böse auf der Insel besiegt. Mit Kerzen in der Hand gingen wir in unsere Hütten zurück und träumten von der Sagenwelt des Ramayana.

Jeder von uns nahm von der Ausgeglichenheit der Balinesen etwas Schönes in seine Welt mit. Für mich war es die Lebensphilosophie von Luh, der Balinesin, die uns täglich am Strand Obst verkaufte. Hatte sie alle Früchte verkauft, half weder Bitten noch Betteln, uns einen zweiten Korb zu bringen.

„Morgen“, sagte sie lächelnd. *„Für heute habe ich genug verkauft.“*

„Mal schnell“ nach Hause

Zurück in Singapur, suchten wir einen Frachter, der uns und den Camper für einen akzeptablen Preis nach Nordamerika mitnehmen würde. Eine Woche lang liefen wir von einem Schiffsagenten zum anderen, dann gaben wir auf. Wir hatten eine aufregende, schönere und preiswertere Alternative gefunden: mit dem Camper auf uns bekannten Wegen zurück nach Europa und von Italien aus mit einem jugoslawischen

Frachter über den Atlantik.

Das Schöne an der Rückfahrt war, an Orten zu verweilen, die uns besonders gefallen hatten. Wir trafen Menschen wieder, mit denen wir uns angefreundet hatten. Aufregend war, dass wir Gebiete durchfahren konnten, die auf der Hinfahrt fernab unseres Weges lagen. Wie die Sandroute durch den Norden Afghanistans, die ich mit ihren furchteinflößenden schwarzen Reitern bereits schilderte.

Die in Afghanistan gebrochenen Blattfedern ersetzte ich in Mashhad, da es diese dort ‚an jeder Ecke' gab. Sie wurden in Persien zu einem Preis hergestellt, zu dem ich in Deutschland nur eines der sieben Federblätter hätte kaufen können. Apropos Preise, ein Liter Diesel kostete in Persien 0,06 Deutsche Mark. In Worten: sechs Pfennig.

Eselskarren und ebenso viele 'Esel' am Steuer verlangsamten unsere Fahrt durch Anatolien, und einhundert Kilometer hinter der persischen Grenze bogen wir von der zuvor gefahrenen Hauptstraße ab zum 1719 Meter hoch gelegenen Van-See. Bildschön in den Bergen bot er grüne Plätze an Bächen, die kristallklar aus den 4000 Meter hohen Bergen in den See flossen. Kleine Wiesen zum Übernachten, auf denen wir glaubten unbesorgt schlafen zu können. Doch viele Male wurden wir nachts durchs Militär oder einheimische Kurden geweckt. In der Brisanz der nationalen Befreiung waren wir unerwünscht.

Sicherer fühlten wir uns wieder im Großen Basar von Istanbul, wo Inge unsere Betten mit weiteren Souvenirs vollstopfte und wir die letzten Tage bis Deutschland auf den Bodenbrettern des Campers schlafen mussten. Dass wir ungeschoren, d.h. ohne Zoll für die Souvenirs, über die deutsche Grenze kämen, daran zweifelte ich. Es war unser zweites Problem, denn das größte Problem war der nicht mehr angemeldete und unversicherte Camper. Die Nummernschilder waren ungültig.

An der Grenze zu Deutschland bewahrheitete sich meine Lebensphilosophie, dass man sich zu seinem kleinen Glück einige Gedanken machen muss. Wir parkten den Camper in Österreich und gingen mit den Fahrzeugpapieren nach Deutschland. Dort holten wir uns beim Verkehrsamt rote Überführungsnummernschilder, montierten diese an den Camper und fuhren an die Grenze. Vom Armaturenbrett hatten wir alle Souvenirs entfernt und den Blick in den Camper durch einen Vorhang hinter uns versperrt.

„Wo kommen Sie her?“, fragte der Zöllner.

„Aus Garmisch“, sagte Inge charmant lächelnd, *„dort haben wir heute Morgen die Nummernschilder geholt.“*

„Wir wollen noch Fenster einbauen, damit es ein besserer Camper wird“, fügte ich hinzu.

„Das ist das richtige Auto für einen Camper, da habt ihr auch Stehhöhe“, antwortete der Zöllner und wünschte uns eine gute Fahrt.

Ohne Unterbrechung fuhren wir bis Düsseldorf, wo bereits neue Reifen, neue Einspritzdüsen, zusätzliche Fenster, eine neue Windschutzscheibe und zig weitere Teile auf uns warteten. Besorgt hatte sie unser Freund Heinz, der in einer Mercedesniederlassung arbeitete und die Technik unseres Campers bestens kannte. Mit hochgekrempelten Hemdsärmeln stand er bereit, unser Gefährt für Nordamerika fit zu machen.

Inge dekorierte in der Zwischenzeit unsere Wohnung mit all den Souvenirs, die wir unterwegs gekauft hatten. Handgewebte Teppiche aus Afghanistan, alte Truhen und Sitzmöbel aus Pakistan, Tankas aus Nepal, hunderte von Ton-, Holz- und Messingfiguren und eine Kiste voller Schmuck. Ich glaubte in unserer Wohnung in einem orientalischen Museum zu leben und war froh, dass wir nach drei Wochen wieder auf Reise gingen. Unser fahrendes Zuhause war wie neu, mit zwei hinteren Fenstern und einer riesigen Dachluke, die uns beim Schlafen mehr Luft gaben. Bei Heinz bedankten wir uns mit der Einladung, seinen Urlaub mit uns in den USA zu verbringen. Im Eiltempo fuhren wir nach Genua zum Einschiffen auf den jugoslawischen Frachter, den wir bereits in Singapur bei Yugolinea für die Überfahrt nach Nordamerika gebucht hatten.

USA, Paradies für Camper

So schön wie der Hippie in Afghanistan seine Seereise beschrieben hatte, war unsere Schiffsreise über den Atlantik nur drei Tage. Dann überrollte uns eine Schlechtwetterfront und wenn der Frachter *Zvir* in eine Welle eintauchte, fürchtete ich, er würde als Unterseeboot abtauchen. Schlimm traf es unseren Camper, der auf dem Vordeck vertäut unter nie endenden Salzwasserduschen zusehends Rost ansetzte. Wie auch der Wagen eines kanadischen Pärchens, das eine Campertour durch Europa unternommen hatte. Von ihnen erhielten wir Tipps, wohin und wie wir durch Kanada und die USA reisen sollten. Ihre Anmerkungen trugen wir in unsere Straßenkarten ein und fuhren gedanklich schon durch Nordamerika, noch bevor wir die Skyline von Boston erblickten.

In New York trafen wir Inges Bruder Wolfgang und seinen Freund Werner, die ihren vierwöchigen Urlaub mit uns verbrachten. Wie besprochen, brachten sie wenig Gepäck, und eine hervorragende Zeltausrüstung mit. Die Fahrt führte uns tief in die Natur, zu einsamen Campingplätzen an Seen und Flüssen in Kanada und den USA. Sorgen um sichere Übernachtungsplätze mussten wir uns nicht machen, denn wir waren im Paradies für Camperreisende.

Unser Ziel war der Yellowstone Nationalpark, der sein einhundertjähriges Bestehen feierte. Er war der erste Nationalpark der Welt und der größte Supervulkan auf dem amerikanischen Kontinent. Eine vulkanogene Waldlandschaft in 2400 Meter Höhe mit Geysiren, Schlammtöpfen und heißen Quellen. Fasziniert standen wir vor den Geysiren Morning Glory

Pool und Grand Prismatic Spring, versuchten den brillierenden Farben den richtigen Namen zu geben. Rot, Grün oder Gelb wäre eine Abwertung der schönen Farben gewesen, die Algen ausstrahlten. Die Aktivitäten in den Geysiren haben ihren Ursprung in der Magmakammer des Vulkans, die etwa acht Kilometer unter der Erde liegt. Dorthin versickerte das von den Bergen herabfließende Wasser, erwärmte sich und schießt als Springquelle wieder an die Oberfläche. Wie am Old Faithful, wo wir keine Minute warten mussten, bis er seine Wasserfontäne fünfzig Meter hoch in die Luft schoss.

Die Tierwelt im Park war so exotisch wie die Geysire. Zum ersten Mal beobachteten wir Elche, Braunbären, Kojoten und Bisons in freier Wildbahn. Die Bäche waren voller Forellen und als wir einen auf einer Holzbrücke überquerten, bedauerten wir, unsere Angel nicht reinhängen zu dürfen. Bei langen Tagesmärschen kamen wir ins Schwitzten, doch nachts wurde es für unsere jungen Burschen im Zelt unangenehm kalt. Wir fuhren ‚abwärts' zum Devils Tower State Park in Wyoming, dessen Berühmtheit ein 386 Meter hoher Laccolith ist.

Zum Besteigen des Teufelsturms hatten wir keine Zeit, weil wir die verschlissene Kupplung des Campers erneuern mussten. Eine neue Kupplungsscheibe hatte ich dabei und sofort begannen wir im State Park mit der Reparatur. Am ersten Tag bauten wir das Getriebe, die Kardanwelle und die Kupplung aus und ließen die Teile und Werkzeuge unter dem Wagen liegen. Weil es draußen zu kalt wurde, aßen wir im Camper und spielten Skat. Wobei zu erwähnen ist, dass Inge uns Männern an diesem Abend keine Chance ließ.

Über unsere Diskussion hinweg, wer bedient hatte und wer nicht, hörten wir plötzlich Geräusche unter dem Camper. Wir verstummten und hörten erneut die ausgebauten Teile aneinanderschlagen. Wir schauten uns an und nickten uns zu. Werner griff zur Taschenlampe, ich zur Wagenheberverlängerung, Inge schaltete das Licht aus und Wolfgang stieß die Tür auf. Kampfbereit stürmten wir aus dem Camper. Werner leuchtete sofort unters Auto und funkelnde Augenpaare rannten ins Dunkel.

„Das sind Waschbären“, schrie er.

Keine zehn Meter flüchteten sie, dann schauten sie furchtlos und neugierig in den Lichtstrahl seiner Taschenlampe.

„Ich hole etwas Brot“, flüsterte Inge.

Sie verschwand im Camper und kam mit einem halben Toastbrot zurück. Fünf Scheiben legten wir auf den Holztisch neben der Feuerstelle und beobachteten die Waschbären vom Camper aus. Zaghaft, aber furchtlos, erklommen sie die Tischplatte und holten sich eine Toastscheibe nach der anderen.

„Mal schauen, ob sie mir aus der Hand fressen“, flüsterte Werner und setzte sich mit frischen Scheiben an den Tisch. Ohne Scheu sprangen die Waschbären auf den Tisch und rissen sie ihm aus der Hand. Die molligen Bären zu streicheln gelang ihm nicht, obwohl er unser gesamtes Brot verfütterte.

Für unsere Jungs ging die Urlaubszeit zu Ende und im Eiltempo fuhren wir nach New York zurück. Wolfgang und Werner verabschiedeten sich und unser Mercedesfan Heinz mit seiner Freundin Vera stieg ein. Ihr Traum war Florida und entlang der geschichtsträchtigen Atlantikküste der USA fuhren wir gen Süden.

In James Micheners Buch „Chesapeake Bay“ hatten wir viel über die Gründerjahre und den Bürgerkrieg der USA gelesen, aber was wir in Williamsburg, im Staate Virginia erlebten, war lebendige Geschichte. Ein Teil der Stadt war als *Colonial Williamsburg* im Stil des 18. Jahrhunderts restauriert worden, und Personen in historischen Kostümen interpretierten das Leben zu jener Zeit in derart überzeugenden Darbietungen, dass wir zwischen Schauspielerei und wahrer Geschichte kaum unterscheiden konnten. Schmiede hämmerten auf glühenden Stahl, Frauen webten Stoffe und Kinder spielten vor original nachgebauten Häusern. Auch auf dem Schlachtfeld von Williamsburg, auf dem im Bürgerkrieg 1862 die Unions gegen Konföderierte kämpften, kommentierten als Soldaten verkleidete Schauspieler bildhaft das damalige Kriegsgeschehen, begleitet von Böllerschüssen und Salven aus alten Kanonen und Gewehren. Ein beeindruckendes Schauspiel, denn in kürzester Zeit verstanden wir einen großen Teil der amerikanischen Geschichte.

Zu Heinz' großer Enttäuschung gab unser Anlasser plötzlich keinen Ton mehr von sich. Einen neuen aus Deutschland einfliegen zu lassen, hätte eine Woche gedauert und so fuhren wir ohne Anlasser weiter, starteten den Camper durch Anschieben. Wozu wir, dank Heinz, nur wenige Meter brauchten. Allerdings mussten wir den Wagen immer so parken, dass wir freie Fahrt zum Anschieben hatten. In den Städten war das ein Problem, doch wir lernten schnell, die Hinterräder auf einen Randstein so zu positionieren, dass er uns den ersten Schwung gab.

Die lässige Art der Amerikaner uns anzusprechen, erfrischte unsere Reise, wie es am Atlantikstrand in Florida der Fall war, als es morgens an unsere Campertür klopfte. Mit breitem Grinsen und lachenden Augen stand ein achtjähriges Mädchen vor der Tür. In ihren Händen hielt sie einen Teller voller frisch gebackener Pancakes.

„Die sind von meiner Mutti", sagte sie und hielt uns den Teller entgegen. Inge nahm ihn und fragte, in welchem Haus sie wohnte. Wir wollten uns natürlich bedanken.

„Das blaue dort", antwortete sie und hopste zum Haus zurück.

Die Pancakes hatten wir noch nicht verspeist, da hupte es. Mama und Tochter winkten uns freundlich zu und fuhren mit dem Auto davon. Sie hinterließen eine Geste der Freundlichkeit, wie wir sie auf unserer Reise noch nicht erlebt hatten.

Lässig und freundlich blieben auch wir, denn mit vier Personen auf engem Raum zu leben war problematisch, hingen wir doch täglich dicht aufeinander. Doch wir waren uns bewusst, dass viele Freundschaften in kleinen Campern oder auf Segelbooten zerbrachen, weil die Enge ein großes Maß an Toleranz erfordert. Wenn Unstimmigkeiten auftraten, lösten wir diese sofort und sobald wir spürten, dass es kribbelig wurde, liefen wir ein Motel an und gaben uns den notwendigen Freiraum. Mussten wir auf einem schlechten Campingplatz übernachten, ließen wir unsere Damen im Camper schlafen und wir Männer kämpften mit dem Ungeziefer im Zelt. So verabschiedeten wir uns in Miami in bleibender Freundschaft und fuhren durch die texanischen Ölfelder nach Mexiko.

Fiesta Mexicana

Kaum hatten wir die Grenze überschritten, wurde der Highway schmal und kurvenreich und das Fahren zu einem Abenteuer. Wer immer ein PS mehr hatte als wir, versuchte uns zu überholen. Wobei die Mexikaner mit haarsträubender Gleichgültigkeit auf dem Gas stehen blieben, bereit zum Kampf auf dem Asphalt. Dennoch wurde unsere Fahrt bunt und abwechslungsreich, mit ängstlichen Nächten in Kakteenfelder und Fiestas über mehrere Tage.

An der Küste Yukatans schliefen wir unter Kokospalmen und fischten Lobster mit der Hand, was Bodo und mir beinahe zum Verhängnis wurde. Bodo, Ilona und ihren sechsjähriger Sohn Uwe, die mit einem VW-Camper auf dem Weg nach Südamerika waren, hatten wir an den Maya-Ruinen in Tulum kennengelernt. Gemeinsam suchten wir an der Karibikküste nach einem traumhaften Übernachtungsplatz und fanden ihn hoch in den Dünen mit Blick aufs Meer, nur fünfzig Meter vom Wasser. Sofort sprangen wir in die Wellen und sahen Fische und Lobster unter uns. Bodo und ich rannten zum Camper zurück und holten Schnorchelausrüstung und Angelzeug einschließlich Harpune und Sacknetz für die Fische. Vom Jagdfieber gepackt, schwammen wir zum halben Kilometer entfernten Riff. Bodo mit der Harpune im Anschlag und ich mit dem Sacknetz auf der Luftmatratze. Im ruhigen Wasser konnten wir bis auf den Grund sehen, sahen alles, was sich bewegte. Plötzlich tauchte Bodo ab und mit einem Korallenfisch an der Harpunenspitze wieder auf.

„Hier gibt es hunderte Fische. Ich habe auch einen Lobster gesehen. Er ist in Richtung Riff abgehauen, aber ich hole mir den Burschen." Er zerrte den Fisch von der Pfeilspitze und steckte ihn ins Sacknetz, das ich hinter mir herzog. Wieder tauchte Bodo ab und schoss schnaufend an die Oberfläche.

„Die sind ja verdammt schnell, diese Lobster. Aber den nächsten lasse ich nicht entkommen." Er atmete tief durch und verschwand erneut. Eine halbe Minute später tauchte er zwanzig Meter weiter auf. *„Ich hab einen"*, schrie er und hielt einen Lobster an der Pfeilspitze über Wasser.

„Zieh ihn von der Spitze", sagte er keuchend und hielt mir den meterlangen Pfeil entgegen. Der stachlige Lobster wehrte sich heftig und kratzte mir mit seinen Fühlern die Arme blutig. Dennoch landete er in unserem Netz.

Ein Stück des Korallenfischs steckte ich auf meinen Haken und ließ es in die Tiefe gleiten. Sofort attackierten kleine Fische den Köder. Ruckartig zog ich ihnen das Stück Fisch vor der Nase weg, spielte mit ihnen. Bis ein pfannengroßer Fisch heran schoss und den Köder einschließlich Haken mit einem Biss verschlang. Sofort versuchte er abzutauchen, aber der Haken saß. Obwohl nur etwa fünfzig Zentimeter lang, zog er mich auf der Luftmatratze durchs Wasser. Mit beiden Armen umschloss ich die Luftmatratze und kämpfte zehn Minuten, bis ich den aalglatten Burschen im Netz hatte.

Nach einer halben Stunde hatten wir sieben Fische und drei Lobster gefangen. Plötzlich schoss Bodo aus dem Wasser und kroch auf meinen Rücken.

„Zieh die Arme und Beine ein", schrie er, *„hier sind Haie."*

Ich war mehr unter als über Wasser und zog gehorsam die Beine ein. Bodo klammerte sich an mich und nur seine Schwimmflossen paddelten im Wasser.

„Die Haie haben dein Blut und das der Fische erspürt", sagte er keuchend. *„Sie nehmen Blut im Wasser über viele Kilometer wahr."*

„Soll ich das Netz fallenlassen?", fragte ich nervös.

„Erst wenn sie uns ganz nahe kommen."

Wir waren so verängstigt, dass wir in jedem Schatten im Wasser einen Hai sahen. Den einen, der uns attackieren und von der Matratze reißen würde. Die Arme hielten wir eingezogen und nur langsam brachten uns Bodos Flossenschläge näher ans Ufer. Nach einer halben Stunde stiegen wir im flachen Wasser erschöpft von der Luftmatratze.

Drei Wochen verbrachten wir wie Einsiedler im Schatten der Palmen und hatten aus der Begegnung mit den Haien gelernt. Fortan fingen wir die Lobster mit Lederhandschuhen und die Fische angelten wir vom Ufer aus. Einmal in der Woche fuhren wir in die Stadt, kauften Obst und Gemüse und füllten unsere Wassertanks. Wobei wir das Wasser mit Chlor versetzten, um gefährliche Bakterien abzutöten. Anschließend ließen wir es durch einen Kohlefilter tröpfeln, bis es geschmacksfrei war.

Unsere täglichen Erfrischungsgetränke, grüne Kokosnüsse, holten wir aus einer nahe gelegenen, verlassenen Kokosnussplantage. Es war harte Arbeit, denn die Nüsse hingen hoch in den Palmen. Wir schlüpften in Gummischuhe, wickelten uns Steigbänder um die Füße und zogen uns mühsam an den Palmen hoch. Einmal oben, schwangen wir die Machete wie die Mexikaner und füllten unsere Camper. Braune Kokosnüsse am Boden nahmen wir ebenfalls mit, die wir kurz schüttelten, um zu hören und zu fühlen, ob sie Kokosmilch enthielten. Wenn ja, war die Milch nicht vergoren und das Fruchtfleisch genießbar.

Zurück in den Dünen, legten wir die Kokosnüsse in den Schatten unserer Autos. Wenn wir Durst hatten, schnappten wir uns eine grüne Kokosnuss, schlugen sie mit der Machete auf und genossen die erfrischende Milch. Wollten wir einen Snack, nahmen wir eine braune Kokosnuss, entfernten die dicke Faserschicht, schlugen mit der Rückseite der Machete die harte Nuss in zwei Hälften und pulten das weiße Fruchtfleisch aus der Schale.

Nach erholsamen Wochen am Strand fuhren Bodo und Ilona nach Guatemala und wir nach Mexiko City, um Post abzuholen. Wobei ich keine zweihundert Kilometer fahren konnte, ohne dass Inge einen Tempel der Azteken, Mayas oder Tolteken entdeckte und mir deren Geschichte erzählte.

Mehr interessierte mich der Wochenmarkt in Toluca, wo sich das derzeitige Leben der Mexikaner abspielte. Frauen und Kinder promenierten in farbiger Tracht durch die Stadt und die Männer zeigten sich robust mit Lederstiefeln und Cowboyhut. Mariachis unter riesigen Sombreros spielten mexikanische Volksmusik und hielten Alt und Jung in Stimmung. Während wir um einen Sombrero für unseren Freund Heinz verhandelten, lernten wir Sergio und Melanie kennen, ein etwa uns gleichaltriges Paar. Schmunzelnd hatten sie unser Gefeilsche auf Spanisch verfolgt und unser Kaufbemühen unterstützt, was den Preis um zweihundert Peso senkte. Wir erzählten ihnen, auf großer Reise zu sein und von den Haien in Tulum. Spontan luden sie uns zu einer Fiesta in ihre zweistöckige Villa ein. Von den vielen Namen der Großfamilie, die uns begrüßte, merkten wir uns nur Nadine, denn sie hatte uns auf Englisch begrüßt, das für ihre elf Jahre ganz hervorragend war. Hoffnungsvoll erzählte sie uns, bald ihren Vater in den Staaten zu besuchen, der jedoch verlangte, dass sie Englisch lernte. Inge sei Englischlehrerin, flüsterte ich ihr zu, woraufhin sie Inge nicht mehr von der Seite wich.

Melanie bestand darauf, dass wir uns stärkten, bevor wir die Margaritas und Tequilas genossen, die uns ununterbrochen angeboten wurden. Sie drängte uns zum Buffet voller Tacos, Tortillas und scharfer Chiligerichte.

„Stärkt Euch ordentlich", sagte sie warnend. *„Unsere Fiestas enden nie vor dem Morgengrauen."*

Die Stärkung war absolut notwendig, denn in den folgenden Stunden lernten wir Salsa tanzen, Tequila trinken und mexikanische Lieder singen. Beim Salsa zeigte Inge ihr rhythmisches Talent, das von feurigen Mariachis in Schwung gehalten wurde. Sie war von der Tanzfläche nicht mehr wegzuholen. Verständlich, denn ihr sportliches Hobby war Tanzen, der rhythmische Sport, bei dem ich Inge in einer Tanzschule kennengelernt hatte. Damals war ich noch Anfänger mit wenig Gespür für den Takt, aber mit viel Gefühl für die Partnerin. Mein Mut, sie damals zum Tanzen aufzufordern, wurde belohnt, tanzten wir doch herrlich durch Mexiko.

Beim Tequila trinken, mit Salz und Limette, war ich Inge einen Schritt voraus, denn sie trank keine ‚scharfen Sachen'. Zu meinem Erstaunen schmeckte ihr der Tequila im Margarita vorzüglich.

„Weil wir die klassische Art, einen Margarita zu mixen, beibehalten", erklärte uns Melanie den feurigen Mix. *„Zwei Teile Tequila, einen Teil Triple Sec und einen Teil Limettensaft. Gemixt in einem Margaritaglas und mit Salzrand serviert, ist es ein herrlich erfrischendes Getränk."* An der richtigen Mixtur bestand kein Zweifel, denn Inge fegte immer flotter über die Terrasse.

„Ihr Alemanes", bemerkte Sergio, während wir unsere Damen auf der Tanzfläche bewunderten, *„seid doch Biertrinker. Welchen Schnaps trinkt ihr eigentlich?"*

„Cognac, Rum, Whisky und auch Tequila", antwortete ich überhastet und korrigierte mich. *„Ganz besonders deutsch ist der Korn. Ein aus Weizen gebrannter Schnaps. Den gibt es bei*

uns auch als Frühstücksschnaps.“

„Ihr trinkt zum Frühstück schon Schnaps?“, antwortete er erstaunt.

„Nein, nein“, sagte ich besänftigend, *„das ist nur ein Handelsname.“*

Über meine schnelle Bemerkung musste ich allerdings schmunzeln, hatte ich doch so einige Gläschen Korn auf deutschen Frühstückstischen stehen sehen.

„Unser Tequila“, begann Sergio mir die Herstellung des Tequilas zu erklären, *„wird aus dem Herzen der blauen Agave hergestellt, nachdem diese zum ersten und letzten Mal geblüht hat, was erst nach sechs bis zehn Jahren der Fall ist. Dann werden die Blätter abgeschlagen und das Herz der Pflanze geerntet. Diese werden in großen Gruben im Erdboden gar gekocht, und wir lassen sie drei bis fünf Tage in der mit heißen Steinen ausgelegten Grube liegen, damit sie das Aroma des Bodens und des Rauchs aufnehmen. Danach werden sie zwischen Mühlsteinen zermatscht und anschließend vergoren. Anders als bei eurem Cognac oder Whisky, lagert ein guter Tequila nur wenig länger als ein Jahr in Eichenfässern. Dann hat man einen sehr guten Añejo.“*

„Wie diesen hier!“ Sergio hob sein Glas, drückte mir eins in die Hand, und animierte mich zu meinem vierten Tequila.

„Viva Mexiko!“

Die Hälfte der anwesenden Männer waren Piloten, wie auch Sergio, und sie erzählten die abenteuerlichsten Fliegergeschichten. Von haarsträubenden Landungen auf Graspisten im Dschungel bis zu schlechten Wettervorhersagen und fehlenden Ersatzteilen. Sergio flog für die kleine Fluggesellschaft, die Melanie von ihrem Mann übernommen hatte, der bei einem Flugzeugabsturz ums Leben gekommen war. Die Maschine hatte einen Motorausfall, dessen Ursache noch untersucht wurde und heftige Diskussionen unter den Piloten auslöste. Mit meinem Schulspanisch folgte ich mühsam den

Argumenten, verstand am Ende aber bestens, dass wir am nächsten Tag zu einem Rundflug über Toluca eingeladen wurden.

Auf der Tanzfläche hatten die Mariachis das Lied *Guadalajara* angestimmt und das ganze Haus bebte. Wir kannten den beliebten mexikanischen Song aus Deutschland und stimmten kräftig ins Gebrüll ein. Allmählich glaubte ich die Sonne aufgehen zu sehen und Inge nickte mir zu, dass es Zeit war zu gehen.

Immer dann wenn's am schönsten ist, mahnte mein siebter Tequila und verabschiedete sich.

„Schön, dass ihr mitgekommen seid", sagte Sergio und legte seinen Arm über meine Schultern. *„Jetzt müssen wir noch einen echten Mescal aus Oaxaca trinken. Den mit dem Agavenwurm."*

„Weißt Du, Dieter", sagte Sergio und hielt mich am Arm zurück, denn ich wollte als Abschiedsgeschenk keinen Wurm. *„Der Wurm ist die Garantie",* sagte er lachend und nahm mir jede Chance zu entkommen, *„dass der Mescal gut ist. Nur wenn der Wurm, der in Wirklichkeit eine Mottenraupe ist, sich im Mescal nicht zersetzt, ist die Destillation einwandfrei."*

Sergio ließ die Mescal-Flasche zwischen den Männern rundgehen und prompt landete der letzte Schluck, einschließlich Mottenraupe, bei mir.

Da musst du durch, befahl mein Ego.

Ich holte tief Luft und setzte die Flasche an. Mit dem letzten Schluck schwamm die Raupe in meinen Mund und legte sich gelenkig auf meine Zunge. So zärtlich, als lebte sie noch. Ich schob sie zwischen die Zähne und mahlte. Inge schüttelte sich beim Anblick meines verzerrten Gesichts und mir drehte sich beinah der Magen um. Dann schluckte ich unter Applaus der Umstehenden das Mescalraupengemisch herunter. Hastig griff ich nach Inges Margarita zum Nachspülen. Erst am nächsten Morgen erzählte mir Inge, dass Melanie ihr prophezeit hatte, der Wurm würde bei mir landen.

Nach dem Rundflug über der Stadt wollten wir uns bei beiden revanchieren und luden sie in ihr Lieblingsrestaurant zur einer Mole Poblano ein. Als ich bezahlen wollte, winkte die Kellnerin ab.

„Heute seid ihr unsere Gäste“, sagte Melanie lächelnd. *„Wenn ihr das nächste Mal nach Mexiko kommt, nehmen wir eure Einladung an.“*

Dass mein nächster Besuch in Toluca zweiundzwanzig Jahre später mit meinem eigenen Flugzeug und einer Landung auf der gleichen Piste sein würde, stand damals noch in den Sternen. Oder schon in den Sternen?

Feuer auf der Panamericana

Auf der Panamericana, dem Highway von Alaska bis Feuerland, fuhren wir gen Süden. Wir folgten den Spuren von Hans Domnicks Film *Traumstraße der Welt.* Der Film, der uns als Teenager inspirierte, die Welt zu bereisen. Wir schauten uns den Film dreimal an, da wir als frisch verliebtes Paar immer wieder einige Szenen verpassten. Unvergessen jedoch waren die Pyramiden in Teotihuacan, und wir hatten vor, die Mond- und Sonnenpyramide zu besteigen. Als wir das zig Quadratkilometer große Gelände unter stechender Sonne durchwanderten, war nur noch die oberste Stufe der Sonnenpyramide unser Ziel.

Die Mondpyramide erklommen wir nicht, da ich vom Opferkult der Azteken erfuhr, die Kriegsgefangenen und Jungfrauen bei lebendigem Leibe das Herz herausrissen, nur um das Blut ihrem Gott Huitzilopochtli zu opfern. Das Blut von tausenden Opfern soll die Stufen der Mondpyramide heruntergeflossen sein und diese Stufen wollte ich nicht betreten. Meine Bemerkung, dass soviel Blutvergießen für mich keine Hochkultur ist, wurde von meiner Lehrerin Inge mit hochkulturellen Worten zerschmettert. Nach meinem Zusatz, das friedliche Bali sei eine Hochkultur, stempelte sie mich schonungslos zum Kulturbanausen. Kurzzeitig verbesserte ich mein Image, denn wir besuchten das Nationalmuseum für Anthropologie in Mexiko-Stadt.

Danach ging es abwärts, durch einen trockenen Landstrich, der nur mit Sträuchern und riesigen, bis über zehn Meter hohen Kakteen bewachsen war, das Oaxaca Gebirge. Alle zwei Stunden hielt ich an, um mich von der kurvenreichen Fahrt zu erholen, was Inge Gelegenheit gab, bei jedem Stopp einen weiteren Kaktus auszugraben, die in sechs verschiedenen Farben auf dem Armaturenbrett blühten.

Mir blühte beinahe das Blaue Wunder, als ich gedankenlos zwischen Kakteen in die Büsche trat, um mein ‚Geschäft' zu erledigen. Paralysiert blieb ich stehen, als vor mir eine zwei Meter lange Schlange lag. Ruhig blieb sie liegen, machte keine Anzeichen wegzuschlängeln. Sie würgte an einem Leguan, der so groß wie ein Dackel war. Die Hinterbeine und der Schwanz des Leguans hingen noch aus ihrem Maul, kämpften lebhaft, nicht verschluckt zu werden. Die Vorderfüße kämpften im Schlangenkörper ihren Todeskampf. Sofort kam mir der Gedanke, den Leguan zu befreien. Mein Unterbewusstsein schrie: *Schlangen sind giftig und böse*. Im gleichen Moment drehte sie ihren Kopf zu mir und richtete ihren Blick auf mich, als wollte sie ihre ausweglose Lage bestätigen. Denn sie konnte den Leguan nur langsam herunterwürgen, ein Ausspucken war nicht mehr möglich. Sie zog ihren Körper zusammen und brachte sich in Kampfposition. Als ich mich ihrem Schwanzende näherte, wurden ihre Augen eiskalt. Sie musste einen Plan haben. Da ich keinen Plan hatte, überließ ich dem Leguan sein Schicksal und behielt die eiskalten Augen im Blick, bis ich sicher auf der Straße war.

Am Strand von Salina Cruz, in tropischer Wärme am Golf von Tehuantepec, trafen wir Ilona und Bodo wieder, sowie Hartmut und Ruth aus Hamburg, die mit einem alten VW-Bus unterwegs waren. Gemeinsam brachen wir am nächsten Morgen auf, den Isthmus von Tehuantepec zu durchfahren, eine Landenge zwischen dem Golf von Mexiko und dem Pazifik, über die Winde bis zu einhundert Stundenkilometer fegten.

„Bei starkem Wind werden Fahrzeuge von der Fahrbahn geblasen", warnten uns Einheimische.

Obwohl ein normaler Wind vorausgesagt war, riss er Bodos Plastikdach aus der Befestigung und unser Camper drohte umzukippen. Worauf wir hätten achten müssen, war der Gradient zwischen dem Tiefdruckgebiet überm Golf von Mexiko und dem Hochdruckgebiet über dem Pazifik. Denn der Gradient zeigt die Windstärke, was mir einheimische Fischer sechsundzwanzig Jahre später erklärten, als ich mit meinem Segelboot entlang dieser Küste nach El Salvador segelte.

Mit einem lachenden und einem weinenden Auge fuhren wir über die Grenze nach Guatemala. Das weinende Auge sah Inges bunte Kakteensammlung in der Abfalltonne des Agrar-Inspektors landen, obwohl zehn Meter entfernt die gleichen Kakteen in der Landschaft blühten. Das lachende Auge sah einen zweiten Inspektor, der mit einigen Spritzern Wasser gegen unsere sechs Reifen die ‚Desinfizierung' des Campers durchführte. Da die Prozedur nur einen US-Dollar kostete und die Arbeit des Inspektors eine mehrköpfige Familie ernährte, zahlten wir mit Freude.

Zum Weihnachtsfest fuhren wir an den Lago de Atitlan, einen von drei Vulkanen umgebenen tiefblauen Kratersee. Das Städtchen Panajachel war bunt geschmückt und festlich gekleidete Indios aus den Bergdörfern zelebrierten am Seeufer die Misa de Navidad, die Weihnachtsmesse, in einer Atmosphäre, die uns trotz tropischer Wärme in weihnachtliche Stimmung versetzte.

Nach den festlichen Tagen am Atitlan See fuhren wir zum bekanntesten Markt Guatemalas, nach Chichicastenango, einen der farbenprächtigsten Märkte Lateinamerikas. Jeden

Sonntag findet er an und auf den Stufen der Santo Tomás Kirche statt, die von einem alten Maya Tempel stammten, den die Spanier zerstörten, um ihre christliche Kirche zu errichten. Obwohl in unserem Camper kaum noch Platz war, fand Inge wieder ein Regal, in dem sie handgewebte Kleidung und kunstvolle Töpferwaren verstauen konnte.

Nach Wochen gemeinsamen Reisens mit drei Fahrzeugen und sieben Weltenbummlern wurde eine kurzzeitige Trennung unvermeidbar. Ungewollt gingen wir uns auf die Nerven, denn die einen wollten diesen Weg fahren, die anderen jenen, die einen früh, die anderen gegen Mittag. Unsere Lösung: bis Panama getrennt fahren und in den deutschen Botschaften Nachrichten hinterlassen, wann und wo man einträfe.

Unsere Fahrt durch El Salvador, Honduras und Nicaragua wurde trist, denn die Armut der Menschen war sichtbar und ihr Leid spürbar. Landarbeiter bestellten die Felder mit Hacke und Spaten und lebten in selbst gezimmerten Wellblechhütten. In den Städten spürten wir wenig Lebensfreude, denn die Häuser wurden bewacht, Fenster und Türen waren vergittert. Wir gaben Gas, um die ‚reiche Küste' zu erreichen, Costa Rica. Auf der Deutschen Botschaft in San Jose fielen wir sieben uns wieder in die Arme, nur hatten Hartmut und Ruth keinen Camper mehr.

„Die einhundertfünfzig Kilometer durch Honduras wollten wir in einem Stück fahren", erklärte Hartmut ihr Missgeschick. *„Ich gab ordentlich Gas und wir kamen schnell voran. Doch plötzlich roch es verbrannt im Auto."*

Er holte tief Luft und es fiel ihm sichtlich schwer, die Misere zu erzählen. *„Ich schaute in den Rückspiegel und sah eine blaue Rauchfahne hinter uns. Sofort trat ich auf die Bremse. Im gleichen Moment schossen Flammen aus dem Motorraum. Ruth warf die Wertsachen und was sie greifen konnte aus dem Camper, während ich mit einem Wassereimer die zwanzig Meter* *zum Meer rannte. Als ich mich mit vollem Wassereimer in der Hand umdrehte, sah ich das hintere Teil des Busses lichterloh brennen. Weg vom Bus schrie ich Ruth zu, ließ den Eimer fallen und rannte zurück. Ich sprang in den Camper und warf, was ich greifen konnte, nach draußen. Dann musste ich raus, Hitze und Qualm waren zu heftig.*" Hartmut schüttelte den Kopf und fuhr erzürnt fort: „*Das Schlimmste aber waren die tatenlos zusehenden Schaulustigen. Keiner half uns. Im Gegenteil. Diebisch griffen sie nach den Sachen, die wir aus dem Camper geworfen hatten. Im letzten Moment sah ich, wie ein junger Bursche meine Fototasche griff und davonrannte. Keine fünf Meter war er weg, da hatte ich die Bratpfanne in der Hand und rannte ihm hinterher. Er muss die Bratpfanne gedanklich schon gespürt haben, denn ohne sich umzudrehen ließ er die Tasche fallen und rannte weiter.*"

In den folgenden Tagen erzählten uns Hartmut und Ruth noch viele Details ihrer Tortur, die folgte. Wie die der Immigrationsbehörde, die sie nicht ausreisen lassen wollte, da in ihrem Pass die Einreise mit dem Auto (Con Coche) eingetragen war. Die Behörden wollten für den Schrott, den sie hinterlassen hatten, noch Zoll kassieren. Nach unzähligen Behördengängen und dank der Hilfe der deutschen Botschaft, wurde der Con Coche-Stempel gelöscht und sie durften weiterreisen.

Abwechselnd, mal in Bodos, mal in unserem Camper, fuhren sie mit uns nach Panama. Mit Backpacks auf den Rücken flogen sie von Panama City nach Südamerika.

Mit dem Frachter nach Südamerika

Auf dem Landweg konnten wir nicht nach Südamerika, denn der Panamericana Highway endete im Dschungel von Panama. Seit Jahrzehnten fehlte ein nur neunzig Kilometer langes Teilstück, da die projektierte Fertigstellung viele Gegner hatte, die verschiedenste Gründe vorbrachten: den Schutz des Regenwaldes, die Lebensweise der indigenen Völker, die Verbreitung der Maul- und Klauenseuche in Südamerika und den Drogenhandel von Kolumbien nach Nordamerika. Ohne Zweifel verhinderten machtpolitische Gründe den Bau.

Zur Verschiffung der Autos nach Kolumbien verlangte die Zollbehörde, dass wir unsere Camper einen Tag zuvor im zollfreien Hafengelände von Colon abstellten. Auf einem Gelände, das vor Ganoven, die sich im Hafengebiet herumtrieben, nicht geschützt war. Um zu verhindern, dass unsere Autos vor dem Verladen auf den dänischen Frachter aufgebrochen wurden, verbrachten Bodo und ich die Nacht am Pier. Wir gingen erst ins Hotel zurück, als unsere Camper sicher auf dem Frachter standen.

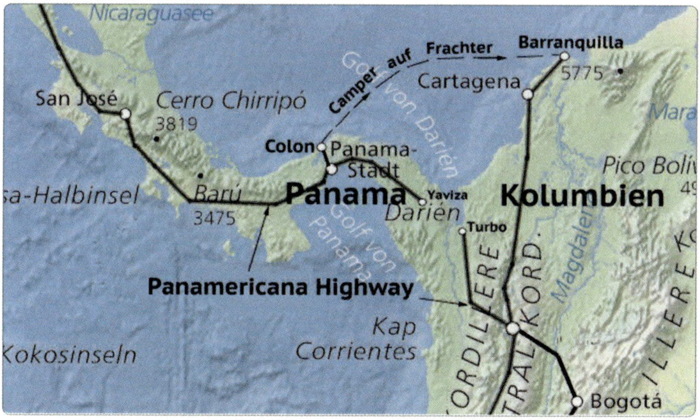

Unvollendete Panamericana

Zwei Tage später flogen wir nach Kolumbien und warteten in der Hafenstadt Barranquilla auf die Ankunft des Frachters.

„Die ‚Nopal Spray' hatte Maschinenschaden", erklärte uns der Schiffsagent. *„Sie musste nach Panama zurück. Durch schlechtes Wetter auf hoher See ist die Ankunft unbestimmt."*

Befürchtungen, unsere Camper entleert in Empfang zu nehmen, trübten unsere Wartetage, doch nach fünf Tagen kam die erlösende Nachricht: Der Frachter trifft in der Nacht ein. Sofort machte ich mich mit Bodo auf den Weg, um auf die *Nopal Spray* am Kai zu warten, damit unsere Camper keinen Moment unbewacht blieben. Die Vorsicht war berechtigt, denn schon auf dem Weg durchs Hafengelände fürchteten wir, von dunklen Gestalten ausgeraubt zu werden. An jedem Pier florierte das Rotlichtmilieu und für fünf Dollar wollten uns ‚Damen' die Wartezeit verschönen.

Endlich, kurz nach Mitternacht, vertäute der dänische Frachter am Kai, nur ließ uns die Zollwache nicht an Bord. Wir mussten auf dem Pier warten. Tonnenschwere Stahlblechrollen kamen am Kranhaken aus dem Laderaum, bevor das erste Auto erschien. Welch ein Schock! Vollkommen zerbeult hing ein nagelneuer Land Rover am Haken.

Ein dänischer Matrose der *Nopal Spray* erklärte uns, dass sich aufgrund der rauen See die Ladung verschoben hätte. Diese Nachricht war zu viel für meine Nerven. Ich rannte die Gangway hoch und ließ den schreienden Wachposten hinter mir. Schnell fand ich die Treppe in den Laderaum und sah erleichtert, dass Bodos und mein Camper unbeschädigt waren. Nur sah ich auch, wie die Mannschaft der kolumbianischen Hafenarbeiter, die vor mir aufs Schiff geströmt war, schnell lösbare Teile von den Autos entfernten.

Bevor sie begriffen, wer ich war, saß ich in meinem Camper, legte die Machete aufs Armaturenbrett und verriegelte die Türen. Mit bösem Blick kam der Vorarbeiter auf mich zu.

„Du hast keine Erlaubnis hier zu sein", schnauzte er mich an. *„Doch"*, sagte ich, und legte die Machete auf meinen Schoß. *„Ich achte auf mein Auto und das meines Freundes. Die anderen Autos sind für mich nicht von Interesse. Hebt uns sofort raus."*

Er zögerte kurz, dann gab er Anweisungen, unsere Camper als nächste auszuladen. Bodo wartete auf der Pier und nahm sie buchstäblich vom Haken. Beide sprangen wir hinters Steuer, wollten das Hafengelände schnellstens verlassen. Nur blieb der Schlagbaum am Ausgang unten. Der Kontrolleur verlangte eine Hafengebühr, obwohl wir diese zuvor beim Agenten bezahlt hatten. Wir weigerten uns doppelt zu zahlen.

„Dann müsst ihr im Hafen bleiben", antwortete er herausfordernd.

Wir drehten um und parkten die Autos einhundert Meter von der Schranke entfernt, hinter aufgestapelten Containern. Ungesehen vom Kontrolleur hielten wir die Abfertigungsprozedur im Auge und nach einer viertel Stunde fanden wir eine Lösung, den Kontrolleur zu überlisten. Denn die Laster, die den Hafen verließen, stoppten dicht am Kontrollhäuschen, wodurch der gehobene Schlagbaum kurzzeitig blockiert war. In diesem Moment war neben den Lastern genug Platz für uns vorbeizufahren. Wir mussten nur in dem Moment losfahren, wenn der Schlagbaum hochging und sich der beladene Laster in Bewegung setzte. Eine halbe Stunde warteten wir, dann nickten wir uns zu und gaben Gas. Was geschah, verstand der Kontrolleur erst, als wir ihm aus unseren Rückspiegeln zulachten.

Kolumbien, von Drogen keine Spur

Wachsam und mit der Machete auf dem Armaturenbrett fuhren wir die Küste entlang nach Cartagena. Jene Hafenstadt in der Karibik, die während spanischer Kolonialherrschaft als Zugang zu Südamerika von Bedeutung war und viele Angriffe von Freibeutern und Piraten über sich ergehen lassen musste. Den Blick der Spanier auf die Karibik wollten wir ebenfalls genießen und stiegen zur riesigen Wehranlage San Felipe auf. Der Blick auf die alte Stadt zu unseren Füßen erfreute uns für eine Stunde, dann entflohen wir dem feuchtheißen Klima an der Küste und fuhren ins erfrischende Bergklima zur Hauptstadt Bogotá, vorbei an Fincas, Kaffeeplantagen und Orchideenwälder.

Für uns war das Klima wohltuend, nur ging unserem Dieselmotor mit zunehmender Höhe die Luft aus. Im Schneckentempo krochen wir die Berge hoch, 2640 Meter. Mit schwarzer Dieselwolke fuhren wir auf den Schulhof des Colegio Andino, der deutschen Schule in Bogotá. Das Colegio war ein Tipp unter Camperreisenden, weil wir dort willkommen und geschützt waren. Schweren Herzens schaltete ich den Motor aus, denn der Start am nächsten Morgen würde ein Problem werden.

„Sorge dich nicht ums Starten", sagte Joaquin, der Direktor der Schule, und nahm mir meine Sorgen ab. *„Den Motor bringen wir wieder ans Laufen. Feiert Karneval mit uns, ihr seid herzlich eingeladen. Viele Deutsche kommen zum Fest, mit denen werdet ihr viel Spaß haben."*

Über eine Rutsche, die der Zugang zum Festsaal war, glitten wir sorgenfrei in den kolumbianisch-deutschen Karneval und rauschten im Dreivierteltakt übers Parkett. Bis in die Morgenstunden sangen wir die neuesten, deutschen Karnevalslieder, dann gaben unsere Stimmbänder keinen Ton mehr von sich.

Als Hauptstadt und Kulturzentrum des Landes bot Bogotá ein umfangreiches Kulturprogramm, zu dem uns das Colegio mit Freikarten versorgte. Wobei das Museo del Oro, das Goldmuseum, überwältigend war. Nicht nur, dass es mit zigtausend präkolumbischen Goldkunstwerken die weltweit größte und wichtigste Sammlung war, sondern wie man die Kunstwerke zeigte, war außergewöhnlich. Eingebettet in eine künstliche Landschaft hinter Glas, in einem abgedunkelten Raum, wurden die Kunstwerke punktweise angeleuchtet. Beim Umlaufen des Glashauses glänzten in der dunklen Landschaft Sonnen, Pflanzen und Tiere in Gold, die Künstler vor Jahrhunderten geschaffen hatten.

Riesige, einige tausend Jahre alte megalithische Steinskulpturen, die wir mit einem Ritt in die Berge von San Augustin erreichten, hatten die Vorfahren den Kolumbiern ebenfalls hinterlassen. Was mir Blasen am Allerwertesten einbrachte und uns zu einer dreitägigen Pause zwang.

Höhenprobleme in den Anden

Orchideenwälder und Kaffeeplantagen säumten unseren Weg nach Ecuador, das uns mit wassergefüllten Luftballons begrüßte. Kinder und Erwachsene warfen sie gegen unser Auto und später auch auf uns. Es war Karneval à la Ecuador. Wir hatten keine Scheu mitzufeiern und füllten ausreichend Luftballons mit Wasser, damit Uwe genügend Munition hatte, den ganzen Tag Spaß zu haben. Am Abend waren wir durchnässt, und da die Ecuadorianer auch farbiges Wasser warfen, bunt und karnevalsgerecht kostümiert.

Dauerregen erschwerte unsere Fahrt durch die Anden, und eingezwängt zwischen Lastwagen fuhren wir in langsamer Prozession die Berge zur Hauptstadt Quito hoch, 2850 Meter über dem Meeresspiegel. Am nächsten Morgen startete unser Motor nicht, blies unverbrannten Diesel aus dem Auspuff.

„Für diese Höhe ist euer Vorkammerdiesel nicht geeignet“, kommentierte der Chefmechaniker der größten Mercedes-Werkstatt unser Problem. *„Versucht mit Äther zu starten und sprüht einige Tropfen in den Ansaugstutzen. Auf keinen Fall zu viel, sonst fliegt euch der Motor um die Ohren.“*

Nach einigen zaghaften Versuchen mit Äther, bei denen sich der Motor furchterregend schüttelte und dennoch nicht ansprang, blieb ich bei meinen alten Startmethoden: den Motor über einem kleinen Feuer anwärmen oder mit eingelegtem Gang die Straße hinunterrollen.

Dauerregen, Kälte und unser Startproblem vertrieben uns aus Quito ins tropische Klima an der Pazifikküste. Stundenlang fuhren wir dort durch riesige Bananenplantagen und konnten nicht widerstehen, eine ganze Staude zu kaufen. Wir hängten sie zwischen uns im Camper auf und pflückten während der Fahrt Bananen, für einen Pfennig das Stück. Doch unsere Freude trübte sich, als wir sahen, über welch reichhaltiges Öko-Leben die Staude verfügte. Ungeziefer krabbelte aus der Staude und versteckte sich flink im Camper. Auch eine Eidechse, die ich Monate später in der Werkzeugkiste fand.

Wenige hundert Kilometer in Peru wechselte das Klima und plötzlich standen wir im Wüstensand. Der Grund war der Humboldtstrom aus der Antarktis, der kühle und trockene Luft in die Küstenregion brachte. Für uns Camperreisende war es traumhaft, denn an der wenig bewohnten Küste fanden wir die schönsten Plätze zum Übernachten. Wir warfen die Angeln aus und legten geruhsame Büchertage ein. Am dritten Tag wurde es lebhaft am Strand, denn beim Aufstoßen, nach einem gut schmeckenden Dinner, deutete ein verfaulter Eiergeschmack eine Misere an. Von den zwölf Eiern, die wir auf dem Markt gekauft hatten, muss eins zu alt gewesen sein. Der Erste von uns verschwand mit der Toilettenrolle in den Dünen, und als die Sonne über dem Meer versank, hatte jeder von uns seinen ‚eigenen' Platz gefunden. In der Nacht fanden wir keinen Schlaf mehr, hörten entweder Bodos laut rutschende VW-Tür oder das blecherne Auf und Zu unserer Mercedes-Tür.

Für uns Erwachsene war der Durchfall in den nächsten drei Tagen noch erträglich, aber für den kleinen Uwe ein mit Tränen verbundenes Leiden.

„Mutti", sagte er weinend, als er breitbeinig aus den Dünen zurückkam, *„ich hab's nicht mehr geschafft."*

„Ja, ich weiß", schnauzte er mich mit leichtem Grinsen an. *„Da muss ich durch, wie du immer sagst."*

„Scheiße!", rief er, und mimte einen bösen Blick.

In notwendigen kurzen Etappen, manchmal nur fünfzig Kilometer am Tag, erreichten wir Lima, die Hauptstadt Perus. Bevor wir zum Übernachten ins Instituto Goethe - der deutschen Schule - fuhren, machten wir eine Stadtrundfahrt durch die schachbrettartigen Straßen der Altstadt. Wir entdeckten eine französische Boulangerie, und ohne auf den Preis zu achten, kauften wir fünf Baguette, einen runden Camembert und eine armlange Salami. Mit köstlichem Geruch in der Nase fuhren wir ins historische Zentrum und genossen unsere Brotzeit im Park auf der Plaza de Armas, umgeben von kolonialen Bauten: der neobarocke Regierungspalast, das Rathaus und die Kathedrale, die zwischen 1535 und 1625 erbaut wurde. Schon der erste Blick zeigte uns, wie stark die Stadt von der Kolonialzeit der Spanier geprägt war.

Für die nächsten Tage parkten wir unsere Camper und fuhren mit öffentlichen Bussen durch die Stadt oder gingen kilometerweit zu Fuß. Was uns Freude bereitete, denn immer wieder stießen wir auf einen Park, um eine Brotzeit zu genießen. Der Reichtum aus vergangener Zeit, als Lima das religiöse, wirtschaftliche und politische Zentrum der spanischen Kolonien in Südamerika war, zeigte sich überall in der Stadt: das mit Arkaden und Holzbalkonen geschmückte Erzbischöfliche Palais, die erste Universität auf dem amerikanischen Kontinent und die vielen noch genutzten Klöster. Die Spanier hatten, mit dem von den besiegten Inkas gestohlenen Gold und Silber und die in Sklavenarbeit zum Städtebau herangezogen Indios, eine prächtige Metropole erschaffen.

Mit einem herzlichen *„Hoffentlich bis bald"* verabschiedeten wir uns von Bodo und Ilona und mit einem *„Du bist ein verdammt guter Abenteurer"* vom genesenen Uwe. Sie fuhren entlang der Küste nach Chile und unser Ziel war die Inkastadt Machu Picchu, die versteckt in den Anden lag.

Von Lima aus war die Straße asphaltiert und führte über einen fast fünftausend Meter hohen Pass. Die große Höhe war für den Motor wieder ein Problem und für uns eine Herausforderung. Mit wackeligen Knien und Kopfschmerzen machten wir das obligatorische Passfoto im Schnee und fuhren eiligst fünfzehnhundert Meter abwärts zur Stadt Huancayo.

Obwohl als Hauptroute auf der Straßenkarte eingezeichnet, wurde die Straße durch die Anden zur Schotterpiste. Wodurch unsere Vorstellung, nur kurze Zeit mit unseren Startproblemen kämpfen zu müssen, einen kräftigen Dämpfer bekam. Es würde Wochen dauern, bevor wir die Anden verlassen und in die argentinische Tiefebene abfahren könnten.

Nieselregen verlangsamte unsere Fahrt und zeigte die karge Berglandschaft in tristen Farben, mattgrüne Steppe mit dunklem Buschwerk. Weit entfernt von der rutschigen Schotterpiste grasten Rinder und Lamas, die uns alle dunkelbraun erschienen. Die einzig belebende Farbe waren Einheimische in bunten Ponchos.

Als wir auf eine Herde grasender Lamas neben der Piste trafen, rief Inge erfreut: *„Stopp!"* Sie wollte unbedingt ein wolliges Lama streicheln. Mit bunten Schleifen auf den Köpfen sahen sie friedlich aus, liefen auch nicht weg, als sich Inge ihnen näherte. Sie drehten ihr die Köpfe zu, dann hoppelten sie davon. Nur ein hellbraunes Lama blieb furchtlos stehen. Ich ahnte Böses, aber Inge lachte. Bis zu dem Moment, als eine Salve Spucke ihr blondes Haar nur um Zentimeter verfehlte. Die zweite Salve erreichte Inge nicht mehr, sie erfreute sich der Lamas aus der Distanz. Dennoch kaufte sie ihre Wolle, damit wir uns im kalten Bergklima wohl fühlten.

Trümmer unter der Motorhaube

Eingemummt in Alpaca, fuhren wir über grüne Steppenplateaus, umgeben von schneebedeckten Bergen. Bergrutsche zerbrachen das makellose Bild und reißende Bäche spülten die Piste aus. Immer holpriger wurde die Fahrt, mit tiefen Schlaglöchern und ausgewaschener Fahrspur. Die Vibration im Camper konnte ich auf der steinigen Piste am Lenkrad noch meistern, der Kühler vor dem Motor nicht. Ohne Vorwarnung löste sich seine Befestigung und er fiel in den Ventilator. Mit lautem Kreischen sägte sich der Propeller in den

Kühler, bis er seine Flügel zerstückelt hatte.

Kreidebleich blickte ich auf die Trümmer unter der Motorhaube und sah das Kühlwasser im Sand versickern. Inge legte tröstend ihren Arm über meine Schultern.

„Scheißer", sagte sie, *„dir wird auch jetzt wieder was einfallen. Der Motor ist ja nicht kaputt. Zum Glück liegt der Pass hinter uns. Wir haben noch eine Stunde bis zum Sonnenuntergang. Wir schaffen es!"*

Wir mussten es schaffen. Wir waren viertausend Meter hoch und weit und breit war keine Menschenseele zu sehen. Das nächste Dorf war siebzig Kilometer entfernt.

Eiligst baute ich den Kühler aus, verband den Wassereinlauf zum Motor mit einem Schlauch in die Fahrerkabine und befestigte am Ende des Schlauchs einen Einfülltrichter. Den Wasserrücklauf vom Motor führte ich ebenfalls in die Fahrerkabine, in einen leeren Wasserkanister.

„Wenn ich den Motor starte", erklärte ich Inge ihre Aufgabe, *„fülle den Trichter mit so viel Wasser, dass der Wasserkreislauf im Motor erhalten bleibt."*

Inzwischen war es Nacht und die Schlaglöscher auf der kurvigen Bergstraße kaum zu erkennen. Im Schritttempo rollten wir den Pass hinunter. Den Motor benutzte ich nur, wenn es kurzzeitig bergauf ging. Mehr Dampf als Wasser schoss aus dem Motor, da meine Kühlidee nicht funktionierte. Ich musste einen Halteplatz finden, bevor ich den Motor zu Schrott fuhr.

Fünfhundert Höhenmeter hatten wir es abwärts geschafft, nur gab es auf der schmalen Gebirgspiste keine Möglichkeit anzuhalten, ohne die Straße zu blockieren. Im Schritttempo rollten wir weiter, bis wir unweit der Straße ein Lagerfeuer sahen. Ums Feuer herum saßen drei Männer und neben ihnen parkte ein dunkelgrüner Land Rover. Sofort hielt ich an, stieg aus und ging zu ihnen. Es waren drei junge Engländer auf Abenteuerreise. Sie fuhren in entgegengesetzter Richtung durch die Anden. Niedergeschlagen erzählte ich ihnen vom zerbrochenen Kühler und sofort boten sie uns ihre Hilfe an, schlugen vor, gemeinsam auf der kleinen Wiese zu übernachten.

„Es ist nie so schlimm, wie es ausschaut. Morgen früh finden wir eine Lösung“, äußerte sich James, der Mechaniker unter ihnen. So lernten wir Nick, Jack und James kennen, die von Afrika kommend mit einem Frachter nach Buenos Aires übergesetzt hatten und auf dem Weg nach Nordamerika waren.

Am nächsten Morgen bestätigte James, dass wir ohne Kühler den Motor ruinieren würden und nur eine Spezialwerkstatt den Kühler reparieren könnte.

„Auf halbem Weg nach Abancay“, sagte er, *„haben wir gestern eine Tankstelle mit Werkstatt gesehen, die könnte dir sicher weiterhelfen.“*

„Kann ich nur hoffen, dass der Motor bis dahin durchhält.“

„Auf keinen Fall“, sagte James und schüttelte verneinend den Kopf. *„Wenn du weiterfährst, ruinierst du den Motor.“*

„Aber ich kann Inge in dieser verlassenen Gegend nicht allein im Camper zurücklassen. Das ist zu gefährlich.“

„Würde auch ich nicht. Lass mich mit meinen Kumpels reden.“

James ging zurück zu seinen Freunden, die inzwischen die Zelte abgebaut hatten. Er schilderte seinen Kumpanen meine ausweglose Situation und ich sah wie Nick und Jack die aufgerollten Zelte wieder ins Gras warfen. Dann kam James mit dem Land Rover zu uns gefahren.

„O.K.“, sagte er, *„nimm den Kühler und die Reste des Propellers. Ich fahre dich ins Dorf. Gegen Mittag können wir zurück sein.“*

Schnell packte ich die zerbrochenen Teile in eine Tragetasche, sprang in den Land Rover und wir fuhren nach Abancay. Die Werkstatt im Dorf hatte tatsächlich einen Spezialisten, der Kühler reparieren konnte. Sofort begann er mit der Reparatur und beschrieb uns den Weg zum Schrotthändler, wo ausgediente Motoren herumlagen. Dort fand ich einen verrosteten Chevrolet Propeller, den ich mit kleinen Veränderungen verwenden konnte.

Kurz nach Mittag waren wir mit repariertem Kühler und rostigem Propeller zurück am Übernachtungsplatz. Inge hatte einen großen Topf Linsensuppe gekocht und wir stärkten uns für die bevorstehende Arbeit. James half mir beim Einbau des vom Spezialisten verkleinerten Kühlers und beim Anpassen des alten Propellers. Bei Sonnenuntergang hatten wir die Reparatur beendet. Gemeinsam verbrachten wir eine weitere Nacht am Lagerfeuer und tauschten Reisegeschichten von Afrika bis Asien aus.

Am nächsten Morgen startete der Motor dennoch nicht. Unser altes Problem, wir waren zu hoch. Erneut sprang James ein und zog uns mit dem Land Rover die kurvenreiche Bergstraße hinunter, bis der Motor ansprang.

„Good luck to you!", verabschiedete er sich und fuhr bergauf.

Vorsichtig fuhren wir weiter und ich behielt die Wassertemperatur wie ein Lux im Auge. Der Motor wurde etwas heißer als normal, lief aber einwandfrei. Stündlich hielt ich an und schaute unter die Motorhaube, ob die Reparatur noch hielt. Nirgends tropfte Wasser.

Machu Picchu ohne Auto

Wir gaben wieder Gas und nach eineinhalb Tagen erreichten wir Cuzco, die 3400 Meter hoch gelegene alte Hauptstadt der Inkas. Vor über fünfhundert Jahren war sie das wirtschaftliche und kulturelle Zentrum der Inkas, nur war von den prunkvollen Tempeln und Palästen nichts mehr zu sehen. Der spanische Eroberer Pizarro hatte die Stadt geplündert, gebrandschatzt und alles Gold und Silber der Inkas eingeschmolzen.

Der letzte Zufluchtsort der Inkas war Machu Picchu, der

sagenumwobene Ort, tausend Meter tiefer auf einem Bergrücken im Tal des Rio Urubamba. Nur erreichbar mit einer alten, klapprigen Eisenbahn, die entlang des Flusses durchs Tal ratterte. Wir parkten unseren Camper an der Eisenbahnstation und fuhren die fünfundsiebzig Kilometer durch die Berge mit den Einheimischen, die nach Einkäufen in Cuzco auf dem Rückweg in ihre Dörfer waren. Vorwiegend waren es Frauen mit Kleinkindern auf dem Rücken, die beladen mit Säcken und Taschen die Zugabteile verrammelten. Über uns in den Gepäckablagen gackerten Hühner, unter den Sitzen blökten Ziegen und das Geratter der alten Holzwaggons übertönte das Geschrei der Kinder.

An der Station Puente Ruinas zwängten wir uns aus dem Zug und stiegen den steinigen Zig-Zack-Pfad zur Ruinenstadt der Inkas auf. Mauerreste offenbarten die Größe der in Terrassen angelegten Stadt, die im tiefen Grün der dschungelbedeckten Berge versunken war. Mit einem Stück Papier testeten wir die präzise Bauart, mit der die Inkas die Natursteine ohne Mörtel aufeinander gefügt hatten. Wahrhaftig, an einigen Stellen war es unmöglich, Papier in die Schlitze zwischen zwei Steinen zu schieben.

Weitaus mehr bewunderten wir den versteckten Ort in 2360 Meter Höhe, den die Inkas für ihre Ansiedlung gewählt hatten. Vom Tal aus war ihr Versteck kaum zu erkennen, und als wir entlang des Bergrückens zwischen den Gipfeln wanderten, entschwanden die Häuserreste in wenigen Minuten unserem Blick. Es war ein perfekter Ort sich zu verstecken.

Zurück in Cuzco, warfen wir einen kurzen Blick auf die Kathedrale an der Plaza Central, welche die Spanier, wie in Chichicastenango, nach Zerstörung der indigenen Tempel auf deren Reste errichtet hatten. Cuzco war zu jener Zeit eine reiche Stadt gewesen, was wir an dem teilweise noch erhaltenen Bewässerungssystem der Inkas sahen, welches die umliegenden Terrassenfelder und die Stadt noch immer mit Wasser versorgte.

Dass die Straße über den Altiplano nicht besser werden würde, berichtete ein Pärchen aus München, das mit einem Land Rover in entgegengesetzter Richtung unterwegs war. Durch Bolivien, erzählten sie uns, führe die Straße teilweise kilometerlang durch ausgetrocknete Flussbetten, in denen wir auf keinen Fall mit dem Camper stecken bleiben dürften. Denn bei einsetzendem Regen würden die kleinen Bäche innerhalb von Minuten zu rasenden Sturzbächen. Kurzzeitig überlegten wir, die Anden in Richtung Pazifik zu verlassen, doch wir bissen die Zähne zusammen und entschieden uns für die zermürbende Route entlang des Titicaca-Sees.

Regen, eiskalte Winde und die matschige Schotterpiste konnten uns nicht die Freude nehmen, unsere Zehen ins eiskalte Wasser des größten und höchsten Sees Südamerikas zu stecken, 3810 Meter über dem Meeresspiegel. Aufgrund des enormen Fischreichtums war der Titicaca See eine wichtige Nahrungsquelle für die Einheimischen, woran wir eine Woche lang durch Geruch erinnert wurden, nachdem wir ein Kilo der hervorragend schmeckenden Fische im Camper gebraten hatten.

Die Hauptattraktionen des Titicaca-Sees waren die schwimmenden Inseln der Einheimischen, die sie ursprünglich gebaut hatten, um sich vor den kriegerischen Inkas zu schützen. Uns nahmen sie fünf Dollar ab, um auf Totoraschilf-Booten ihre schwankenden Inseln zu erreichen. Künstliche Eilande aus kreuzweise aufgebrachten Schilflagen, auf denen sie in kleinen Hütten lebten, einschließlich Vieh und Garten.

Frierend und mit nassem Hintern kehrten wir zum Camper zurück und entschlossen uns, die kalten Höhen der Anden zu verlassen.

„Hände hoch!“ in Argentinien

Nach tausenden Kilometern in Kälte und auf gefährlichen

Schotterpisten in den Anden, hatten wir in Argentinien subtropisches Klima und asphaltierte Straßen unter den Rädern. Das Einkaufen machte besonders Freude, denn es gab wieder Brot, Käse und Gemüse nach europäischem Geschmack. Wir überließen das Kochen den Argentiniern, denn guter Wein und zarte Steaks war ihre Spezialität.

Seit Wochen hatten wir keine Nachrichten gehört und wussten nicht, dass über viele Landesteile Argentiniens eine Ausgangssperre verhängt war. Die neue Regierung unter Juan Domingo Peron hatte große Mühe, das Land zu stabilisieren, das er von der rechtskonservativen Militärdiktatur Onganias nach sozialen Unruhen übernommen hatte. Permanent wurden wir durch Straßenkontrollen von Polizei und Militär aufgehalten und durchsucht. Ein angenehmes Fahren und ruhiges Übernachten war unmöglich. Wir fuhren, wie schon in Laos, durch ein schönes Land zur falschen Zeit.

Nahe der Stadt San Miguel de Tocumán, am Fuße der Anden, wurde die Situation für uns bedrohlich. Verzweifelt hatten wir nah der Stadt einen Campingplatz gesucht und glaubten, kurz vor Dunkelheit, einen sicheren Schlafplatz gefunden zu haben, auf einer kleinen Wiese hinter dichten Büschen. Er lag nur wenige Kilometer hinter der Kontrollstation des Militärs, das uns zuvor ausgiebig kontrolliert hatte. Ermüdet fielen wir in die Betten.

Kurz vor Mitternacht weckten mich Geräusche ums Auto. Auf Zehenspitzen kroch ich aus dem Bett und schob langsam den Vorhang zur Fahrerkabine beiseite. Im gleichen Moment und wie ein Blitz, erhellten Scheinwerfer die Nacht. Gleichzeitig ertönte über Lautsprecher das Kommando, mit erhobenen Händen aus dem Auto zu treten.

„Was ist los, Dieter“, fragte Inge verschlafen.

„Stell dich hinter mich und heb die Hände. Keine Panik, keine Hektik. Du darfst auf keinen Fall stolpern.“

Vorsichtig öffnete ich die Tür. Mit erhobenen Händen hielt

ich mich am Türrahmen fest und trat ins Freie. Inge folgte. Mehr als ein Dutzend schwarze Gestalten standen um den Camper, richteten ihre Waffen auf uns. Scheinwerfer blendeten uns von allen Seiten, und im Lichtstrahl, der meine Augen blendete, sah ich eine Pistole auf mich gerichtet. Ich wurde aufgefordert, noch einen Meter vorzutreten.

Bleibe ruhig, gehe langsam und halte deine Hände oben, befahl mein Überlebensinstinkt. Wie versteinert blieb ich vor der Pistole stehen.

Ich hörte, wie Männer in den Camper stürmten, Schranktüren aufrissen und die Fächer durchwühlten. Die Scheinwerfer erloschen und nur das schwache Licht vieler Taschenlampen hielt den Platz erhellt. Erst in diesem Moment erkannte ich die Uniformen des Militärs.

Vor mir stand ein Offizier mit zwei Soldaten an seiner Seite und zwei Meter hinter mir stand Inge. Der Offizier forderte Inge auf, unsere Pässe aus dem Auto zu holen. Beim Anblick der vielen Gewehrläufe blieben mir die Worte in der Kehle stecken und stumm schaute ich dem Offizier ins Gesicht. Die umstehenden Soldaten traten näher und die Pistole des Offiziers senkte sich. Mit einem Kopfnicken deutete er an, ich könne meine Arme senken. Inge kam aus dem Camper zurück und übergab ihm unsere Pässe. Misstrauisch blätterte er durch die Seiten. Ich holte tief Luft und erklärte in gebrochenem Spanisch, dass wir Touristen aus Deutschland waren. Studenten die ihr schönes Argentinien bereisten und dass wir leider keinen Campingplatz für die Nacht gefunden hätten.

Weiterhin durchblätterte er die Pässe, dann fragte er nach unseren Namen. Wir sagten ihm unsere deutschen Namen, doch ablehnend schüttelte er den Kopf, verlangte spanische Namen. Ich zeigte auf unsere Namen im Pass und auf die Stempel der bereisten Länder. Für alle hörbar sprach ich unsere Namen und die der Länder laut aus. Die aggressiven Blicke und die Nervosität der umstehenden Soldaten entspannten sich, nur der Offizier blieb misstrauisch. Er forderte uns auf, in der Mitte des Konvois zur Militärstation mitzufahren.

Obwohl wir dort von einem ranghöheren Offizier verhört wurden, bestand auch er auf spanische Namen. Meine Erklärung, wir seien Deutsche und hätten deutsche Namen, brachte uns nicht weiter. Bis Inge improvisierte, und uns Ditero und Ines nannte. Zu meinem Erstaunen war es die Lösung. Der Offizier nickte und trug unsere spanischen Namen in seine Liste ein.

Inzwischen war es weit nach Mitternacht, nur ließ uns das Militär aus Sicherheitsgründen nicht an der Militärstation übernachten. Wir sollten uns einige Kilometer entfernt einen neuen Schlafplatz suchen.

Nach zehn Kilometern Fahrt mit aufgeblendetem Scheinwerferlicht entdeckten wir einen schmalen Pfad in einen nahe gelegenen Wald. Wir bogen von der Hauptstraße ab und stoppten einige hundert Meter tief im Wald. Sofort schalteten wir die Lichter aus, zogen den Vorhang vors Kabinenfenster und ließen uns in die Betten fallen.

Kaum eingeschlafen, wurden wir durch heftige Schläge ans Auto geweckt. Diesmal von fünf bewaffneten Rebellen. Mit hochgehobenen Armen stiegen wir aus dem Camper. Die Gewehre der Rebellen waren nicht auf uns gerichtet, aber die Atmosphäre war gespannter als beim Militär. Wir blickten in feindselige Gesichter. Nachdem wir ihnen erklärt hatten, wer wir waren, und von der Kontrolle durchs Militär berichteten, entwickelte sich unter ihnen eine hitzige Diskussion. Wir verstanden sie nur teilweise, begriffen aber, worum es ging. Sie wollten Geld und Inge mitnehmen. Die Diskussion des Anführers mit seinen vier Kumpanen wurde heftiger, und was immer die anderen Vier vorhatten, er wollte es verhindern. Ich konzentrierte meinen Blick auf den Anführer, dessen größter Widersacher meinen Blick mied und mit flammenden Worten versuchte, die anderen Drei von seinen Vorstellungen zu überzeugen. Mein Blick verharrte in den Augen des Anführers, denn er musste entscheiden, wie gut oder böse die Nacht enden würde.

Plötzlich verstummte die Diskussion. Die Rebellen schauten auf den Boden, die Entscheidung war noch nicht gefallen. Eine atemlose Pause folgte. Dann ertönte ein Kommando des Anführers. Zögernd legten die Rebellen ihre Gewehre über die Schultern und verschwanden wortlos im Wald.

Weder Inge noch ich konnten in dieser Nacht wieder einschlafen. Wir starteten den Motor und fuhren ins Morgengrauen.

„In einigen Wochen wird der ganze Militärzirkus vorbei sein“, bemerkte Inge. *„Dann fahren wir nach Argentinien zurück. Lass uns in Mendoza nach Westen abbiegen, nach Chile.“*

Nah der chilenischen Grenze ragte der Aconcagua in den Himmel, der mit 6.962 Metern höchste Berg Südamerikas. Er war tief verschneit und wir zweifelten, die fünftausend Meter hohe Passstraße nach Chile mit unserem Vorkammerdiesel zu schaffen. Auf halber Höhe kam der Hinweis, der Pass sei zugeschneit und unpassierbar, aber ein Eisenbahntunnel stünde für den Autoverkehr zeitweise zur Verfügung. Mutig und gegen eine Gebühr schlossen wir uns den Südamerikanern an und fuhren auf Holzbalken entlang der Schienen in den Tunnel. Mit unseren Lungen voller Abgase reisten wir auf der anderen Seite in Chile ein.

In Santiago steuerten wir den Cerro Santa Lucía an, einen kleinen Stadtpark auf einem neunundsechzig Meter hohen Hügel. Der Park inmitten der Hauptstadt war ein Geheimtipp unter Campern, denn der Parkwächter war Allende-Anhänger und bat uns Ausländer, die soziale Botschaft Salvador Allendes in die Welt zu tragen. Für einen Dollar Parkgebühr und eine Flasche Rotwein täglich übernachteten wir auf dem schönsten Hügel der Stadt, mit herrlichem Ausblick und traumhafter Ruhe.

Aber die Ruhe auf dem Hügel täuschte. Auch Santiago lebte unter Ausgangssperre. General Pinochet hatte einige Monate zuvor, in einem blutigen Militärputsch gegen die Regierung Präsident Allendes, die Macht übernommen und regierte das Land mit harter Faust. Die niederdrückende Gewalt des Militärs spürten wir täglich und nach drei Tagen beschränkten Reisens gaben wir unseren Plan, entlang der Pazifikküste in den Süden zu fahren, auf.

Tief im Straßengraben

Zurück ging's über die Anden und quer durch den südamerikanischen Kontinent nach Buenos Aires. In der Hauptstadt war vom politischen Machtwechsel wenig zu spüren und wir sahen weder Demonstrationen noch Konfrontationen. Die Straßencafés waren voller Menschen und wir setzten uns zu den Argentiniern und genossen ihre stolze Art und lässige Arroganz.

Eine freudige Überraschung waren Bodo, Ilona und Uwe, die aus dem Süden kommend im Colegio Aleman, der deutschen Schule, eintrafen, wo wir, wie in den meisten südamerikanischen Hauptstädten zuvor, übernachteten. Über Landkarten gebeugt, feierten wir unser Wiedersehen und erzählten einander unsere Erlebnisse. Bodo und Ilona gaben uns wertvolle Tipps für die Fahrt nach Feuerland, zu der wir am nächsten Tag aufbrechen wollten.

„Pampa, nichts als Pampa", bemerkte Uwe und gab uns seine Eindrücke mit auf den Weg.

Für die ersten Tage hatte Uwe Recht, doch dann wurde die Atlantikküste zu einem ungestörten Naturparadies. Zum ersten Mal sahen wir Pinguine in der Wildnis und verbrachten Tage bei verspielten Seehunden. Wir warfen unseren bunten Strandball ins Wasser und hunderte von ihnen sprangen kopfüber von den Klippen, jagten dem Ball nach und boten uns für Stunden eine unterhaltsame Show.

Kürzer und weniger verspielt waren unsere Wettfahrten mit den Nandus, einem den afrikanischen Straußen ähnlicher Laufvogel. Durch unser Kommen scheuchten wir sie neben der Schotterpiste auf und sofort liefen sie mit uns um die Wette. In wenigen Sekunden waren sie auf 60 km/h und wir verloren jedes Wettrennen gegen die flinken Zweibeiner. Mit hoch erhobenem Kopf, ja fast spottend, liefen sie vor uns auf der Straße her, was Inge passend kommentierte: *„Die sind so arrogant wie die Argentinier."*

Wettkämpfer, der ich war, erhöhte ich meine Geschwindigkeit auf 70 km/h. Damit kamen die Nandus an ihre Grenze, aber auch ich. Denn die matschige Wellblechpiste war in der Nacht teilweise gefroren und in der letzten Kurve vor der Bahia Camarones wurde uns die hohe Geschwindigkeit zum Verhängnis. Zu spät erkannte ich eine gefrorene Eisplatte unter dem Schotter. Der Wagen kam ins Rutschen und wir glitten im Zeitlupentempo seitwärts in den Straßengraben. Gott sei Dank ohne umzukippen. Wir saßen aber so tief im Schlamm fest, dass wir ohne fremde Hilfe nicht mehr herauskamen. Nur war die Straße wenig befahren, ein Telefon nicht erreichbar und der nächste Ort zig Kilometer entfernt.

Nach einer halben Stunde einsamen Wartens stoppte ein hilfsbereiter Argentinier und versuchte uns mit seinem Pickup aus dem Schlamm zu ziehen. Die Räder seines Kleinlasters drehten durch, wir kamen keinen Zentimeter aus dem Schlamm. Er zuckte mit den Schultern und versprach, uns aus der Stadt einen großen Abschleppwagen zu schicken.

Drei Stunden später kam der doppelachsige Lkw. Schon beim ersten Versuch riss mein Abschleppseil. Beim zweiten Versuch riss die Schlaufe seines Drahtseils und wir rutschten tiefer in den Graben, drohten umzukippen. Der Fahrer winkte ab, meinte, es wäre besser einen Kranwagen zu holen. Nur sah ich auf seiner Ladepritsche eine dicke Eisenkette und bat ihn um einen letzten Versuch. Haarsträubend nah dem Umkippen, zog er mich durch den matschigen Graben und nach zehn Metern fanden die Vorderräder Halt. Mit durchdrehenden Rädern zog er mich auf die Straße zurück.

Mit einem generösen Trinkgeld verabschiedete ich den Fahrer und sah Inge wie gelähmt auf der Straße stehen. Sie hatte den Camper bereits umkippen sehen. Kreidebleich setzte sie sich wieder auf den Beifahrersitz und ließ keinen Zweifel an der Richtung, in die wir weiterfahren sollten.

„Wir sind zu spät für Feuerland", sagte sie. *„Wenn es jetzt noch schneit, hängen wir hier für den Winter fest."*

„Ganz meine Meinung", rief ich erfreut, denn mir wurde warm ums Herz, als ich ans feurige Brasilien dachte. *„Auf zur heißen Copacabana am Zuckerhut!"*

Rio de Janeiro hatte das letzte Ziel unserer Reise sein sollen und plötzlich wurde uns bewusst, dass wir dem Ende unseres großen Abenteuers entgegenfuhren. Wir diskutierten, ob wir das Auto nach Deutschland verschiffen oder in Südamerika verkaufen sollten, wie wir die vielen Souvenirs nach Hause bekämen, womit wir in Deutschland wieder Geld verdienen könnten und wohin unsere nächste große Reise gehen sollte.

Inges Meinung war eindeutig. *„Wir sollten den Camper hier verkaufen"*, sagte sie entschlossen. *„In Düsseldorf würde er nur herumstehen. Ich werde auf keinen Fall mit diesem Monster einkaufen fahren."*

Mein Herz hing am Camper, hatte er uns doch bestens durch die Welt gebracht, abgesehen von den Höhen in den Anden. Inge sah es klarer und ich gab ihr Recht. Zum Gespräch mit Geschäftskunden konnte ich nicht mit einem Camper vorfahren.

Allerdings war der Autoverkauf in Südamerika ein großes Problem, denn in den umliegenden Ländern wurde beim Import gebrauchter Autos einhundert Prozent Zoll auf den Neuwert erhoben. Wodurch ein regulärer Verkauf preislich keinen Sinn machte. Illegal war der Verkauf nicht möglich, weil das Auto bei jedem Grenzübergang mit einem *Con Coche*-Stempel in meinem Pass eingetragen wurde. Zusätzlich der Stempel im Carnet de Passage, das wir korrekt mit Ein- und Ausreise abgestempelt dem ADAC zurückgeben mussten. Die Einreise in ein Land ohne Stempel war unmöglich, aber es gab immer Wege das System zu überlisten. Wir wussten nur noch nicht wie.

In Buenos Aires hörten wir, dass unsere beste Chance, den Wagen zu verkaufen, in Paraguay oder Uruguay bestand. Da es in diesen Ländern keine Automobilindustrie gab und Gebrauchtfahrzeuge hoch im Kurs waren. Eine gute Nachricht für uns, denn beide Länder lagen auf der Route nach Brasilien.

Camping an der Copacabana

In Asuncion, der Hauptstadt Paraguays, steuerten wir den deutschen Club an und ließen durchblicken, den Camper verkaufen zu wollen. Sofort tauchten zwei Käufer auf, die ohne zu zögern fünftausend D-Mark zahlen wollten. Sie wussten, wie sie sich neue Autopapiere auf dem Schwarzmarkt besorgen konnten, sagten uns aber unmissverständlich: *„Eure Herausforderung ist es, ohne Con Coche-Stempel im Pass nach Paraguay einzureisen. Ihr müsst eure Reisepässe und das Carnet bei der Einreise ‚sauber halten'."*

Da wir niemanden fanden, der wusste wie, entschlossen wir uns, in den Häfen Montevideo und Sao Paulo nach einem Frachter in Richtung Europa zu suchen.

Wir setzten unsere Reise fort, übernachteten an den von Dschungel umgebenen Iguazu-Wasserfällen und fuhren nach Uruguay. Die deutschstämmige Gemeinschaft in Montevideo nahm uns freundlich auf und jeden Abend waren wir eingeladen, über unsere Reise zu berichten. Ein fünfzehnminütiges Radiointerview auf dem deutschen Sender war der Höhepunkt, worauf weitere Einladungen folgten. Unsere Suche nach einem Frachter wurde hilfreich unterstützt, und wir fanden heraus, in Sao Paulo oder Buenos Aires bessere Chancen zu haben.

Umgehend machten wir uns auf den Weg nach Rio de Janeiro. Wir stoppten in Blumenau, einer von deutschen Einwanderern gegründeten Stadt, aßen dort urig deutsch und erfuhren in Sao Paulo, dass Bodo und Ilona drei Tage zuvor einen Frachter gefunden hatten. Sie befanden sich bereits auf hoher See, auf Fahrt nach Italien. In einem Brief hinterließen sie uns die Adresse der Schifffahrtslinie Italmar, die monatlich von Buenos Aires nach Italien fuhr.

„Lass uns in Rio für eine Woche das schöne Strandleben genießen“, schlug ich Inge vor, *„danach nehmen wir den nächstmöglichen Frachter nach Europa.“*

An der Copacabana hatten wir das Glück, einen Polizisten zu treffen, der uns erlaubte, vor der Polizeistation zu übernachten, direkt an der Strandpromenade. Mit wenigen Schritten waren wir im Meer und für eine Woche lauschten wir Sambamusik, tranken Caipirinhas und genossen das temperamentvolle Strandleben der Brasilianer. Wobei mir beim Anblick der hübschen Mädchen in ihren Schnürsenkel-Bikinis der Atem stockte.

Atemberaubend war auch der Blick vom siebenhundert Meter hohen Corcovado auf die vielen Inseln und Buchten, dieser für uns schönsten Stadt am Atlantik. Weit übers Meer blickend, umarmten wir uns und Inge flüsterte: *„Schöner konnte unsere Reise nicht zu Ende gehen. Zwei herrliche Jahre.“*

Glücksspiel an den Iguazu-Wasserfällen

In Abschiedsstimmung, brachen wir zu unserer geplanten Endstation Buenos Aires auf. Bei Italmar hatten wir die Überfahrt nach Italien auf einem Frachter reserviert, und dennoch nahmen wir den Umweg über Paraguay, denn ich wollte es nicht unversucht lassen, ohne *Con Coche*-Stempel dort einzureisen.

Vier Tage verbrachten wir an den rauschenden Iguazu-Wasserfällen, diesmal auf brasilianischer Seite. Täglich fuhren wir zur wenige Kilometer entfernten Brücke der Freundschaft, der Grenze zu Paraguay. Wir parkten den Camper auf brasilianischer Seite und gingen zu Fuß über die riesige Brücke. In Paraguay betraten wir das Abfertigungsgebäude und erhielten den Einreisestempel, ohne *Con Coche*-Stempel. Der Beamte, der uns abfertigte, gesellte sich wieder zu seinen Skat spielenden Kollegen, was wir aus Neugierde ebenfalls taten. Nachdem Inge einige sachkundige Bemerkungen zu den Spielen machte, wurde sie zu drei Spielen an den Tisch gebeten und hinterließ bei den Macho-Herren einen bleibenden Eindruck.

Danach spazierten wir zwei Stunden durch die Stadt Ciudad del Este und kehrten zur Grenzstation zurück. Mit einem Lächeln erhielten wir unsere Ausreisestempel und liefen über die Brücke nach Brasilien zurück.

Am zweiten Tag wiederholten wir den Spaziergang nach Paraguay mit unserem Freund Hinz aus Berlin, der geschäftlich in Brasilien unterwegs war. Wir stellten ihn den Skatbrüdern vor, erklärten ihnen seinen Job mit der Regierung und waren beim Skat wieder willkommen, durften kiebitzen.

Am dritten Tag wurde Inge erneut ein Stuhl am Skattisch angeboten und sie zeigte ihnen in einer halben Stunde ihr ganzes Talent, was die Herrengesellschaft begeisterte. Anschließend gingen wir in die Stadt, aßen zu Mittag und entschlossen uns, die Fahrt über die Grenze am nächsten Tag zu wagen. Wir hatten eine Lücke in den Abfertigungsprozeduren der Zoll- und Immigrationsbeamten gefunden.

Am vierten Tag fuhren wir mit dem Camper über die Brücke der Freundschaft und parkten diesen neben dem Abfertigungsgebäude des Zolls. Ich blieb im Camper sitzen und Inge ging mit den Papieren zu den Skat spielenden Beamten. Kurz kam ein Zöllner, checkte den Camper und verschwand wieder in seinem Büro. Fünf Minuten wartete ich, dann ging ich zur Immigration, wo Inge erneut ihr Talent beim Kartenspiel zeigte. Die Beamten stempelten unsere Einreise und wir *'vergaßen'* unser Auto in den Pass eintragen zu lassen. Mit freundlichen Worten verabschiedeten wir uns von der Herrenrunde, gingen selbstsicher zum Camper und winkten dem Zollbeamten hinter seiner Glasscheibe mit den Pässen und dem Carnet zu. So, als hätten wir allen Papierkram erledigt.

„Todo bueno! Alles bestens!", riefen wir.

Er nickte sein O. K.

Im Eiltempo fuhren wir nach Asuncion und suchten das Schweizer Missionarsehepaar auf, das vier Wochen zuvor den Wunsch geäußert hatte, den Camper zu kaufen. Als sie hörten, dass es uns gelungen war mit 'sauberen' Pässen einzureisen und wir ihnen den Camper für zwei Flugtickets nach Deutschland überlassen würden, war ihre Freude überwältigend. Sie richteten uns ein Zimmer für die Nacht ein, denn der Camper musste sofort aus der Stadt. Zwei Stunden später startete ich unser mobiles Zuhause der letzten zwei Jahre ein letztes Mal. Ich zeigte dem Missionsfahrer den Lichtschalter und mit Vollgas fuhr er in die Nacht. Drei Tage später saßen wir in der Lufthansa Maschine nach Frankfurt.

Feuer auf dem Meer

544 Seemeilen bis Brasilien

Der Morgenhimmel ist voller Wolken, das Wetter verschlechtert sich zusehends. Der Wind ist kühler geworden, das Meer rauer. Die beruhigenden weißen Wolken sind unsicheren grauen gewichen, durchzogen mit dunklen Streifen. Am Horizont sind Himmel und Meer schwarz. Weiße Schaumkronen unter dem nahenden Unwetter deuten mir die Windstärke: über dreißig Knoten!

Lieber ein Reff zu viel, als eins zu wenig, empfiehlt der Skipper und auf Knien krieche ich übers Kajütendach. Am Hauptmast hake ich zur Sicherheit meine Lifeline ein. Das Boot stampft mit starker Schräglage und das Reffen des Großsegels wird zum Balanceakt. Zehn Minuten schlingere ich übers nasse Vordeck, dann ist das Großsegel gerefft und unsere Schräglage geringer.

Zurück im Cockpit, rolle ich die Fock zu einem Drittel ein und reffe das Besansegel. Luken und Bullaugen sind geschlossen, und abwartend setze ich mich unters schützende Dach über dem Niedergang. Das Steuern überlasse ich dem Autopiloten, lege meine Arme aufs Lukendach und behalte die Segel im Auge.

„Jetzt wird's ungemütlich", flüstert der Skipper.

Die Gewitterfront umschließt uns und wie ein Wasserfall überschwemmt Regen das Deck. Der Wind peitscht eine Gischt, die mir jede Sicht nimmt und meine Bootsspitze ist nur noch schemenhaft zu erkennen. Über mir erhellen Blitze die Wolken und der Donner übertönt den Regen. Mit elektrischen Ladungen bekriegen sich die Wolken, hellen auf, wenn sie getroffen sind. Einige Blitze dauern mehrere Sekunden, schießen von Wolke zu Wolke. Bisher ist kein Blitz ins Meer geschlagen, doch langsam werde ich nervös, muss an die Worte meines Vaters denken: *„Weiche der Eiche im Gewitter."*

Das Spantengerippe des Bootes ist aus Eiche und ein einziger Blitzschlag würde uns für immer vom Meer fegen. So, wie das Fischerboot eines Australiers, das ich bei jedem Gewitter auf dem Meer vor Augen habe. Wie es vom Blitz getroffen in Flammen aufgeht und auf den Meeresgrund sinkt.

Gott sei Dank, war es nur im Film *Der Mann der Gott verklagte* und die Story lässt mich wieder schmunzeln, da der Fischer kurz vor der Hafenausfahrt war und sich retten konnte. Womit die Komödie begann. Denn die Versicherung weigerte sich für den Verlust seines Bootes zu bezahlen. Es wäre ein „Act of God", übersetzt, „Eine Tat Gottes"(Höhere Gewalt), argumentierten sie. Was der Hobbyfischer, der Rechtsanwalt war, nicht hinnahm und folgerichtig Gott für die Böse Tat verklagen wollte. Erst lachte das Gericht und lehnte seine Klage ab, weil Gott keine Adresse hatte. Worauf der Fischer Beweise vorlegte, dass sich die Kirche als 'Vertreter Gottes' sah und er gab dem Gericht die Adresse des Kardinals. Seine Klage wurde angenommen, nur lehnten die Rechtsanwälte der Kirche die Klage vehement ab, da sie sich nicht in diesem Sinne als Vertreter Gottes sahen. Worauf der Fischer den Medien die Schlagzeile lieferte, dass *'die Kirche nicht der Vertreter Gottes'* sei. Was die Volksseele Australiens gegen ihn ins Kochen brachte und er neben dem lieben Gott auch die Hölle kennenlernte. Plötzlich war sein Boot nicht mehr von Interesse, es ging um den lieben Gott. Das er diesen Kampf nicht gewinnen würde, wurde auch dem rechtsgelehrten Fischer klar und er einigte sich mit Gott.

Auch ich einigte mich 2004 mit meiner Versicherungsgesellschaft, nachdem ich den Tsunami in Thailand glücklich überlebt hatte. Ich kündigte meinen Vertrag, hoffte das Gott mir nichts Böses wollte.

Kurz, weil im Gewitter riskant, schalte ich das Radar ein und bis zum Bildschirmrand leuchtet es grün: Regen für viele

Stunden. Müde von der Nacht, entscheide ich mich für den notwendigen Morgenschlaf. Den Wecker stelle ich auf zwei Stunden und lasse mich in die Koje fallen. Leider ist es nur ein Halbschlaf, denn einige Wellen brechen hart am Boot, erhöhen stoßweise meine Herzfrequenz. Dennoch bleibe ich in der Koje liegen, da *Ala di Sabah* die Wellen bravourös meistert. Ich spüre, wie sie gegen die Wellen kämpft und immer wieder auf Kurs geht. Nach zwei Stunden steige ich ins Cockpit hoch und sehe das gleiche Bild wie vor zwei Stunden: Dauerregen und Gewitter.

Geschützt vom Regen, bleibe ich auf der obersten Stufe des Niedergangs sitzen und denke mit Freude an die Leichtigkeit zurück, die ich in den ersten Monaten nach der Rückkehr von der Weltreise empfand. Wie ich mit einer Selbstsicherheit lebte, als hätte ich das Leben schon gemeistert. Dabei war es erst die Lehrzeit. Das Meisterstück würde mir das Leben noch abverlangen. Heute weiß ich's, aber die Weltreise mit dem Camper hat mich darauf vorbereitet. Die Kulturen, die ich auf der Reise kennenlernte, gaben mir Stärke und neue Impulse. Wie der Orient, der mich motivierte, mich selbstständig zu machen, in Amerika gewann ich die Erkenntnis, dass scheinbar Unmögliches möglich ist und in Asien fand ich die Ausgeglichenheit, in der gesellschaftlichen Jagd nach Hab und Gut die Werte zu erkennen, die für meine Seele wichtig waren.

Das schnelle Auto und große Haus hatten nach der Reise nicht mehr den Stellenwert wie zuvor. Der 'schwerelose Palast schöner Erinnerungen' beglückte mich mehr als ein Haus aus Stein. Mit meinen Erinnerungen konnte ich auf Reise gehen und mir die langen Tage im Büro verschönern. Inge, wieder als Lehrerin tätig, tat es ebenso, bis unsere Reisekasse wieder gefüllt war.

Wir entschieden uns für eine Reise durch Nordamerika, die ein Feuerwerk am Himmel war, ähnlich dem Gewitter über mir. Nur war ich nicht auf dem Wasser, ich war in der

Luft.

Mit Himmelsabenteuern Geld verdienen

Nordamerika, 1979 bis 1981

Vier Jahre nach der Camperreise gründeten wir in den USA die Firma Para Tours Incorporated. Wir wollten Himmelsabenteuer in den Staaten, wie Fallschirmspringen, Drachen- und Ultraleichtfliegen sowie Ballonfahren auf dem deutschen Reisemarkt anbieten. Um die besten Amerika-Spezialisten zu werden, flogen wir mit einem Einwegticket nach New York City, kauften ein Wohnmobil und fuhren kreuz und quer durch die USA zu den Touristenattraktionen, in die Nationalparks und auf kleine Flugplätze im Grünen, wo Fallschirmspringen zu meinem Hobby wurde.

Dass rechtliche Absicherung keine Sicherheit für den Fallschirmspringer war, erlebten wir bei unserem ersten Kunden, einem Rechtsanwalt aus München. Beim theoretischen Unterricht unter kalifornischer Sonne konnte ich ihm mit meiner Erfahrung und bei englischen Spezialausdrücken noch helfen, aber in der Luft war er auf sich selbst gestellt. Er war der dritte Springer in der Absprungfolge und konzentriert schauten wir in den wolkenlosen Himmel, hielten das Absetzflugzeug als kleinen Punkt im Auge. Hörbar drosselte der Pilot den Motor und verringerte die Geschwindigkeit. Der erste Springer sprang aus der Maschine und drei Sekunden später öffnete sich sein Schirm. Der zweite Springer folgte, auch sein Schirm öffnete sich. Dann kam unser Anwalt. Er sprang, doch sein Schirm öffnete sich nicht. An gestreckten Leinen zog er ihn als lange Fahne hinter sich her. Direkt über uns kam er mit tödlicher Geschwindigkeit auf uns zu.

„An den Leinen ziehen und Luft reinlassen“, schrie ich im Reflex.

„Um Gottes Willen“, rief Inge. *„Er muss die Reserve ziehen.“*

„Auf keinen Fall“, bemerkte ich, und hoffte er tut es nicht.

„Dann verheddern sich beide Schirme. Dann hat er keine Chance mehr."

Laut zählte ich die Sekunden, die ihm blieben.

„Zehn."

„Fünf."

Die Fallschirmspringer um uns herum jubelten, der Fallschirm hatte sich in letzter Sekunde geöffnet. Unser Anwalt machte eine perfekte Landungsrolle, nahm den Schirm unter den Arm und kam lachend auf mich zu.

„Hoffen wir, dass sich der Fallschirm bei meinem zweiten Sprung etwas früher öffnet", sagte er cool. *„Ich hätte gern etwas länger am Fallschirm gehangen."*

Ich umarmte ihn, war sprachlos.

Erneut sprachlos waren wir bei unserer ersten Fahrt im Heißluftballon. Im Vergleich zum Dröhnen der Motoren beim Fliegen, oder dem Rauschen des Luftzugs beim Fallschirmspringen, umgab uns im Ballonkorb Stille. Kein Luftzug war zu spüren, kein Wind zu hören. Kurzzeitig schoss der Gasbrenner heiße Luft in den Ballon, dann wieder diese unheimliche Stille. Wie auf einer Wolke schwebten wir in 1500 Meter Höhe über die Landschaft, mit einem Blick auf die Erde wie ein Vogel. Vor uns die San Bernardino Mountains, hinter uns der blaue Pazifik, unter uns grüne Golfplätze und ein ausgetrocknetes Flussbett, Südkalifornien.

„Es ist soweit", sagte Tom, Kapitän und Besitzer des Ballons. *„Ich lasse uns jetzt nach unten sinken, dann kannst du abspringen."*

Wieder schaute ich mir das ausgetrocknete Flussbett an, das ich für meine Landung ausgesucht hatte. Ich zog meine Fallschirmgurte fest, schob die Sprungbrille vor die Augen und kletterte aus dem Korb. Kurz hielt ich inne, denn die Situation kam mir unwirklich vor. Im Vergleich zum Sprung aus dem Flugzeug gab es keinen reißenden Wind, kein aufpeitschendes Motorengeräusch und keine lauten Kommandos.

„Ready?", fragte Tom mit ruhiger Stimme, während Inge ihren rechten Daumen nach oben drehte.

Ich nickte, ließ los und fiel rückwärts ins Nichts.

„Have fun", hörte ich Tom mir hinterherrufen.

Fünf Sekunden lang hielt ich den Ballon im Auge, dann spürte ich ausreichend Luftwiderstand, um kontrolliert zu fliegen. Ich drehte mich auf den Bauch, sah das Flussbett unter mir und genoss weitere fünf Sekunden im freien Fall. Dann warf ich den kleinen Hilfsschirm in den Luftstrom, der den Hauptschirm auf meinem Rücken aus dem Container zog. In zwei Sekunden war der Schirm offen. Zielsuchend kreiste ich über dem steinigen Flussbett, bis ich einen sandigen Fleck fand. Ich flog in den Wind und landete ohne blaue Flecken im Kies.

Mit dem Schirm überm Arm kraxelte ich aus dem Flussbett und stellte mich an die Landstraße. Nach zehn Minuten stoppte ein Pick-Up-Truck und der freundliche Farmer fuhr mich zum Restaurant zurück, auf dessen Wiese wir gestartet waren. Kopfschüttelnd verabschiedete er sich: *„Verrückt seid ihr Skydiver, total verrückt."*

Wir jedoch hielten Bill Barnes für verrückt, der in einem Harness unter zwei Flügeln hing, die von einem kreischenden Motor mit Propeller in der Luft gehalten wurden. Nur fünfzig Meter über der Landstraße. Fasziniert vom fliegenden Gartenstuhl mit drei Rädern, so nannten wir sein Fluggerät, folgten wir ihm mit dem Wohnmobil. Nach einer Viertelstunde landete er auf einer ausgetrockneten Wiese. Wir stoppten ebenfalls und lernten den Piloten Bill kennen. Voller Enthusiasmus erzählte er, dass der fliegende Gartenstuhl ein Ultraleicht sei, mit dem er für wenig Geld viel Freude in der Luft hat, besonders bei der Ausbildung junger Piloten.

„Es gibt kein Höhen- oder Seitenruder, wir fliegen den Ultraleicht mit Gewichtsverlagerung", erklärte er. *„So wie beim Drachenfliegen. Nur muss ich dazu nicht in die Berge aufsteigen.*

Der fünfzehn PS-Motor bringt mich auf Höhe.“

Während einer Kaffeepause in unserem Wohnmobil schilderten wir Bill unsere Idee, amerikanische Himmelsabenteuer in Deutschland zu verkaufen, und dass wir bereits erste Kunden hätten. Sofort war er Feuer und Flamme. Er sei ein guter Instrukteur, versicherte er, und würde gerne deutschen Abenteurern das Fliegen beibringen.

„Warum lernst du nicht Fliegen?“, schoss es aus ihm heraus und er schaute mir fordernd in die Augen.

„Das passt nicht mehr in unser Budget“, erklärte ich abwinkend. *„Fallschirmspringen ist schon teuer genug, da bleibt fürs Fliegen kein Geld mehr.“*

„Du bist Skydiver?“, fragte er. *„Da können wir zusammenarbeiten. Viele der Skydiver sind fürs Ultraleichtfliegen wie geschaffen. Ich mache dir einen Vorschlag. Du bringst mich bei den Fallschirmspringern ins Geschäft und machst dort Werbung für mich. Im Gegenzug bring ich dir das Fliegen bei. Morgen früh komme ich zum Sprungplatz nach Perris Valley geflogen. Jetzt muss ich los, es wird dunkel.“*

Bill setzte sich in den Ultraleicht, nickte uns kurz zu und gab Vollgas. Mit aufheulendem Motor hob er in die Luft ab.

„Das wird lustig!“, bemerkte Inge.

Zum Übernachten fuhren wir auf den Sprungplatz Perris Valley im sonnigen Kalifornien. Am nächsten Morgen dröhnte Bills Zweitaktmotor über uns und er landete auf der kurzen Graspiste hinter den Flugzeughangars.

„Tut mir leid, Jungs“, entschuldigte ich mich bei meiner wartenden Springergruppe, *„aber heute lerne ich Ultraleichtfliegen. Wenn ihr eine Kreissäge am Himmel hört, das bin ich.“* Ich verstaute meinen Fallschirm im Rucksack und ging zu Bill.

Weniger als eine halbe Stunde dauerte seine kurze Einweisung, dann saß ich im Ultraleicht und rollte mit kreischendem Motor über die Graspiste. Eine Stunde später demonstrierte mir Bill das Crow Hopping, zu Deutsch Krähenhüpfen. Dabei hob er mit dem Ultraleicht vom Boden ab, flog einige Meter in zwei Meter Höhe, nahm Gas weg und landete.

„Das Krähenhüpfen übst du bis zum Mittag", spornte er mich an. *„Am Nachmittag fliegst du deine erste Runde."*

Es war nicht meine Absicht, schneller in der Luft zu sein, denn ich hatte mich an Bills Anweisungen gehalten. Doch als ich das fünfte Mal in der Luft war, blies mich eine Windböe nach links. Sofort drückte ich den Steuerbügel nach links und verlagerte damit mein Körpergewicht nach rechts, für eine Rechtskurve zurück über die Piste. Gleichzeitig gab ich Gas, um in der Luft zu bleiben. Ungewollt stieg ich auf zehn Meter Höhe auf. Sofort konzentrierte ich mich aufs Fliegen und hielt mit schnellen Gewichtsverlagerungen den Ultraleicht in der Luft. Ich schaffte es zurück über die Graspiste, nur war diese zu Ende. Unter mir war ein Wassergraben, der das Flugfeld begrenzte.

Gas geben war meine einzige Alternative, Höhe meine einzige Sicherheit. Wie hoch ich war, konnte ich nur schätzen. Bills Ultraleicht hatte weder einen Höhenmesser noch eine Geschwindigkeitsanzeige. Von einem Funkgerät ganz zu schweigen. Meine Höhe schätzte ich auf fünfzig Meter. Ich nahm etwas Gas weg und flog in einer großen Kurve zur Graspiste zurück.

Bill stand mitten auf der Piste und winkte wild mit einem weißen Tuch nach rechts und links. Er sprang in sein Auto, hielt das Tuch aus dem Fenster und fuhr zur nah gelegenen Landstraße. Schaukelnd hielt ich mich in der Luft und drehte über dem Parkplatz eine Kurve, um Bill zu folgen. Inge lag auf dem Sonnendach unseres Wohnmobils und winkte mir jubelnd zu. Wie ein Profi winkte ich zurück, obwohl mir die Muffe eins zu tausend ging. Denn ich wusste nicht, wie und wo ich landen sollte.

Angstschweiß staute sich unter meiner ledernen Fliegerkappe und gleichzeitig jubelte mein Herz.

„Ich fliege mit einem Flugzeug durch die Luft!“, schrie ich begeistert und fühlte Angst und Freude gleichzeitig. Freude, dass ich in der Luft war und Angst, dass ich aus der Luft fallen würde.

Bill verließ die Straße und stoppte am Rand einer ausgetrockneten Wiese. Mit dem weißen Tuch in der Hand stieg er aus dem Auto und ging zur Mitte der Wiese. Alle zehn Meter zog er mit dem Tuch Kreise über seinem Kopf, dann blieb er stehen. Es war die Stelle, wo ich landen sollte.

Hatte mein Herz zuvor noch gejubelt, so klopfte es plötzlich dumpf und spürbar. Langsam verringerte ich die Geschwindigkeit und flog eine große Kurve zur Landung, hielt direkt auf Bill zu. Die halbe Wiese hatte ich bereits überflogen und war immer noch nicht im Gras. Aus dem Augenwinkel sah ich Bill das weiße Tuch hin und her schwenken. Ich gab Vollgas und startete durch. Die Straßenbäume, auf die ich zuflog, wurden immer größer. Weder nach links noch rechts konnte ich ausweichen. Ich drückte den Steuerbügel nach vorne, um zu steigen, verlor aber an Geschwindigkeit. Wenige Meter über den Baumspitzen glaubte ich zu stehen. Ich zog den Steuerbügel zurück, streifte die Baumspitzen mit den Füßen und kam wieder auf Geschwindigkeit. Ich blickte zurück auf die Wiese und sah Bills weißes Tuch panikartig kreisen.

Warum die Panik?

Ich schaute nach oben und sah im durchsichtigen Plastiktank über mir keinen Sprit mehr. Am Tankboden plätscherten nur noch wenige Tropfen. Mir blieb ein letzter Versuch.

Tief durchatmend sprach ich mir Mut zu.

Langer Anflug, wenige Meter über Grund. Bei Erreichen der Wiese Gas raus, zu Gott beten und die Flügel oben halten.

Gedacht, getan, kam ich nur wenige Meter neben Bill zum Stillstand.

„Thank you, thank you“, schrie er in den Himmel und umarmte mich. *„Ich glaubte, du schaffst es nicht mehr.“*

An unserem letzten Wochenende in Kalifornien sah es so aus, als schaffte ich es wirklich nicht mehr. Bei einem Formationssprung mit zwanzig Springern, der eine größere Herausforderung war als die Routinesprünge mit vier oder acht Springern.

Die Cutaway-Verschlüsse meiner Ausrüstung hatte ich nochmals geprüft, den Schirm angelegt und die Gurte festgezogen, den Höhenmesser auf null gestellt.

Das Absetzflugzeug war im Landeanflug und gedanklich durchflog ich den bevorstehenden Sprung: Absprung aus dem Flugzeug, Einfliegen in die Formation, Wechsel zur zweiten Formation, Trennung von den anderen Springern, Öffnen des Schirms.

Vor uns drehte die Maschine in Startposition, und jeder von uns bekam noch eine Grasdusche vom Propellerwind, bevor wir an Bord waren. Die dröhnenden Motoren ließen keine Konversation zu und jeder Springer versank in Gedanken. Meine waren immer die gleichen, nur keinen Motorausfall beim Start.

Nach siebenhundert Meter Gerüttel auf der Graspiste hoben wir ab. Mit dem Aufstieg veränderten sich meine Gedanken und je höher wir stiegen, desto weiter entfernten sie sich von der zurückgelassenen Welt. Ich schaute aus dem Fenster und sah die Menschen immer kleiner werden. Bis sie nur noch winzige Punkte waren und verloren gingen.

Dann flogen wir in eine Wolke und mein Blick zur Erde endete im Nebel. Sofort fühlte ich Unsicherheit.

Fliegt hier ein anderes Flugzeug?

Ein kribbelndes Unwohlsein stellte sich ein.

Macht unser Pilot einen Fehler?

Mein Pulsschlag erhöhte sich, bis mich, wie ein Blitz, Sonnenstrahlen trafen. Wir waren über den Wolken. Ich lehnte mich zurück und schloss die Augen.

Warum bin ich in den Wolken so ängstlich? Im Fallschirmsport ist Angst eine psychische Belastung. Ich muss lernen, sie zu überwinden. Nur mit freiem Kopf kann ich das Maximale aus mir und dem Sport herausholen.

Das gelb aufleuchtende Exit-Schild über der Absprungtür riss mich aus meinen grübelnden Gedanken. Wir waren auf viertausend Meter, unserer Absprunghöhe. Noch zwei Minuten bis zum Absprung.

Entsprechend der Formation reihten wir uns vor der Türöffnung auf. Dicht aneinandergepresst und mit geringstem Abstand. Schon der Sekundenbruchteil einer Verzögerung zum Vordermann beim Absprung waren zehn oder mehr Meter Distanz im freien Fall.

Die grüne Lampe über der Absprungtür leuchtete auf und das *„Ready, Set, Go"*-Kommando der fünfköpfigen Basis übertönte die Motoren. Bei *„Ready"* drückte ich mich mit einer schwachen Vorwärtsbewegung an meinen Vordermann, beim *„Set"* lehnte sich unser Pulk zurück und beim *„Go"* sprangen wir dicht gedrängt aus der Maschine, stürzten uns kopfüber in die Tiefe, der Erde entgegen.

Meine Arme hatte ich nach vorne ausgestreckt und meine Beine nach hinten angewinkelt. Im Flugwind des Flugzeuges korrigierte ich meine Körperhaltung, legte die Arme am Körper an und streckte meine Beine. Meine Fallgeschwindigkeit nahm zu und damit der Luftwiderstand, gegen den ich nach unten fiel, mit dem Kopf voran, wie ein Turmspringer. Nach sieben Sekunden hatte ich meine Endgeschwindigkeit erreicht, etwa dreihundert Stundenkilometer.

Nicht alle Springer fielen mit gleicher Geschwindigkeit der Erde entgegen. Einige von uns fielen schneller, andere etwas langsamer. Die Fallgeschwindigkeit eines jeden von uns war abhängig von Gewicht, Größe und der Fähigkeit, relativ zu den anderen Springern zu fallen bzw. zu fliegen.

Wir nennen es fliegen, denn durch körperliche Korrekturen, wie ausgestreckte Arme oder Beine, wie Hohlkreuz oder angewinkelte Hände, kann jeder von uns vorwärts oder rückwärts fliegen. Wir können nach rechts oder links fliegen, uns drehen und nach oben und unten fliegen. Alle diese Manöver sind relativ zu den anderen Springern. Daher die Bezeichnung Relativspringen, auch Skydiving genannt. Was wir alle gemeinsam haben, ist der freie Fall zur Erde.

Einhundert Meter unter mir hatte sich die Basisformation gebildet, fünf waagerecht fallende Springer, die sich mit ihren Händen aneinander festhielten. Sie bildeten einen Kreis, den wir Stern nennen. Ich erkannte den weißen Springeranzug von Patrick, dessen linkes Bein ich greifen, d.h., wo ich andocken musste. Ich spreizte meine Arme und Beine, machte ein Hohlkreuz und kam vom Steilflug auf dem Kopf in die waagerechte Position. Damit vergrößerte ich die Angriffsfläche meines Körpers gegen den Luftstrom und verringerte meine Fallgeschwindigkeit. Ich passte mich der Fallgeschwindigkeit der Formation an, die mit etwa zweihundert Stundenkilometer auf die Erde zu raste. Die letzten Meter flog ich langsam vorwärts und dockte an der Formation an. Rechts von mir flog Alicia in die Formation ein, womit die Formation komplett war. Für fünf Sekunden hielten wir sie stabil, flogen mit Händen und Füßen verbunden.

1500 Meter waren wir gefallen und hatten ausreichend Höhe, die zweite Formation zu bilden. Alle Springer lösten ihre Griffe und warteten, bis sich die neue Basis gebildet hatte. Dann flogen wir ein. Elf Springer schafften es anzudocken, nur vier flogen noch neben der Formation. Mein Höhenmesser zeigte tausend Meter, es war Zeit, die Formation aufzulösen.

Sternförmig flogen wir auseinander und jeder Springer suchte sich einen Freiraum in der Luft, um seinen Schirm zu öffnen. Ich sah keinen Springer in meiner Nähe und warf meinen Öffnungsschirm in den Fallwind. Sofort war der kleine Schirm offen und riss den großen Gleitschirm aus dem Container auf meinem Rücken. Die Schirmleinen streckten sich und die Zellen meines Hauptschirms begannen sich mit Luft zu füllen. Mein freier Fall war beendet.

Plötzlich und laut rauschend öffnete sich ein Gleitschirm vor mir. Direkt in meiner Flugrichtung und auf gleicher Höhe. Noch bevor ich meine rechte Steuerleine ziehen konnte, um auszuweichen, flogen wir ineinander. Ich flog durch seine Leinen und über meinem Kopf rammte seine Kappe gegen meine Schirmleinen. Seine Kappe klappte über mir zusammen und umwickelte mich wie eine Mumie. Alles was ich sah war Rot, die Farbe seines Fallschirms. Sein Flug war beendet, er hing mit seinen Leinen an mir. Beide hingen wir an meinem halb geöffneten Schirm. Eingewickelt wie ich war, konnte ich nichts mehr sehen, weder meinen Schirm, noch den anderen Springer.

Die rechten Zellen meines Schirms mussten sich noch geöffnet haben, denn wir flogen in einer Linksspirale. Immer schneller wurde die Spirale und der Zug seiner Schirmleinen über meinem Kopf wurde gewaltig. Aus Leibeskräften schrie ich: *„Abtrennen, Abtrennen.“*

Höhe hatten wir noch genug. Er musste nur das Cutaway-Handle ziehen und sich damit von seinem Hauptschirm trennen. Höhe hatte er noch genug, um den Reserveschirm zu ziehen. Dann wäre ich frei von seiner Last und könnte mich von seinem Schirm befreien.

Vergeblich, nichts geschah.

Die Geschwindigkeit der Spirale erhöhte sich, wir flogen fast waagerecht. Der Zug seines Gewichts auf meinen Kopf wurde untragbar. Ich konnte meinen Kopf nicht mehr aufrecht halten und langsam knickte er nach rechts ab, legte sich auf meine Schulter. Die Schmerzen wurden bestialisch, der Flug zur Todesspirale.

„Cut away, cut away“, schrie ich mit letzter Kraft.

Es gab keine andere Lösung. Erst wenn er sich von seinem Schirm trennte, hatten wir eine Überlebenschance. Der Reserveschirm auf meinem Rücken war nutzlos, da er mit mir eingewickelt war. Jeder erfahrene Springer hätte sich von seinem Hauptschirm getrennt, sich im Freifall stabilisiert und den Reserveschirm gezogen.

Warum tat er es nicht?

Sein Reserveschirm war frei, er konnte ihn benutzen. Uns raste die Zeit davon. Die Schmerzen in meinem Genick waren nicht mehr zu ertragen, es drohte zu brechen.

Vielleicht, dachte ich, *ist es besser, wenn mir hier oben das Genick bricht. Ein Aufprall in der Todesspirale ist kaum zu überleben. Und wenn, dann für immer im Rollstuhl.*

Plötzlich der ersehnte Ruck. Die Schirmleinen über mir lockerten sich. Er hatte sich von seinem Hauptschirm getrennt. Mein Kopf wurde entlastet, ich konnte wieder durchatmen. Ich riss seinen Schirm von meinem Kopf und blickte nach oben, in ein chaotisches Leinengewirr. Mein halb geöffneter Schirm hielt mich in der Luft. Ich klemmte den herumflatternden Schirm des anderen Springers unter meine Gurtbänder, musste verhindern, dass sich sein Schirm in meinen Leinen entfaltete.

Zum Entflechten des Leinengewirrs hatte ich keine Zeit mehr. Unter mir drehte sich die Erde rückwärts und Felder und Wald rasten von hinten auf mich zu. Wollte ich noch eine Chance haben zu überleben, musste ich den Spiralflug beenden.

Mit einem Kraftschrei angelte ich mich am verdrehten Leinenstrang hoch und zerrte wild an der eingeklemmten linken Bremsleine. Stückweise rutschte sie nach oben und langsam öffneten sich die linken Zellen. Die Todesspirale endete. Ich flog geradeaus, aber immer noch rückwärts.

Erneut hangelte ich mich am Leinenstrang hoch, griff die rechten und linken Leinen kreuzweise und riss sie mit aller

Kraft auseinander. Mein Körper drehte sich um einhundertachtzig Grad, ich flog vorwärts. Leider nur für zwei Sekunden. Die Kraftanstrengung war zu groß, ich konnte sie nicht aufrecht halten. Wieder flog ich rückwärts, wenige Meter über einem Maisfeld.

Zehn Meter?

Timing ist jetzt alles!

Fünf Meter?

Begleitet von einem Kraftschrei, riss ich die Leinen erneut auseinander. Mein Körper drehte sich nach vorne und im gleichen Moment schlugen Maiskolben gegen meine Beine. Mit angewinkelten Beinen knallte ich in den Ackerboden, Rollen und Saltos folgten. Dann war Ruhe im Maisfeld. Der Fallschirm brach über mir zusammen, bedeckte mich wie ein aufgelegtes Leichentuch.

Der Schock hielt mich am Boden und wie gelähmt blieb ich im Acker liegen. Im Mund schmeckte ich Erde, Blut tropfte aus meiner Nase und mein rechtes Auge war voller Sand. Als sich mein Herzschlag beruhigt hatte, rollte ich mich vorsichtig auf die Seite und spürte keinen lähmenden Schmerz. Schwankend erhob ich mich und stand für Minuten benommen im Maisfeld, konnte mein Glück nicht fassen.

„Das war eng!" kommentierte ich mein Missgeschick.

Ich raffte meinen Schirm zusammen, klemmte ihn unter die Arme und kämpfte mich an den Feldrand.

Welch Wahnsinn!, ging es mir durch den Kopf. Inge käme vom Einkaufen zurück und man hätte ihr die schlechte Nachricht überbracht: *Sein Schirm hat sich nicht geöffnet.*

Mir wurde flau. Ich setzte mich ins Gras am Feldrand, vergrub mein Gesicht im Fallschirm und erinnerte mich an unser gemeinsames Frühstück.

Spanisch, auf der Uni in Mexiko

Inge hatte ich nur von einer schlechten Landung erzählt

und sie war begeistert, dass wir alle Himmelsabenteuer organisiert hatten. Endlich konnten wir pausieren und nach Mexiko aufbrechen.

Wir wählten die Route durch die Baja California, die John Steinbeck in seinem Buch *Meine Reise mit Charly* so wundervoll beschrieben hatte. Wahrhaftig gab es diese unberührten Strände und einsamen Buchten. Inge sammelte wieder Kakteen und ich warf bei jeder Gelegenheit den Angelhaken ins Meer.

Da wir das lebendige Mexiko suchten, setzten wir mit der Fähre aufs Festland über und fuhren durch die Berge der Sierra Madre, zur Universitätsstadt Guanajuato. Einer alten Silberstadt mit spanischer Architektur, die uns ein Mexikokenner zum Spanisch lernen empfohlen hatte. Ein kurzer Blick über die Stadt mit ihren winkligen Gassen und schönen Plätzen genügte, uns fürs Bleiben zu entscheiden.

Ob wir blieben, entschied sich am nächsten Tag auf der Universität. Wir mussten eine Aufnahmeprüfung bestehen, um in das Semester für Fortgeschrittene aufgenommen zu werden. Mir wurde mulmig, denn die Grammatik, die ich in der Düsseldorfer Volkshochschule gelernt hatte, war nirgends in meinem Kopf zu finden. Inge mit ihrem Sprachtalent wurde nach fünfminütiger Konversation auf Spanisch aufgenommen und bei mir drückte die Professorin nach fünfzehn Minuten beide Augen zu.

„Dein Spanisch“, sagte sie schmunzelnd, *„ist grammatikalisch häufig inkorrekt. Aber du redest viel und machst dich verständlich. Das ist ausgleichend.“*

Schon am nächsten Morgen saßen wir auf der Schulbank, inmitten einer Klasse internationaler Studenten aus Asien, Europa und den USA. Studenten, die nicht nur Spanisch, sondern auch mexikanische Geschichte lernen wollten, wozu Guanajuato die ideale Stadt war. Neben ihrer schönen Lage in den Bergen war sie auch die Wiege der mexikanischen Revolution. Was uns La Professora, unsere Klassenlehrerin, bei den wöchentlichen Spaziergängen zu den geschichtsträchtigen Plätzen der Stadt in bestem Spanisch erklärte. Dabei achtete sie streng darauf, dass wir Studenten nur Spanisch miteinander sprachen und sie jeden englischen Satz, den wir uns manchmal zuflüsterten, mit einem Dollar Strafe belegte.

La Professora führte uns zur Alhondiga, wo die ersten Kämpfe für Mexikos Unabhängigkeit stattfanden, in die stillgelegte Bocamina Mine, wo Silber über Jahrhunderte den Reichtum der Stadt aufbaute, und ins Mumienmuseum, wo wir uns einhundert ausgetrocknete Leichen ansehen mussten. Aber La Professora organisierte auch Picknicks und Wanderungen durch die Berge, Besuche im Mercado Hidalgo, dem bunten Markt der Stadt, und ins Juarez Theater, wo La Voce del Noche ein Konzert gab. Über diese Besuche wurde während des Unterrichts in Spanisch diskutiert, woraufhin sich meine spanische Grammatik hörbar verbesserte.

Je mehr enge und verwinkelte Gassen wir in den folgenden Monaten erkundeten, desto schöner wurde die Stadt. Denn immer endeten wir an einem romantischen Platz oder vor einem gepflegten kolonialen Bau aus der Zeit der Spanier. Die Häuser an den Hängen waren derart verschachtelt, dass in den Gassen nur Fußgänger Platz hatten. Wie in der Callejon del Beso, der Gasse des Kusses, in der uns La Professora die Legende zur Namensgebung erzählte.

„Dort oben“, sagte sie, und zeigte auf zwei sich gegenüberliegende Balkone, die sich fast berührten, *„trafen sich die Verliebten Doña Carmen und Don Luis. Carmen wohnte mit ihrer Familie in diesem Haus und Luis hatte sich Zugang zum Balkon des gegenüberliegenden Hauses verschafft.“*

„Heimlich“, sagte sie mit dramatisch klingender Stimme, *„trafen sich die beiden auf den Balkonen, um ihre Liebe füreinander zu bestätigen. Don Luis hielt in verzehrender Liebe Doña Carmens Hände, als ihr Vater das verbotene Rendezvous ent-*

deckte. Aufgebracht vor Zorn, griff dieser zum Messer und tötete seine Tochter. Don Luis, mit schmerzendem Herzen, küsste zum Abschied Doña Carmens kalt werdende Hände."

Mein Kopfschütteln zu der kalten Romantikgeschichte hatte La Professora wohl gesehen, denn sie führte uns in ein Tunnelgewölbe unter der Stadt, wo mein Ingenieursherz wieder höher schlug. In einen drei Kilometer langen Autotunnel, der eine brillante Idee der dortigen Stadtplaner war. Denn vor dem Tunnelbau waren es Bergwerksschächte, Abwasserkanäle und der Flusslauf des Guanajuato gewesen. Jetzt fuhren die Autos unter der Stadt und die Altstadt mit engen Gassen und schönen Parks war erhalten geblieben. Oben in der Stadt gab es kaum Abgase, geringen Verkehrslärm, keine Ampeln und wenig Verkehrsschilder.

Lauter wurde es dennoch in der Stadt, denn das jährliche Festival Cervantino begann. Ein kulturelles Ereignis, zu dem Künstler aus aller Welt in Guanajuato eintrafen. Musiker, Theatergruppen und Erzähler zogen durch die Stadt und boten in den Gassen und auf den Plätzen ihr Können dar. Nächtelang lauschten wir den Darbietungen der Künstler, tanzten Salsa in den Gassen und lernten Rotwein aus einem Lederbeutel trinken, was wahrlich nicht einfach ist. Denn der Weinstrahl aus dem Beutel musste den geöffneten Mund treffen, was nur wenigen gelang. Und denen es gelang, sah man den Rotwein an den Augen an.

Auch uns sah man die Freude an, als wir nach vier Monaten von La Professora ausgezeichnet wurden und unsere Certificados der Universität bekamen. Inge wurde für ihr gutes Spanisch ausgezeichnet und ich für meine Anwesenheit. Und, dass ich Mañana richtig verstanden hatte.

Mit einem kräftigen *„Hasta la vista!"*, verabschiedeten wir uns von den Kommilitonen aus aller Welt und fuhren auf der Panamericana Richtung Alaska. Wir wollten den letzten Teil der Traumstraße kennenlernen, den wir auf unserer ersten

Camperreise nicht gefahren waren.

Goldsuche in Alaska

Über die Highways in den Staaten kamen wir flott voran, bis der Alaska-Highway in der Mitte Kanadas zur Schotterpiste wurde. Auf dieser musste ich jedes Mal vom Gas, wenn uns ein Überland-Truck mit Vollgas entgegenkam. Denn seine hochgewirbelten Schottersteine hätten unsere Windschutzscheibe zerschlagen. Ein Steinschlaggitter hätte es verhindert, uns aber den klaren Blick auf Berge und Wälder genommen.

Campingplätze und Ansiedlungen wurden rar, und was als Stadt auf der Karte eingezeichnet war, waren oftmals nur drei Häuser und eine Tankstelle. In der Wildnis tauchten Elche, Bären und Wölfe auf, die sich sofort zurückzogen, wenn wir anhielten. Bis auf einen Elch, dem wir im Schritttempo folgen mussten, weil er die Straße nicht verlassen wollte.

Nach tausend Kilometern Schotterpiste erreichten wir Whitehorse, die Hauptstadt im Yukon Territorium. Bekannt wurde sie während des Goldrauschs um 1900, als sie der wichtigste Umschlagplatz für die Versorgung der Goldsucher am Klondike River war. Eine Eisenbahnstrecke verband die Stadt mit dem Hafen Skagway am Pazifik, über den zigtausende Goldsucher nach Whitehorse gekommen waren. Auf Flussdampfern fuhren sie weiter an den Klondike, auf der Suche nach goldenen Nuggets, die ihr Leben verändern sollten.

Obwohl achtzig Jahre zurück, lag über der Stadt noch immer die Spannung des Aufbrechens und Goldsuchens, hervorgerufen durch Eisenwarengeschäfte, die Goldpfannen und Schaufeln zum Kauf anboten. Wir erstanden eine Pfanne als Souvenir, einschließlich der Beschreibung, wo im Fluss Gold zu finden ist. Als wir die Anleitung zum Goldwaschen lasen, glaubten auch wir, ein Goldnugget zu finden. Unser Glück zu versuchen, fuhren wir zur alten Goldgräberstadt Dawson City, wo der Klondike River in den Yukon mündet.

Alte Bilder im Stadtmuseum stimmten uns optimistisch und wir gingen zum Abenteuer-Claim für Touristen, dem Bonanza Creek. Für einige Dollar erklärte uns ein angehender Schauspieler, wo wir den Sand aus dem Bach nehmen sollten und dass sich Gold in den Sandbänken am Innenbogen des Flusses absetzt. Dann zeigte er uns, wie wir die Pfanne gleichmäßig bewegen mussten, um das Sand-Wassergemisch in eine gleichmäßige Drehbewegung zu versetzen. Dabei schüttelte er ab und zu die Pfanne, wobei er die größeren Steine über den Pfannenrand auswarf und der zurückbleibende Sand immer feiner wurde.

„Gold ist achtmal schwerer als Sand“, sagte er bühnenmäßig. *„Es setzt sich am Boden in der Pfanne ab. Ihr werdet es gleich sehen“.*

Als hätte er wahrhaftig Gold in der Pfanne, ließ er Sand und Wasser noch einige Runden drehen, bevor er mit den Fingerspitzen Sand aus der Pfanne nahm. Er schaute auf den Sand zwischen seinen Fingern und entleerte die Pfanne über dem Bach.

„Auf ein Neues!“

Nach einer Stunde vergeblicher Mühen im eiskalten Wasser, erstarrten meine Hände und mein Rücken schmerzte, als hätte ich den Bach ausgegraben. Das goldene Nugget, sollte es im Bonanza Creek gewesen sein, fand ich nicht.

Auf dem Campingplatz sprach uns ein kanadisches Pärchen an, das wie wir im Abenteuer-Claim nach Gold gesucht hatte. Sie waren weitaus mehr als wir vom Goldrausch gepackt und ihrer Meinung nach war der Abenteuer-Claim nur für Touristen.

„Da haben wir im Bach hinter dem Campingplatz größere Chancen“, erklärte uns George, der Dreißigjährige aus Calgary. *„Wir werden es morgen versuchen. Allerdings bleibt meine Frau hier im Camper und hält Wache. Denn sollte uns der Park Ranger erwischen, gibt's eine deftige Strafe.“*

Nach kurzem Zögern fuhr er fort: *„Wenn ihr mitmacht, können wir es gleich versuchen. Es bleibt die ganze Nacht hell."*

Zehn Minuten später stand ich mit unserer Goldpfanne im Bach und George zeigte auf einen Bogen im Flusslauf, wo er Gold vermutete.

„Dort, im feinen Sand", sagte er so überzeugend wie ein erfahrener Goldwäscher, *„wird Gold liegen. Doch bevor wir mit der Arbeit beginnen, müssen wir ein Versteck für die Pfannen finden. Für den Fall, der Ranger taucht auf."*

Nach kurzem Suchen entdeckte George eine große Baumwurzel im Bach, unter der wir unsere Pfannen verstecken konnten.

„Wenn Julia pfeift", sagte George warnend, *„müssen wir die Pfannen sofort unter die Wurzel schieben. Ins Wasser geht der Ranger bestimmt nicht."*

Dreißig Minuten später hatte ich eiskalte Hände und nach einer Stunde Gliederschmerzen. Ich war bereit aufzugeben, aber George ließ nicht locker. Er glaubte fest an ein Nugget. Wieder schaufelte ich eine Pfanne Sand aus dem Kiesbett, brachte Sand und Wasser in Bewegung, suchte vergeblich das Gold und warf den Sand in den Bach zurück.

Für einige Sekunden fragte ich mich, ob es Julias Pfiff war, den ich hörte, da griff George schon nach meiner Pfanne. Er nahm einen Stein aus dem Bach und rannte zur Baumwurzel. Die Pfannen stapelte er ineinander, legte den Stein hinein und schob sie unter die Baumwurzel.

„Ich bin sicher, dass es hier Forellen gibt", rief er mit kräftiger Stimme und kam ins Wasser schauend auf mich zu. Er gab mir einen Schubs, in die andere Richtung zu gehen.

„Die sind aber verdammt schwer zu erkennen", rief ich laut und ging am Bach entlang, als suchte ich nach Fischen. Der Ranger war etwa fünfundzwanzig Meter von uns entfernt aus seinem Jeep gestiegen und kam flotten Schrittes auf uns zu.

„Hallo Jungs", fuhr er uns forsch an. *„Was macht ihr hier?*

Fischen?"

„Oh no, Ranger", antwortete George locker, *„ich wollte meinem deutschen Freund kanadische Forellen zeigen. Nur gibt es hier keine."*

Der Ranger schaute uns skeptisch an, ging an uns vorbei und auf die Baumwurzel zu - mit einer Sicherheit, die mir zeigte, dass er wusste, wonach er suchen musste. Kurz vor der Wurzel blieb er stehen, schaute ins Wasser als könne er Spuren lesen. Er runzelte die Stirn und kam auf uns zu.

„Wenn ich Euch beim Fischen oder Goldwaschen erwische, dann wird's teuer für euch." Er gab uns einen warnenden Blick, stieg in den Jeep und drehte seine Runde durchs Camp.

„Die Pfannen holen wir morgen früh", flüsterte George. *„Jetzt trinken wir noch einen Absacker und dann ab in die Schlafsäcke."*

Beim Frühstück am folgenden Morgen fragte mich Inge, warum ich meinen Ehering abgelegt hatte. Ich schaute auf meine rechte Hand, der Ring fehlte.

„Ich habe ihn nicht abgelegt", antwortete ich.

„Dann müsste er noch an Deinem Finger sein, oder?"

Ich war mir ganz sicher den Ring nicht abgelegt zu haben. Ich hatte keinen Grund dazu. Dann erinnerte ich mich, dass meine Hände im eiskalten Wasser geschrumpft waren und ich sie kaum noch bewegen konnte. Beim erfolglosen Goldwaschen muss der Ring vom Finger gerutscht sein.

„Tut mir Leid, Inge. Ich glaube der Ring liegt im Bach."

George konnte sein Lachen nicht verkneifen, als ich ihm mein Missgeschick erzählte. Dennoch stand er eine Stunde lang mit mir im Bach um den Ring zu finden. Dann gaben wir auf. Alaska wurde dem Ruf nach Gold gerecht. Es hatte nach *meinem* Gold gerufen!

Zurück in Whitehorse, wurden wir von einem Kanadier angesprochen, ob wir unser Wohnmobil verkaufen wollten. Es gefalle ihm, sagte er, denn es wäre nicht zu groß und hätte in seinem Driveway Platz. Wir sagten nein, denn wir wollten es erst in Los Angeles verkaufen und von dort nach Deutschland fliegen.

Während der Weiterfahrt nach Fairbanks spielten wir mit dem Gedanken das Wohnmobil doch zu verkaufen, da es eine gute Alternative war. Wir müssten die lange Schotterpiste nicht zurückfahren und könnten die wöchentlich verkehrende Fähre von Skagway nach Vancouver nehmen. Eine Schiffsreise durch Fjorde entlang der Pazifikküste, die uns Kanadier als traumhaft geschildert hatten. Als wir erfuhren, dass die Preise für Wohnmobile in Alaska höher waren als in Kalifornien, kauften wir zwei FOR SALE-Schilder und klebten sie hinter unsere Scheiben.

Fairbanks, ein wenig aktives Verwaltungsstädtchen, belebte sich, als wir aus einem Supermarkt traten und eine Frau im Outdoor-Outfit neben dem Wohnmobil auf uns wartete. Sie wolle unser Wohnmobil kaufen, sprach sie uns an. Es wäre ideal für ihre Reisepläne. Wir nannten ihr unseren Preis, der fünfzehn Prozent unter dem Kaufpreis lag. Sie nickte zustimmend. Den Innenausbau schaute sie sich nur oberflächlich an, denn er entsprach der amerikanischen Bauweise: kleine Dusche/Toilette, Küchenzeile mit Herd, Kühlschrank und klappbaren Sitzbänken im Heck, einschließlich Tisch. Sie wollte aber wissen, wie das aufklappbare Dach über dem Fahrerhaus funktionierte. Ein Dach, das schon viele Wohnmobilfans auf den Campingplätzen begeistert hatte. Wir konnten es in der Größe des Bettes schräg aufklappen, für frische Luft und gegen Klaustrophobie. Fürs Sonnenbaden konnten wir es senkrecht stellen, wodurch das Bett zu einer Liegewiese im Freien wurde. Die Idee fürs Dach kam mir während der Verhandlung über den Kaufpreis beim Händler in New York, wo ich eine Woche kostenloses Parken für eine ‚kleine' Veränderung am Auto auf seinem Hinterhof aushandelte. Der Verkäufer willigte ein, schüttelte aber ungläubig den Kopf, als er sah, wie ich mit einer elektrischen Säge das Dach über dem Bett abtrennte. Wie ich einen Ober- und Unterrahmen schweißte, diese vorne mit zwei Klappenscharnieren verschraubte, den Unterrahmen aufs Wohnmobil schweißte und auf den Oberrahmen das Dach montierte. Als er das funktionsfähige Dach sah, fand er meine Idee so brillant, dass er mir riet, es zum Patent anzumelden.

Ich stieg die Leiter ins Bett hoch und stellte das Dach senkrecht. Die rüstige Käuferin folgte mir und setzte sich mitten ins Bett.

„Das ist ja wahnsinnig", rief sie begeistert. *„Hier kann ich im Freien schlafen, ohne dass mich jemand sieht."*

Sie hatte Recht. Nur brach es ihr fast das Herz, als wir ihr sagten, noch zwei Wochen durch Alaska fahren zu wollen. Da ich das amerikanische Kaufen auf Kredit kannte, bei der die Bank den Wert des Wohnmobils festlegt, machte ich ihr klar, dass wir nur Cash akzeptieren würden.

„In zwei Wochen habe ich das Geld zusammen", versicherte sie uns. *„Aber ihr verkauft den Wagen nur an mich. Ihr müsst es mir versprechen."* Mit Handschlag versprachen wir, in zwei Wochen zurück zu sein.

Unsere letzte Tour führte in den Kenai Fjords Nationalpark südlich von Anchorage zu den Harding Eisfeldern, wo riesige Eisbrocken mit mystischen Geräuschen in den Pazifik kalbten. Ein Naturereignis, das wir erleben wollten, da wir die Gletscher Feuerlands auf unserer Camperreise nicht erreicht hatten.

Im Park nahmen wir Abschied vom Wohnmobil und jeder packte seinen Rücksack und eine Handtasche. Etwas wehmütig fuhren wir zur rustikalen Dame nach Fairbanks und tauschten Autoschlüssel gegen Cash.

„So schön es mit dem Wohnmobil war", sann Inge im Bus nach Whitehorse übers Reisen nach, *„mit dem Rucksack fühle ich mich leichter und freier."*

Ja, wir waren freier. Schon am nächsten Tag saßen wir im Zug nach Skagway, auf der alten *White Pass and Yukon Railway,* die während des Goldrauschs gebaut wurde. Einen Tag später bestiegen wir die Alaska Fähre und schifften durch enge Fjorde und um Inseln herum nach Vancouver. Drei Tage später saßen wir im Greyhound-Bus und fuhren entlang der Pazifikküste nach Los Angeles, wo wir das Goldnugget fanden, das nicht im Klondike River lag. Es lag auf der Bank, beim Umtausch unserer Dollar: Der Dollar war im Wert gestiegen und wir bekamen mehr D-Mark für das Wohnmobil, als wir in New York dafür bezahlt hatten.

6120 Meter hoch im Himalaya

Nepal 1981

„Ein Himmelsabenteuer fehlt euch noch im Reiseprogramm", bemerkte Wolfgang während eines Weltenbummler-Treffens in Düsseldorf. *„Der Besuch bei den Göttern auf dem Dach der Welt. Die Besteigung eines Sechstausenders."*

Inge griff die Idee auf, flog nach Nepal und organisierte die Besteigung des 6120 Meter hohen Dampush Peak. Gemeinsam mit Sherpa Ang, einem Bergführer, stellte sie ein Team von Trägern, Ausrüstung und Verpflegung zusammen. Danach traf unsere Trekkingtruppe in Kathmandu ein. Wolfgang und Angi aus Düsseldorf, Peter und Renate aus Augsburg, die wir auf Bali kennengelernt hatten, Norman und Amy aus New York, mit denen wir gemeinsam durch Indien gefahren waren, Inges Bruder Wolfgang und Billy, ein Pilot und Fallschirmspringer aus den USA, den ich in Ohio beim Skydiven kennengelernt hatte.

Während der elftägigen Trekkingtour durchs Kali Gandaki Tal zum Basislager in Marpha, zeigte sich die Kondition der Teilnehmer. Die Trekkinggruppe zog sich auf ein bis zwei Kilometer auseinander, denn jeder Teilnehmer ging sein eigenes Tempo, wanderte allein oder mit Partner.

Peter und ich hingen wie Kletten aneinander, denn ich erzählte ihm vom Fallschirmspringen. Ich beschrieb die Ausbildung, die Angst und Gefahr, und erklärte ihm die neueste Verrücktheit, wo wir Springer, die geöffneten Gleitschirme in der Luft, kontrolliert aneinander flogen. Dabei hakte sich der obere Springer mit seinen Füßen in den Schirm des unteren Springers ein, was ein Stack genannt wurde, und dass ich schon einen Vierer-Stack, d.h. vier Gleitschirme übereinander, geflogen bin. Unsere Gedanken waren in der Luft, obwohl wir die schönsten Berge um uns hatten. Als wir in Marpha eintrafen, war ich mir sicher, Peter schon bald am Fallschirm hängen zu sehen.

Mit fünfzehn Trägern war unsere achtköpfige Trekkinggruppe in Phokara gestartet und neben Reis, Mehl, Kartoffeln und Gemüse hatten wir ein Dutzend gackernder Hühner im Gepäck, unser Frischfleisch für den Rückweg. Auch eine störrische Ziege, die nur durch gutes Zureden, Ziehen und Tragen bis Marpha durchhielt. Schneller waren unsere Träger, die jeden Morgen unsere Zelte und Kochstelle abbauten, uns auf halber Strecke überholten und unsere Zelte aufgebaut hatten, wenn wir müde im neuen Lager eintrafen. Endstation war das Dorf Marpha, dreitausend Meter hoch, wo wir das Basislager für den Aufstieg zum Dampush-Peak aufschlugen.

Beim ersten Sonnenlicht am nächsten Morgen stiegen Wolfgang, Peter und ich, begleitet von Sherpa Ang und zwei Trägern, auf fünftausend Meter auf. Windgeschützt hinter einer Schneewehe, bauten wir unsere Zelte auf, während Sherpa Ang und die Träger ins Basiscamp abstiegen. Sie würden am nächsten Morgen erneut aufsteigen, das Gipfelcamp abbauen und die von uns hinterlassene Ausrüstung ins Basecamp bringen.

Eisige Kälte, grollende Berge und heulende Winde ließen uns die ganze Nacht über keinen Schlaf. Stündlich fragten wir einander, ob jeder seine Zehen noch spürte. An der Sprache wollten wir wahrnehmen, ob einem von uns der Höhenkoller drohte. Eine Stunde vor Sonnenaufgang gaben wir unsere Schlafversuche auf. Wir wärmten uns mit heißem Müsli und bereiteten den Aufstieg vor. Unerwartet äußerte Peter, dass er sich für den Aufstieg zum Gipfel nicht fit genug fühlte. Er würde mit den Trägern ins Basiscamp absteigen. Sein besonnenes Verhalten zeigte, dass keine Gefahr eines Höhenkollers bestand.

Mit den ersten Sonnenstrahlen am Gipfel brachen Wolfgang und ich zum Gipfel auf. Vor dem steilen Anstieg überquerten wir ein großes Schneefeld, was mehr Zeit in Anspruch nahm, als wir geplant hatten. Ständig brachen wir in Schneeverwehungen ein und mussten uns kräftezehrend durch Tiefschnee kämpfen. Schnell und gierig sogen wir die sauerstoffarme Luft in unsere Lungen, um die Muskeln mit Sauerstoff zu versorgen. Erschöpft erreichten wir den Bergkamm, auf dem wir zum Gipfel wollten. Wir ließen uns in den Schnee fallen und gönnten uns eine Pause.

Auf dem Bergkamm sackten wir nicht mehr in den Schnee ein, aber der steile Anstieg kostete Kraft, sehr viel Kraft. Nach einhundert Höhenmetern lagen wir wie hechelnde Hunde im Schnee. Unsere Lungen ächzten nach Sauerstoff, die Muskeln nach frischem Blut. Entmutigt schauten wir uns an, erkannten des Partners Zweifel.

„Nein, jetzt wird nicht ausgeruht, erst auf dem Gipfel gibt's Ruh!", rief Wolfgang halbherzig, wobei ich dann nie wusste, ob er im nächsten Moment *‚Das war's, gehen wir einen Tee trinken'*, sagen oder kämpfen würde. Er hämmerte seine Steigeisen ins Eis und griff nach den nächsten Höhenmetern.

Das Klettern war kein Problem, denn wir hatten keine Überhänge zu bewältigen oder Einschnitte zu umgehen. Der Aufstieg war machbar. Unser Problem war der geringer werdende Sauerstoff. Unsere Griffe im Fels erlahmten und unsere Beinmuskeln drückten uns nur mühsam nach oben. Mehr robbend als kletternd, näherten wir uns dem Gipfel. Noch dreihundert Höhenmeter.

Lange, tiefe Atemzüge füllten unsere Lungen nicht mehr, nur kurzes, schnelles Atmen, ähnlich dem hechelnder Hunde. Fünf bis zehn Höhenmeter schafften wir, dann war unser Kräfteschub verbraucht. Mit jedem errungenen Höhenmeter wurden wir langsamer. Mein Herzschlag dröhnte im Kopf, mein Körper wollte nicht höher. Fünfzig Meter unter dem Gipfel waren wir moralisch am Ende, denn unsere Uhren zeigten zwölf Uhr mittags.

„Das war's. Wir schaffen es nicht", hechelte Wolfgang. *„Es ist zwölf Uhr, wir müssen umkehren."*

Seine Bemerkung war schockierend, aber er hatte recht. Wollten wir einen gefährlichen Abstieg durch Wolken vermeiden, mussten wir umkehren. Den Zeitpunkt zur Umkehr hatten wir vor dem Anstieg in Marpha festgelegt, als wir sahen, dass täglich um zwölf, fast auf die Minute genau, Wolken den Gipfel umschlossen.

Schneeweiß glitzerte der Gipfel über uns, nur fünfzig Höhenmeter entfernt. Mein Blick verharrten am Gipfel und mir wurde bewusst, dass ich die fehlenden fünfzig Meter mein Leben lang vor mir sehen würde. Als rufe der Gipfel, schien er plötzlich näher zu sein als Minuten zuvor.

„Noch eine halbe Stunde, Wolfgang. Dann kehren wir um."

Ohne Wolfgangs Antwort abzuwarten, rammte ich den Eispickel in den Fels und zog mich aufwärts. Ich war mir sicher, dass Wolfgang folgen würde. So wie beim Training für den Gipfel, als wir wie Zwillinge zusammenhingen und selbst ausgelaugt, noch einen extra Kick mobilisierten.

Zum Ausruhen hatten wir keine Zeit mehr, wir mussten in einem Durchgang nach oben. Hinter mir hörte ich Wolfgang hecheln und Meter um Meter quälten wir uns höher. Greifbar nah kam der Gipfel, nur noch zehn Meter.

„Wenige Meter noch", rief ich Wolfgang zu, während ich die

letzten Meter zum Gipfel robbte.

„Jaaaah, wir haben's geschafft", schrie Wolfgang und ließ sich neben mir in die Schneekuhle fallen, 6120 Meter über dem Meeresspiegel.

Wieder bei Kräften, blickten wir triumphierend übers Dach der Welt. Aus dem Meer weißer Wolken ragten drei der höchsten Gipfel der Erde empor, Dhaulagiri, Annapurna und Manaslu. Wolfgang kannte sie alle, er hatte zig Bücher über ihre Besteigungen gelesen.

„Hier ist meine Welt", rief er in die Berge und stellte sich mit ausgebreiteten Armen auf den Gipfelstein. *„Hier bei den Göttern."*

„Wahrhaftig, ihr Götter, hier steht er vor euch und kann nicht höher", bestätigte ich mit ehrwürdiger Verbeugung. Denn im Freundeskreis nannten wir Wolfgang *Divinus*, den Göttlichen.

Zum Verweilen bei den Göttern blieb uns keine Zeit. Die Wolken hatten bereits den Gipfel umschlossen. In einer Kombination aus Rutschen und Klettern ließen wir uns durch den Nebel nach unten fallen. In 5200 Meter Höhe hatten wir wieder Sicht und prüften mit Kompass und Karte unsere Position. Schockiert sahen wir, dass wir nicht auf der Süd-, sondern auf der Nordseite des Berges abgestiegen waren.

Für die nächsten drei Stunden kletterten wir seitlich am Berg entlang, zurück zur Südseite. Den Sauerstoffmangel spürten wir nur gering, aber unsere Kräfte waren verbraucht. Die Gefahr abzustürzen wuchs proportional zur einbrechenden Dunkelheit. Immer öfter fanden wir keinen Halt und rutschten ab. Mit dem aufgehenden Mond verbesserte sich unsere Sicht und wir entdeckten einen Hirtenpfad, der unser gefährliches Klettern beendete. Ausgelaugt trotteten wir den schmalen Pfad entlang. Plötzlich sahen wir oberhalb des Pfades ein Lagerfeuer, an dem sich drei Nepali wärmten. Unsere *Namaste* Begrüßung erwiderten sie freundlich, aber Skepsis zeigte sich in ihren Gesichtern: *Wer waren diese Ausländer, die sich nachts in ihren Bergen herumtrieben?*

Sie rückten zusammen und boten uns Tee an. Wolfgang schaute mich an und in unserer Erschöpfung dachten wir das Gleiche. Wenn wir uns setzten, hätten wir nicht mehr die Kraft aufzustehen. Wir bedankten uns, zeigten auf unsere Beine und zum Gipfel. Die Nepali verstanden uns, nur sprachlich nicht. Keiner sprach Englisch und beim Wort Dampush Peak winkten sie unverstanden ab. Beim Wort Marpha nickten sie und zeigten in die östliche Richtung.

Kraftlos stolperten wir weiter. Inzwischen war es elf Uhr nachts und unsere Müdigkeit schmerzhaft. Wir setzten uns an den Wegrand und starrten in die Nacht. Nirgends ein Licht.

Plötzlich, weit vor uns, sahen wir suchende Scheinwerfer zweier Taschenlampen. Hatte unser Sherpa einen Suchtrupp geschickt? Aus Leibeskräften riefen wir den Schlachtruf unseres Trecks: *"Kuckuruhkuh! Kuckuruhkuh!"*

Die Antwort war *„Kuckuruhkuh!"* auf nepalesisch. Es war unser Sherpa mit einigen Trägern. Sie suchten uns. Ein letzter Kräfteschub richtete uns auf und wie in Trance liefen wir dem Suchtrupp entgegen. Als wir die Truppe erreichten, war ein Nachtlager aufgeschlagen, Abendessen kochte über einer kleinen Feuerstelle und Sherpa Ang begrüßte uns mit einem Schluck *Kuckuruhkuh* Rum. Nepalesischer Rum, den er allabendlich servierte, wenn wir ermüdet das Lager erreichten.

Es ist spät am Nachmittag, das Gewitterzentrum ist über uns hinweggezogen. Zu achtern tobt es weiterhin, zieht mit ungezähmter Energie weiter. Mein Blick streift die Angelleine und ich bin dankbar, dass heute kein Fisch biss. In rauer See einen Fisch an Bord zu holen, ist für beide eine Qual, für den Fisch, wie auch für mich. Kurz spiegeln sich rötliche Sonnenstrahlen auf dem Meer, beleben das Ende des grauen Tages.

Zum Dinner koche ich eine doppelte Portion Reis, brate

zwei Fischfilets und schnipple einen Weißkrautsalat mit Kümmel für meinen Vitaminhaushalt. Hoch geht's ins Cockpit und, wie jeden Abend, kämpfe ich gegen die Müdigkeit. Wobei mir der Mond hilft wach zu bleiben, obwohl er sich hinter einer dicken Wolke versteckt. Eine halbe Meile vor mir spiegelt sich sein kaltes Licht als glitzernder Fleck auf dem Wasser. Der Fleck kommt näher, der Rand der Wolke über mir wird weiß und plötzlich steht er über mir, der Mond. Mit vollem Gesicht und erschreckender Helligkeit. So hell, dass ich ein Buch lesen könnte und Farben erkenne. Dann schiebt sich die nächste Wolke vor den Mond, lässt sein helles Licht zu achtern übers Meer ziehen. Eine halbe Meile vor mir erneut ein glitzernder Fleck.

Herrlich! Die Nacht wird nicht monoton. Der Mond gibt mir ein Feuerwerk mit hervorragender Sicht. In den dunklen Momenten werde ich die Augen für ein Nickerchen schließen und mich in der aufblitzenden Helligkeit an mein berufliches Abenteuer in den USA erinnern. Es war der Neuanfang in meine zweite Lebenshälfte, die ich als Single lebte. In der ich in New York Russisch-Roulette spielte, um geschäftlich zu überleben, fliegen lernte, um meinen Abenteuerdrang zu befriedigen und, um nicht im Burnout zu enden, mir die Welt aus der Vogelperspektive ansah.

Berufsabenteuer

Neuanfang in Kalifornien, 1984

Nach den Himmelsabenteuern in Amerika leitete Inge unsere Reiseagentur in Deutschland und organisierte Abenteuerreisen. Reisen, bei denen wir mit Kunden zum Fallschirmspringen nach Florida flogen, einen weiteren 6000er im Himalaya bestiegen und mit Hundeschlitten durchs Ewige Eis Grönlands fuhren. Meinerseits erhielt ich ausreichend Aufträge für mein Ingenieurbüro und nach drei Jahren harter Arbeit war unsere Reisekasse zum dritten Mal gefüllt. Wir konnten wieder auf die Rolle gehen.

Nur hatten Inge und ich verschiedene Reisen im Kopf. Inge wollte nach Asien reisen, die Reiseagentur aufrecht halten und weiterhin in Deutschland leben. Ich verstand sie gut, denn in Asien war das Leben geruhsamer als zu Hause. Herrlich konnte man dort die Füße hochlegen und übers Leben philosophieren.

Diese Ruhe suchte ich nicht. Meine Reise sollte in ein neues Berufsleben in den USA gehen, da mir meine Arbeit in Deutschland zur Routine geworden war. Ich suchte eine berufliche Veränderung, wobei mich die schnelle und unkomplizierte Art der Amerikaner, ein Geschäft aufzubauen, faszinierte. Jeder meiner Freunde in den USA, der eine Geschäftsidee hatte, wie mein Freund Billy, machte sich selbstständig, wurde von seinen Freunden unterstützt und angespornt seinen Weg zu gehen. Diese Atmosphäre wollte ich erleben, wollte das lockere und freie Amerika kennenlernen.

„Hatten wir auf der Hundeschlittentour in Grönland nicht genug Abenteuer?", bemerkte Inge und versuchte meinen Drang ins Neue zu bändigen. *„Waren die minus 45 Grad in Schnee und Eis nicht extrem genug?"*

Es fiel mir schwer, ihr zu erklären, was mich trieb, zuweilen verstand ich es selbst nicht. Vielleicht war ich in einer Midlifecrisis, von der alle sprachen, nur wurde sie mir nicht bewusst. Ich flog nach New York, Chicago und Los Angeles, und erkundete meine Möglichkeiten in den Staaten zu arbeiten. Ingenieure waren gesucht, nur konnte mich keine Firma ohne Green Card einstellen. Nach tieferem Einblick in Gesetze und Möglichkeiten fand ich eine Lösung, wie ich ohne Green Card eine Vertriebsgesellschaft aufbauen konnte. Ich benötigte allerdings Produkte und einen Partner in Deutschland.

Zurück in Düsseldorf, setzte ich mich mit der US-Handelsabteilung in Verbindung, die deutsche und amerikanische Firmen dabei unterstützte im jeweiligen Land geschäftlich aktiv zu werden. Just als ich bei ihnen vorsprach, organisierten sie eine Aerobic-Show für eine amerikanische Firma. Aerobic, das war Anfang der achtziger Jahre eine Mischung aus Gymnastik und Tanz, mit der sich die Menschen in den Staaten fit hielten. Die Fitnesswelle war in den USA erfolgreich und auf dem Weg nach Deutschland. Für das Projekt benötigten sie Displaymaterial mit amerikanischer Flagge, wobei ihnen nur wenige Tage für den Entwurf und die Fertigung der Displays zur Verfügung standen. Sie baten mich, ihnen behilflich zu sein und eine Firma zu finden, die sofort produzieren konnte. Zwei Tage später lernte ich Stephan kennen, der mit seiner Firma das Unmögliche in wenigen Tagen schaffte.

Nach der Aerobic-Show erzählte ich Stephan von meinen Plänen, in den USA neu starten zu wollen. Entsprechend der Devise *Go West, Young Man*, Richtung Kalifornien. Stephan war von meinen Plänen begeistert und bot mir seine Partnerschaft an. Beide waren wir überzeugt, ein gutes Team zu sein, der eine Spezialist in der Papierverarbeitung, der andere im Maschinenbau.

Fortan suchten wir nach Maschinen, die wir als unabhängige Vertretung in den USA verkaufen konnten. Wir sprachen mit den Herstellern der Maschinen, die Stephan in der Fertigung hochwertiger Displayprodukte einsetzte, und nach dreimonatiger Marktanalyse in den USA nahmen wir die Kaschiermaschinen eines deutschen Herstellers ins Verkaufsprogramm.

Im Frühjahr 1984 gründeten wir unsere Firma in Long Beach, Kalifornien, obwohl Chicago vom geschäftlichen Standpunkt die bessere Wahl gewesen wäre. Nur wollte ich meine Freizeit nicht in den kalten Winden am Lake Michigan verleben. Das verrückte Leben in Kalifornien entsprach meinen Vorstellungen eines Neuanfangs, wo Ozean, Berge und Wüste dicht beieinanderliegen. Morgens konnte ich am Big Bear Mountain Skifahren und zwei Stunden später auf den

Wellen in Huntington Beach surfen. Über der Wüste konnte ich am Fallschirm hängen und bei Sonnenuntergang auf den Wellen des Pazifiks die Happy Hour genießen. Südkalifornien bot das abwechslungsreiche Leben, das ich suchte.

Mit der amerikanischen Einstellung *I can do,* baute ich mit Elan unser Büro auf. Ich reiste kreuz und quer durch die USA, verkaufte die deutschen Maschinen und Stephans Technologie. Die Akzeptanz der Amerikaner für Neuheiten öffnete mir viele Türen und als Verkaufsingenieur war ich ein gesuchter Ansprechpartner. Doch das Tempo, mit dem wir die Firma aufbauten, entsprach nicht unserer finanziellen Grundlage. Plötzlich hatten wir kein Geld mehr auf dem Konto und nur eine erfolgreiche Verhandlung in New York City konnte uns retten.

Russisch Roulette in New York City

Mit hängendem Kopf machte ich mich auf den Weg nach New York, mit einem Zwischenstopp in Chicago, weil der Flug billiger war als ein Direktflug von Los Angeles. Vor dem Abflug hatte ich mit Stephan telefoniert und ihm unsere prekäre Situation geschildert. Wie immer war er optimistisch, sagte nur: *„Mach dir keine Sorgen, du schaffst es."*

Nur fühlte ich mich sauelend. Den Flug hatte ich mit einem ungedeckten Scheck bezahlt und unserem Bankmanager versprochen, an diesem Tag die fälligen Termingelder einzulösen. Zigtausende Dollar mit denen ich den Verkauf von zwei Maschinen abgesichert hatte waren fällig. Termingeld, das die US-Dollar/D-Mark-Umtauschrate festsetzte. Der Bankmanager, ebenfalls ein Deutscher, hatte meine Schulden für einige Tage gedeckt, aber an diesem Tag war das Termingeld endgültig fällig.

Peter, Senior und Inhaber der Firma in New York City, war unsere letzte Chance. Wenn er unsere gebrauchte Vorführmaschine kaufte, die bei ihm in der Produktion lief, hätten wir's geschafft.

Wenn er sie kaufte!

Die Maschine hatte ich quer durch die USA transportieren lassen, von Los Angeles über Chicago bis nach New York City. Tausende Dollar hatte ich in Demo-Vorführungen bei potentiellen Kunden investiert und nach fünftausend Kilometern Verkaufstour war unsere Kasse leer. Kredit gab uns keiner mehr, selbst der Hersteller in Deutschland nicht. Auch die Tatsache, dass wir im ersten Jahr bereits zwei Maschinen auf dem US-Markt verkauft hatten, lockerte bei den Banken keinen Cent. Dafür kamen und gingen zu viele ausländische Anbieter auf dem US-Markt. Für die Bank war unsere Firma eine der vielen Nobodies.

Ein Jahr lang hatte ich Tag und Nacht wie ein Besessener für meinen Erfolg in Amerika gekämpft, fühlte mich müde und ausgebrannt. Bei der anstehenden Verhandlung ging es nicht um Noten, wie beim Staatsexamen, es ging um Banknoten und ob ich erfolglos nach Deutschland zurückkehren müsste.

Stephan hatte Recht, mehr hätte ich nicht tun können. Ich hatte Peters Firma den besten Service geboten und die Maschine war für ihre Produktionslinie eine perfekte Ergänzung. Nur gekauft hatte sie der Senior nicht, und mir fehlten die Dollar.

Während des Umsteigens in Chicago rief ich unsere Bank an und versicherte dem Manager, dass er den Scheck noch an diesem Tag erhalten würde. Danach sprach ich mit dem Reisebüro und bat die Chefin, den Scheck für die Tickets erst drei Tage später einzulösen, weil uns ein Buchungsfehler auf dem Bankkonto unterlaufen wäre. Obwohl ich kein Spielertyp bin, spielte ich Russisch Roulette.

Der Monteur aus Deutschland überwachte die Produktion auf unserer Maschine, als ich in Peters Firma in New York eintraf. Die Arbeitsatmosphäre war gelockert, denn unsere Maschine lief problemlos und kontinuierlich. Leider nicht mit der erhofften Geschwindigkeit. Was laut deutschem Monteur am schlechten Papierleim lag, der benutzt wurde. Das Problem sah der Senior anders und ich übersetzte die Begründung des deutschen Monteurs in kundenfreundliches Englisch.

Kurz vor der Mittagspause ging ich mit dem Senior in sein Büro, gefolgt von seinem Sohn Peter, dem Junior. Unsere erste Verhandlungsrunde begann und die italienische Herkunft der beiden ließ sich nicht verleugnen.

„Es ist einfach zu teuer für uns, den deutschen Monteur für den Service einfliegen zu lassen", begann der Senior die Verhandlung und baute seine geöffneten Hände abwehrend wie eine Mauer vor seiner Brust auf.

„Unser neuer Monteur aus Ohio ist in Deutschland zur Ausbildung", bluffte ich, denn es war beabsichtigt, nur hatte ich kein Geld dafür.

„Der Preis für die gebrauchte Maschine ist zu hoch", konterte der Junior und hob mit zusammengepressten Fingerspitzen seine Hände vor die Brust, wippte sie vor und zurück, als würde er *Mama Mia* sagen.

„Die nächsten Maschinen werden wir weitaus teurer verkaufen müssen", sagte ich cool und ließ meine Hände ruhig auf dem Tisch liegen. *„Die Dollarschwäche zwingt uns dazu."* Dabei hoffte ich, dass es zu keiner Dollarschwäche käme, denn dann wäre unsere Firma mit Sicherheit am Ende.

„Wir brauchen noch vierzehn Tage zu entscheiden, ob es die richtige Maschine für uns ist", pokerte der Senior. Er lehnte sich nach vorne, stützte sich auf seine Ellbogen und blickte mir herausfordernd in die Augen.

„Mehr Zeit kann ich euch nicht geben", bluffte ich erneut und hielt seinem Blick stand. *„Ich habe einen weiteren Kunden in New York, der die Maschine unbedingt testen möchte."*

Ungewollt zogen sich meine Augenbrauen nach oben, denn

die Rechnung der Demontage hätte ich nicht mehr bezahlen können.

Verrückt das ganze Spiel!, ging's mir durch den Kopf, was sich in einem schwachen Lächeln äußerte.

Das Spiel änderte sich, als Vater und Sohn sich die Bälle zuwarfen. Der Senior meinte, sein Sohn müsse die Entscheidung treffen, da er das Geschäft übernehmen würde. Der Junior schob seinen Vater vor, der die Entscheidung treffen sollte, ob die Investition in unsere Maschine noch gerechtfertigt wäre, bevor sich der Senior aus dem Geschäft zurückzöge.

Ich spielte auf Zeit und schlug vor, uns nach dem Mittagessen erneut zusammenzusetzen, damit beide Seiten das Geschäft überdenken konnten. Ich deutete erneut an, dass ich kein Problem hätte, die Maschine abzubauen und bei der Konkurrenz wieder aufzubauen. Ohne einen Cent in der Tasche, erhöhte ich den Einsatz im Pokerspiel.

Während des Mittagessens mit dem Monteur spielten meine Gedanken verrückt. Was sollte ich mit der Maschine machen, wenn ich sie nicht verkaufte? Mit meiner deutschen Kreditkarte hätte ich noch einen Lkw anmieten und die Maschine verladen können. Aber was dann? Den fünftausend Kilometer langen Rücktransport nach Long Beach hätte ich nicht mehr bezahlen können. Mein Amerika-Abenteuer stand vor dem Aus.

Dem deutschen Monteur deutete ich an, dass wir die Maschine eventuell wieder abbauen müssten.

„Toll", sagte er sichtlich begeistert, *„dann kann ich noch einige Tage in New York City bleiben."*

Meine Nerven lagen blank und ich musste mich zusammenreißen, ihm meine Faust nicht auf die Nase zu drücken. Bleib ruhig, befahl ich mir, er kennt deine Situation nicht.

Zurück in der Firma, sah ich unsere Maschine kontinuierlich produzieren und erinnerte mich an Stephans Optimismus: *Wirst sehen, Peter kauft die Maschine.*

Zwei Monate zuvor hatten sich Stephan und der Senior bei einem Kurzbesuch in der Firma kennengelernt, und da beide Fachleute der Papierverarbeitung waren, verstanden sie sich bestens. Stephan analysierte die Maschinen in Peters Fertigung und seine Meinung war eindeutig: *Peter braucht eine Maschine wie die unsrige.*

Der Senior rief mich erneut ins Büro und ich blickte in das ernste Gesicht des Juniors. Mein Optimismus schwand. Wieder sah ich mich und die Maschine auf einem Lkw in einer Seitenstraße von New York stehen. Ich atmete tief durch, ließ einige Sekunden verstreichen und bereitete gedanklich ein Angebot mit Sonderrabatt vor.

Unverhofft, und mit dezentem Lächeln, legte der Senior seine Karte offen: *„Mein Sohn hat sich für deine Maschine entschieden."*

Gleichzeitig, und etwas grinsend, legte auch der Junior seine Karte auf den Tisch: einen Scheck über den vollen Betrag.

AeroManiacs, die Luftverrückten

Ein Jahr nach dem Pokerspiel in New York stand unsere Vertriebsfirma auf gesunden Beinen und mein Traumauto vor der Tür. Ein nagelneuer Jaguar XJ6 in Burgundrot, mit beigefarbenen Ledersitzen und echtem Holz im Armaturenbrett. Auch die Bank sah unseren Erfolg und animierte uns zum Konsum. Ich wehrte mich nicht, kaufte ein weiteres Bürogebäude und einen Sportwagen. Nur hatten die harte Arbeit und der Erfolg auch eine Kehrseite, denn ich sah Inge nur noch selten. Ständig flog ich kreuz und quer durch die USA. Zu Anfang besuchte sie mich für Monate, später nur noch für Wochen.

Zwei Jahre Amerika und die große Entfernung führten zu unserer Trennung. Nicht nur, dass wir verschiedene Leben lebten, auch unsere Interessen hatten sich verändert. Auf einer fünfwöchigen Rucksackreise durch den Jemen hofften wir wieder zueinander zu finden, doch es wurde unsere letzte gemeinsame Reise.

Zurück in Kalifornien, bestätigten mir meine amerikanischen Freunde auf dem richtigen Weg zu sein, um ein echter Ami zu werden. In meiner Firma hielt ich es ebenso, sie sollte auf keinen Fall eine Deutsch sprechende Niederlassung sein. Alle fünf Angestellten im Büro waren in Amerika geboren, wodurch ich mich als einziger Deutscher im Team bestens in den Staaten integrieren konnte.

Mit seinen vielseitigen Aktivitäten und Ablenkungsmöglichkeiten gab Kalifornien meinem Körper und meiner Seele keine Verschnaufpause. Ständig war ich auf der Rolle, wollte auf keinen Fall ein Stück Lebensglück verpassen, wie es auf den großen Werbetafeln entlang der Freeways suggeriert wurde. Wie meine amerikanischen Freunde, lebte ich im *Run in the fast lane*. Ich hing am Fallschirm, fuhr Autorennen, quälte mich beim Triathlon und genoss Partys in Hollywood. Ich erlebte den Optimismus und die Lebensfreude Kaliforniens, wo sich Freundschaften schnell bilden und ebenso schnell vergessen sind.

Nur Donna ging mir nicht aus dem Kopf. Bei einem Fallschirmsprung über Lake Elsinor in Kalifornien hatte ich sie kennengelernt, wo sie verängstigt als Beobachterin neben mir in der Absetzmaschine saß. Mit ein paar lockeren Bemerkungen übers Springen nahm ich ihr etwas Angst, wobei meine Sympathie für sie stieg. Mir gefiel der Typ mit den kurzen schwarzen Haaren und der sprunggeladenen Figur. Ich wollte sie näher kennenlernen. Obwohl ihr Notfallschirm perfekt saß, erklärte ich, den Gurt über ihrer Brust noch etwas nachziehen zu müssen, da sie im Ernstfall aus dem Harness rutschen würde. In ihrer Nervosität stimmte sie zu und mit zarten Händen brachte ich den Gurt in die ‚richtige' Lage. Nach dem Sprung erzählte sie ihrer Freundin, die mein rechter Anflugpartner in der Sprungformation war, wie hilfreich ich gewesen war. Ihre Freundin konnte ihr Lachen nicht zurückhalten und von diesem Tag an lachten Donna und ich gemeinsam über unser Kennenlernen.

Wolfgang war vom kalifornischen Leben ebenfalls begeistert und besuchte mich jährlich zu gemeinsamen Triathlon-Urlauben, bei denen wir mein Long Beach Apartment in ein sportliches Trainingscamp verwandelten, zugestellt mit Fahrrädern, Thermoanzügen, Tennisschlägern und stinkenden Laufschuhen. Während der Woche trainierten wir entlang der Pazifikküste zwischen Long Beach und Newport Beach, und an Wochenenden kämpften wir gegeneinander in Wettbewerben von San Francisco bis San Diego. Die Platzierungen in unserer Altersklasse waren hervorragend, einschließlich des 70.3 Meilen Ironman, der die halbe Distanz des weltberühmten Hawaii-Ironman war. Mit einer Gesamtdistanz von 113 km, kombiniert aus 1,9 km Schwimmen, 90 km Radfahren und einen halben Marathon über 21,1 km. Mit Zeiten um die fünf Stunden waren wir ‚Anfang-Vierziger' nicht in der Spitzengruppe, aber bei weitem nicht am Ende des Feldes. Denn im Wettkampf hatten wir beide das Messer zwischen den Zähnen. Nach dem Radfahren, meiner Paradedisziplin, hatte ich meistens einen kleinen Vorsprung herausgefahren, um den ich am Ende immer fürchten musste, denn Wolfgangs Paradedisziplin war der Marathon. Mit den sportlichen Aktivitäten machten wir uns fit für das nächste Abenteuer, wobei wir noch nicht wussten wohin es uns führen würde.

Mein siebtes Jahr in Kalifornien war ein verflixtes Jahr, wirtschaftlich und privat. Die USA glitten in eine Rezession, was sich durch sinkende Aufträge für meine Maschinen zeigte. Immer öfter hörte ich: *„Im letzten Jahr zu dieser Zeit hatten wir die Auftragsbücher voll, derzeit bestellt niemand. Wenn wir mehr Aufträge bekommen, investieren wir in deine Maschinen."* Worte, die mich an die meines Professors im Wirtschaftsstudium erinnerten: *„Bevor die Krise beim Konsumenten sichtbar* *wird, spürt sie die Investitionsgüter-Industrie."* Was bedeutete, dass mir ein oder zwei harte Jahre bevorstanden. Stephan hatte die gleichen Probleme in Deutschland und musste mir seine Firmenanteile verkaufen, um an Bares zu kommen.

Ich wog ab, den Ertrag meiner Firma ins Überleben des Büros zu investieren oder in die Tasche zu stecken und auf große Reise zu gehen. Wobei ich zu der Erkenntnis kam, dass der Gewinn, den ich in der Kasse hatte, bei einer harten Rezession in zwei Jahren aufgebraucht wäre. Warum, fragte ich mich, in ein zweijähriges Durchhalten investieren, das nur Frust bringt? Warum nicht in eine Reise investieren, die mir Freude macht? Eine Reise, die mir schöne Erinnerungen für den Rest meines Lebens gibt.

Auch käme wieder Ruhe in mein Privatleben, das in diesem Jahr so negativ begonnen hatte. Mit einem Rennwagen war ich in Laguna Seca in die Streckenbegrenzung geknallt und mit meinem Gleitschirm gegen eine Gebirgswand. Worauf mein Kinn mit sechsunddreißig Stichen genäht werden musste und Donna am Krankenbett ein amerikanisches Sprichwort zitierte: *„You can't burn a candle from both sides."* (Du kannst eine Kerze, wie auch das Leben, nicht von beiden Seiten abbrennen.)

„Don't burn yourself out", warnte sie mich.

„Thank you, Sweetheart", nuschelte ich durch den Verband, denn mir wurde bewusst, dass ich nur zwei Möglichkeiten hatte: im Burnout zu enden oder auf eine längere Reise zu gehen.

Sofort ließ ich meiner Fantasie freien Lauf: auf einem Kamel stürmte ich durch die Wüste, bestieg Berge höher als die Wolken, baute Iglus im ewigen Eis und flog wie ein Vogel durch die Luft. Wohin soll die Reise gehen?

Die Entscheidung fiel in der Luft, während eines Fluges mit einer gemieteten einmotorigen Maschine entlang der Pazifikküste Kaliforniens. Eine Woche zuvor hatte ich die Pilotenprüfung bestanden und war auf dem Weg nach San Francisco. Noch etwas angespannt saß ich hinter dem Steuerhorn, und schaute fasziniert auf die zerklüftete Landschaft unter meinen Flügeln, nur einhundert Meter über der peitschenden Brandung des Pazifiks.

„Traumhaft, diese Welt", schrie ich ins Mikrofon und blickte auf Traumhäuser entlang der Klippen. Ich flog in die High Sierra, kreiste wie ein Adler über dem Half Dome im Yosemite Nationalpark und überflog die Golden Gate Bridge in San Francisco.

Wie schön muss erst ein Flug um die Welt sein?, träumte der Romantiker in mir. *Aus der Vogelperspektive das Taj Mahal in Indien sehen und traumhafte Inseln im Südpazifik überfliegen.*

Wäre schön, ist aber nicht machbar, meldete sich meine Vernunft. *Ich hab' zu wenig Flugerfahrung.*

Die bekommst du unterwegs, antwortete der Optimist. *Beginn mit kleinen Schritten, dann mach den großen Sprung. Andere haben es auch geschafft!*

Das kostet mehr Geld, als ich auf dem Konto habe, äußerte sich der Pessimist.

Dann such dir Freunde, die mitfliegen, forderte mein Erfindergeist. *Du bist der Pilot und für sie ist es ein Abenteuer. Sie werden sich an den Kosten beteiligen.*

Wer ist denn so verrückt und fliegt mit einem einmotorigen Flugzeug um die Welt?, stotterte mein Selbstbewusstsein.

Du bist so verrückt, antwortete der Abenteurer. *Und einige deiner Freunde werden mitmachen.*

Wenn du Angst vor deinem Traum hast, meldete sich meine Erfahrung, *steigt keiner in deine Maschine. Fliege mit ihnen durch Kalifornien oder nach Mexiko und mach sie heiß!*

Geh in die nächste Bücherei, kommandierte der Projektingenieur. *Lies die Erfahrungen anderer Piloten und starte dein eigenes Projekt. Beginne mit dem ersten Schritt.*

O.K., antwortete der Abenteurer. *Let's do it!*

Die Welt aus der Vogelperspektive hatte ich vor Augen, als ich mit der Planung des Flugabenteuers begann. Doch schon nach wenigen Tagen wurde mir klar, warum so wenige Piloten mit kleinen Maschinen um die Welt flogen. Täglich wurde das Projekt umfangreicher und sehr viel Unvorhergesehenes war einzuplanen.

One step at a time, äußerte sich der Projektingenieur, *eins nach dem anderen.* Wie bei beruflichen Projekten teilte ich den Abenteuerflug in Kategorien ein, in Persönliches, Finanzen, Flugzeug und Flugroute.

Das Persönliche war das kleinste Problem. Ich war Single und die Entscheidung auf große Reise zu gehen bereits getroffen. Die Maschinenvertretung verkaufte ich an eine Firma in Chicago und verdiente noch einige Dollar dabei. Meine Vertriebsfirma hielt ich für geringes Geld inaktiv aufrecht.

Bei den Finanzen stieß ich an meine Grenzen. Die Gebühren für Fluggenehmigungen, Landungen, Instrumentenflüge, Kommunikation, Wetterinformationen, Parken des Flugzeugs, Wartung, etc. summierten sich zu einer beträchtlichen Summe. Wollte ich das Projekt bis zum Ende durchziehen, brauchte ich ein oder einige Partner. Wenn möglich Abenteurer, die sich finanziell beteiligten und mitfliegen wollten.

Wolfgang schloss sich dem Projekt sofort an, denn er hatte einen Flug mit mir in einer gemieteten Cessna nach Las Vegas bestens überstanden und war vom Tiefflug entlang des Colorado River begeistert. Sein Freund Utz wollte sich ebenfalls anschließen. Beide besuchten mich nach einem Marathon in New York City und wir besprachen das Projekt. Ich würde sie zu Teilhabern am Flugzeug machen und zu Reisepartnern für Flugstrecken nach ihrer Wahl. Unterwegs würden wir uns die anfallenden Kosten teilen. Zwecks Versicherung gründeten wir die Firma *AeroManiacs*, die Luftverrückten.

Das richtige Flugzeug zu finden nahm ein ganzes Jahr in Anspruch. Denn ich suchte eine Maschine, mit der ich tief und langsam um die Welt fliegen konnte und die genug Zuladung erlaubte, um ausreichend Flugsprit für die langen Flüge über die Ozeane mitzunehmen. Ein neues Flugzeug kam finanziell nicht in Frage, nur ein gut erhalten Gebrauchtes mit geringer Laufzeit des Motors.

Die Flugroute fürs erste Drittel legte ich im Groben fest. Mit kurzen Flügen wollte ich die USA überqueren, Flugerfahrung sammeln und den großen Sprung über den Atlantik wagen. In Deutschland würde ich das zweite Drittel, den Flug nach Australien, planen und das letzte Drittel, den Flug über den Pazifik, offen lassen, das Flugzeug eventuell in Australien verkaufen. Den Zeitplan begrenzte ich auf ein Jahr, in dem ich wieder in den USA sein musste, um meine Green Card nicht zu verlieren.

Meine Zukunft überließ ich der Vorsehung des Universums, denn mein Optimismus, als guter Ingenieur nach dem Flug wieder einen Job zu finden, beflügelte meine Vorbereitungen.

Die Organisation des Weltflugs kam zügig voran, bis die Nachricht aus Kanada eintraf, dass mich die dortige Luftfahrtbehörde ohne Instrumentenfluglizenz nicht über den Atlantik fliegen lassen würde.

Zurück ging's in meine alte Flugschule, wo ich mich in den Flugsimulator setzte und unter Palmen für meine 'Blindflug'-Lizenz büffelte. Mit Sichtblende vor den Augen flog ich durch die Luft und wenige Tage vor dem Examen, während eines Instrumentenflug-Trainings, erlebte ich, welch Risiko der Flug mit einer Einmotorigen war:

„Ich übernehme das Flugzeug“, hörte ich Joes kommandierende Stimme im Kopfhörer, nachdem ich die Explosion des Motors wahrnahm und das Flugzeug heftig vibrierte. Joe saß neben mir, er war mein Fluglehrer. Die Vibration des Motors wurde schwächer, das Motorengeräusch verstummte und der Propeller, der einzige den wir hatten, stand still.

„Du übernimmst!", antwortete ich, ließ das Steuerhorn los und hob meine Füße vom Seitenruder. Meine Sichtblende riss ich vom Kopf und orientierte mich. Wir waren auf halbem Weg zwischen Long Beach Flughafen und dem Strand am Pazifik. Unter uns das dicht besiedelte Wohngebiet, wo ich zuhause war.

Joe hatte die Nase des Flugzeugs nach unten gedrückt und die Maschine ins Gleiten getrimmt. Ohne Geschwindigkeit zu verlieren flog er eine Kurve zurück zum Airport. Ich schaute auf den Höhenmesser: vierhundert Meter.

Oh, Oh, äußerte sich mein Bauchgefühl, *das wird ne Bruchlandung zwischen den Häusern.*

Der breite Sandstrand oder eine Wasserlandung im Pazifik wären mir lieber gewesen, aber Joe war ein erfahrener Fluglehrer. Ich musste ihm vertrauen.

„Approach, hier ist Eins Drei Lima", kontaktierte Joe die Flugleitung. *„Wir haben einen Motorausfall und gleiten zum Airport zurück. Erbitten sofortige Landeerlaubnis."*

„Eins Drei Lima, Tower ist über Ihre Situation informiert. Wechseln Sie zur Tower-Frequenz."

„Danke Approach, Wechsel zu Tower, Eins Drei Lima."

Ich machte mich ‚leicht' in meinem Sitz, denn es half mir cool zu bleiben. Kein Wort kam über meine Lippen, denn ich wollte Joes Konzentration nicht unterbrechen. Mein Blick wechselte zwischen dem Airport und den größer werdenden Häusern unter uns.

„... MD-80, American Airlines, Durchstarten ...", hörten wir den Befehl von Long Beach Tower an einen Passagierjet. Dann an uns gerichtet: *„Alle drei Landebahnen stehen für die Notlandung zur Verfügung."* Auch hörten wir die Ergänzung *„Eins Drei Lima, glauben sie, das Flugfeld noch zu erreichen? Sollen wir Krankenwagen und Feuerwehr losschicken?"*

Die Bemerkung vom Tower nahm mir die letzte Hoffnung. Die Dächer kamen immer näher. Wir überflogen die Autobahn und ich erkannte die Autotypen, die unter uns fuhren. Nur noch wenige Meter fehlten uns bis zum Flugfeld. Dass wir es über den Flughafenzaun schaffen würden, daran zweifelte ich.

Dann hörte ich Joes Antwort an den Tower, die so cool klang als wären wir schon gelandet.*„Krankenwagen nicht nötig, wir werden es schaffen, Eins Drei Lima."*

Joe blickte kurz zu mir und sagte grinsend: *„Wir haben's geschafft."*

Der Zaun huschte unter uns vorbei, die Räder setzten im Gras auf und wir rollten quer über die breite Landebahn der Jets. Auf dem Rollfeld vor dem Gulfstream Hangar kamen wir zum Stehen.

„Exzellent Job, Joe", sagte ich erleichtert. *„Tolle Lektion für den Ernstfall."*

„Das gehört zur Ausbildung und kostet dich keinen Cent extra", antwortete er und zeigte auf das sich nähernde gelb blinkende Auto. *„Jetzt ist der Spaß vorbei. Das gibt'ne Menge Schreibarbeit mit der Luftaufsichtsbehörde."*

Nach drei Tagen weicher Knie erhöhte sich wieder der Spaß an meinem Flugvorhaben und mit jeder weiteren Stunde in der Luft wurden meine Landungen besser.

Auf der Suche nach dem richtigen Flugzeug flog ich an der Seite von Piloten, die so selbstsicher durch die Lüfte fliegen, wie der Rest von uns zum Einkaufen fährt. Die Flugstunden mit den ‚Haudegen der Lüfte' waren eine hervorragende Schule und immer wohler fühlte ich mich in der Luft, ob mit einer Piper, Cessna, Stinson oder Maule.

Das Flugzeug der Firma Maule erfüllte alle meine Kriterien und war auf dem Gebrauchtmarkt günstig zu kaufen. Es war ein leichter stoffbespannter Hochdecker mit freier Sicht nach unten. Er flog mit geringer Geschwindigkeit, hatte eine große Zuladung und wurde in den USA gebaut. Nur die Bemerkung *ground looped* in den Verkaufsanzeigen machte mich stutzig. Denn es bezeichnete eine Bruchlandung, bei der sich das

Flugzeug unkontrolliert um die eigene Achse drehte und beschädigt wurde. War es wirklich so schwer, ein Spornradflugzeug zu landen? Nur, weil sich das frei drehende Rad nicht am Bug, sondern am Schwanzende befand?

Der Unterschied wurde mir bewusst, als ich einen Einkaufswagen durch den Supermarkt schob. War das in jede Richtung frei drehende Steuerrad vorne und die festen Räder hinten, ging's leicht durch den Supermarkt. Drehte ich den Einkaufswagen herum, mit den festen Rädern vorne, war das Rangieren ungewohnt und unhandlich.

Eine weitaus simplere Antwort bezüglich des Fahrwerks gab mir die Chefpilotin der Flugschule.

„Dieter", sagte sie, und winkte ab. *"Es spielt keine Rolle, für welches Fahrwerk du dich entscheidest, wenn du das richtige Gefühl fürs Fliegen hast. Nur musst du fürs Spornradfliegen ein Sondertraining durchlaufen und das machst du besser am Flabob Airport, wo die besten Spornradpiloten in der Luft sind."*

Sofort nahm ich die Spornradausbildung in Angriff, denn ich hatte mich für eine gebrauchte Maule entschieden, die das Werk zum Verkauf anbot. Für das Modell M5-180 mit einhundertachtzig Pferdestärken am Propeller und dem Rufzeichen N5659P, kurz: *Five Niner Papa*.

Es gab kein Zurück mehr. Ich musste lernen, die Rakete, das war ihr Spitzname, weil sie so steil aufstieg, bei Start und Landung in den Griff zu bekommen. Eine weitere Woche trainierte mich der Testpilot der Firma Maule, dann hatte ich das richtige Händchen für *Five Niner Papa*. Was notwendig war, denn ich machte Flugerfahrungen in haarigen Situationen, die mich auf einen Weltflug bestens vorbereiteten. Über Albuquerque vereiste ich in den Wolken, in Mexiko landete ich auf einer Sandstraße und mit Donna erlebte ich meinen zweiten Motorausfall, glitt zur Notlandung auf die Piste von Twenty Nine Palms.

Seit einer Minute piept der Wecker, jede fünf Sekunden ein schriller Ton. Mit dem Schwung einer Welle rolle ich aus dem Beanbag und lande auf dem Cockpitdeck. Das feuchte Teakholz ist ungemütlich, der Alarm hört sich lauter an und der Piepton wird unangenehm. Mühsam zwinge ich mich auf die Beine, torkle drei Meter zum Wecker und bringe ihn zum Schweigen. Die Müdigkeit ist schmerzhaft, mein Kopf will nicht aufwachen, gibt mir keine Befehle. Mit halbgeöffneten Augen bleibe ich am Besanmast stehen und wünsche, ich hätte einen Segelpartner, könnte mich in die Koje legen.

Quäle dich durch die letzte Stunde der Nacht, befielt der Abenteurer, *es war ja deine Idee von Herausforderung die großen Ozeane alleine zu überqueren.*

Im Unterbewusstsein spüre ich, dass es gefährlich wird und mein Gehirn vor Übermüdung wieder halluziniert. Wie es bei totaler Übermüdung in Mexiko der Fall war, wo ich mit Wolfgang ‚sprach', obwohl er nicht an Bord war. Als ich ihm ‚sagte', er solle das Steuer übernehmen und ich mich in die Koje legte. Sieben Stunden später wachte ich auf und mir wurde bewusst, dass ich allein war. Ich sprang die Treppe hoch und sah querab einen Frachter vorbeiziehen. Vielleicht hatte er sein Horn geblasen um mich aufzuwecken, ich weiß es nicht. Nur eines weiß ich: Morgen muss ich meinem Körper Schlaf gönnen, sonst klappt er zusammen.

Das Rauschen brechender Wellen höre ich, sehe sie aber nicht. Es ist gespenstisch, wie das Meer zu mir spricht. Hinter mir, neben mir, überall dieses drohende Rauschen, als bereite sich das Meer darauf vor über mich herzufallen. Immer lauter wird das Rauschen, als wolle die See die Welle ankündigen, mit der sie mich zerschlagen wird. Jene Welle, die mich meterhoch anhebt, vom Wellenkamm abwirft und kopfüber im schäumenden Wellental vor sich hertreiben wird, im sinkenden Boot voller Wasser.

„Stopp die negativen Gedanken!“, schreie ich mich an und spüre meine flatternden Nerven. Mit zittriger Hand greife ich zur kurzen Lifeline an meiner Rettungsweste, umfasse den Besanmast und klinke sie wieder in die Weste ein.

Wo ist der Holzeimer? Ich muss aufwachen, muss mir einen Eimer Salzwasser über den Kopf schütten. Wo ist der Eimer? Er war doch immer an der Starbord-Klampe am Besanmast festgebunden? Tastend greife ich an die Backbord-Klampe am Mast, spüre ein Seil und ziehe. Dumpf rollt der Holzeimer übers Teakdeck.

Irgendwas stimmt mit mir nicht.

Ich gehe auf die Reling zu, will den Eimer über Bord werfen, aber die Lifeline hält mich zurück.

„Danke“, flüstere ich, als würde jemand wachsam an meiner Seite stehen. Immer unsicherer fühle ich mich und setze mich zur Vorsicht aufs Teakdeck.

„Jetzt kann mich der Eimer nicht mehr über Bord ziehen. O.K.!“

Langsam taste ich mich an die Reling vor, werfe den Eimer über Bord und schütte mir eine volle Ladung Salzwasser über den Kopf. Kurz die Erfrischung, aber weiterhin fühle ich mich benommen. Erst beim dritten Eimer erwachen meine Sinne. Auf allen Vieren krieche ich in den Beanbag und lasse meine Nerven Ruhe finden.

Lautes Rauschen kommt näher und bevor ich auf den Beinen bin, kracht donnernd eine Welle gegen den Bootsrumpf. Der Dusche, die folgt, kann ich nicht mehr ausweichen und muss mir das Salzwasser aus den Augen wischen.

Wo kam die denn her?

Kaum bin ich auf den Beinen, donnert eine weitere Welle gegen Steuerbord, überschwemmt das Cockpit und spült den Beanbag an die Reling. Ich werfe das Kissen auf die Achterbank, balanciere zum Besanmast und schaue übers Meer. Wind und Wetter haben sich kaum verändert, aber Kreuzwellen durchziehen die See. Behutsam lasse ich Druck aus den Segeln und unsere Schräglage verringert sich. Dennoch segeln wir im Schlingerkurs. Mal wird der Bug weggedrückt, mal das Heck. Immer häufiger laufen wir aus dem Ruder. Kaum hat uns der Autopilot wieder auf Kurs, werden wir vom nächsten Wellenberg angehoben und quergestellt. Die Kämme der Wellenberge brechen am Rumpf und überschwemmen das Cockpit. Schräg rutschen wir den Wellenberg hinunter ins Wellental. Als meterhohe Wasserwand zieht die Welle auf der anderen Bootsseite weiter, ist mir zum Berühren nahe. Zwei Bootslängen zu Steuerbord treffen erneut eine Windwelle und eine Dünungswelle aufeinander, bauen einen Wellenberg auf, der peitschend in die Höhe schäumt. Die Spitze des Wellenbergs flacht sich ab und hinterlässt ein tiefes Wellental. Wieder rutschen wir ins Tal und kaum sind wir durch, kommt der nächste Wellenberg. Mal ziehen diese vor, mal hinter dem Boot vorbei, aber immer wieder trifft uns einer, stellt uns quer und es geht abwärts.

Dem riesigen Wellenberg, der jetzt auf uns zukommt, kann ich nicht mehr ausweichen. Er wird uns schräg von hinten treffen. Schnell reiße ich das Steuer herum und falle dreißig Grad vom Kurs ab. Das Heck wird angehoben, wir bekommen einen Schub und surfen auf der Welle. Dann zieht die Welle unter uns durch. Überrascht bin ich, nicht bis zu den Knöcheln im Wasser zu stehen. Der neue Kurs segelt sich trockener, ich werde ihn beibehalten.

Möglicherweise hat tausende Kilometer entfernt ein Sturm getobt, dessen Dünung hier durchs Meer zieht. Leider wird diese Information von den Wetterberichten oft vernachlässigt, obwohl sie für uns Segler wichtig ist. Hat mir doch ein kalifornischer Surfer erklärt, wie er das Wetter von Alaska beobachtet, um zu wissen, wann er an der kalifornischen Küste ideale Wellen zum Surfen hat. Und wenn er auf der südlichen Halbkugel surfte, er die Stürme in der Antarktis im Auge behielt, um die kommende Dünung über tausende Kilometer vorauszusehen. Vielleicht gelingt es mir heute den Seewetterbericht aus Südafrika zu empfangen, um zu erfahren, wie lange die Dünung durch den Südatlantik zieht.

Begleitet vom Brutzeln in der Pfanne, höre ich im Morgengrauen den brasilianischen Wetterbericht. Ein schwaches Tiefdruckgebiet über dem Südatlantik gibt mir die raue See und laut Wetterdienst ist das Tief schwach. Nur habe ich alle Mühe, das Frühstück in der Pfanne zu halten. Jetzt wird's noch heikler, denn ich muss die Bratkartoffeln wenden, was mir bei rauem Wetter selten gelingt. Mit der linken Hand jongliere ich die Pfanne, in der rechten Hand habe ich den Wendespachtel und meine Beine halten die Balance. Einige Sekunden zögere ich, warte auf den richtigen Moment.

„Jetzt", befehle ich mir laut und schiebe den Spachtel unter die Kartoffeln. Die Spüle gibt mir von hinten einen Schubs, mein rechter Arm stößt gegen die Küchenstütze und die Kartoffeln verteilen sich überm Herd. Ohne eine freie Hand kann ich das Gas nicht abstellen und muss zusehen, wie die Kartoffeln in der Gasflamme rösten. Nach Jahren auf See ist es aber kein Verlust mehr, denn wo immer die Kartoffelstücke landen, sie enden wieder in der Pfanne.

Die Spiegeleier rutschen nicht weniger lebhaft durch die Pfanne, bleiben mir aber als Ganzes erhalten. Das Frühstück sicher auf den Salontisch zu bringen, ist die nächste Herausforderung. Mit der linken Hand halte ich mich an der Küchenstütze fest, in der rechten Hand habe ich den voll beladenen Teller, mit dem rechten Ellenbogen stütze ich mich an der Spüle ab und warte auf einen ruhigeren Moment. Der kommt, und ohne Verluste stehen Bratkartoffeln und Spiegeleier auf dem Salontisch.

Flink springe ich die Treppe hoch für einen Rundblick und runter geht's zum Tisch, wo ich dankbar bin, die Eier noch auf dem Teller zu finden. Was nicht immer der Fall war und die

Flecken auf dem grünen Samt es bezeugen. Bei jedem Happen halte ich den Teller unter mein Kinn, um die Stücke aufzufangen die meinen Mund verfehlen. Frühstück auf rauer See.

Zurück im Cockpit, sehe ich keine Abschwächung der See. Im Gegenteil, der Wind hat zugenommen. Es wird ein sehr rauer Tag, nicht nur für mich. Auch Meerbewohner haben harte Zeiten im Sturm, besonders bei Nacht, was ich bei einigen Stürmen erlebte, als übers Deck verstreut Tintenfische, Makrelen und fliegende Fische lagen. Hohe Wellen hatten sie in der Nacht aufs Boot gespült und eingeklemmt lagen sie am Morgen zwischen den Aufbauten und noch zappelnd im Cockpit.

Dass Vögel bei stürmischem Wetter nicht weniger hart ums Überleben kämpfen, erlebte ich beim Durchkreuzen der Zulu See auf den Philippinen, als ich durch ein schrilles, um Hilfe schreiendes Piepsen auf eine Seeschwalbe aufmerksam wurde. Suchend flatterte sie im Monsunregen, der die Sicht in der Nacht auf wenige Meter begrenzte. Im grünen Licht der Navigationsleuchte flog sie immer wieder die auf und ab stampfende Bugspitze an und suchte einen Halt an der Reling. Kurzzeitig schaffte sie es sich am Drahtseil festzuhalten, dann wurde sie abgeschüttelt und entschwand meinem Blick. Um Hilfe piepsend hörte ich sie über mir und sah sie kurz im roten Navigationslicht. Dann tauchte sie wieder über der grün angestrahlten Reling auf, versuchte erneut zu landen.

„Versuch es immer wieder, du schaffst es“, rief ich ihr zu.

Ihre Landungsversuche dauerten eine Ewigkeit und ihre Kräfte schwanden zusehends. Immer wieder spornte ich sie an: *„Weitermachen. Nur nicht aufgeben.“* Es schmerzte mich zu sehen, wie sie kämpfte und ich ihr nicht helfen konnte.

Dann gelang ihr die Landung und wild flatternd hielt sie sich am Relingseil fest, ließ es nicht mehr los. In Sekunden erkannte sie den windstillen Platz hinter der Rettungsinsel auf dem Kajütendach und mit drei Flügelschlägen brachte sie sich in Sicherheit.

Wie versteinert, stand sie am nächsten Morgen an derselben Stelle. Sie drehte weder den Kopf, noch flatterte sie mit den Flügeln. Sie war am Ende ihrer Kräfte. Leider musste ich zum Segelreffen aufs Vordeck und fürchtete, sie durch mein Vorbeigehen davonzujagen. Doch ohne mich anzuschauen, ließ sie mich passieren.

„Bleib ganz ruhig. Auf meinem Deck bist du sicher", flüsterte ich ihr auf dem Rückweg zu. Ihre Augen waren halb geschlossen, sie schien mich nicht wahrzunehmen. Ich ging in die Kombüse, füllte eine kleine Schüssel mit Wasser und Haferflocken und stellte sie einen halben Meter neben ihr aufs Kajütendach. Sie hüpfte nicht zur Seite, flog nicht davon. Sie fühlte sich sicher bei mir. Für zwei Tage blieb sie mein Gast. Nachts leuchtete ich mit der Taschenlampe übers Deck, um zu sehen, ob sie noch da war. Der helle Lichtstrahl störte sie nicht. Erst als wir uns dem Festland näherten, flog sie auf und davon.

Der Tag bleibt regnerisch, die Sicht gering. Immer noch stehe ich am Besanmast und suche das Meer nach Gefahren ab. Es ist unmöglich, kleine Boote, Treibgut oder einen im Meer treibenden Container rechtzeitig zu erkennen. Container sind eine besondere Gefahr, da sie mehr unter als über dem Wasser schwimmen, ähnlich einem Eisberg. Einen Eisberg hatte es an der Küste Borneos nicht geben können, aber die Erfahrung die ich damals machte, war sehr ähnlich. Als ich in dunkler Nacht mit Luchsaugen die raue See nach unbeleuchteten Fischerbooten absuchte und kurz in die Kajüte abgestiegen war, um mir einen 'Zitronenwecker' aufzugießen. Keine Minute war ich unter Deck, da krachte es, als liefen wir auf einen Eisberg. Das Holz ächzte und meine Bootsspitze schoss nach oben. Ich verlor die Balance und fiel auf die Bodenbretter zwischen Tisch und Koje. Unterm Boot rumpelte es und an den Planken hörte ich Schläge und Kratzen. Dann neigte sich die Spitze des Bootes nach unten, als würden wir sinken. Das Heck ging in die Höhe und just im Moment, als ich das Cockpit erreichte, tauchte das Heck wieder ab. Im schäumenden Wasser hinter mir schwamm ein riesiger Baumstamm. Ich lehnte mich übers Heck und sah das Ruder unbeschädigt. Der Blick in die Masten beruhigte mich, denn keine der Wanten war gerissen. Hastig sprang ich die Treppe hinunter, schaltete die Bilgepumpe ein und riss die Bodenbretter hoch. Die Bilge war trocken - Glück gehabt!

Aufgepumpt mit Adrenalin, blieb ich die Nacht im Cockpit stehen und schrieb eine Checkliste für den Notfall, so wie ich es vom Fliegen kannte. Was tue ich wenn die Planken leck schlagen, das Ruder abreißt oder die Masten brechen? Am Ende der Checkliste stand in fetten Buchstaben: *Nur in die Rettungsinsel steigen, wenn das Kajütendach unter Wasser ist.* Hört sich grausig an, aber viele Segler stiegen zu früh in die Rettungsinsel und ihr Boot trieb noch für Wochen, ja Monate übers Meer.

Der Tag geht zu Ende, wie er begonnen hat: regnerisch. Nirgends ein Lichtstrahl der untergehenden Sonne. Auch der Mond hält sich versteckt. Die See hat sich etwas beruhigt und nur noch vereinzelt werfen Bugwellen ihre Gischt übers Deck.

Heute ist mein Körper vom ständigen Balancieren auf dem schaukelnden Boot müder als der Kopf. Das Absteigen in die Kombüse ist wie eine Turnübung an den Ringen und etwa zwanzig Übungen habe ich hinter mir. Ich werfe einen Blick aufs GPS, noch 348 Seemeilen bis Salvador.

Mühsam ziehe ich mich die Niedergangstreppe hoch und setze mich auf die oberste Stufe. Um mich herum bleibt es dunkel, vom Mond keine Spur. Nur ein Abenteuer mit hohem Pulsschlag kann mich heute wach halten. Ich werde mich an meinen ersten Flug um die Welt erinnern. Ein Abenteuer, das

Berufspiloten für Wahnsinn hielten, als sie von meiner geringen Flugerfahrung hörten und dass ich es mit einer stoffbespannten einmotorigen Maschine wagen würde. Im Rückblick gebe ich ihnen Recht. Der Geheimflug in den Jemen und der 21½-stündige Flug über den Pazifik waren Wahnsinn, aber es waren nicht die einzig riskanten Flüge, von mehr als einhundert auf dem Weg um die Welt.

Zweite Weltreise

Abenteuerflug um die Welt

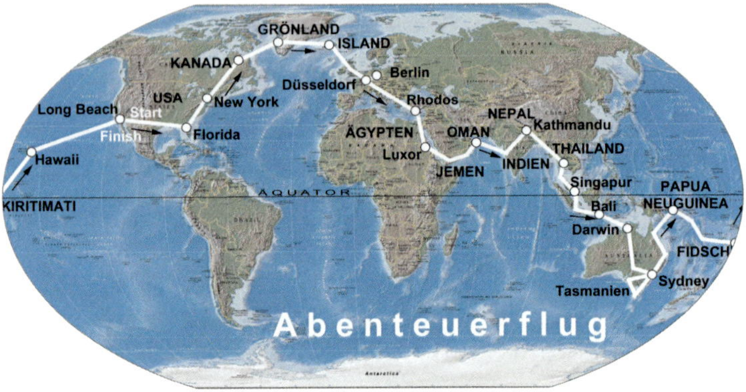

Die Welt aus der Vogelperspektive, 1992 - 1993

Über den Wolken ...

Im Cockpit mit „Crashy“

Anflug auf New York City

Landung im Flussbett, Grönland

Mit Wolfgang in Berlin

Über der Pfalz bei Kaub

Fly-By für Gianni, Griechenland

Durch die Bergwüste des Sudan

Über dem Ayers Rock, Australien

Helikopter-Landung auf Purseiner

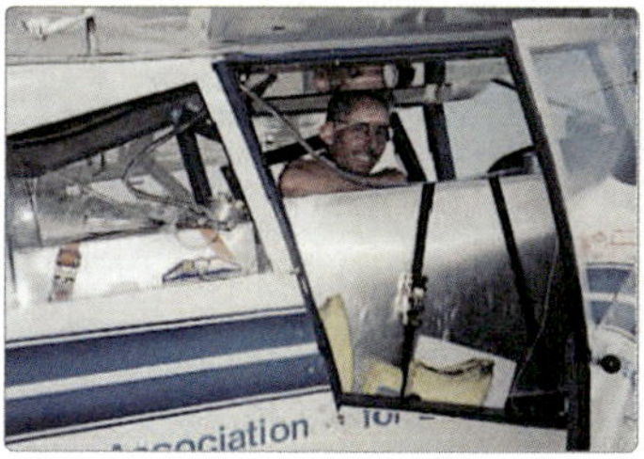

Zusatztanks für den Pazifik

Nachtflug über den Pazifik

Über den Wolken ist die Freiheit grenzenlos.

Sir Francis Chichesters Buch über seinen Flug nach Australien, „Solo to Sydney", war die letzte Inspiration, die ich brauchte, um vom Gelingen meines Flugabenteuers überzeugt zu sein. Neben seinen ausführlichen Schilderungen fliegerischer Details machte er eine Bemerkung, die mich herausforderte:

„Man sagt, das Fliegen eine Kunst ist. Wie das Schreiben oder die Liebe. Wenn du kein Gefühl dafür hast, kann es dich niemand lehren. Hast du es, kann dich niemand aufhalten."

Auch mein Freund Joe konnte mich nicht mehr aufhalten mit seinen warnenden Worten: *„Es ist noch nicht zu spät. Jetzt kannst du noch umkehren. Du kannst ..."*

Ich startete den Motor, schloss das Seitenfenster, winkte Joe Goodbye und rollte zur Startbahn.

„Long Beach Tower, Five Niner Papa, ready for departure."

„Five Niner Papa, cleared for Take-Off."

In weniger als einer Minute war ich in der Luft, auf meinem Weg um die Welt. Mit einem kurzen Blick auf den langen Strand von Long Beach, nahm ich Abschied vom sonnigen Leben Kaliforniens und schenkte dem riesigen Pazifik kaum Beachtung, über ihn konnte ich mir in Australien Gedanken machen.

Ich flog gen Osten, über die Saddleback Mountains. Eine Dreiviertelstunde später landete ich in Riverside bei meiner Freundin Donna. Es hieß Abschied nehmen. Hatte ich dem Goodbye in der Vorbereitungszeit wenig Bedeutung beigemessen, so wurde mir mit schwerem Herzen klar, dass es ein Abschied für immer sein konnte. In Donnas Augen sah ich ihre Liebe und nahm mir ihre Worte zu Herzen.

„Sweetie", sagte sie, *„wenn das Risiko zu groß wird, kehre um."*

Am nächsten Morgen klebte ich die Buchstaben *Around the World* aufs Flugzeug, wozu mir in Long Beach der Mumm gefehlt hatte. Denn mit den wenigen Flugstunden in meinem Logbuch hätten sie mich dort für verrückt erklärt.

Entlang Highway 10 verließ ich Kalifornien und flog nach Arizona. Ich landete auf dem Fallschirmsprungplatz in Eloy und entspannte mich von der Hektik der letzten Wochen. Im warmen Wüstenwind schlief ich im Zelt neben meinem Flugzeug und hing tagsüber am Fallschirm im blauen Himmel. An den Abenden plante ich meine Flugroute mit den Absetzpiloten des Springerzentrums, die in Arizona zu Hause waren. Sie kannten die interessantesten Flugrouten und schönsten Landeplätze. Auch Sedona, den spektakulärsten Airport im Grand Canyon. *„Don't miss it!"*, sagten sie, versäume ihn nicht.

Tief im Grand Canyon

Schon Meilen vor Erreichen des Flughafens änderten sich unter mir die Farben des Verde River Tals. Hinter den grünen Wäldern öffnete sich der Grand Canyon und grub sich rotbraun in die Erde. Ich drosselte meine Geschwindigkeit und flog in Augenhöhe mit den Vögeln entlang zerklüfteter Felswände, farbiger Steinsäulen und Tafelberge. Die Farbnuancen der Felsen spiegelten sich in meiner Windschutzscheibe, von Rotbraun bis Beige. Dann tauchte der lange Tafelberg von Sedona auf. Das Plateau war der Flugplatz und lediglich ein Café, ein Parkplatz und zwei kleine Hangar standen neben der schmalen Landebahn. An beiden Enden der Piste ging es steil ins Tal hinab. Im Funkverkehr hörte ich jedes zweite Flugzeug beim Landeversuch durchstarten. Zu groß waren die Turbulenzen, zu wechselnd die Winde.

Mit gekräuselter Stirn, ich war der dritte im Anflug, beobachtete ich die Landungsversuche der Maschinen vor mir.

Sollte ich die Landung abbrechen?

Dann kannst du Deinen Weltflug auch gleich beenden, antwortete der Abenteurer.

Meine Landung verlief besser als erwartet und ich gesellte

mich zu den Piloten im Flughafencafé. Gemeinsam hielten wir die Landebahn im Auge und kommentierten mit kritischen und humorvollen Bemerkungen jede Landung und jeden Versuch unserer einfliegenden Kollegen. Wir lachten auch über uns, denn unsere Landungen waren nicht besser.

Genüsslich trank ich meinen Kaffee, beendete mein zweites Frühstück und hob wieder ab. Meinen Plan, über Kansas City zu fliegen, gab ich auf, weil im Herzen der USA schwere Tornados tobten. Ich drehte nach Süden ab, musste aber einige Tage auf kleinen Landeplätzen ausharren, weil auch über Texas eine Schlechtwetterfront lag. Erst über dem Mississippi hatte ich wieder gute Sicht und folgte einem Raddampfer zur Stadt Natchez. Obwohl ich nicht vorhatte dort zu landen, faszinierte mich die schöne Wasserfront mit hübschen alten Southern Homes. Kurz entschlossen flog ich östlich und landete auf dem kleinen Flugplatz der Stadt.

Der Fahrer des Hotels fuhr eine Extrarunde durch die Altstadt und erzählte mir die Geschichte der Stadt, die er bis ins fünfzehnte Jahrhundert zurückverfolgt hatte. Vom Natchez Trace, der Handelsstraße der Indianer, die hier begann, bis zu den Kämpfen der Natchez Indianer gegen die Franzosen und der fast völligen Ausrottung der Ureinwohner. War ich in der Luft über Natchez noch unwissend, so stand ich eine halbe Stunde später tief in Euro-Amerikanischer Geschichte. Das freundliche ‚*Yes Sir*' der Südländer begleitete mich am nächsten Morgen zum Flughafen und ich flog eine Extrarunde über der Stadt, für die Friendly Folks des Südens.

Mein Kurs blieb südöstlich und die Außentemperatur stieg, je näher ich Florida kam. Die heiße Luft füllte sich mit Feuchtigkeit aus dem Golf von Mexiko und riesige Gewitterzentren standen mir im Weg. Ich musste landen, wo immer das Wetter es verlangte. Auf kurzen Graspisten, wo Agri-Piloten mit Spornradflugzeugen die Felder besprühten, und auf kleinen Dorfflugplätzen, wo mir Fluglehrer mit vielen Flugstunden Fliegertipps gaben. Sie erzählten mir von den haarsträubenden Manövern ihrer 'Frischlinge' und ich lernte, was ich beim Fliegen noch alles falsch machen konnte. Ein Schüler war von meinem Weltflug begeistert und drückte mir zwanzig Dollar in die Hand. Ich sollte ihm, fern von den USA, eine Postkarte schicken.

Entlang der Golfküste strömte nur noch heiße Luft durch die Lüftungsklappen, und nass geschwitzt landete ich auf dem Fallschirmsprungplatz Umatilla, im Herzen Floridas. Es war höchste Zeit, mal wieder selbst durch die Luft zu fliegen. Mit acht Absprüngen aus viertausend Meter Höhe erfrischte ich meinen Körper und meine Seele.

Zur Jahresinspektion von *Five Niner Papa* flog ich zwei Stunden nördlich zur Maule Fabrik. Ich wollte sichergehen, dass meine 'Fliegende Kiste' im besten Zustand war. B.D. Maule, Konstrukteur und Gründer der Firma, war sichtlich stolz, dass ich sein Flugzeug für meinen Flug ausgewählt hatte. Denn zum ersten Mal flog eine Maule um die Welt. Seine Mechaniker prüften die Maschine, korrigierten einige Details, dann gab der Testpilot sein O.K. Mit den besten Wünschen des Maule-Teams und einem Sack voller Kappen, T-Shirts und Ansteckpins flog ich an die Atlantikküste.

Mein erstes größeres Ziel hatte ich erreicht, die Überquerung des amerikanischen Kontinents. In kleinen Schritten flog ich die Ostküste hoch und landete nahe historischer Orte. Der First Flight Airport auf den Outer-Banks in North Carolina war mein fliegergeschichtliches Highlight. Es war der Ort der konstanten Winde, wo die Gebrüder Wilbur und Orville Wright mit einem motorisierten Gleiter die ersten Höhenmeter erklommen und den technischen Grundstein für meinen Flug um die Welt legten. Vom Denkmal auf dem Kill Devil Hill blickte ich auf die große Wiese, von der sie versuchten abzuheben, und wo die alte Hütte stand, die ihr zu Hause war. Ich geriet ins Träumen, wäre bei ihren ersten Flugversuchen gerne dabei gewesen.

In den Bergen der Appalachen bekam ich eine Fliegerlektion, die mir lehrreich in Erinnerung blieb. Leichtsinnig glaubte ich, die letzten zwanzig Meilen bis zum Zielflughafen Chambersburg noch irgendwie zu schaffen, obwohl eine Regenfront vom Norden immer näher kam. Um Sicht und Orientierung zu behalten, flog ich tief ins Tal, entlang Highway 81. Dann verringerte sich die Sicht auf eine halbe Meile, es wurde höchste Zeit umzukehren. Ich drehte eine 180 Grad Kurve und sah schockiert, dass die Regenfront meinen Rückflug versperrt hatte. Der Regen wurde stärker und meine Sicht ging gegen Null. Die Autobahn unter mir war nicht mehr zu erkennen. Der einzige Ausweg, in die Höhe aufzusteigen und einen Instrumentenflug zu beantragen, blieb mir versperrt. Ich hatte meine Flugkarten für einen Instrumentenflug unerreichbar im Gepäckraum verstaut.

Welch wahnsinniger Leichtsinn!

Verloren flog ich im Kreis und suchte auf der Karte einen Flugplatz in meiner Nähe. Ich fand Hagarstown, nur zehn Meilen entfernt. Mit den Instrumenten peilte ich den Flughafen an und flog mit gedrosselter Geschwindigkeit in seine Richtung. Über Funk rief ich den Tower und schilderte dem Flugleiter meine brenzlige Situation. Ohne den geringsten Vorwurf bot er mir sofort Hilfe an. Ununterbrochen fragte er, ob ich die Landebahn erkennen konnte und immer wieder musste ich verneinen. Ich teilte ihm mit, dass ich mich über dem Sendepunkt der VOR-Richtstrahlen befand, denn die VOR-Anzeige vor meiner Nase drehte sich im Kreis. Sofort schaltete er die Landebahnbeleuchtung ein und gab mir die Flugrichtung zur Piste. Obwohl in einer Regenwolke, erkannte ich die weißen Streifen der Landepiste.

Im Seitengleitflug ließ ich mich aus der Luft fallen, wollte die rettende Landebahn auf keinen Fall aus den Augen verlieren. Mein Anflug war zu hoch und die verbleibende Landebahn wurde immer kürzer. Wenige Meter über dem Asphalt richtete ich die Maschine zur Landung aus, doch sie brauchte ewig, die Geschwindigkeit abzubauen. Am Ende der Landebahn kam ich zum Stehen.

„Nie wieder einen derartigen Fehler“, schrie ich mich an. *„Nie wieder!“*

Mitten durch New York City

Beim Fallschirmspringen in Chambersburg beruhigten sich meine Nerven, und ich baute mein angekratztes Selbstbewusstsein wieder auf. Was nötig war, denn ich stand vor einer fliegerischen Herausforderung, ein Flug durch New York City.

Mein Plan war, die drei großen Flughäfen Kennedy, La Guardia und Newark weiträumig zu umfliegen und dem dichten Luftverkehr aus dem Weg zu gehen. Doch die Absetzpiloten am Sprungplatz ließen nicht locker, mir den Flug durch den schmalen Luftkorridor von New York City schmackhaft zu machen. Sie zogen die Flugkarte des Luftkorridors aus ihren Unterlagen und zeigten mir die wichtigsten Meldepunkte, die ich entlang der Route überfliegen musste: die Verrazano Bridge, Governors Island, Manhattan und der Hudson River.

Bei klarer Sicht und wolkenfreiem Himmel erreichte ich am nächsten Tag die Verrazano Brücke, die New Jersey und New York verbindet. Zwischen ihre beiden Pfeiler fliegend, hielt ich auf Manhattan zu. Rechts unter meinem Flügel die Promenade von Brooklyn Heights, vor mir an der East Side das deutsche Segelschiff *Peking* und an der Spitze Manhattans verließ eine Staten Island Fähre den Battery Park. Alles Orte, die schöne Erinnerungen weckten: die jamaikanische Freundin in Brooklyn, die verkaufte Kaschiermaschine in Queens und die Hafentour durch New York mit meiner Schwester.

Der Flugverkehr über der Stadt war überschaubar, da vorwiegend Hubschrauber in der Luft waren. Kurz entschlossen flog ich auf die Westseite des Flugkorridors und zurück zur Freiheitsstatue. Unter dem rechten Flügel lag Ellis Island, wo jahrzehntelang Einwanderer ihren ersten Schritt ins Land machten, und vor mir, auf Liberty Island, stand die Große Dame von Amerika, die Statue of Liberty. Wohl das bekannteste Symbol der Freiheit, das die Franzosen den Amerikanern geschenkt hatten. Respektvoll drehte ich eine Ehrenrunde über dem Kopf der alten Dame und nahm wieder Kurs auf Manhattan.

In den Grooves, den tiefen Schluchten zwischen den Hochhäusern, wimmelte es von Menschen und gelben Taxis, zeigte sich das hektische Leben der wohl verrücktesten Stadt der Welt. Auf einigen Dächern parkten Helikopter, auf anderen spielten Penthausbewohner Tennis.

Immer näher kam ich den glänzenden Twin Towers und langsam entschwanden die Turmspitzen meinem Blick. Sie waren oberhalb meines rechten Flügels. Auf halber Höhe der Türme, nur einhundert Meter entfernt, flog ich an ihnen vorbei, mit spürbar erhöhtem Herzschlag.

Unfassbar! Dass ein derartiger Flug möglich ist.

Ich warf einen letzten Blick auf den Central Park, wo das Meer von Hochhäusern endete, und verließ über dem Sing Sing Gefängnis am Hudson River den Luftkorridor.

Nördlich von New York bereitete ich mich auf den Atlantikflug vor. In Bangor, im Bundesstaat Maine, stoppte ich für die Installation eines 250-Liter-Zusatztanks hinter meinem Sitz und mietete, für den Notfall im eiskalten Wasser des Atlantiks landen zu müssen, einen Thermoüberlebensanzug sowie eine handkoffergroß verpackte Rettungsinsel. In Moncton, Kanada, erhielt ich, nach kurzer Prüfung, die schriftliche Erlaubnis, den Atlantik zu überqueren. Mir wurde bestätigt, gut vorbereitet zu sein und zu wissen, was im Notfall zu tun war.

Im hohen Norden Kanadas wurde es einsam unter den

Flügeln, mit unwegsamem Gelände, unendlichen Wäldern und riesigen Seen. Freundliche Kanadier belebten die Einsamkeit und ich fand immer ein preiswertes Bett zum Übernachten. So auch in Kuujjuak, am südlichen Ende der Ungava Bay, für meine letzte Nacht auf dem amerikanischen Kontinent. Wo mir der Tankwart das Übernachten im einhundertsiebzig Dollar teuren Hotel ersparte und diese Ersparnis beim Betanken des Flugzeugs wieder zunichte machte. Denn er gab dem Kurzwellenfunkgerät, das auf dem Innentank installiert war, unbeabsichtigt einen kräftigen Benzinschauer. Hastig baute ich das Gerät aus, ließ das Benzin auslaufen und baute es wieder ein. Dabei vergaß ich die Antennenschraube festzuziehen, was mir am nächsten Tag die Haare zu Berge stehen ließ.

Eiskalter Atlantik

Am frühen Morgen stand ich nervös neben der Maschine, denn der anstehende Flug nach Grönland war der erste Schritt der Atlantiküberquerung. Die Sonne schien mir golden ins Gesicht, und ich dachte an meine verstorbene Mutter, die mich, wenn ich's verdient hatte, Goldjunge nannte. An diesem Morgen umgab mich ihr Gold und ich hatte keinen Zweifel, dass mir der Flug gelingen würde.

Gemeinsam mit tausend Moskitos zwängte ich mich in den dicken Überlebensanzug und hob in die Luft ab.

„Europa, ich komme", schrie ich in den Äther und war gespannt, was beim Atlantikflug auf mich zukam.

Nach einer Stunde kam das erste Problem. Niemand antwortete auf meine Rufe übers Kurzwellenradio nach dem Wetter, weder die Station in Kanada noch Grönland. Auch auf der UKW-Frequenz für Flugzeuge in meiner Nähe meldete sich niemand.

Wie ist das Wetter in Grönland?

Waren die Airports wegen Nebels geschlossen? Diese Information benötigte ich dringend vor dem *Point of No Return,* meinem letztmöglichen Umkehrpunkt. Denn nach dieser unsichtbaren Schwelle hatte ich nicht mehr genug Flugbenzin für einen Rückflug.

Optimistisch überflog ich den kritischen Punkt, denn der Himmel war, bis zum Packeis im Norden, wolkenlos.

Zweihundert Kilometer vor Grönland änderte sich das Wetter. Eine geschlossene Wolkendecke lag über dem Meer. Um einer Vereisung des Flugzeugs zu entgehen, stieg ich über die Wolken auf.

Dreißig Kilometer vor Godhaab, der Hauptstadt Grönlands, kontaktierte ich den Tower übers UKW-Radio. Was ich hörte, lähmte meine Sinne: *Der Flughafen ist wegen Nebels geschlossen. Die Sicht ist unterhalb des Minimums und der Ausweichflughafen Narssarssuaq im Süden ist ebenfalls geschlossen.*

Die Antwort auf meine Frage nach einer Alternative war schockierend: *Eine Notlandung im Ewigen Eis.*

Unter mir ragten steinige Bergspitzen aus den Nebelwolken und vor mir lag das schneebedeckte Inlandeis. Desillusioniert blickte ich aufs Eis, schaltete die Videokamera ein und hinterließ meinen *AeroManiacs*-Freunden eine Nachricht: *„Tut mir leid Jungs, aber irgendwo in dieser riesigen Eiswüste werde ich unseren Flieger einfrieren müssen. Hoffentlich nicht auch mich."*

Nach den längsten fünf Minuten meines bisherigen Fliegerlebens meldete sich der Tower erneut und teilte mir mit, dass der Flughafen in Söndre Strömfjord, zweihundert Meilen nördlich von Godhaab, noch offen sei und wenn ich genug Sprit im Tank hätte und das Wetter so bleiben würde, sollte ich versuchen dorthin auszuweichen.

Mit wenig Hoffnung drehte ich nach Norden ab. Niedergeschlagen blickte ich auf die Wolken, die bis zum Horizont reichten. Die Kalkulation der Flugzeit bis Söndre Strömfjord ergab zwei Stunden und so viel Reserve hatte ich in den

Tanks. Nur würde es danach für eine Notlandung in Schnee und Eis knapp werden.

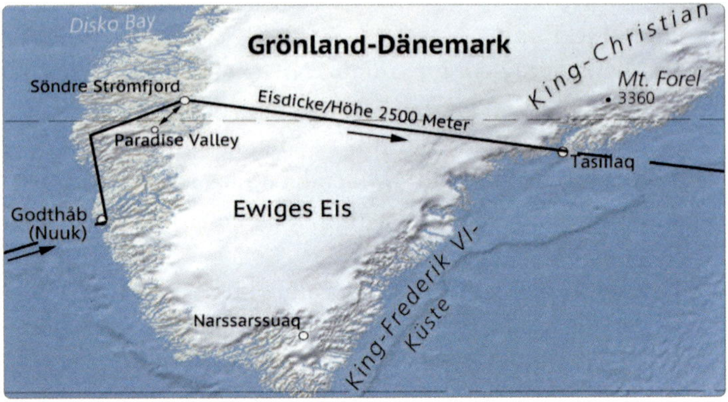

Flugroute über Grönland

Die nächste Stunde flog ich wie in Trance, saß teilnahmslos im Cockpit und starrte aufs Ewige Eis. Ich spürte keine Angst, im Weiß begraben zu sein, war nur wahnsinnig enttäuscht von mir. Meine *AeroManiacs*-Freunde hatten mir viel Vertrauen entgegengebracht, und mein fliegerisches Können reichte nicht mal bis Europa. Irgendwann werden sie erfahren, welchen Fehler ich gemacht habe und verständnislos den Kopf schütteln: *Warum ist er nicht vor dem Point of No Return umgekehrt?*

Mit zu Eis erstarrten Gefühlen flog ich weiter. Beim Flug in den Söndre Fjord keimte wieder Hoffnung auf, denn kurzzeitig sah ich blaues Wasser unter mir. Tiefer im Fjord wurde die Wolkendecke dünner, und dreißig Kilometer vor dem Söndre Flughafen hatten sich die Nebelwolken aufgelöst. Bei herrlichem Sonnenschein landete ich auf der Asphaltpiste der Amerikaner, am Ende des Fjords.

Grönland, Landung im Flussbett

Am folgenden Tag war der Himmel wolkenfrei, aber ich

gab meinen Plan weiterzufliegen auf. Ich folgte der Einladung des Söndre Flying Clubs zu einem Ausflug ins Paradies Valley.

„Wir landen dort im Flussbett und mit etwas Glück sehen wir auch einige Moschusochsen“, erklärte mir Peter, der Chefpilot des Clubs. *„Mit deiner Maule ist das kein Problem. Wir müssen nur gemeinsam starten und landen. Nur so kannst du die einhundert Dollar Landegebühr sparen. Die Prozedur habe ich mit den Amis im Tower abgesprochen und die Jungs sind einverstanden. Auf geht's!“*

Gleichzeitig und nur wenige Meter seitlich versetzt hoben wir ab. Peters Flugzeug ließ ich nicht aus den Augen, folgte ihm über eine schroffe Landschaft felsiger Berge. Nach zwanzig Minuten flog er in ein sich windendes Flusstal mit hohen Steilwänden.

„Jetzt aufpassen, Dieter“, hörte ich Peter über den Kopfhörer. *“Hinter der nächsten Biegung beginne ich den Landeanflug. Dann geht alles sehr schnell. Halte meinen Landepunkt neben dem Fluss im Auge. Viel Glück bei der Landung.“*

Peters Aufsetzpunkt im Auge behaltend, flog ich zurück für meinen Anflug. Übers steinige Tal blickend fragte ich mich, was hier paradiesisch sein sollte. Nur Einsiedler und Mineraliensucher konnten dort ihr Glück finden.

Zu meiner Überraschung wurde ich nach der Landung im Kiesbett von Anglern begrüßt, die dort in Zelten übernachtet hatten. Stolz zeigten sie ihren Fang, armlange Rotforellen. Peter war hingeflogen, um sie nach einer Woche in der Wildnis wieder auszufliegen.

Sprachlos wurde ich, als eine hübsche Backpackerin aus Peters Maschine stieg. Freudestrahlend erzählte sie mir, einsam und allein das Tal durchwandern zu wollen, eine Woche lang. Sie schaute mir keck in die Augen und fragte, ob ich ihr beim Suchen eines schönen Plätzchens behilflich sein könnte.

Nach einer halben Stunde fanden wir einen Grasfleck am Fluss, bauten ihr Zelt auf und entfachten ein Feuer. Sie erzählte mir von ihren Abenteuern bei den Eskimos und erwähnte so ganz nebenbei, dass sie sich eine Auszeit nahm, um die Welt zu bereisen. Worauf sich mein Herzschlag gewaltig erhöhte, denn der Copilotensitz neben mir war noch frei.

Kurzzeitig wurde unser sonniger Nachmittag unterbrochen, als eine Herde Moschusochsen vor dem Zelt stehen blieb. Die jungen und verspielten Ochsen versteckten sich hinter ihren Müttern und der Bulle drehte uns seinen riesigen Kopf zu. Wir verharrten regungslos und warteten auf seine Entscheidung. Nach wortlosen Minuten akzeptierte er unsere Friedlichkeit und zog mit seiner Sippe verzottelter Langhaare weiter.

Als ich Peters Maschine über uns hörte, die zu seiner letzten Landung für unseren Rückflug eingeflogen war, fiel es mir schwer in meine Maschine zu steigen. Das gewaltige Paradiestal, war zu einem kleinen Paradies geworden.

Am nächsten Morgen war ich als Erster in der Luft und flog direkt aufs Ewige Eis zu. Anfangs war es mit türkisfarbenen Wasserbecken und dunklen Spalten durchzogen, die mit zunehmender Eisdicke seltener wurden, bis nur noch Schnee das Eis bedeckte.

Mit zunehmender Höhe, das Ewige Eis stieg auf zweieinhalbtausend Meter Dicke an, näherte ich mich einer weißen Wolkendecke, die vom Schnee unter mir nicht zu unterscheiden war. Um mich herum wurde es weiß. Laut meiner Flugkarte war ich zweihundert Meter über dem Eis und trotz starker Sonnenbrille konnte ich weder den Schnee noch den Horizont erkennen. Ich zog meine Fliegerkappe über die Stirn und überquerte Grönland im Instrumentenflug.

An der Ostküste brach die Wolkendecke auf und unter mir kalbten Gletscher in den *Erich der Rote* Fjord, trieben Eisblöcke kilometerweit in den Atlantik. Dreißig Kilometer von der Küste entfernt waren sie dahingeschmolzen, bis auf einen Riesen, der strahlend weiß im tiefblauen Wasser trieb. Ich drosselte den Motor und flog zu ihm runter. Je näher ich ihm kam, desto gewaltiger wurde er. Seine Größe über dem Wasser war die eines Supertankers und türkisfarben leuchtete seine wahre Größe unter dem Wasser.

Hastig griff ich zur Videokamera und filmte. Im gleichen Moment zerbrach der Eisberg in drei Teile. Das Meer schäumte auf und das Zentrum des Eisbergs sank unter Wasser, bildete einen türkisfarbenen See, den die drei Eisblöcke als bizarre Eiswände umschlossen. Beim Anblick des zerbrechenden Eisbergs lief es mir eiskalt über den Rücken, als würde mich die Gewalt des zerbrechenden Kolosses bedrohen, obwohl ich fünfzig Meter über dem Wasser flog. Fasziniert schaute ich durch den Sucher, bis ich merkte, über den linken Flügel abzusacken und auf den Eisberg zuzurasen. Ich warf die Kamera auf den Copilotensitz und nahm Kurs auf Island.

Nach zwei Tagen im farbenfrohen Reykjavik kündigte der Wetterdienst eine Schlechtwetterfront an. Piloten, die das Wetter über dem Nordatlantik kannten, rieten mir, sofort abzufliegen, weil sich Tiefdruckgebiete oftmals für Wochen über der Insel festsetzten. Ich kalkulierte meine Flugzeit nach Schottland und verglich sie mit der Geschwindigkeit des sich nähernden Tiefdruckgebiets aus dem Westen. Keine Minute durfte ich verlieren, um nicht vom Tief eingeholt zu werden. Umgehend reichte ich meinen Flugplan für den sofortigen Abflug ein. In Eile rollte ich zur Tankstelle, füllte alle Tanks und vergaß die Reißleine der Rettungsinsel an meinem Gurt zu befestigen. Was mir im Flug beinah zum Verhängnis wurde.

Vereisung in der Luft

Heute werde ich die Atlantiküberquerung schaffen, sagte der Optimist nach drei Stunden im blauen Himmel. Bis Stornoway auf Schottland waren es nur noch fünf Flugstunden, Sprit hatte ich ausreichend in den Tanks und das Kurzwellenradio arbeitete einwandfrei.

Dann zogen die ersten Wolken aus dem Westen auf, tief über dem Meer. Das Tiefdruckgebiet hatte mich eingeholt. Ich blieb über den Wolken, musste aber höher und höher aufsteigen. Bis es meine Maule nicht mehr höher schaffte und ich in den Wolken festhing. Die Außentemperatur lag unter Null und das Flugzeug begann zu vereisen. Ich drosselte den Motor und ließ mich nach unten fallen.

In fünfzehnhundert Meter hatte ich kurzzeitig Sicht und sah die Flügel mit einer dünnen Eisschicht überzogen. Weiter ließ ich mich nach unten fallen. Zweihundert Meter über dem Wasser brach ich aus den Wolken aus, in einer grauen Welt. Unter mir ein dunkelgrauer Ozean, über mir eine schwarzgraue Wolkendecke und um mich herum hellgraue Nebelbänke.

Für zwanzig Minuten umflog ich die Nebelbänke, dann senkte sich die Wolkendecke auf wenige Meter über dem Wasser und ich musste die Nebelbänke durchfliegen. Ohne Radar! Ich konnte nur hoffen, dass kein Schiff unterwegs war. Ich hätte es gerammt.

Nach zwei Stunden Funkstille im Nebel über dem Wasser hörte ich Rufe auf dem Kurzwellenradio nach *Five Niner Papa.*

„*This is Five Niner Papa!*", schrie ich ins Mikrofon.

Niemand antwortete. Helfend meldete sich ein Pilot, der weit über mir flog, und gab meine Position an Island-Radio weiter. Ich bedankte mich, war erleichtert von der Flugleitstelle wieder erfasst zu sein.

Weiterhin flog ich nah überm Wasser, nur wurde meine Sicht immer schlechter. Die salzige Luft legte einen milchigen Film auf die Frontscheibe. Ich drosselte die Geschwindigkeit, öffnete die Seitenscheibe und versuchte die Frontscheibe mit einem Lappen zu reinigen. Aus dem milchigen Salzfilm wurde ein Schmierfilm. Mehr im Blind- als im Sichtflug, flog ich auf die Küste Schottlands zu.

Plötzlich sank die Drehzahl des Motors und damit meine Geschwindigkeit. Kurzzeitig half die Korrektur des Benzin-Luftgemischs, dann fiel die Drehzahl weiter ab. Langsam näherte ich mich der Mindestgeschwindigkeit, die mich in der Luft hielt, in zwanzig Meter Höhe über dem Wasser. Panik spürte ich nicht, obwohl die Wellen immer näher kamen. Meine Gedanken waren bereits bei der Wasserlandung und als ich mir vorstellte, wie das eiskalte Wasser in meinen Überlebensanzug eindrang, lief mir ein frostiger Schauer über den Rücken. Ich schaute auf die Wellen, auf die Rettungsinsel neben mir und stopfte mein Maskottchen *Crashy* in den Überlebensanzug. Den Handgriff der Rettungsinsel bog ich nach oben, um ihn nach der Wasserlandung sofort packen zu können. Dann griff ich zum Mikrofon, um einen Notruf zu senden.

Wie ein Blitz kam mir der Gedanke einer Vergaservereisung. Ich ließ das Mikro fallen, griff zum Hebel der Heißluftklappe, wollte ihn voll herausziehen.

Stopp! schrie der Ingenieur, *dann stirbt der Motor ab. Taue das Eis langsam und schrittweise ab.*

Millimeterweise öffnete ich die Heißluftklappe. Der Motor begann zu stottern, drehte kurz höher, stotterte erneut. Das Eis taute ab, der Motor schluckte Wasser. Die Drehzahl war zu gering, um uns in der Luft zu halten. Ich flog parallel zu den Wellen und bereitete mich auf die Wasserlandung vor. Der Höhenmesser zeigte Null, doch es waren noch einige Meter.

Und plötzlich, lauter als ein Dankesschrei, brüllte der Motor auf. Er bekam wieder Luft. Die Drehzahl schnellte nach oben und einhundertachtzig Pferdestärken zogen mich in die Höhe. Ich lehnte mich zurück, öffnete den Reißverschluss und zog Crashy unterm Überlebensanzug hervor. Obwohl er grausig nach meinem Angstschweiß roch, gab ich ihm einen Kuss auf die Nase und setzte ihn aufs Armaturenbrett.

Über Funk bat ich den Piloten einer Zweimotorigen über mir, der ebenfalls nach Schottland flog, um den Wetterbericht für Schottland, und als er von geringer Bewölkung über der Westküste Schottlands sprach, änderte ich sofort meinen Flugplan. Ich flog über die Lewis Hebriden, wo sich die Nebelbänke auflösten und ich die Küste Schottlands im Sonnenschein sah. Entlang grüner Steilklippen flog ich nach Glasgow, drehte dort nach Osten ab und landete nach zehnstündigem Flug in Newcastle upon Tyne.

Mit breitem Grinsen stieg ich aus dem Flugzeug, denn die Atlantik-Überquerung war geschafft. Sofort griff ich zum Gürtel, um die Reißleine zur Rettungsinsel auszuklinken, da nur ein kurzer Ruck an der Leine gereicht hätte, die Überlebensinsel im Flugzeug aufzublasen. Nur war die Leine nicht am Gürtel. Ich schaute ins Flugzeug und sah sie lose neben der Rettungsinsel liegen. Meine Knie wurden weich und ich musste mich an der Querstrebe festhalten, um nicht auf den Beton zu sacken.

Unvorstellbar! Hätte ich die Rettungsinsel aus dem sinkenden Flugzeug geworfen, wäre sie vor meinen Augen wie ein Stein gesunken, samt Reißleine.

Beautiful Old Germany

Der Flug über die Nordsee und rheinaufwärts nach Düsseldorf verlief problemlos und endete mit einem Abend voller Fliegergeschichten, die ich meinen *AeroManiacs*-Freunden erzählen musste. Mein Hauptquartier schlug ich in Wolfgangs Einliegerwohnung auf, die schon oft mein Zuhause war.

Wolfgang hatte bereits einige Flüge quer durch Deutschland geplant und schon am ersten Wochenende waren wir in der Luft. Von Mönchengladbach aus flogen wir übers Sauerland zum Brocken und entlang der alten Interzonenautobahn nach Berlin. Dank Wolfgangs Geschichtskenntnissen erfuhr ich in der Luft, dass Göttingens Universität über zweihundertfünfzig Jahre alt war, Goslar eine zentrale Pfalz des Heiligen Römischen Reiches und Napoleon Bonaparte im Harz nach

Mineralien schürfen ließ. Über dem Brocken flogen wir eine Ehrenrunde, denn er war seit zwei Jahren wieder frei.

Obwohl es noch Sperrgebiet war, überflogen wir eine Garnison der russischen Streitkräfte, von wo aus uns die noch verbliebenen Soldaten freundlich zuwinkten. Der Luftraum unter fünfhundert Metern erlaubte freies Fliegen und so erkannten wir auf den Marktplätzen der kleinen Städte, ob es ein Gemüse- oder Metzgerstand war.

Der Tower in Strausberg, östlich von Berlin, begrüßte uns superfreundlich, denn wir waren das erste amerikanische Flugzeug, das auf dem ehemals russischen Militärflugplatz gelandet war. Nach der Landung erlebten wir Berlin, wie es zwei Junggesellen gebührt. In den Eckkneipen tranken wir Berliner Kindl mit Berliner Schnauzen und tanzten im roten Licht der Nachtbars, bis uns das Morgenlicht in die Betten warf. Am nächsten Morgen stärkten wir uns auf der Museumsinsel beim Brunch und erfrischten uns mit Berliner Weiße bei einer Dampferfahrt auf der Spree. Wir beendeten den Tag in einer Bootshauskneipe an der Dahme und bekamen als Flieger den Witz einer Berliner Großschnauze mit auf den Weg:

„Wat is de Unterschied zwischen nen Fluchzeuch und na Untahose?"

„Kenah!"

„Bede müssen im Ernstfall runtah."

Auch wir mussten am nächsten Tag wieder ‚runtah' und landeten nach dreistündigem Flug in Mönchengladbach.

Die folgenden Wochen war ich damit beschäftigt, die Flugroute nach Asien auszuarbeiten und die Genehmigungen für die Flüge durch Afrika einzuholen. Neben den Visa für die Länder, in denen wir landen wollten, verlangte jedes von uns zu überfliegende Land eine Überfluggenehmigung. Meine Anfragen per Brief, Fax und Telex blieben, bis auf Ägypten, unbeantwortet. Die Luftfahrtbehörden im Sudan, Äthiopien,

Saudi Arabien, Jemen, Oman und Indien füllten ihre Papierkörbe mit meinen Anfragen. Die einzige Möglichkeit, die ich sah, war vor Ort im Abflugsland die Botschaft des Ziellandes um Hilfe zu bitten.

Die Wochenenden während der Organisationsarbeit verbrachte ich in der Luft, flog mit Freunden nach Lützellinden zu einer nächtlichen Jagd und an die Mosel zur Weinprobe. Mit meiner jüngeren Schwester flog ich erneut nach Berlin zu meiner älteren Schwester. Bevor wir in Schönefeld landeten, gab uns die Flugkontrolle die Erlaubnis, in geringer Höhe einige Sightseeing-Runden über Wildau, dem Ort meiner Kindheit, zu fliegen.

„Das ist toll", rief meine kleine Schwester Siggi hinter mir. *„Dann fliegen wir über unsere alte Schule und den Kindergarten, wo Mutti gearbeitet hat."*

Einen Kilometer vor dem Fluss Dahme drosselte ich den Motor, senkte den linken Flügel und flog direkt auf Wildau zu. Überm Kirchberg drehte ich eine Runde um die Kirchturmspitze, die ich in meinen Kindheitsträumen umflogen hatte. Wir flogen über unsere alte Schule, den Kindergarten und kreisten über dem Fluss Dahme, in dem wir schwimmen gelernt hatten. Über der Fabrik, in der unser Vater gearbeitet hatte, drehten wir nach Westen ab, zur Landung in Schönefeld.

Das Wochenende war eine Reise in die Vergangenheit. Traurig standen wir drei Geschwister an den Resten der Berliner Mauer und gedachten unserer verstorbenen Eltern. Stark hatte die Mauer das Leben unserer Familie geprägt, denn für Jahrzehnte waren wir durch Stacheldraht von unserer älteren Schwester getrennt. Unsere Mutter litt für den Rest ihres Lebens unter der Trennung und neun Tage vor dem Mauerfall starb sie an Herzversagen, hatte die Wiedervereinigung nicht mehr erlebt

„Wirst du denn jemals nach Deutschland zurückkehren?",

fragte mich meine ältere Schwester Erika.

Ich war mir meiner Antwort sicher. *„So schön wie ich Deutschland jetzt erlebe, Eka, so angenehm will ich hier meinen Lebensabend verbringen."* Immer noch nannte ich sie Eka, weil ich in meinen Babyjahren das R nicht rollen konnte.

Zurück in Düsseldorf, trat ich in die Endphase der Vorbereitung für den Weiterflug. Ich kaufte die Flug- und Landkarten für unsere geplante Route durch Europa, Afrika und die arabische Halbinsel und zusätzlich noch einige Karten rechts und links der Route, für den Fall, wir bekämen keine Genehmigungen. In Mönchengladbach fand ich einen Mechaniker mit US-Lizenz und ließ die Einhundertstunden-Inspektion am Flugzeug durchführen.

Für meine letzten Tage in Old Germany flog mein Sweetheart Donna aus Los Angeles ein und brachte Leben in unsere Junggesellenbude. Natürlich wollte ich ihr Deutschland aus der Luft zeigen, nur zwangen uns Regen und geringe Sicht ins Auto. Am Rhein entlang fuhren wir nach Koblenz, und, wie alle Amerikaner, war Donna von den vielen Schlössern und Burgen hellauf begeistert. Nach der Drachenburg, der Festung Dattenberg, Schloss Arenfels, Burg Rheineck und der Festung Ehrenbreitstein warf ich das Handtuch und bog ins romantische Moseltal ab. Doch versteckt hinter den Hügeln gab's auch dort eine Burg: die Burg Eltz.

„Oh, my God, what a beauty", seufzte Donna beim Anblick der achthundertfünfzig Jahre alten Burg. Die Führung in englischer Sprache war hervorragend und begeistert folgten wir dem Guide durch voll ausgestattete und noch bewohnte Räume. Obwohl ich schon hunderte von Wendeltreppen erstiegen hatte, erfuhr ich erst dort, warum der Aufstieg der Treppe im Uhrzeigersinn verlief.

„Es gab dem oben stehenden Verteidiger einen Vorteil im Kampf mit dem Schwert", erklärte uns die junge Dame. *„Er konnte seinen rechten Arm frei bewegen. Der rechte Arm des*

unten stehenden Angreifers war durch die zentrale Spindel behindert."

Aus dieser Zeit stammt auch der Spruch: *Etwas im Schilde führen*. Wusste man doch nie, was die Träger hinter den Schilden, die dort aus Stahl an den Wänden hingen, verborgen hatten.

Meine Heimattage in Old Germany gingen zu Ende und es hieß Abschied nehmen. Donna konnte sich einige Tränen nicht verkneifen, doch Wolfgangs siegessichere Worte: *„Wirst sehen Donna, Dieter schafft es. Sonst würde ich nie in seine Maschine steigen"*, gaben ihr Hoffnung und mir ihr kopfschüttelndes Lächeln.

Das Flugzeug stopften wir mit übergewichtigem Gepäck voll, und Wolfgang sprang auf den Copilotensitz. Er wollte bis in den Jemen mitfliegen. Die Worte eines befreundeten Flugkapitäns: *„Dös is joa schieroa Woahnsinn"*, begleiteten uns in die Luft.

Rheinaufwärts war Wolfgang wieder in seinem Element. Über jeder Burg und jedem Schloss gab er mir Geschichtsunterricht. Über dem Deutschen Eck und der Festung Ehrenbreitstein in Koblenz musste ich zwei Extrarunden fliegen, bevor er seine Lektion über die preußische Befestigungsanlage beendet hatte. Die Loreley, die Nixe mit den goldenen Haaren, sahen wir bei herrlichem Sonnenschein und winkten den Touristen aus unseren hochgeklappten Cockpitfenstern zu. Über der Pfalz bei Kaub musste ich erneut eine Extrarunde drehen.

„An dieser alten Zollwache im Rhein hatte der Feldmarschall Blücher mit seinen Truppen den Rhein überquert. Bei der Verfolgung von Napoleon Bonaparte. Das war im Winter 1813/14", fügte Wolfgang noch schnell hinzu.

Wir verließen das Rheintal in Richtung Augsburg, und bei Wolfgangs Geschichte über die Fugger hörte ich nicht mehr zu, konzentrierte mich auf die Landung.

Am nächsten Tag standen wir in der Fuggerei, der ältesten Sozialsiedlung der Welt. Jacob Fugger hatte sie 1521 erbaut und noch immer war sie bewohnt. Unser gemeinsamer Freund Peter, mit dem wir zehn Jahre zuvor in Nepal zum Dampush Peak getreckt waren, führte uns durchs Fuggermuseum, wo wir stolz auf unsere deutsche Geschichte blickten.

Für eine Alpenüberquerung am nächsten Morgen war die Sicht zu gering und ein Flug über die Schweiz unmöglich. Gegen Mittag verbesserte sich das Wetter entlang der Österreich-Jugoslawien-Grenze und wir hoben ab. Entlang der Autobahn flogen wir ins Gasteintal, bis uns Wolken die Sicht versperrten. Wolfgang versuchte die Straße im Auge zu halten, während ich zwischen den Wolken den Weg nach Süden suchte. Als wir wieder Sicht hatten, war die Straße unter uns verschwunden.

„Hier gibt es keine Straße mehr“, bemerkte Wolfgang und zuckte ratlos mit den Schultern.

„Die Autobahn muss unter uns sein. Sie war doch eben noch da“, reagierte ich verwirrt und konzentrierte mich aufs Fliegen entlang der in den Wolken versteckten Berge.

„Schau noch mal auf die Flugkarte“, äußerte ich nervös.

„Meister, das hätte ich wissen müssen“, antwortete Wolfgang grinsend. *„Die Straße geht auf der anderen Seite des Berges weiter. Wir sind über dem Tauern-Tunnel.“*

Mit dem Pass ließen wir auch das schlechte Wetter hinter uns. Die italienische Tiefebene war wolkenfrei. Unter dem rechten Flügel sahen wir den von der Abendsonne angestrahlten Markusplatz in Venedig und bei einbrechender Dunkelheit landeten wir in Bologna. Wo wir, dank eines freundlichen Kellners im Airport Hotel, der uns seinen Privatwagen lieh, ein hervorragendes Dinner im Antico Ristorante al Podesta genossen, am jahrhundertealten Piazza Maggiore, wo bezaubernde Signorinas bis spät in die Nacht um die Piazza flanierten.

Rom sahen wir am nächsten Morgen nur im Dunst, da die Apenninen bis in den Süden mit Wolken verhangen waren. Gewitter standen uns im Weg, und beim Durchfliegen von Turbulenzen, die uns hart durch die Luft warfen, meinte Wolfgang mein Fliegen kommentieren zu müssen: *„Meister, mach keinen Mist. Sonst brechen uns die Flügel ab."*

Im freien Luftraum über der Adria konnten wir den Turbulenzen entgehen, aber auf halber Strecke gab uns die Flugkontrolle schlechte Nachricht: Der Flughafen Korfu sei aufgrund eines starken Unwetters geschlossen. Wir drehten um und landeten in Brindisi, an der Südspitze Italiens.

Karpathos, windige Insel

Am nächsten Morgen, im wolkenfreien Himmel, flogen wir nach Korfu, erledigten dort die Einreiseformalitäten für Griechenland und flogen über den Isthmus von Korinth in die ägäische Inselwelt. Natürlich wusste Wolfgang, dass der in den Fels geschlagene Kanal Ende des neunzehnten Jahrhunderts gebaut wurde und über sechs Kilometer lang war.

Die Insel Karpathos trug den Beinamen ‚windige Insel' zu Recht, denn schon beim Landeanflug gegen den Meltemi Wind musste ich viel mehr Gas geben als sonst, um den Flugplatz zu erreichen. Mitten auf der Landebahn hielt ich an und ließ Wolfgang aussteigen. Er musste sich in den windzugewandten Flügel hängen, damit uns keine Böe beim Rollen umwarf.

Um die Insel zu durchkreuzen, liehen wir uns einen russischen Jeep und fuhren zu unserem Quartier in der blauen Bucht von Lefkos. Griechische Freunde hatten das ruhige Plätzchen mit kleinem Fischerhafen und wenigen Touristen für uns ausgesucht. Einen Tag ruhten wir uns aus, dann fuhren wir auf einer Schotterstraße nach Olymbos, wollten das strahlend weiße Dorf kennenlernen, das uns beim Überfliegen der Berge durch sich noch drehende Windmühlen aufgefallen war. Die mittelalterlich-technischen Meisterwerke wollten wir uns aus der Nähe ansehen und stiegen schweißtreibend über hohe Stufen und steile Gassen zum Gebirgskamm auf.

Bis auf eine Mühle standen alle Windräder still, ihre Segel waren eingerollt. In der sich noch drehenden Mühle ließ eine ältere Frau Getreidekörner ins Zentrum der Mahlsteine rieseln, die als fein gemahlenes Mehl am Außenrand der Steine in eine Rinne fiel. Die schweren Mahlsteine wurden über große Holzzahnräder von einem relativ kleinen Windrad angetrieben, was uns eine Vorstellung von den starken Winden gab, die dort wehten. In einem Steinofen neben der Windmühle backte die freundliche Griechin Pitabrot, das sie mit frisch gekochtem Gemüse füllte. Wir konnten dem verführerischen Duft nicht widerstehen und aßen unser drittes Frühstück.

Auf dem Rückweg durchs Dorf hörten wir griechische Volksmusik und spürten den singenden Violinisten auf der Terrasse seines Häuschens auf. Im Schatten dicker Weinranken feierte er mit Freunden seinen Geburtstag und lud uns mit einem lauten „Akrivos", zu deutsch Prost, zum Mitfeiern ein. In einer Mischung aus Deutsch und Englisch erfuhren wir von den Einheimischen die Entstehungsgeschichte von Olymbos, wonach die Menschen aus den Hafenstädtchen Fyses und Diafani in die Berge geflohen waren, um vor den häufigen Überfällen von Piraten und Sarazenen sicher zu sein. Obwohl die Geschichte schon über fünfhundert Jahre zurücklag, hatten wir nicht das Gefühl, dass sich in dem versteckten Dorf in den Bergen seitdem viel verändert hatte.

Unseren letzten Abend in Europa verbrachten wir in Gianni seinem Restaurant am kleinen Hafen in der Bucht von Lefkos. Gianni war sein Leben lang zur See gefahren und hatte uns allabendlich von seinen Reisen durch die Welt erzählt. Als er hörte, dass wir mit dem eigenen Flugzeug gekommen und auf dem Weg um die Welt waren, mussten wir ihm mit *Hand aufs Herz* versprechen, seinem Restaurant nach dem Start ein *Fly-By* zu geben. Wir sollten ganz, ganz nah vorbeifliegen und mit den Flügeln winken.

Unser Versprechen hielten wir am nächsten Morgen ein und flogen nur wenige Meter über dem Wasser zur blauen Bucht. Ich drehte eine Linkskurve über den Fischerbooten und hielt direkt auf Giannis Restaurant zu. Gianni und Gäste rissen die blau-weiß karierten Tischdecken von den Tischen und winkten uns zu. Wolfgang filmte durch die Frontscheibe und schrie vor Begeisterung.

Kurz vor Giannis Restaurant sah ich aus dem Augenwinkel rechts vor mir einen Telegraphenmast. In einer tausendstel Sekunde begriff ich, dass dort, wo ein Mast, auch ein Kabel gespannt ist. Aus Reflex riss ich die Maschine steil nach oben. Wolfgang schlug mit der Kamera vorm Gesicht aufs Armaturenbrett, mir wurde schwarz vor Augen und der Alarm vor dem Strömungsabriss ertönte. Ich drückte die Nase des Flugzeugs wieder nach unten und fiel im Sturzflug aufs Meer zu. Wenige Meter über den Wellen hatte ich das Flugzeug wieder unter Kontrolle, einen Pulsschlag von einhundertachtzig und schwor mir, nie, nie wieder ein *Fly-By* zu versprechen.

Ägypten, Insha Allah

Mein Temperament wieder unter Kontrolle, flogen wir zum Ausklarieren und Tanken auf die Insel Rhodos und starteten von dort zum siebenstündigen Flug nach Ägypten. Hinter Kairo durften wir in geringer Höhe entlang des Nils weiterfliegen, der sich wie eine dunkelgrüne Schlange durch die sandige Wüste wand. Farbige Korallenbänke im Roten Meer überfliegend, erreichten wir den Badeort Hurghada.

Kaum zum Stehen gekommen, waren wir von Soldaten mit Kalaschnikows umringt. ‚Schützend' begleiteten sie uns ins Flughafengebäude. Beim Einklarieren wurde uns bewusst, dass wir in eine Welt flogen, wo das Privatfliegen mit unendlichem Papierkram verbunden ist. Für jedes Formular war eine Gebühr fällig und die Bewachung des Flugzeugs kostete achtzehn Dollar pro Tag - zusätzlich zu den Lande-, Navigations-, Kommunikations- und Parkgebühren. Auf meine Frage, ob wir in drei Tagen nach Luxor weiterfliegen könnten, antworteten sie uns mit einem müden Kopfschütteln: *„Die Fluggenehmigung können wir euch nicht erteilen. Die müsst ihr euch in Kairo holen."*

Wir riefen Wolfgangs Büro in Düsseldorf an, um zu erfahren, ob die Genehmigungen für den Sudan, Äthiopien, Saudi-Arabien, Jemen und Indien erteilt wurden. Die Antwort war niederschmetternd. Kein Luftfahrtsamt hatte geantwortet. Wir legten einen Tag Funkstille ein und tauchten zu den Korallen im Roten Meer ab.

Am folgenden Tag fuhren wir mit Ahmed in seinem alten Peugeot-Taxi ohne Klimaanlage nach Kairo.

„Das glaubt uns niemand", bemerkte Wolfgang während der Fahrt. *„Dass wir achthundert Kilometer durch die Wüste fahren müssen, um zweihundertfünfzig Kilometer fliegen zu dürfen. Glaubst du, du schaffst es um die Welt?"*

Am frühen Nachmittag trafen wir bei den zuständigen Büros am Flughafen ein und wurden von einem Büro ins andere geschickt, denn keiner der Chefs war mehr anwesend. Erst am nächsten Morgen trafen wir El Dottore von der Luftfahrtbehörde, der uns versprach, unsere Fluggenehmigung für Luxor nach Hurghada zu faxen.

Insha Allah, so Gott will.

Schon mal am Flughafen, suchten wir bei der jemenitischen Luftfahrtgesellschaft Yemenia einen Ansprechpartner zu den Behörden im Jemen.

„Heute haben wir keinen Flug nach Sanaa", sagte die bezaubernd hübsche Angestellte, *„aber morgen früh könnt ihr Glück haben. Da fliegt der Chefpilot des Präsidenten persönlich*

den ersten Flug. Er kann Euch sicher weiterhelfen."

Optimistisch, dass wir die Fluggenehmigungen persönlich schneller beschaffen könnten, warfen wir uns in Schale und folgten der Einladung des deutschen Botschafters zum Deutschen Nationalfeiertag. Er hatte Wolfgang am Telefon zugesagt, uns den Militärattachés der ägyptischen Nachbarländer vorzustellen.

Zum Empfang vor der Botschaft reihten wir uns mit unserem alten Taxi in die Reihe schwarz glänzender Staatskarossen ein. Zwei Lakaien öffneten die Türen der teuren Limousinen und ein dritter rief die Titel und Namen der besuchenden Botschafter, Militärattachés und Manager aus. Kaum entstiegen, wurden die Gäste vom Botschafter persönlich begrüßt.

„Na ja", murmelte Wolfgang etwas verlegen, *„ich danke Allah, dass unsere Schrottkiste schwarz ist."*

Die Lakaien öffneten auch unsere Türen und verkündeten die Ankunft von Doktor Wolfgang und seinem Chefpiloten. Vom deutschen Botschafter und dessen Frau wurden wir sehr freundlich begrüßt, da Wolfgang den Botschafter persönlich kannte. Im Laufe des Abends half er uns, einige Landesvertreter entlang unserer Flugroute kennen zu lernen, und alle sagten uns ihre Hilfe für den nächsten Tag zu.

Stolz erzählte uns ein ägyptischer Pilot von den Pharaonen, die bereits vor fünftausend Jahren eine Airline gehabt hätten, die täglich frisch gepflückte Kirschen nach Ägypten einflog. Wolfgang und ich grinsten uns an und erwarteten eine ‚Alibaba Geschichte'. Doch unser Fliegerkollege blieb ernst.

„Die Kirschen", fuhr er fort, *„wurden am Morgen in Baalbek gepflückt, in Babylons Gärten sechshundert Kilometer östlich von hier. Jede Kirsche wurde einzeln in ein kleines Körbchen gesteckt und einer Brieftaube um den Hals gehängt. Am Nachmittag trafen hunderte der Frachttauben bei den Pharaonen ein. Wir Ägypter"*, beendete er schmunzelnd seine Story, *„hat-*

ten schon vor fünftausend Jahren Luftfracht." Toll, seine Geschichte, nur helfen konnte er uns nicht.

Am folgenden Tag telefonierten wir die Visitenkarten durch, die wir auf dem Nationalfeiertag eingesammelt hatten. Wir liefen von einem Büro zum anderen, wurden freundlich empfangen, zum Tee eingeladen und erhielten ebenso freundlich keine Hilfe. Die einzige Hoffnung, unseren Weltflug fortzusetzen, war die mündliche Zusage des Chefpiloten der jemenitischen Fluggesellschaft Yemenia, den wir am frühen Morgen auf dem Flughafen angesprochen hatten. Erstens war er eine herzerfrischende Persönlichkeit, zweitens bei der Lufthansa in Deutschland ausgebildet und drittens von unserem Weltflug begeistert. In bestem Deutsch versprach er, unsere Landegenehmigung in Sanaa durchzusetzen. Nach seiner Landung in Sanaa würde er uns die Fluggenehmigungsnummer übers Telefon mitteilen. Auf meine Frage, ob er uns bei den Fluggenehmigungen für den Sudan, Äthiopien und Saudi Arabien weiterhelfen könnte, war seine Antwort eine Erklärung für unser erfolgloses Bemühen.

„Die antworten so gut wie nie", sagte er. *„Fliegt einfach über den Sudan und Äthiopien hinweg und meidet den saudiarabischen Luftraum. Kommt in den Jemen, mein Land wird euch gefallen."*

Wie vom Captain zugesagt, rief er am späten Abend mit der besten Nachricht seit Wochen an: *„Eure Fluggenehmigung hat die Nummer 1005. Ich habe sie bereits zur Flugkontrolle nach Luxor gefaxt."*

Sofort legte ich die Flugkarten auf den Tisch und plante eine neue Flugroute: von Luxor in die Nubische Wüste des Sudans, entlang der äthiopischen Küste zu den Dahlak Inseln, übers Rote Meer und in die Berge des Jemen zur Hauptstadt Sanaa.

„Ohne Fluggenehmigungen ist das Wahnsinn", erwiderte Wolfgang. *„Auch sind unsere Tanks zu klein für einen Flug bis in*

den Jemen."

„Wir haben keine andere Wahl, Wolfgang. Seit Wochen versuchen wir's offiziell und sind erfolglos. Jetzt fliegen wir geheim. Etwa zehn Stunden dauert der Flug, und wenn wir alle Tanks bis zum Rand füllen, haben wir zwei Stunden in Reserve. Es wird knapp, aber wir können es schaffen. Insha Allah!"

Mit großem Bakschisch spornten wir Ahmed an, uns so schnell wie möglich zurück nach Hurghada zu fahren, damit wir noch vor Dunkelheit nach Luxor fliegen konnten. Ahmed hatte Allah an seiner Seite und um drei Uhr nachmittags standen wir mit laufendem Motor auf der Startbahn.

„N5659P is ready for Take-Off", funkte ich zum Tower.

„N5659P, immediately return to tower!" funkten sie, wir sollten sofort zum Tower zurückkehren.

„Was ist denn jetzt wieder das Problem?", schimpfte Wolfgang. *„Wahrscheinlich fehlen uns die Genehmigungen der Tauben, Wildenten und Geier, die hier herumfliegen."*

Wir rollten zurück zum Tower und wutentbrannt sprang ich aus der Maschine, rannte die Betontreppen zum Tower hoch. Tatsächlich war es der Bakschisch-Geier vom Tower, der meinte, wir hätten keine Genehmigung vom Militär. Ich ließ mich auf keine Konversation ein, griff zum Telefonhörer und machte ihm klar, sofort El Dottore vom Luftfahrtsamt in Kairo und die deutsche Botschaft anzurufen. Der Bakschisch-Geier riss mir den Hörer aus der Hand und meinte, er müsse zuerst mit Kairo sprechen. Wir sollten aber wieder zur Startbahn rollen, er würde die Sache klären. Mit verachtender Stimme erteilte er uns die Startfreigabe. Er hatte sein Bakschisch verloren und wir eine kostbare Stunde.

Kurz vor Sonnenuntergang landeten wir in Luxor. Nach Erledigung der Formalitäten für die Landung wollte ich auch die Formalitäten für einen frühen Abflug am folgenden Tag erledigen. Denn ich musste in der Luft sein, bevor sich die Startbahn und die Luft über der Asphaltpiste aufheizten, was bereits in Hurghada der Fall war, wo ich weitaus mehr Startbahn benötigte als zuvor. Mit randvoll gefüllten Tanks könnte der Start problematisch werden. Die Beamten sagten uns zu, am nächsten Morgen schnellstens abgefertigt zu werden. Sofort ließ ich die Maschine volltanken, einschließlich zweihundertfünfzig Liter im Zusatztank hinter unseren Sitzen.

Dem Taxifahrer versprachen wir ein Superbakschisch, wenn er uns schnellstens zur Licht- und Tonschau im Karnak-Tempel fahren würde. In letzter Minute trafen wir dort ein und erlebten eine Vorführung, die uns in wenigen Minuten in die Zeit der Antike versetzte. Ein intensives Lichtspiel führte uns durch die Tempel und mystische Stimmen der 'Pharaonen' begleiteten uns. Der klare Sternenhimmel verzauberte die Nacht und für eine Stunde erlebten wir das alte Ägypten.

Das neue Ägypten schlief noch, als wir am nächsten Morgen in aller Frühe am Flughafen eintrafen. Der Pförtner erwachte erst, als wir das Haupttor des Flughafens quietschend beiseite schoben. Im Flughafengebäude taumelten schlaftrunkene Angestellte durch die Büros. Wolfgang wartete draußen, während ich, begleitet von zwei Polizisten und Ali, einem liebenswerten Ägypter, der mir als Leibwächter und Übersetzer zugeteilt war, in die zuständigen Büros ging.

Der Stopp im Polizeibüro war kurz und freundlich. In fünf Minuten stempelte der Chef unsere Ausreisepapiere und wünschte mir einen guten Flug.

Toll, dachte ich. *Wenn es so weiter geht, schaffen wir's, um sieben Uhr in der Luft zu sein.*

Drei Zollstationen musste ich durchlaufen, bevor ich im Büro des Hauptkommissars landete. Der Chef kniete auf einem Gebetsteppich Richtung Mekka und durfte auf keinen Fall gestört werden. Kein Problem, ich verstand und wartete geduldig. Der Chef beendete sein Gebet, betrachtete meine Papiere und suchte nach dem notwendigen Stempel. Dieser war ohne Bakschisch nicht aufzutreiben und nach vielen Telefonaten und vergeudeter Zeit war ich eine Stunde hinter unserem Zeitplan.

Eiligst ging ich mit dem Pilotenkoffer in der Hand an der Röntgenmaschine vorbei, da sie nicht eingeschaltet war. Der Sicherheitsbeamte stürzte sich auf mich.

„Der Koffer muss unbedingt durchleuchtet werden“, fauchte er mich an.

„Kein Problem!“, antwortete ich und stellte den Pilotenkoffer aufs Transportband. In kaum verständlichem Englisch erklärt er, dass die Person, die den Röntgenapparat einschalten dürfte, noch nicht eingetroffen war.

„Schauen Sie selbst hinein. Es sind nur Flugkarten und Dokumente darin.“

„Das kann ich nicht. Ich muss auf meinen Chef warten“, antwortete er stumpfsinnig. *„Der Koffer muss geröntgt werden.“* Er setzte sich hinter seinen Schreibtisch und strafte mich mit Missachtung.

Ich öffnete den Koffer und stellte ihn auf seinen Schreibtisch. *„Es ist viel sicherer, wenn sie selbst hineinschauen.“*

„Nein, das geht nicht, das darf ich nicht“, beharrte er. *„Ich muss den Koffer röntgen.“*

Herumstehende Flughafenangestellte traten zu uns und redeten auf den Sicherheitsbeamten ein. Nach einer viertel Stunde begriff er, dass ein Pilot keine Bombe in seinem Flugzeug mitnimmt. Ohne einen Blick in meinen Pilotenkoffer zu werfen, sagte er, *„Kein Problem. Sie können jetzt gehen.“*

Kopfschüttelnd verließ ich das Flughafengebäude.

„Wir sind über eine Stunde hinter der geplanten Abflugzeit“, bemerkte Wolfgang mit Schweißperlen auf der Stirn. *„Die Hitze ist schon unerträglich. Wir müssen starten, sonst hebt die Maschine nicht ab.“*

„Weiß ich, Wolfgang, ich muss nur noch zum Tower.“

Hastig stieg ich die Betonstufen zum Tower hoch und sah zwei schläfrige Flugleiter in Nachtkostümen ihre Schlafmatratzen falten. Dem Chef deutete ich an, unter Zeitdruck zu stehen und übergab ihm den Flugplan sowie die Landeerlaubnis für den Jemen. Glücklicherweise entgingen ihm die fehlenden Überfluggenehmigungen für den Sudan, Äthiopien und Saudi Arabien.

Mit leuchtenden Augen legte er mir eine Rechnung für die Flughafengebühr von einhundertfünfzig US-Dollar vor. Doppelt so hoch, wie ich sie am Abend zuvor mit seinem Kollegen vereinbart hatte. Meine Erklärung, dass für mich der Privatflieger-Tarif gelte, flog an seinen Ohren vorbei.

„Nein, in dieser Tabelle stehen die Tarife“, antwortete er stur. *„Einhundertfünfzig Dollar müssen sie bezahlen.“*

Ich erinnerte mich an das Regal mit dem Ordner für Privatflieger, zog den Ordner heraus und zeigte ihm die Liste.

„Sehen Sie hier. Paragraph 1.3 zeigt einen fünfzigprozentigen Discount für private Flugzeuge unter sechs Tonnen.“

Meine Entdeckung gefiel ihm absolut nicht. Er erklärte sich mit der Hälfte der Gebühren einverstanden, schlug aber sofort zurück.

„Zweiundvierzig Dollar Abfluggebühren müssen Sie noch zahlen.“

„Nein, die zahle ich nicht. Ihr Kollege sagte mir gestern, dass die Flughafengebühren die Landung und den Start einschließen, wie auf allen Flugplätzen der Welt.“

Fünfzehn Minuten verhandelten wir, doch er ließ nicht locker. Er wollte sein Bakschisch und mir lief die Zeit davon.

„Wenn Sie nicht zahlen, lasse ich Sie nicht fliegen“, sagte er abrupt, drehte sich um und beschäftigte sich am Radar. Ich atmete tief durch, überdachte die Folgen einer Nachtankunft im Jemen und legte drei Fünfzigdollarnoten auf den Tisch.

„Rückgeld habe ich keins“, sagte er verschmitzt und steckte die Scheine in die Tasche. Die Frage nach dem Wetterbericht beantwortete er mit Schulterzucken.

„Den Wetterbericht haben wir noch nicht. Den geben wir

Ihnen über Funk durch."

Geheimflug in den Jemen

Mit ungutem Gefühl stieg ich die Treppen hinunter, da der Wetterbericht ein Muss war. Welche Winde herrschten auf unserer Flugroute? Gab es Sandstürme im Sudan oder ein Unwetter in den Bergen des Jemen? Wolfgang schilderte ich unsere Situation.

„Welche Alternative haben wir?", fragte er.

„Keine! Im Jemen müssen wir spätestens morgen eintreffen, danach ist unsere Genehmigung ungültig", antwortete ich kopfschüttelnd.

„Dann lass uns fliegen!"

Weder Flughafenpersonal, noch Piloten waren auf dem Rollfeld, die Welt um uns war teilnahmslos und irreal. Das einzige, was sich bewegte, war die flimmernde Luft über dem aufgeheizten Beton.

„Es ist wie in einem Spionagefilm", brach Wolfgang unser Schweigen. *„Zwei einsame Agenten starten zu einer geheimen Mission, alles spricht gegen sie und das Ende ist offen."*

Beide kämpften wir mit unseren Zweifeln, während Wolfgang die Maschine belud und ich den Pre-Flight Check beendete.

Wir sind mindestens fünfundzwanzig Prozent überladen, äußerte sich der Pilot in mir, als ich die nach unten gebogene Spornradfeder sah. Normal ist die Feder nach oben gebogen und federt das Flugzeug ab. Durch das Übergewicht war sie am Ende ihrer Federkraft, berührte fast den Beton.

Wolfgang sah meine gekräuselte Stirn und klopfte mir auf die Schulter. *„Meister, ich bete zu Allah. dass er uns in die Luft hebt."*

„Five-Niner-Papa, ready to taxi to runway two zero", funkte ich zur Bodenkontrolle. Wir waren bereit zum Rollen.

„Five-Niner-Papa, cleared to taxi to runway two zero." Wir

erhielten die Freigabe. Nur mühsam kam die Maschine ins Rollen.

Ich überdachte unser Abheben in der heißen Luft und entschied mich, anders zu starten als bisher. Erst kurz vor dem Abheben würde ich die Klappen ausfahren, um ein Hüpfen auf der Startbahn zu verhindern.

Der Run-up des Motors hörte sich sauber an, alle Instrumente waren im grünen Bereich.

„Luxor Tower, November-Five-Six-Five-Niner-Papa, ready for departure." Wir waren startbereit.

„November-Five-Six-Five-Niner-Papa, cleared for Take-Off. Left hand departure, heading one four five to nine thousend five hundred feet."

Energisch schob ich den Gasknopf nach vorne und einhundertachtzig Pferdestärken dröhnten aus den Auspuffrohren. Unsere Maule kam in Fahrt.

„Aleikum Salam", schrie Wolfgang ins Mikrophon und verabschiedete uns von Ägypten.

Unsere Geschwindigkeit nahm zu, nur hob das Spornrad nicht ab. *Bleib ruhig,* befahl der Pilot. *Du hast dreitausend Meter Startbahn, das sollte reichen.*

Langsam kam das Spornrad in die Höhe und wir erreichten unsere Abhebgeschwindigkeit. Vorsichtig zog ich das Steuerhorn nach hinten. Kurz hoben wir ab, dann fielen wir auf die Startbahn zurück. Sofort drückte ich das Steuerhorn nach vorne, hielt das Fahrwerk am Boden und das Spornrad in der Luft. Unsere Geschwindigkeit nahm wieder zu.

„Jetzt!", befahl ich mir laut und zog mit der linken Hand das Steuerhorn nach hinten. Mit der rechten Hand fuhr ich gleichzeitig die Klappen aus. Wie eine Rakete stiegen wir auf.

„Unsere Maule fliegt", schrie Wolfgang begeistert, aber so schnell wie wir an Höhe gewannen, so schnell verloren wir an Geschwindigkeit. Noch bevor ich einen Blick auf den Geschwindigkeitsmesser werfen konnte, ertönte und leuchtete

das Strömungsabrissignal. Instinktiv drückte ich das Steuerhorn nach vorne und das Flugzeug in den Sturzflug. Für Sekunden hingen wir im Schwebezustand über unseren Sitzen und starrten auf die Startbahn, auf die wir zu rasten.

Jetzt musst du cool bleiben, äußerte sich der Pilot. *Wenn du zu früh hochziehst, gibt's 'nen Strömungsabriss und du fällst aus dem Himmel. Ziehst du zu spät hoch, überlebst du das Feuerwerk beim Aufprall nicht.*

Vorsichtig zog ich das Steuerhorn nach hinten und die Nase des Flugzeugs kam nach oben, zeigte auf das Ende der Startbahn. Die Fronträder waren Zentimeter über dem Asphalt und das überladene Heck sackte ab. Das Spornrad setzte auf, hüpfte über die Piste. Wir flogen im Bodeneffekt, auf dem gestauten Luftkissen zwischen Asphalt und Flügel. Tausend Meter Startbahn hatte ich noch vor mir.

Sollte ich landen?

Ich dachte an unsere verfallende Fluggenehmigung, an die ägyptische Bakschisch-Bürokratie und dass es am nächsten Morgen wieder das Gleiche wäre.

Langsam lösten wir uns aus dem Bodeneffekt und die Maschine gewann an Höhe. Am Ende der Startbahn waren wir dreißig Meter hoch und unter uns begann die Nubische Wüste. Wolfgang war kreidebleich, hielt sich noch immer an der Verstrebung fest.

„Das war eng", murmelte ich. *„Verdammt eng."*

Wolfgang antwortete nicht.

Die Flugkontrolle wies uns an, auf dreitausend Meter zu steigen, was in der enormen Hitze unmöglich war. Der Motor lief bereits im roten Bereich und ich musste Gas zurücknehmen. Mit gedrosseltem Motor und geringer Steiggeschwindigkeit flogen wir in die Sandwüste.

Fünfzig Kilometer hinter Luxor, nur tausend Meter hoch, verloren wir den Radiokontakt und damit unsere letzte Chance auf einen Wetterbericht. Der Gegenwind war fünfundzwanzig Knoten und wenn dieser für mehrere Stunden anhielt, hatten wir nicht genug Treibstoff bis in den Jemen. Eine Zwischenlandung zum Auftanken wäre ein riesiges Problem, da wir keine Überfluggenehmigungen hatten.

Insha Allah! So Gott will!

Beim Überfliegen der Grenze zum Sudan, versuchte ich den Funkverkehr von Khartum und Port Sudan abzuhören, aber keine der Frequenzen war aktiv. Auf der Notfrequenz 121.50 rief ich nach einem Radiocheck, auch er blieb unbeantwortet.

Der Himmel über der trockenen und kahlen Nubischen Bergwüste blieb wolkenfrei, doch die Luftturbulenzen in den zweitausend Meter hohen Bergen wurden gewaltig. Je nach Auf- oder Abtrieb wurden wir in die Sitze gedrückt oder von den Gurten in den Sitzen gehalten. Wir folgten der Sandstraße durchs Alagi Tal, die auf unserer Landkarte eingezeichnet war. Plötzlich unterbrach Wolfgang unser akrobatisches Fliegen. *„Schau mal nach vorne, Meister. Da stehen Lastwagen neben der Straße. Etwa drei Kilometer vor uns.“*

„Lastwagen?“

„Da vorne, links neben der Straße. Auf dem hellbraunen Sandplatz. Alle in Reih und Glied aufgereiht.“ Wolfgang zeigte auf etwa dreißig Militärfahrzeuge.

„Hoffen wir, dass sie uns noch nicht gesehen haben“, bemerkte ich und drehte ohne auf die Flugkarte zu schauen nach Westen ab.

„Wir müssen ins nächste Tal“, erklärte ich mein Abdrehen. *„Von dort fliegen wir südlich nach Port Sudan und dann raus aufs Rote Meer.“*

Kaum waren wir hinter den Bergen und der Sicht des Lkw-Konvois entkommen, schüttelte Wolfgang erneut den Kopf.

„Meister“, bemerkte er, *„heute ist nicht unser Tag. Schau mal auf meine Seite. Wir fliegen nur knapp an einem Flugplatz vorbei.“*

Ich griff zum Fernglas und schaute mir das Flugfeld an, das auf unserer Karte nicht eingezeichnet war. Drei dunkelgrüne Militärmaschinen und zwei alte Propellermaschinen standen auf dem Rollfeld einer langen Betonpiste und zwischen zwei geschlossenen Hangars stand ein kleiner Tower. Nirgends war Aktivität zu sehen, auch in der Luft nicht.

„Wir fliegen weiter, Wolfgang, als hätten wir eine Genehmigung. Zurückfliegen bringt nichts, dann werden sie am Boden auf uns aufmerksam. Wir bleiben so nah wie möglich an den Bergen."

Geheimflug in den Jemen

Wolfgang schüttelte zum dritten Mal den Kopf, lehnte sich zurück und schloss die Augen. Eine Weile schaute ich ihn an und grübelte, was er wohl denken mochte. Wir waren erst drei Stunden unterwegs und sieben Stunden hatten wir noch vor uns. Zweifelte er, dass wir es schaffen würden? Verstehen konnte ich ihn. Ich hatte selbst Zweifel. Gerne hätte auch ich die Augen geschlossen und sie erst am Ende des Tages geöffnet.

Unentdeckt erreichten wir das Rote Meer, wo ein Dunstschleier über dem Wasser unsere Sicht auf wenige Kilometer begrenzte. Mit zusammengekniffenen Augen suchten wir das Meer nach Schiffen ab, die erst wenige Kilometer vor uns sichtbar wurden.

Plötzlich verharrte Wolfgangs Blick. *„Meister, das sieht nicht wie ein Frachter aus."* Er schaute durchs Fernglas und schrie: *„Das ist ein Kriegsschiff!"*

Sofort drehte ich zur Küste ab, denn so tief, wie wir aufs Schiff zuflogen, hätten sie uns aus dem Himmel geschossen. Über der Küste Äthiopiens waren wir auch nicht sicher, aber ich vertraute dem Hinweis des Yemenia Captain, dass deren Radar nicht funktionierte. Erst als das Kriegsschiff im Dunstschleier verschwunden war, flogen wir wieder aufs Meer zurück, gingen aber jedem Schiff aus dem Weg, das wir nicht eindeutig identifizieren konnten. Auf der anderen Seite des Roten Meeres lag Saudi Arabien und von denen durften wir auf keinen Fall entdeckt werden. Die militärische Ausrüstung der Saudis funktionierte mit Sicherheit und in kürzester Zeit hätten wir Hubschrauber im Nacken. Da ihr Luftraum weit ins Meer reichte, flog ich tief über dem Meer und hoffte, dass unser stoffbespanntes Flugzeug auf dem Saudi-Radar nur ein kleiner Schmutzpartikel war.

Gegen Nachmittag verdichtete sich der Dunstschleier und unsere Sicht sank auf Null, was das Fliegen erschwerte und bedeutete, dass die steigende Luftfeuchtigkeit schon bald Wolken und raues Flugwetter bringen würde.

„Das war's!", hörte ich Wolfgang über den Kopfhörer.

„Was? Wo?"

„Keine Angst, Meister", sagte Wolfgang, und lachte zum ersten Mal auf dem Geheimflug. *„Wir sind im Jemen. Unter uns die zwei länglichen Inseln gehören zu Felix Arabia. Allah sei Dank! Wir haben's geschafft."*

Über Funk versuchte ich, die jemenitische Flugleitstelle zu erreichen, aber niemand antwortete. Die Hauptstadt Sanaa lag 2200 Meter hoch in den Bergen, zu weit für unser Funkradio.

„Welcome to Yemen, Mister Langer“, hörten wir plötzlich in unseren Kopfhörern, schauten uns an und brachen in Jubel aus: *„Das war unser Captain.“*

„Jemen Flugkontrolle, hier ist N5659P. Vielen Dank für das nette Welcome. Five Niner Papa ist zwanzig Meilen nördlich von Hudaydah, in tausend Meter Höhe. Steigend auf dreitausend. Geschätzte Ankunftszeit in Sanaa: Achtzehnhundert Ortszeit.“

„Melden sie sich wieder im Anflug auf Sanaa“, antwortete unser Captain.

„Glückliches Arabien“, bemerkte Wolfgang. *„Wenn diese verdammten Wolken nicht wären.“*

Immer dichter zogen sie sich zusammen, wurden schwarz wie die Berge. Sie nahmen uns die Sicht und feuerten ihre ersten Blitze. Wolfgang lehnte sich nach vorne und blickte mir warnend in die Augen.

„Meinst du nicht, dass das Tal zu eng wird?“

„Ich kehr' ja schon um!“

Die Wolken kommen vom Süden, äußerte sich der Pilot. *Fliege nördlich.*

Vor dem Mawr Tal lagen ebenfalls Wolken, aber das Tal war noch nicht verschlossen. Akrobatisch umflog ich die Wolken und wir erreichten das Hochplateau von Sanaa. Die Wolken lösten sich auf, und nach zehn Stunden Geheimflug landeten wir unter türkisblauem Abendhimmel auf dem Sanaa International Airport.

Felix Arabia

Bei eintretender Dunkelheit hatten wir alle Zoll- und Passformalitäten erledigt und fuhren zum zweihundert Jahre alten Alhamd Palace Hotel. Es war das einzige Hotel, das ich dem Taxifahrer nennen konnte, da ich dort vor sechs Jahren übernachtet hatte.

Captain Abdullah war Minuten nach unserem Anruf in der Hotellobby und wir erkannten ihn kaum wieder. In Kairo hatten wir ihn in seiner Kapitänsuniform kennengelernt und plötzlich stand er wie ein Wüstenfuchs vor uns. Eingekleidet in eine weiße Dishdasha, dem luftigen, knöchellangen arabischen Gewand. Auf seinem Kopf trug er ein weißes Kufiya Tuch mit schwarzem Agalring und vor dem Bauch trug er eine Djambia, den jemenitischen Krummdolch. Wie *Lawrence von Arabien* erschien er uns, nur ohne Kamel. Er öffnete die Türen seines Mercedes und lud uns zu einer Sanaa Combo ein, einem typisch jemenitischen Dinner.

Wie Söhne des Landes brachen wir mit der rechten Hand kleine Stücke vom Fladenbrot und griffen mit dem Stück Brot nach Leber, Gemüse, Kebab, Reis, Paté, Yoghurt und Mousse. Das Dinner weckte neue Kräfte in Wolfgang und begeistert schilderte er dem Captain unseren Flug. Beim Espresso deutete ich dem Captain meine Müdigkeit an, was er geflissentlich überhörte.

„Jetzt machen wir noch einen Nachtbummel durch den Bazar in der Altstadt“, sagte er unternehmungslustig. *„Er ist einer der ältesten Bazare der Welt.“*

Spontan griff er zum kleinen Finger meiner rechten Hand, mit dem kleinen seiner linken. Als wäre das *Finger-in-Finger-*Gehen für mich normal, spazierten wir aufs Bab el Jemen zu, dem Haupttor zur Altstadt. Meinen zögernden Finger hatte er wohl gespürt, denn er klemmte ihn noch fester ein. Für ihn waren wir seine Fliegerfreunde aus Deutschland, obwohl wir uns erst seit Kairo kannten. Stolz erzählte er seinen Freunden im Basar, wie wir uns kennengelernt hatten und dass wir mit einer kleinen Maschine um die Welt flogen. Was die Jemeniten mit anerkennendem Kopfnicken honorierten und Tee servierten.

Nach dem dritten Teestopp kamen wir am Old Sanaa Palace Hotel vorbei, das uns mit seiner jemenitischen Lehmbauweise beeindruckte. Wolfgang schlug vor, unser Quartier dorthin zu wechseln.

„Der Besitzer des Hotels ist ein Freund von mir", bemerkte der Captain und führte uns ins Hotel. *„Er hat bestimmt ein Bett für euch. Einen guten Preis wird er euch auch machen."*

Mit Umarmung wurde ‚unser' Captain begrüßt und wieder wurde Tee serviert. Natürlich hatte der Freund ein Zimmer frei, würde uns am Alhamd Palace Hotel abholen und wir bekämen einen Captain Spezialpreis. Fünfzehn Dollar die Nacht für ein jemenitisches Quartier mitten in der Altstadt.

Geweckt durch das laute Allahu Akbar der Muezzine, wechselten wir am nächsten Morgen unser Quartier, dann erkundeten wir die Altstadt. An vielen der sieben- und achtstöckigen Turmhäuser aus Lehm waren die Fenster, Türen und Erker weiß umrandet, gaben der Altstadt ein frisches Gesicht. Die Stadt war sauberer, als ich sie vor sechs Jahren kennengelernt hatte, und einige Gassen waren gepflastert, die ich damals im Matsch durchlief.

Unser erster Stopp war die alte Ölmühle am Marktplatz, in der wie vor Jahrhunderten ein Kamel mit verbundenen Augen um einen riesigen Steinbottich lief. Am Geschirr zog es den Mahlstein, der im Bottich Sesam oder Raps zerquetschte. Säckeweise brachten Bauern Samen zur Mühle und erhielten flaschenweise ihr Öl.

In den vorderen Gassen des Basars waren die Händler ansässig, die Gewürze und Nüsse, Obst und Gemüse, Textilien und Krimskrams anboten. Alles, was für das tägliche Leben notwendig war. Im hinteren Teil des Basars waren die Gassen der Handwerker, die Kleider, Schmuck und Lederwaren vor unseren Augen herstellten. Auch Djambias, auf Hochglanz polierte Krummdolche, die von den Männern als Zeichen des ‚freien Mannes' vor ihrem Bauch getragen wurden. Auf dem Marktplatz vor dem Basar saßen in langer Reihe Marktfrauen und verkauften Fladenbrote.

„Komm“, sagte Wolfgang, vom Duft des frisch gebackenen Brotes verführt. *„Wir teilen uns eins. O.K.?“* Er griff in seine Hosentasche, zog einige jemenitische Rial heraus und wandte sich einer Markfrau zu. Geschockt sahen wir, dass der Frau die rechte Hand fehlte. Wolfgang nahm das Fladenbrot entgegen, ließ seine Rial in ihre geöffnete Hand fallen und dankte ihr mit kaum hörbarem Shukran.

„Glaubst du“, flüsterte ich, als könnte uns jemand verstehen, *„sie ist nach dem Brauch der Scharia durch Handabhacken bestraft worden?“*

„Sah ganz so aus“, bemerkte Wolfgang, und traf sein ärztliches Urteil. *„Ganz sauberer Schnitt.“*

Um den Schock zu bewältigen, verließen wir die Altstadt und setzten uns ins Teehaus am Bab al Jemen. Tee schlürfend beobachteten wir das Treiben auf dem interessantesten Platz von Sanaa. An Hektik übertraf der Trubel vor dem Tor den auf dem Marktplatz, denn in schier unmöglichem Durcheinander, eingekeilt von Passanten und fliegenden Händlern, bahnten sich Taxis, Minibusse und Lastkarren ihren Weg ans Tor.

Gegen Mittag beruhigte sich die Hektik und immer mehr Menschen kamen mit einem Bündel Qatzweige durchs Tor. Sie waren auf dem Weg zu ihrer täglichen Ruhepause, der Qatstunde, die ähnlich unserer Siesta ist, nur ohne Rotwein. Die Jemeniten bevorzugen die leicht narkotisierenden Blätter der Qatpflanze. Einige Jemeniten kamen mit ihrem Bündel ins Teehaus und setzten sich hinter uns in den Qatraum. Unaufgefordert brachte ihnen der Kellner eine Flasche Wasser, sie lehnten sich in die Sitzkissen zurück und zwickten mit den Fingernägeln die frischen Blätter an den Spitzen der Zweige ab. Genüsslich schoben sie diese in ihre Münder, als würden sie ein gutes Mahl verzehren. Sie kauten auf den Blättern, schluckten sie aber nicht herunter. Nur das Sekret der Blätter spülten sie mit einem Schluck Wasser durch ihre Kehlen. Langsam füllten sich ihre Münder mit zerkauten Blättern, die sie in einer ihrer Backen speicherten. Diese wurde im Laufe der Qatstunde größer als eine Pausbacke und die gespannte Haut in ihren gebräunten Gesichtern färbte sich weiß. Entspannt unterhielten sie sich und genossen die belebende Frische des Qat. Wie erfrischend sie ist, sollte ich an meinem letzten Tag in Sanaa erfahren.

Während des Sonnenuntergangs stiegen wir aufs Dach des Hotels und sahen ein violettes Farbenspiel am Himmel. Unter uns in der Stadt flackerten bunte Lichter auf und verwandelten das dreitausend Jahre alte Sanaa in eine orientalische Festung. Von den Minaretten riefen die Muezzine zum Gebet und das Echo in den Gassen begleitete die Muslime zur Moschee.

Felix Arabia, Glückliches Arabien.

Qat-Session mit den Flugleitern

Wolfgang trat am nächsten Morgen eine Busreise nach Taiz und Thula an und ich organisierte meinen Weiterflug. Der Tankwart am Flughafen hatte nur noch zweihundert Liter Flugbenzin, mein Visum für Indien war abgelaufen und die Genehmigung für den Weiterflug in den Oman ungewiss. Bei den zuständigen Botschaften hörte ich die Worte *‚Morgen bestimmt',* um sie am nächsten Tag erneut zu hören.

Nach fünf erfolglosen Tagen wartete ich bedrückt im Teehaus am Bab el Jemen auf Wolfgang. Seine Busreise war zu Ende und frohgemut kam er mit seinem Rucksack die Treppe hochgesprungen.

„Mann, bin ich froh, dich wiederzusehen", sprudelte es aus ihm heraus. *„In Taiz wollte man mich verhaften, weil ich meinen Reisepass bei dir gelassen hatte, und in Thula riss man mir den Film aus der Kamera, weil man mich für einen Spion hielt. Der Jemen ist wahnsinnig interessant, aber ich bin froh, morgen nach Hause zu fliegen."*

„Ich würde verdammt gerne mitfliegen", antwortete ich niedergeschlagen, konnte meinen Tiefpunkt nicht verbergen.

„Kopf hoch, Meister“, sagte Wolfgang und klopfte mir auf die Schulter. *„Wenn einer es schafft, hier durchzukommen, bist du es. Wir wollen doch noch durch Australien fliegen, oder?“*

Am nächsten Tag stieg Wolfgang in die erste Klasse einer Air France Maschine nach Paris, begleitet von zwei hübschen Stewardessen. Gebucht hatte er Touristenklasse, aber unser Captain hatte ihn zum VIP erklärt.

Die folgenden Tage waren eine Mischung aus Hoffnungslosigkeit und Aufgeben. Selbst die Arbeits- und Feiertage machten mir Probleme. Hatten die Muslime ihre Arbeitstage, machte Indien eine Pause. Wollte ich mit Indien korrespondieren, hatten die Muslime Feiertag. Ein Tag nach dem anderen ging verloren.

Täglich ging ich zur Omanischen Botschaft, um der Dringlichkeit meiner Fluggenehmigung Nachdruck zu verleihen. Der Botschafter empfing mich freundlich, ließ Tee servieren und wir plauderten über Kolonialzeit und Zukunft des Omans. Nach drei Tagen machte er meinen Flug zu seiner persönlichen Angelegenheit und rief täglich bei der Luftfahrtbehörde in Maskat an. Bei meinem letzten Besuch empfing er mich mit strahlenden Augen. Mein Flug sei genehmigt und die Telexnachricht an die Flugkontrolle in Sanaa gesandt.

Ich sprang ins Taxi, fuhr zum Flughafen und machte die Maschine abflugfertig. Der Tankwart gab mir seine letzten zweihundert Liter Flugbenzin und ich füllte die restlichen Tanks mit geringwertigem Straßenbenzin auf, war optimistisch, dass mich die niedrige Oktanmischung in der Luft hielt.

Mit den Flugleitern wollte ich die Flugroute durch die Berge nach Al Mukalla am Indischen Ozean besprechen, nur waren sie bereits auf dem Weg zu ihrer Qatstunde. Spontan luden sie mich ein, einige der armlangen Qatzweige mit ihnen zu teilen. Sie boten mir einen Platz im Qatraum an, der mit Teppichen und Sitzkissen ausgelegt war. Einige Flugleiter gaben mir einen ganzen Zweig und zeigten mir welche jungen

Blätter ich an den Zweigspitzen abknipsen und kauen sollte. Andere trafen die Auswahl für mich und reichten mir kaubare Blätter. Der Geschmack war angenehm und erfrischend, nur trocknete mein Mund aus. Ich nahm einen Schluck aus der Wasserflasche, um, wie die Jemeniten, das Sekret runterzuspülen. Nur gelang es mir nicht, die zerkauten Blätter in der Backe zu halten, mein Mund war leer gespült. Mein Nachbar sah mein verdutztes Gesicht und erklärte mir, was ich falsch machte. Ich sollte die weichen Blätter mit den Zähnen nicht zermahlen, sondern nur kurz auf den Blättern kauen und diese mit der Zunge in die Backe schieben. Drei Blätter rutschten noch unerwünscht durch meine Kehle, dann gelang es mir, meine linke Backe zu füllen und den Mund feucht zu halten.

Die euphorisierende Wirkung des Qat ließ nicht lange auf sich warten und gab mir ein herrliches Wohlbehagen. Ich war hellwach, gesprächig und genoss die Geselligkeit mit den Flugleitern. Kurz besprachen wir meine Flugroute nach Al Mukalla am nächsten Tag und problemlos wurde sie genehmigt. Anschließend ließ ich mein kleines Fotoalbum des Weltfluges von Hand zu Hand gehen und schilderte ihnen einige meiner Flugabenteuer. Ihre Euphorie entsprach der meinen und spontan erklärten sie mich zum Gast der jemenitischen Luftfahrtbehörde, was mir die täglichen Parkgebühren fürs Flugzeug von zweiundfünfzig Dollar ersparte. Auch genehmigten sie mir einen Flug über die Altstadt nach dem Start, nur sollte ich absolut und unbedingt einen Flug über den Präsidentenpalast vermeiden: *„Sonst hast du Löcher in die Flügeln.“*

Nach der zweistündigen Qatstunde ging ich wie auf einer Wolke durch Sanaa. Mein Körper tanzte schwerelos durch die Straßen und meine Niedergeschlagenheit war wie weggeblasen. Was auch dem Journalisten der Yemen Times nicht verborgen blieb, dem ich mit sonnigem Lächeln ein Interview gab.

Ebenso sonnig war das Wetter am nächsten Morgen. Ich flog übers Teehaus am Bab el Jemen und entlang der Stadtmauer in die Berge. In eine graubraune Steinwüste, in der grüne Qatfelder die einzigen Farbkleckse waren, bis der blaue Indische Ozean vor mir lag.

Durchgeschüttelt von den Turbulenzen in den Bergen, landete ich nach drei Stunden in Al Mukalla, im ehemals kommunistischen Südjemen. Die Flughafen-Crew empfing mich sehr freundlich, denn sie hatte von der Flugbehörde in Sanaa von meinem Weltflug erfahren. Neugierig fragten sie, wollten von der Welt hören, die für sie jahrelang verschlossen war. Zwei Stunden erzählte ich von Amerika und Europa und zeigte ihnen Bilder vom Weltflug.

Fast beiläufig erwähnten sie, dass es bei ihnen seit Monaten kein Flugbenzin mit 100 Oktan gab. Sogar die Beschaffung von normalem Benzin wäre ein Problem, denn Benzin sei auf zwanzig Liter pro Fahrzeug rationiert und an der einzigen Tankstelle der Stadt stünde eine kilometerlange Warteschlange. Mein Weiterflug am nächsten Tag sei unmöglich. Nur mit Glück würde ich ausreichend Kanister finden, um das Benzin zum Flughafen zu bringen.

Meine Erklärung, dass meine Fluggenehmigung nur achtundvierzig Stunden gültig war, und ich danach wieder für Wochen festsitzen würde, beantworteten sie mit bedauerndem Schulterzucken.

Mit Autobenzin in den Oman

Die erste Hälfte des folgenden Tages stand ich Schlange bei der staatlichen Behörde für die Sondergenehmigung von zweihundertfünfzig Liter Autobenzin. Mit der Genehmigung in der Tasche organisierte ich in der zweiten Tageshälfte ein Auto und zwölf 20-Liter-Kanister für den Transport des Benzins zum Flughafen. Danach überredete ich zwei Flughafenangestellte, für ein großzügiges Bakschisch die Nacht in der

Warteschlange an der Tankstelle zu verbringen.

Am nächsten Morgen holten sie mich mit dem Pick-Up, auf dessen Ladefläche die gefüllten Kanister standen, vom Hotel ab. Eine Benzinpumpe hatten sie nicht auftreiben können, und so füllten wir die zweihundertfünfzig Liter, auf einer Leiter stehend, mit kurzem Gartenschlauch und Trichter, in die Flügeltanks, bei 42° Celsius.

Zuversichtlich, das Flugzeug mit 75-Oktan-Benzin in der Luft zu halten, schob ich den Gasknopf nach vorne und hob ab. Schon nach wenigen Minuten wehrte sich der Motor gegen das schlechte Benzin und schüttelte sich mit kräftigen Fehlzündungen. Ich nahm Gas weg und flog in fünfhundert Meter Höhe ins umstrittene Grenzgebiet zum Oman. Die jemenitische Flugkontrolle hatte mich auf dem Radar und verlangte, dass ich auf dreitausend Meter aufstieg und auf der genehmigten Route über dem offenen Meer weiterflog.

Ich folgte der Anweisung, flog übers Meer und versuchte Höhe zu gewinnen. Doch so feinfühlig ich das Benzin-Luftgemisch auch einstellte, der Motor schüttelte sich immer heftiger. Die Drehzahl sank, der Motor brachte keine Leistung mehr. Land konnte ich in keiner Richtung erreichen und meine Hoffnung, den Propeller in Schwung zu halten, schwand. Aktionslos verharrte ich im Sitz, sackte wie abwesend aufs Meer zu.

Als riefe Wolfgang, hörte ich seine Abschiedsworte: *Wir wollen doch noch durch Australien fliegen, oder?*

Ich schüttete mir eine Flasche Wasser über den Kopf, öffnete das Seitenfenster und schrie mich an: *„Du bist Ingenieur, also lass dir was einfallen."*

Analysiere das Problem und du findest eine Lösung, befahl der Ingenieur.

Was brauchst du für eine gute Verbrennung im Motor?

Benzin!

Hab ich. Schlechtes Benzin, aber es fließt.

Kompression!

Ist zu hoch für den schlechten Sprit.

Zündung!

Funktioniert bei richtiger Gemischeinstellung.

Sauerstoff!

Je tiefer ich fliege, desto mehr Sauerstoff bekommt der Motor. Ein sarkastischer Gedanke rief: *Bin ja ohnehin auf dem Weg nach unten!*

Drehzahl!

Warum habe ich Fehlzündungen und warum klingelt der Motor? Beim Autofahren klingelt der Motor am Berg, wenn ich im fünften Gang fahre. Fahre ich im dritten Gang, schafft's der Motor ohne Klingeln.

Ich muss Gang und Drehzahl korrigieren!

Sofort verringerte ich den Angriffswinkel der Propellerblätter, schaltete somit einige Gänge runter. Ich erhöhte die Drehzahl und stellte das Luftgemisch neu ein. Die Abgastemperatur der Zylinder fiel wieder in den grünen Bereich und der Motor lief ohne Fehlzündungen. Auf dreihundert Meter war ich abgesunken und flog aufs Dhufar Gebirge im Oman zu.

Der omanischen Flugkontrolle schilderte ich mein Motorproblem und dass ich es nicht schaffen würde, das Gebirge auf der angegebenen Höhe zu überfliegen. Nach kurzer Pause meldete sich der Fluglotse erneut, schlug mir vor, durchs Taqah Tal in die Rub-al-Khali Wüste zu fliegen.

„Dabei geht der Radar- und Funkkontakt zwischen uns verloren", bemerkte er beiläufig. *„Wir werden sie aber auf der anderen Seite der Berge schon wiederfinden."*

Die Lockerheit des omanischen Fluglotsen stimmte mich optimistisch und dankend nahm ich seinen Vorschlag an. Nicht ahnend, im ausgetrockneten Canyon in Luftturbulenzen zu geraten, die die Maschine härter als in einem Sturm durch die Luft wirbelten. Luftschläge drückten Benzin aus den Entlüftungsleitungen der Tanks und alles, was im Flugzeug nicht festgebunden war, flog durchs Cockpit. Ich glaubte, die Flügel würden abbrechen, aber solange sich der Propeller drehte, hatte ich die Kraft zu kämpfen.

„Five Niner Papa, wir haben sie wieder auf dem Radar", meldete sich die Flugleitstelle.

„Geschafft!", schrie ich und lehnte mich erleichtert in den schweißverklebten Sitz zurück. Meine Benzintortur hatte ich überstanden, denn unter mir war die geteerte Wüstenstraße nach Maskat, eine ideale Piste für eine Notlandung.

Dem Bodenpersonal schilderte ich nach der Landung meinen Flug und zeigte mit dem Finger auf die Weltkarte.

„Einhundertachtzig Längengrade sind es von Los Angeles bis Maskat, nach Westen wie nach Osten. Hier in Maskat habe ich die halbe Welt umflogen."

Indien, Flug in die Bürokratie

Eine Woche später verabschiedete ich mich von den omanischen Fluglotsen mit den Worten: *„Von heute an fliege ich nach Hause."*

Ich drehte aufs offene Meer ab, zum achtstündigen Flug nach Indien. Eine Woche lang hatte ich ungeduldig auf die indische Landeerlaubnis gewartet und endlich war ich wieder in der Luft. Mir fielen Donnas Worte ein, die sie mir Tage zuvor an den Kopf geworfen hatte: *„Vor drei Tagen hast du über dem Meer um dein Leben gekämpft, hättest alles gegeben zu überleben. Jetzt musst du einige Tage warten und beschwerst dich."*

„Darling", hatte sie mich gewarnt. *„Lass deinen Ehrgeiz nicht deine Schwäche werden. Denke daran, wo du bist. Hattest du nicht gesagt, dass du gerne in die orientalische Welt reist? Dann lebe auch mit ihr! Danke Gott, dass du noch am Leben bist!"* Klarer hätte Sie mir meine Ungeduld nicht vor Augen halten können.

„Danke", flüsterte ich und fühlte mich klein, weil ich mich für ihre Worte nicht bedankt hatte.

Meinen *Point of No Return* über dem Arabischen Meer erreichte ich eine halbe Stunde früher als kalkuliert. Ein leichter Rückenwind blies mich nach Osten. Nach acht problemlosen Flugstunden war ich im Anflug auf Bombay, wo mich die indischen Fluglotsen im Landeanflug zwischen zwei großen Passagierflugzeugen einreihten.

Das kann nicht gut gehen, äußerte sich der Pilot.

Prompt kam die Aufforderung des Fluglotsen, meine Geschwindigkeit auf einhundertfünfzig Knoten zu erhöhen. Eine Geschwindigkeit, die ich mit meiner kleinen Maschine nur im Sturzflug fliegen konnte. Ich erklärte dem Fluglotsen meinen Flugzeugtyp und dass es mir unmöglich war, meine Geschwindigkeit zu erhöhen.

Ungeachtet meiner Klarstellung, kam die von ihm seit Jahren wiederholte Anweisung, die Geschwindigkeit auf einhundertfünfzig Knoten zu erhöhen.

Oh, oh, äußerte sich der Pilot, *jetzt hast du ein Problem.*

Der Kapitän eines mit hunderten Passagieren besetzten Jets hinter mir, von den Lotsen *Heavy* genannt, teilte dem Fluglotsen mit, dass er seine Anfluggeschwindigkeit nicht verringern könnte.

Ich schlug dem Fluglotsen vor, aus der Anflugstaffelung auszubrechen und nach einer dreihundertsechzig Grad Kurve hinter *Heavy* zu landen.

Erneut und nun in harschem Ton forderte er mich auf, meine Fluggeschwindigkeit zu erhöhen. Er hatte immer noch nicht begriffen, welches Flugzeug er in die Anflugstafette der Jets eingereiht hatte.

Heavy meldete dem Fluglotsen, er hätte den Sichtkontakt zu meinem Flugzeug verloren. An der Stimme des Kapitäns erkannte ich, dass er kurz davor war, seinen Anflug abzubrechen.

Die Spannung im Luftraum stieg und erhöhte sich durch das Schweigen des Fluglotsen, der den Überblick verloren hatte. *Heavy* musste bereits sehr nah hinter mir gewesen sein und der Kapitän hätte seinen Anflug abbrechen und durchstarten müssen, was seine Fluggesellschaft viele Dollar extra gekostet hätte. Meine Erfahrung mit Indien sagte mir, dass der indische Fluglotse kein Problem gehabt hätte, die Schuld auf mich abzuwälzen. Viele Male bin ich kreuz und quer durch Indien gefahren und hatte die indische Bürokratie kennengelernt.

Du musst die Entscheidung treffen, befahl der Pilot.

„Bombay-Approach, hier ist Maule Five Niner Papa. Five Niner Papa bricht den Instrumentenanflug ab, schert nach Norden aus und meldet sich nördlich vom Tower für einen Anflug auf Sicht hinter Heavy."

Den Kapitän von *Heavy* sprach ich direkt an: *„Heavy, hier ist Maule 59P. Ich behalte sie im Auge."*

„Thank you, Five Niner Papa", antwortete der Kapitän erleichtert. *„Sehr kooperativ von Ihnen."*

Dann meldete sich Bombay-Tower mit freundlicher Stimme und erteilte mir die Freigabe für eine visuelle Landung. Ich hatte alle Zeit der Welt, eine gute Landung auf den Asphalt zu legen.

War Indien schon in der Luft auf eine bürokratische Anfluglinie festgelegt, so erlebte ich für die nächsten drei Tage ein bürokratisches Armageddon. Keiner der Chefs der verschiedensten Behörden wusste, wie man einen Privatflieger abfertigte. Stundenlang füllte ich Formulare aus, um gesagt zu bekommen, es wären nicht die richtigen. Ein Immigrationsoffizier schüttelte seinen Kopf ebenfalls und sprach mir sein Beileid aus: *„Tut uns sehr leid, wir machen das zum ersten Mal."*

Schlimmer, ja fast grausam, wurde mein Kampf mit der Bürokratie beim Auftanken des Flugzeugs. Dazu benötigte ich den ganzen nächsten Tag, von frühmorgens bis spätabends. Mit der Herausforderung, fünf Angestellte von den zuständigen Behörden zur gleichen Zeit ans Flugzeug zu bekommen.

Den Immigrationsoffizier, der verhindern sollte, dass ich verschwand, den Zollinspektor, der das Siegel von der Cockpittür entfernen durfte, den Flugplatzangestellten, der mich aufs Flugfeld begleiten musste, den Tankwart, der den Tanklaster zum Flugzeug fuhr, und den staatlichen Bankangestellten, der legitimiert war, US-Dollar entgegenzunehmen.

Doch der größte Witz der indischen Bürokratie, und dieser Witz dauerte den ganzen Vormittag, war die Ausstellung eines Ausweises, der es mir erlaubte - natürlich nur in Begleitung eines Flughafenangestellten - zu meinem Flugzeug zu gehen. Abgesehen von den fünffachen Ausführungen der Formulare, musste ich in die Stadt fahren und Lichtbilder machen lassen - für eine Art Ausweis, was noch verständlich war. Als jedoch die Lichtbilder an die Akten geheftet und abgelegt wurden, mir lediglich ein Namensschild ans Hemd geklebt wurde, für das sich die Türkontrolleure nicht mehr interessierten, war ich bereit, das System für verrückt zu erklären. Auch diesen Tag hatte ich überlebt.

Das restliche Indien war farbenfroh und leuchtend, denn die Hindus feierten das Lichterfest Diwali, den Sieg des Lichts über die Dunkelheit. Überall brannten Kerzen und Öllämpchen, glitzerten Wunderkerzen und blitzten Feuerwerke. Waren es sonst nur verheiratete Frauen, die stolz den roten Punkt auf der Stirn trugen, so waren es während des Dewali Fests auch die verheirateten Männer. Auch in Bombay siegte das Licht, Lachen und Lebensfreude erleuchteten die Stadt.

Nach fünf Tagen Lichterfest war ich wieder in der Luft, auf dem Weg zur indischen Hauptstadt Neu-Delhi. Aus der Vogelperspektive erkannte ich Städte, Tempel und Maharadscha-Paläste, die ich Jahre zuvor besucht hatte. Rosarot leuchtete der *Palast der Winde* im Zentrum der Stadt Jaipur, der mir bei meinem Besuch vor dreizehn Jahren als wuchtiger Teil des Rajputen-Palastes erschien. Erst aus der Luft erkannte ich die schmale und luftige Bauweise, die dem filigranen Bauwerk seinen Namen gab. Er war so gebaut, dass immer ein angenehm frisches Lüftchen durch die kleinen Räume wehte, in denen sich die Haremsdamen des Hofes aufhielten, wenn sie die pompösen Festumzüge durch die Stadt ungesehen beobachten wollten.

Nördlich von Udaipur im Aravalli Gebirge flog ich gemeinsam mit Vögeln entlang eines Bergkamms und begriff schnell, dort nicht hinzugehören. Aus der Ferne hatte ich sie als kleine schwarze Punkte wahrgenommen, doch als ich mitten unter ihnen war, wurden sie zu riesigen Monstern mit Flügelspannen bis zu zwei Metern. Wenige Meter segelten sie an meinen Flügeln vorbei und einige drehten ihren Kopf, schauten entrüstet zu mir rüber. Erschreckt und Federn lassend flogen sie aus dem Weg. Als mir ihre massive Größe bewusst wurde, und ich sie mir im Leitwerk eingeklemmt oder vom Propeller zerhackt vorstellte, flog ich auf und davon.

Für vierzehn Tage wurde das Nirula Hotel am Connaught Platz in Neu-Delhi zu meinem Hauptquartier, von dem ich meine Fluggenehmigungen bis Australien organisierte. Täglich kam ich einen kleinen Schritt voran, und nach zwei Wochen waren die Weiterflüge nach Nepal, Bangladesh, Burma, Thailand und Indonesien genehmigt. Dann machte die indische Luftfahrtbehörde meine gut laufenden Pläne zunichte.

„Natürlich haben Sie Ihren Antrag schon vor Monaten gestellt, um in Port Blair im Indischen Ozean zwischenzulanden“, erklärte mir der Chef der Luftfahrtbehörde. *„Aber jetzt, wo Sie hier sind, benötigt das Militär nochmals zwanzig Tage für die Genehmigung.“*

„Aber eine Fluggenehmigung von Kalkutta nach Bangkok könnten Sie mir sofort ausstellen. Habe ich Sie da richtig verstanden?“

„Ja, das ist möglich", antwortete er stolz.

Ein zehnstündiger Flug von Kalkutta nach Bangkok war meine einzige Möglichkeit, die von den anderen Ländern erteilten Fluggenehmigungen zeitlich einzuhalten. Ein riskantes Unternehmen, da ich nur für zwölf Stunden Flugsprit tanken konnte und bei starkem Gegenwind mein Ziel nicht erreichen würde. Nur war das für den indischen Beamten kein helfendes Argument. Egal wohin und wie ich durch Indien fliegen wollte, immer gab es Probleme. Hier keinen Flugsprit, dort keine Landeerlaubnis und woanders keine Abfertigung für Privatflieger. Ich warf meine Flugpläne für Indien in den Papierkorb und flog entlang der Eisenbahngleise und Indiens heiligem Fluss Ganges von Neu-Delhi nach Kathmandu, ins Königreich Nepal.

Nepal, auf dem Dach der Welt

Die höchsten Berge der Welt lagen versteckt in den Wolken, aber die Flugleitstelle bestätigte mir ausreichend Sicht und ein wolkenfreies Kathmandu. Nur sollte ich vorsichtig durch die mit Wolken verhangenen Täler fliegen.

Kaum ausgesprochen, konnte ich mich weder an Straßen noch Flüssen orientieren. Über, unter und zwischen den Wolken fliegend, waren die grünen Berghänge meine einzige Referenz. Leben im dichten Dschungel war nicht zu erkennen, nur ab und zu stieg grauer Rauch von einer Feuerstelle auf. Kurz vor Kathmandu lösten sich die Wolken auf und vor mir erkannte ich den Palast des Königs, links unter meiner Flügelspitze glänzte der Swayambunath Stupa und rechts lag der Flugplatz, den ich im Straight-In anfliegen durfte

In der Nachmittagshitze wirkte Kathmandu verschlafen, aber mit anbrechender Nacht verwandelten sich die engen Gassen in romantische Einkaufsmeilen. Nackte Glühbirnen leuchteten über den Auslagen, und vor den kleinen Shops qualmten tausende Räucherstäbchen, legten einen süßlichen

Duft über die Stadt. Alles, was Nepal in Handarbeit herstellte, wurde angeboten, von alten und neuen Thangkas bis zu alten und neuen Holzschnitzereien.

In der Frische des nächsten Morgens brachte ich meinen Körper auf Trab, denn er hatte es bitter nötig, mal ohne Angst ins Schwitzen zu kommen. Die vier Kilometer zum Swayambhunath Tempel ging ich zu Fuß und erklomm die 365 Stufen zum buddhistischen Stupa. Die vielen Affen entlang der Treppe müssen sich meiner erinnert haben, denn sie ließen mich problemlos passieren.

Wieder zogen mich Buddhas blaue Augen in den Bann. Wie vor neun Jahren, als ich mit Wolfgang am Fuße des Stupa stand und wir Buddha baten, ein Auge auf uns zu werfen, uns bei der Besteigung des Dampush Peak zu begleiten. Erneut strahlten Buddhas Augen Ruhe aus, gaben mir die Bestätigung die ich fühlen wollte, mein Flug wird mir gelingen.

Die zehn Kilometer zum Airport ging ich ebenfalls zu Fuß, um dort alle Formalitäten für einen frühen Abflug am nächsten Morgen zu erledigen. Ich wollte sichergehen, den Mount Everest wolkenfrei zu sehen. Die Beamten waren hilfsbereit und alles ging reibungslos. Lediglich die Flughafengebühr sollte ich kurz vor dem Abflug bezahlen.

Um mein Flugzeug fürs Auftanken zu erreichen, musste ich die Landebahn überqueren und mich in die Schlange wartender Nepalesen einreihen. Als ein Horn am Tower ertönte, strömten die Nepalesen von beiden Seiten über die Piste. Ein Flughafenangestellter erzählte mir den Grund für die notwendige Überquerung der Landebahn: *„Durch die Verlängerung der Landebahn für große Jets"*, erklärte er, *„wurde der Fußweg der Einheimischen vom Pashupatinath Tempel zum Dorf Bhaktapur unterbrochen. Der Umweg zu Fuß beträgt eine Stunde und, da sich viele Nepali keine Busfahrt leisten können, einigte man sich auf zwei Schranken am alten Weg. Diese werden kurzzeitig zum Überqueren der Landebahn geöffnet."*

Auf dem Rückweg vom Flughafen ließ ich mir das Yin und Yang Symbol auf die Fliegerweste sticken, das Symbol der Ausgeglichenheit. Es sollte mir helfen, die erneute indische Bürokratie zu überstehen.

Am folgenden Morgen stand ich wieder inmitten der zahlreichen Nepalesen, um die Landebahn zu kreuzen. Leider drei Stunden nach meiner geplanten Abflugzeit, denn der Gebührenkassierer hatte sich ‚verspätet', womit meine Chance dahin war, den Mount Everest wolkenfrei zu sehen.

Im Land des Lächelns

Wolken umfliegend, erreichte ich die Indische Tiefebene und den heiligen Fluss Ganges. Entlang des zweitgrößten Flusses Indiens blickte ich auf Tempelbezirke, die so vielfältig waren wie Burgen am Rhein. Bunte Hindu-Tempel, weiße Stupa und blaue Moscheen. An den Ufern lag kilometerlang Wäsche zum Trocknen in der Sonne, und die bunten Stoffe der Färbereien leuchteten Meilen im Voraus. Auf den Straßen ging eine nie endende Menschenmenge zu Fuß, die Inderinnen in bunten Saris und die Männer in weißen Dhotis, den traditionellen Beinkleidern.

Gleich dem Kampf im Dunstschleier über Kalkutta den Flughafen zu finden, war mein erneuter Kampf mit der indischen Bürokratie. Vier Stunden füllte ich Formulare aus und zwei Stunden benötigte ich fürs Auftanken des Flugzeugs. Zu guter Letzt verweigerten sie mir das Pilotenvisum und ich musste die Nacht in einem ausgesessenen Stuhl im Transitraum verbringen.

Nach fünf Stunden Instrumentenflug im Dunst über dem Golf von Bengalen folgten fünf Stunden über dichtestem Dschungel in Burma und Thailand. Im ewigen Grün entdeckte ich weder den Pass der drei Pagoden noch die berühmte Brücke über den River Kwai.

Was ist wohl grausamer, grübelte ich. *Im eiskalten Wasser des Atlantiks notzulanden, in der heißen Wüste Arabiens oder hier im Dschungel? Der Dschungel könnte meine Landung etwas abfedern, würde mich eventuell lebend aufnehmen. Und dann? Schließt er sich über mir und gibt mich nie wieder frei. Mein silberner Notrufballon könnte durchs Dschungelgeäst nicht aufsteigen, man würde mich nie finden.*

Keine negativen Gedanken, befahl der Pilot. *Konzentrier dich aufs Fliegen.*

Während des Anflugs auf Bangkok färbte sich die untergehende Sonne orange und spiegelte sich in den überfluteten Reisfeldern. Schnell wurde es dunkel, und nach zehnstündigem Flug landete ich auf der hell erleuchteten Landebahn. Die Thais müssen mir meine Strapazen angesehen haben, denn in wenigen Minuten checkten mich Zoll und Immigration ins Land des Lächelns ein.

Der folgende Tag begann mit einem Lächeln, denn eine thailändische Flughafenangestellte füllte für mich alle notwendigen Formulare aus. Für sie gab es keine Probleme, obwohl ich den genehmigten Flug nach Malaysia in einen Inlandsflug nach Phuket ändern musste und wir keine Sichtflugkarte für Thailand auftreiben konnten. Nur beim Wetter überm Golf von Thailand half ihr Lächeln nicht. Wenige Meter über dem Wasser, auf Augenhöhe mit den Fischern, musste ich ein Sturmgebiet unterfliegen. Hinter der Regenfront verbesserte sich die Sicht ins Machbare und ich kreuzte die Malaiische Halbinsel, nahm Kurs auf die Insel Phuket.

Farbiger als aus der Luft war Phuket nach der Landung. Der dritte Luftverrückte, *AeroManiac* Utz, war aus Deutschland eingeflogen und empfing mich mit einem Mai Tai Drink, dessen Orangerot mit den Farben im Dschungelgarten des Hotels harmonierte. Im Schatten grüner Palmen, umgeben von weiß und rot blühenden tropischen Gewächsen, feierten wir unser Wiedersehen.

In den nächsten fünf Tagen, in denen ich Utz besser kennenlernte, wurden unsere Kulturtage unter geschwungenen Tempeldächern immer kürzer und die Nächte in den beschwingenden Bars immer länger. Utz zeigte mir eine Welt, die er bestens kannte und die angenehm an unseren Kräften zehrte. Zum Ausgleich stärkten wir uns mit köstlichen Mahlzeiten, die Utz um siebenhundert D-Mark erleichterten. Nicht fürs preiswerte Essen, sondern als Strafzahlung in die Reisekasse, da Utz seine vor dem Abenteuerflug festgelegte Gewichtsgrenze, die in unserem kleinen Flieger sehr wichtig war, um sieben Kilo überschritten hatte.

C'est la vie!

Trotz seines Übergewichts hoben wir ab und flogen nach Penang, auf die zollfreie Insel in Malaysia, wo mein Camper vor achtzehn Jahren schaukelnd am Haken hing. Wir gesellten uns zu den Piloten im Fliegerklub, die uns Tipps gaben, welche Flugrouten die besten waren. Auch die wichtige Information, dass Flugzeuginspektionen für kleine Maschinen nur in Malakka möglich waren, in der Malaysia Flying Academy. Dort ließ auch der Regenmacher, der mit uns am Tisch saß, seine Inspektionen durchführen. Er wartete darauf, in die Luft beordert zu werden, um die großen Wolken zum Wasserlassen zu animieren.

„Mein Flugzeug ist mit einer speziellen Flüssigkeit beladen, die ich beim Überfliegen in die Wolken sprühe", schilderte er uns seine wundervolle Aufgabe. *„Die Partikel, die ich abwerfe, binden die Feuchtigkeit der Wolken zu großen Tropfen und wenn die Wolken diese nicht mehr tragen können, kommt es zum Ausregnen. Die meisten Flüge mache ich über dem Wasserreservoir der Stadt Alor Setar, sobald sich dicke Wolken über dem Reservoir befinden."*

Die Flugplanänderung war auch in Malaysia kein Problem, und wir hoben nicht, wie vorgesehen, zur Hauptstadt Kuala Lumpur ab, sondern flogen entlang der Küste nach Malakka, zur Flugzeuginspektion. Das Bild unter unseren Flügeln entsprach dem von Thailand, mit Fisch- und Shrimpfarmen, Reisfeldern und riesigen Gummi- und Palmölplantagen.

Malakka, durch Schmuggel und Piraterie berühmt geworden, hatte nur einen kleinen Regionalflughafen, der versteckt in den Reisfeldern lag. Erst wenige Kilometer vor der Landung erkannte ich den rotbraunen Holztower, den ich für einen chinesischen Tempel hielt. Nach der Landung rollten wir zur Flying Academy, die uns, vom Regenmacher informiert, beim Ölwechsel und einer kleinen Inspektion hilfreich zur Hand ging.

Ein Bananenblatt tut's auch

Dankbar für ihre Hilfe, luden wir zwei australische Fluglehrer zum Dinner ins *Banana Leaf* Restaurant ein. Ein Restaurant, das in Deutschland keinen halben Stern bekommen hätte, obwohl das indische Dinner köstlich war. Außergewöhnlich auch, dass es weder Teller noch Besteck gab. Wir aßen von frischen grünen Bananenblättern, die vor uns auf den Tisch gelegt wurden. Auf das Bananenblatt kippte der Küchenchef eine Kelle Reis und übergoss sie mit Linsensuppe. Hühner- und Hammelfleisch stellte er in kleinen Schalen auf den Tisch, und wie die anderen Gäste, formten wir mit der rechten Hand Reisbällchen, tauchten diese in die Suppe oder griffen mit der gleichen Hand ein Stück Fleisch und balancierten beides in unsere Münder. Die ersten Happen legten wir noch ungeschickt auf unsere Gaumen, aber am Ende des Dinners waren wir so perfekt wie die Inder. Gott sei Dank, waren wir beide Rechtshänder, denn mit der unreinen linken Hand wären wir verhungert. Den scharfen Curry neutralisierten wir mit notwendigem Bier und lauschten einer Flieger-Story des älteren Australiers:

„Letzte Woche übten wir mit drei Maschinen Nachtlandungen, als der Pilot der Maschine vor mir einen Schlag gegen das Fahrwerk spürte. Bei meiner Landung überrollte auch ich et-

was und wir teilten dem Tower mit, dass ein Gegenstand auf der Landebahn liegt. Zehn Minuten später teilte uns der Flugleiter mit, dass wir einen Fuchs überfahren hätten und dieser entfernt wurde. Am nächsten Tag fragten wir ihn, was er mit dem Fuchs gemacht habe. Den Fuchs, antwortete er schelmisch, habe ich an ein chinesisches Restaurant verkauft."

Ob im Currygemisch Hammel-, Hühner- oder Fuchsfleisch war, wollten wir nach der Fliegergeschichte nicht mehr wissen und gaben dem Restaurant einen ganzen Stern.

Vielfältig wie die malaiische Küche war auch das Stadtbild Malakkas. Innerhalb weniger Kilometer trafen wir auf die wechselnden Spuren der Kolonialzeit, die kulturspezifische Bauwerke hinterlassen hatten - die der Portugiesen, Holländer und Briten. Darunter eine holländische Windmühle, mitten vor dem alten Stadthaus. Zwischen den Zeugnissen der unterschiedlichen architektonischen Perioden standen auf engstem Raum und oftmals nebeneinander die Gotteshäuser des Islams, Buddhismus, Hinduismus, Taoismus, Konfuzianismus und Christentums. Alle mit offenen Türen, durch die wir die heiligen Tempel betreten durften.

Wir jedoch entschlossen uns, durch die Tür eines Piratentempels zu treten, einer alten Holzspelunke im Hafenviertel, wo wir hofften, noch etwas vom Opium zu schnüffeln, das Malakka während der Piratenzeit reich und berüchtigt gemacht hatte. Den fragwürdigen Blicken dunkler Gestalten, *was wollt ihr hier, was habt ihr anzubieten,* hielten wir für zwei Biere stand, dann beendeten wir unser Nachtleben.

Entlang der Piratenküste flogen wir nach Johor Bahru an der Grenze zu Singapur, klarierten in Malaysia aus und landeten zwanzig Minuten später, der Handskizze eines Piloten folgend, in Singapur, der pulsierenden Weltstadt, die sich in den letzten zwanzig Jahren gewaltig verändert hatte. Spelunken und Schmutz waren verschwunden, Parks und breite Straßen prägten das neue Stadtbild. Unzählige Baukräne standen in der Stadt und das Erblühen einer Weltstadt war spürbar. Singapur strahlte eine neue westliche Eleganz aus. Auf den großen Boulevards nahm der Fußgängerstrom kein Ende und die Seitenstraßen waren voller Menschen, die in Straßenrestaurants und an Garküchen ihr Dinner genossen. Der feuchten Hitze am Äquator entgingen wir in einem klimatisierten Restaurant, wo wir dem Chefpiloten des Singapore Flying Clubs zuhörten, der uns von seinen Flügen durch Australien erzählte.

„Die Hitze hier", sagte er abwinkend, *„ist nichts im Vergleich zur großen Hitze im ‚Never-Never-Land', in der Mitte Australiens. Haltet dort die Motortemperatur im Auge, damit ihr ihn nicht überhitzt. Und wenn ihr die große Wüste überquert habt, wird das Fliegen in Australien traumhaft."*

Monsun über Java

Unser Flug am nächsten Tag war alles andere als traumhaft. Was uns der Wetterexperte am Flughafen vorausgesagt hatte: *„Wir sind in der Monsunsaison. Auf eurem Flug nach Jakarta werdet Ihr Regen- und Gewitterwolken um- und unterfliegen müssen. Mit eurem kleinen Flieger ist es besonders in Jakarta riskant, wo die Sicht durch Smog minimal ist. Viel Glück!"*

Schon eine Stunde nach unserem Start, über den indonesischen Lingga Inseln, drückten uns die Wolken aufs Wasser, wo wir den Schiffen näher waren als dem Luftverkehr. Einigen Fischerboten und Fähren gaben wir ein Fly-By und winkten ihnen aus unseren offenen Fenstern zu. Über den Mangrovenwäldern an der Küste Sumatras folgten wir den Wasserstraßen und flogen von einem Pfahlbautendorf zum nächsten. Das Wetter blieb regnerisch und die Welt unter uns war ein stumpfes Grau. Der Pilot in mir flog mit gekräuselter Stirn, denn es gab keine Landegelegenheit für den Notfall.

Regen über Jakarta begrenzte unsere Sicht, und als die

Landebahn des Halim Airports plötzlich unter mir auftauchte, waren wir zu hoch.

Sideslip, rief der Pilot.

Ich drosselte den Motor und ließ die Maschine über den linken Flügel nach unten fallen. Nicht der Propeller zeigte auf den schwarzen Asphalt der Piste, sondern meine linke Flügelspitze. Utz fiel auf mich und zog sich mühsam an der Querverstrebung in den Sitz zurück.

„Was ist los", schrie er. *„Ist der Motor ausgefallen?"*

„Halt dich fest, sag nichts. Ich erklär es dir später."

Weiterhin ließ ich die Maschine über den linken Flügel fallen, um Höhe zu verlieren. Der quergestellte Rumpf baute einen Luftwiderstand auf, der es verhinderte, dass unsere Fallgeschwindigkeit zunahm, was beim Sturzflug nicht der Fall gewesen wäre. Die Hälfte der Landebahn hatten wir überflogen, bevor ich tief genug war die Landung einzuleiten. Ich drehte die Maschine in die normale Fluglage, fuhr die Landeklappen aus und wartete auf den Touch-Down. Viele Sekunden vergingen und das Ende der Landebahn raste auf uns zu. Dann kam das ersehnte Quietschen der aufsetzenden Räder.

„Sei mir nicht böse", schimpfte Utz über den Kopfhörer, *„aber morgen fliege ich mit einer Linienmaschine nach Bali."*

Dank einer Flasche Cognac erholte sich Utz vom Schock der ungewöhnlichen Landung und aus der Reduzierung des Fluggewichts um siebenundachtzig Kilogramm wurde nichts.

„Wenn ich Bali lebend erreiche", versprach er um Mitternacht, *„küsse ich den Boden unter meinen Füßen und lade dich zu einem First Class Dinner ein."*

Obwohl der Flug nach Bali so grau begann wie der Tag zuvor, riskierte ich einen Sichtflug. Ich wollte uns den Blick aus der Vogelperspektive entlang der Nordküste Javas nicht entgehen lassen. Utz´ Bemerkung: *Soll ich den Blindenstock nehmen und vorausgehen?',* beschrieb die Sichtverhältnisse bestens. Doch ich vertraute der Erfahrung eines indonesischen

Fluglehrers, der mir zusicherte, dass sich die Sicht an der Küste verbessere.

Wie erhofft, verzogen sich die Nebelbänke, aber die Wolkendecke blieb tief. In einhundert Meter Höhe überflogen wir hunderte Fisch- und Reisfarmen. Entdeckten wir Menschen bei der Arbeit, gaben wir ihnen ein jubelndes Fly-By. Wenn sie uns zuwinkten, flogen wir eine Ehrenrunde. Indirekt entschuldigte sich Utz für seine Bemerkung vom Vortag: *„Unglaublich, diese Sicht auf Land und Leute."*

„Dafür bist du mit mir unterwegs und nicht mit deiner Linienmaschine über den Wolken. Entspann dich, in drei Stunden wirst du die Erde von Bali küssen."

Im freien Fall über Bali

Die Wolken brachen auf und Farbe kehrte in unsere Welt zurück. In den wassergefüllten Reisfeldern spiegelten sich die Wolken und der Schatten unseres Flugzeugs sprang von einer Reisterrasse zur anderen. Am Ende der Insel Java flogen wir auf die Schönwetterseite während des Ostmonsuns, wo der Himmel wolkenlos war. Das Meer wurde tiefblau, türkisfarbene Riffe umrahmten die Küste und Auslegerkanus mit bunten Segeln tanzten auf den Wellen. An weißen Stränden warfen Fischer ihre Netze ins Wasser und unter den Palmen tauchten die ersten Touristen auf. Wir hatten Bali erreicht.

Utz ging wie versprochen auf die Knie und küsste den heißen Sand der paradiesischen Insel. Am Strand von Kuta bezogen wir Quartier und genossen vier Tage nach dem Motto der Balinesen: *Sing Ken Ken De*. Mach dir keine Sorgen, sei happy.

Beim Sundowner an der Sahid Bali Hotelbar gab's eine Überraschung für mich. Ein Barkeeper hatte mich wiedererkannt, der mir drei Jahre zuvor ein frisch gezapftes Bier servierte, als ich am Fallschirm im feinen Sand vor seinem Hotel landete.

„Das war der aufregendste Sonnenuntergang, den ich je auf

Bali erlebt habe", begann er seinen Gästen von unserem Sunset-Sprung zu erzählen. *„Da flogen über fünfhundert bunte Fallschirme über Kuta Beach. Es war eine Farbenpracht, die den goldenen Sonnenuntergang noch verschönte. Ganz Bali war am Kuta-Strand und erlebte eine einmalige Show."*

„Ihm hier", und er klopfte mir auf die Schulter, *„habe ich direkt beim Auslaufen seiner Landung ein Bier in die Hand gedrückt. Dann klappte sein Fallschirm über uns zusammen."*

Erneut drückte er mir ein Bier in die Hand und prostete mir zu. *„Auf deine Rückkehr nach Bali. Sing Ken Ken De."*

Nach zehn Kilometern morgendlichen Joggings legte ich mich in den warmen Sand, schaute in den Himmel und erinnerte mich an den Bali-Boogie. Aus aller Welt waren wir damals angereist, zur ersten Internationalen Indonesian Skydiving Championship. Große Militärtransporter standen uns zur Verfügung und täglich sprangen über fünfhundert Fallschirmspringer aus den Maschinen. Während des Sonnenuntergangs flog die letzte Maschine des Tages in tausend Meter Höhe über den Kuta-Strand und je nach Hotel gruppierten wir uns in der Maschine, warteten auf den Ruf des Absetzers. Hörten wir *„Sahid Bali"*, rannte unsere Gruppe durch das ‚Scheunentor' am Ende des Hercules Transporters und sprang ins Freie. Nach kurzem Freifall öffneten wir die Schirme, kreisten über dem Hotel und landeten am Strand.

Nach drei Wochen Urlaub ‚im Himmel' organisierten wir für den letzten Abend den größten Sunset-Sprung der Welt. Alle verfügbaren Militärmaschinen waren in der Luft und setzten fünfhundert Fallschirmspringer über Kuta Beach ab, während eines unvergesslich feurigen Sonnenuntergangs. Mit der Show bedankten wir uns bei den Balinesen für ihre Gastfreundschaft. *Sing Ken Ken De.*

Das Wetter an unserem letzten Abend war dem vor drei Jahren nicht im Geringsten ähnlich. Monsunwolken ließen ihre Wassermassen auf Kuta niederprasseln.

„Herrlich“, erklärte ich Utz das Wetter, während wir durch knöcheltiefes Wasser zu unserem Hotel zurückeilten. *„Heute Nacht regnet sich der Himmel aus und morgen früh haben wir Sonnenschein.“*

Meine Vorhersage war zu optimistisch, denn der Himmel war am folgenden Tag voller dunkler Gewitterwolken und tief unter ihnen flogen wir entlang der indonesischen Inselkette nach Timor. Wie nach jedem Flugtag checkte ich die Maschine und sah, dass eine der Auspuffhalterungen gebrochen war. Eine Werkstatt, die sie hätte schweißen können, gab es in Kupang nicht, und ich griff in meinen Werkzeugkoffer und reparierte die Halterung mit Bindedraht.

„Meine Güte“, kommentierte Utz meine Arbeit. *„Hoffentlich geht das gut.“*

„Sing Ken Ken De. Das bringt uns nach Australien.“

In der Luft am nächsten Tag war der Bindedraht vergessen, denn weiße Wolken schwebten am Himmel und wir spielten Katz und Maus mit ihnen. Wir *versteckten* uns in den Wolken, *surften* auf ihnen, *rammten* sie mit dem linken oder rechten Flügel und *durchbohrten* sie im Sturzflug. Den Himmel machten wir zu unserer Spielwiese und die viereinhalb Stunden nach Australien vergingen wie im Flug.

Mit Straßenkarte zum Ayers Rock

Die Landung auf dem australischen Kontinent war perfekt, aber der Empfang auf dem Flughafen in Darwin nahm uns die gute Stimmung. Man hielt uns für Drogenschmuggler, denn die indonesische Flugleitstelle hatte unseren Flugplan nicht weitergeleitet. Neben der unfreundlichen Art, wie man mit uns umging, mussten wir den gesamten Inhalt des Flugzeugs ins Zollgebäude zur Untersuchung tragen, einschließlich Ersatzreifen und Ölkanister. Jede Ecke unseres Gepäcks wurde durchsucht und als die Dame vom Zoll eine Handvoll Kondome aus Utz' Kulturbeutel zog und er sie unpassend fragte, ob sie nach dem Dienst noch etwas Zeit hätte, war unsere Einreise in Frage gestellt. Doch der Zollchef schmunzelte, zwinkerte mit dem Auge und ließ uns passieren.

Drei Tage verbrachten wir in Darwin, wobei ein Tag für den Bummel durch die verlorene Stadt im Norden Australiens ausgereicht hätte. Die Stadt schien nur vom Darwin-Stubby zu leben, einer Bierflasche, die größer war als anderswo in Australien.

Die meiste Zeit verbrachten wir am Flughafen, reparierten den Auspuff und planten die Überquerung Australiens. Eine Flugkarte für Australien war nicht aufzutreiben und so zeichnete ich die Flugroute in eine große Straßenkarte ein.

„Fliegt einfach IFRR", sagten die Piloten.

„Was ist denn IFRR? Ich kenne nur IFR, den Instrumentenflug."

„IFRR ist typisch australisch, und heißt: I Fly Roads & Railroads. Vergesst die Luftstraßen und fliegt entlang der Straßen und Eisenbahnlinien, die auf der Straßenkarte verzeichnet sind."

Dank der Piloten, zeichnete ich die Flugplätze der Städte Tennent Creek, Alice Springs, Ayers Rock, Coober Pedy, Broken Hill, Parkes und Sydney in unsere Straßenkarte ein, dann wir hoben ab.

Die ersten drei Flugstunden waren eine Herausforderung, da das tropische Wetter Darwins und die trockene Hitze der australischen Wüste aufeinandertrafen. Turbulenzen bliesen uns durch die Luft, zogen uns nach oben oder ließen uns fallen. Ruhiger in der Luft wurde es erst im Zentrum Australiens, wo uns die große Hitze im mörderischen ‚Never-Never-Land' Fata Morganas zeigte. Wo der Stuart Highway für hunderte Kilometer geradeaus verläuft und wir die Fahrer der Roadtrains wach hielten, indem wir zu ihnen hinunter flogen, ihnen von rechts oder links zuwinkten und sie uns mit ihren riesigen Tröten auf dem Dach antworteten. Dann, wie ein Juwel des Lebens, tauchte Alice Springs auf. Die Stadt war voller Touristen, die in die zentralaustralische Wüste kamen, um den heiligen Berg der Aborigines zu sehen, den Ayers Rock. Den Rock im Auge behaltend, schärfte ich meine Sinne für eine sichere Landung, sagt doch die mythische Legende der Aborigines, dass alle Traumzeitreisen dorthin führen bzw. enden. Unsere Reise sollte auf keinen Fall dort enden.

Am Abend blickten wir von einem Aussichtshügel in den Sonnenuntergang über der Wüste und lauschten den Flöten- und Didgeridooklängen zweier junger Musiker. Musikalisch begleiteten sie die untergehende Sonne und den Farbwechsel am Ayers Rock. Mit sprechenden Didgeridootönen ahmten sie das Bellen der Dingohunde und das Lachen der Kookaburra Vögel nach. Kurze und tiefe Töne erklangen, als hüpfte ein Känguru der untergehenden Sonne entgegen. Bei den letzten Sonnenstrahlen wurden ihre Töne sanfter und der Ayers Rock ein schwarzer Stein.

Opale in der Wüste

Coober Pedy, auch *Opal-Hauptstadt der Welt* genannt, erkannten wir bereits, als hohe Staubsäulen am Horizont auftauchten. Einige Kilometer außerhalb der verstaubten Ansiedlung lag eine Asphaltpiste, stand ein Windsack und ein menschenleeres Häuschen, der Airport. Nirgends war ein Auto zu sehen, aber meine Annahme, in der Stadt gäbe es einen cleveren Taxifahrer, bestätigte sich. Nach einigen Runden tief über der Stadt bog ein Taxi auf die verlassene Straße zum Airport ab. Dass der Taxifahrer sehr clever war, wurde uns fünf Tage später bewusst, als wir für ein Drittel seines Preises zum Airport zurückfuhren.

Mehr als Opale interessierten uns in Coober Pedy die Wohnhöhlen, die Einheimische in den stillgelegten Bergwerksstollen unter der Erde eingerichtet hatten. Die Stollen hatten sie vergrößert und rechts und links Räume in das weiche Sandgestein gefräst. Die Wände waren lackiert oder gestrichen, die Böden mit Teppichen ausgelegt und die Räume zum angenehmen Wohnen eingerichtet. Auch Hotels und Restaurants lagen unter der Erde, wohin wir uns während der großen Hitze des Tages zurückzogen.

An einer Hotelbar trafen wir Hugo, einen seit seiner Kindheit nach Opalen schürfenden Österreicher, der uns im Detail die Technik des Noodling erklärte. Ein Verfahren, bei dem er das über der Erde hinterlassene Sandsteingeröll der unter Tage arbeitenden Bergleute ein zweites Mal nach Opalen durchsuchte. Dabei ‚nudelte' er das Geröll über ein Fließband durch eine Dunkelkammer, die mit UV-Licht ausgerüstet war. Die im Geröll zuvor nicht entdeckten Opale glänzten im Dunkeln und füllten Hugos Geldbeutel. Den vielen Drinks nach zu urteilen, die Hugo spendierte, verdiente er recht gut am Abfall der Bergleute.

Dass wir die große Wüste hinter uns hatten, zeigte sich am zweiten Tag in Coober Pedy, denn ein dreitägiger Dauerregen hielt das Flugzeug am Boden und uns fünf Meter tief unter der Erde fest.

Wieder in der Luft, überflogen wir den Cadibarrawirracanna See, der Australiens längsten Ortsnamen hat, und Utz entdeckte den fünftausend Kilometer langen Zaun, der die Schafe im Südosten Australiens vor den Dingohunden schützen soll. Unser Wegweiser durch die karge Steppenlandschaft war die Ghan Railroad, eine stillgelegte Eisenbahnlinie, die vor einhundertfünfzig Jahren afghanische Kamelkarawanen nach Alice Springs ersetzte.

Nach kurzem Tankstopp in Leigh Creek, landeten wir am späten Abend in Broken Hill, einer Bergbausiedlung, die erst in der Nacht durch Topless-Bars zum Leben erwachte. Ansonsten spielte sich das Leben der Stadt eineinhalb Kilometer unter der Erde ab. Dank des Fliegerklubs konnten wir an einem arbeitsfreien Sonntag die vor wenigen Jahren noch größte Silbermine der Welt besichtigen. Mit dem Fahrstuhl ging's 1500 Meter tief in die Erde, wo wir enge Abbauschächte erwartet hatten und perplex waren, als wir hohe und breite Schächte durchliefen, die mit ferngesteuerten Maschinen vorangetrieben wurden. Eine kilometerlange Tunnelstraße hatten wir ebenfalls nicht erwartet. Sie war gebaut worden, um die schweren Maschinen für den Gesteinsabbau vom Erdniveau auf den Grund der Mine zu transportieren. Diesen Tunnel fuhren wir eilig nach oben, als wir das Alarmsignal für eine Sprengung hörten, die den Minenarbeitern am Montagmorgen wieder Arbeit verschaffte.

Eine Stunde später waren wir wieder in der Luft und gaben einer Herde Emus, den flugunfähigen Laufvögeln Australiens, ein Fly-By. Doch im Gegensatz zu Schafen und Rindern, die, wenn sie über sich Motorengeräusche hörten, wild durcheinander liefen, blieben die Emus stehen und schauten desinteressiert nach oben. Enttäuscht flogen wir weiter und landeten mit lautem Plumps auf der Piste der Kleinstadt Parkes. Geradeheraus wie die Aussies sind, begrüßten uns die Piloten im Fliegerklub mit entsprechenden Kommentaren zu meiner harten Landung.

„Jede Landung, nach der man noch selbst aus der Maschine steigt, ist eine gute Landung", versuchte Utz meinen harten Aufsetzer zu relativieren, doch das Grinsen der Aussies blieb ungebrochen.

Flugzeug ohne Pilot über Sydney

„Eure Maule sieht der Auster sehr ähnlich", äußerte sich der nicht mehr grinsende Tankwart. *„Wir haben eine restaurierte Maschine im Hangar stehen, die könnt ihr euch mal ansehen."*

„Kennt Ihr die Geschichte der Auster, die ohne Pilot über Sydney flog?", fragte er.

„Noch nicht", grinste ich und erwartete einen Witz.

„Ganz im Ernst", antwortete er. *„Die Story der Sydney-Auster*

ist unglaublich, hat sich aber tatsächlich so zugetragen."

„Sie beginnt", fuhr er fort, *„mit einem jungen Flugschüler in Sydney, der es früh am Morgen eilig hatte, mit seiner Auster abzuheben. Da die Auster keinen elektrischen Starter hat, muss der Motor durch hand-propping, d.h. schwungvolles Drehen des Propellers, gestartet werden. Bei dieser Methode sitzt normalerweise der Pilot im Flugzeug und ein erfahrener Hand-Propper dreht den Propeller. Wie gesagt, es war früh am Morgen, ein Hand-Propper nicht verfügbar und unser Flugschüler hatte es eilig. Also drehte er den Propeller selbst. Der Motor sprang an, heulte auf und die Auster setzte sich in Bewegung, denn der Flugschüler hatte den Gashebel zu weit nach vorne geschoben. Er sprang beiseite, schaffte es aber nicht ins Cockpit zurück. Nach einigen Hüpfern hob die Auster ab, flog aufs offene Meer und drehte eine perfekte Runde nach der anderen. ‚Eine Auster ohne Pilot über Sydney', warnte die Luftfahrtkontrolle und hatte alle Hände voll zu tun, den Flugverkehr über Sydney umzuleiten, während die Auster ungestört ihre Runden flog. Und hier beginnt der lustigste Teil der Story",* unterbrach sich der Tankwart und grinste wieder.

„Die Luftfahrtbehörde rief die Australische Luftwaffe zu Hilfe, sie sollte die Auster abschießen. Prompt tauchte ein Kampfjet auf, nur gelang es dem Piloten nicht, die langsame Auster sauber ins Visier zu bekommen. Er brach den Versuch ab und die Royal Australian Air Force schickte eine zweite Maschine, ein altertümliches Kampfflugzeug mit Maschinengewehr. Auch diese Maschine musste umkehren, denn das Gewehr hatte Ladehemmung. Weitere Versuche der Air Force folgten, dann stürzte die Auster ins Meer. Die Air Force behauptet, die Maschine abgeschossen zu haben, aber wir sind uns sicher, die Auster hatte ihre Tanks leer geflogen."

Ohne zu Grinsen beendete der Tankwart seine Auster-Story und wir hoben nach Sidney ab. Unter uns wechselte die Landschaft, wurde hügeliger und bunter, mit braungelben

Weizenfeldern, grünen Obstplantagen und bunten Farmhäusern. Feldwege wurden zu Straßen und der Verkehr nahm zu. Wir näherten uns der Great Dividing Range, dem Gebirgszug vor Sydney. Er war wolkenverhangen und rechts und links von uns zeigten sich Anfänge eines Regenbogens. Innerhalb weniger Minuten schloss sich der Halbkreis und in der Mitte des Regenbogens lag, von der Sonne angestrahlt, Sydney.

„Das glaubt uns niemand", hörte ich Utz über den Kopfhörer. *„Wir fliegen durch einen Triumphbogen in Sydney ein."*

So farbig, wie uns Sydney in der Luft empfing, so freundlich empfing uns Charles, der Maule-Vertreter in Australien. Bevor ich meine Cockpittür geöffnet hatte, stand er neben unserer Maschine. Mit einer Maule-Kappe auf dem Kopf, kariertem Hemd und flatternder Hose sah er bei Gott nicht wie ein Vertreter aus. Groß, schlank und mit sportlicher Figur machte er eher den Eindruck eines Abenteurers.

„Willkommen in Australien", begrüßte er uns. *„Ich bin der Maule-Vertreter, der sich in Australien um euch kümmern wird."*

Er drückte mir die Schlüssel eines Autos in die Hand und empfahl uns, in Manly Beach die Füße hochzulegen. Dankbar nahmen wir seine Einladung an und verbrachten Utz seine letzten drei Urlaubstage am Strand. Dann hob Utz in einer Linienmaschine nach Deutschland ab.

Charles hatte inzwischen die Inspektion an meinem Flugzeug durchgeführt und die Graspiste vor seinem Haus in Little Hartley wurde zu meiner Homebase. Allabendlich tauschten wir Fliegergeschichten aus und Charles gab mir wichtige Tipps für meine Flüge durch die Wildnis Australiens.

„Wenn dir weder Gras noch Bäume die Windrichtung für eine Landung in der Wildnis deuten, achte auf die kleinen Wassertümpel. Dort, wo der Wind herkommt, wirst du am Rand des Tümpels einen kleinen Streifen glatten Wassers erkennen."

Das glatte Wasser schnell zu erkennen, übte ich über jedem Tümpel, den ich auf dem Flug nach Corowa, zur australischen Skydiving Meisterschaft, überflog. Dort angekommen, schlug ich mein Zelt im Gras unter dem linken Flügel auf und begab mich mit dem Fallschirm in die Luft. Vier sonnigen Sprüngen folgte ein fünfter, der schmerzhaft wurde, als unsere Formation mit zweihundert Stundenkilometer durch eine Wolke voller Hagelkörner fiel. Was mir und meinen sieben Mitspringern nach dem Sprung anzusehen war, denn alle hatten wir rot geschwollene Gesichter, als hätten wir die Windpocken.

Abenteuer schweißen zusammen und Michael, Pilot und Fallschirmspringer, der mit mir durch die Hagelwolke gefallen war, lud mich nach Melbourne ein. In eine Stadt mit vielen Parks und europäischem Flair, in der ich mich sofort heimisch fühlte. Nur wollte ich das wilde Australien kennenlernen und sprang nach zwei Wochen wieder ins Flugzeug. Entlang der Küste flog ich zu den Zwölf Aposteln, die eine Ansammlung aus dem Wasser ragender brauner Felsnadelinseln ist, die das Meer aus der Küste gespült hat. In Mount Gambier überflog ich einen erloschenen Vulkan, der einen Kratersee mit unnatürlich erscheinendem Blau hat, das aus der Vogelperspektive noch intensiver leuchtete.

„Als Deutscher solltest du auf alle Fälle das Barossatal besuchen“, bedrängten mich Freunde in Adelaide, mit denen ich ein Skydive-Wochenende verbracht hatte. *„Es ist das bekannteste Weinanbaugebiet Australiens, in dem sich deutsche Weinbauern angesiedelt haben.“*

Laut Flugkarte gab es im Barossatal keinen Flugplatz und eine Busreise zur Stadt Nuriootpa hätte Stunden gedauert. Dennoch sahen die Piloten am Flugplatz in Adelaide eine Möglichkeit, mit meinem Flugzeug dort zu landen.

„Rufe bei Ron an“, sagten sie selbstsicher. *„Vor Jahren hatte Ron nordöstlich der Stadt eine Ultraleicht-Flugschule. Er kann dir sicher weiterhelfen.“*

Ron war, wie alle Australier, hilfsbereit und abenteuerlustig. Sofort stimmte er einer Landung auf seiner alten Wiese zu: *„Mit deiner Maule kannst du es schaffen. Nur sind wir dort schon lange nicht mehr geflogen. Ich werde einen gelben Windsack aufhängen und auf dich warten."*

Im „deutschen" Barossatal

Fünfzehn Minuten kreiste ich über Nuriootpa, flog so langsam und tief wie möglich, doch nirgends war ein Windsack zu sehen. Enttäuscht wollte ich aufgeben, dann entdeckte ich ihn gelb leuchtend, versteckt zwischen zwei Bäumen. Sofort kamen mir Zweifel, als ich die kleine Wiese neben dem Windsack sah.

Die soll für eine Landung ausreichen?, fragte mich der Pilot.

Versuchen muss ich's, antwortete der Abenteurer.

Ich flog eine enge Kurve, nahm Maß und setzte knapp über den Bäumen zur Landung an. Sofort spürte ich, dass die verbleibende Wiese zu kurz war. Ich schob den Gasknopf nach vorne und startete durch.

Oh, oh, sagte der Abenteurer, *das wird ne harte Übung.*

Zurück über der Wiese, entdeckte ich eine Lücke zwischen den Bäumen. *Mit einem tieferen Anflug zwischen den Bäumen ist eine Landung möglich,* feuerte mich der Abenteurer an, während der Pilot mit dem Kopf schüttelte.

„Viel Glück", murmelte ich und flog auf die Lücke zu. Ich konzentrierte mich auf die Bäume rechts und links, durfte diese auf keinen Fall berühren. Plötzlich schienen sie einander näher zu rücken und die Lücke zu verkleinern. Mir wurde mulmig, aber für ein Durchstarten war es zu spät. Über dem Zaun zwischen den Bäumen zog ich den Gasknopf zurück, setzte auf der Wiese auf und kam zehn Meter vor ihrem Ende zum Stehen.

„Tut mir leid, das Problem mit den Bäumen", begrüßte mich Ron. *„Mir war gar nicht bewusst, wie hoch sie in den letzten*

Jahren gewachsen sind.“

„Kein Problem, Ron“, antwortete ich erleichtert. *„Jetzt wissen wir, wie wir die Wiese anfliegen müssen.“*

Ron fuhr mich ins Restaurant *Heidelberg,* wo sie deutsch sprachen und deutsch kochten. In wenigen Minuten war ich von ‚deutschen‘ Australiern umgeben, die Pläne machten, mir ihr ‚deutsches‘ Barossatal zu zeigen.

Schon am nächsten Morgen stand ich im geheimen Keller der Weinkellerei Joseph Seppelt, die von einem Schlesier gegründet wurde, der aus der Heimat meiner Eltern kam. Den Lokalreporter der Tageszeitung Barossa Harald lud ich zu einem Rundflug ein und sein Artikel mit meinem Bild machte mich in Nuriootpa bekannt, auch im Bunkhaus, inmitten der Weinberge, wo ich gemeinsam mit jungen Rucksackreisenden aus aller Welt übernachtete. Worauf die Wirtin des Bunkhaus zum Dinner einlud, und die Jugend in hitzigen Diskussionen simple Lösungen für die großen Probleme der Welt fanden. Fünfundzwanzig Jahre früher hätte ich noch eifrig mitdiskutiert, doch an diesem Abend deutete ich meine Gedanken nur an, was keine harte Diskussion zuließ. Ich hörte zu, schaute in den erleuchteten Sternenhimmel und ließ der Jugend ihre Träume.

„Du musst unbedingt nach Kangaroo Island fliegen“, rieten mir die Rucksackreisenden beim Abschied. *„Wenig Touristen dort, aber eine Menge Pinguine, Seelöwen, Koalabären, Kängurus und Emus. Wenn du Glück hast, siehst du auch Platypus. Übernachte in der Jugendherberge, die ist gut und preiswert.“*

Wieder war ich in der Luft, unterwegs zu einer Graspiste, von der ich keine Information hatte und die irgendwo auf einer Insel lag. Diesmal füllte ich meine Tanks randvoll, damit ich im Fall einer zu kurzen Piste umkehren konnte. Doch Umkehren liegt mir nicht und ich kämpfte bei der Landung auf der ausgetrockneten Wiese mit Steuerhorn und Ruderpedalen gegen den Seitenwind. Beim Ausrollen zweifelte ich, auf der richtigen Wiese gelandet zu sein. Keine Menschenseele war zu sehen, geschweige denn ein Flugzeug. Nur eine an einen Baum genagelte Notiz bestätigte, dass ich auf der richtigen Wiese gelandet war: *Zwei Dollar Landegebühr.*

Ich schnallte mir den Rucksack auf den Rücken und marschierte zum Städtchen Penneshaw. Die Sonne über Australien, bei Gott die heißeste auf Erden, gab ihr Bestes, mich auf der staubigen Sandstraße zu quälen. Schweißverklebt und ausgetrocknet stolperte ich ins erste Restaurant, an dem ich vorbeikam

„Wo kommen Sie denn her?", begrüßte mich die Kellnerin. Mitfühlend fügte sie hinzu: *„Ich werde Ihnen erst mal ein Glas Wasser bringen."*

Sie stellte das Wasserglas auf den Tisch und bemerkte: *„Die Fähre kommt doch erst am späten Nachmittag. Wie sind Sie denn hierher gekommen?"*

„Die fünf Kilometer von der Graspiste bis hier zu Fuß", antwortete ich und leerte das Glas ohne Luft zu holen. *„Davor durch die Luft."*

Erneut füllte sie mein Glas und ich erzählte ihr von der Landung auf der Graspiste und meinem Weltflug.

„Das muss ich meinem Mann erzählen, der ist auch Pilot. Wir haben eine kleine viersitzige Grumman Tiger, mit der fliegen wir durch ganz Australien."

Sie verschwand mit meiner Bestellung in der Küche und kam fünf Minuten später mit dem Telefon in der Hand zurück.

„Mein Mann will Sie sprechen", sagte sie mit leiser Stimme und drückte mir den Hörer in die Hand.

Tom, ihr Ehemann, lud mich zum Tee ein: *„Die Wiese neben unserem Farmhaus ist unsere Landepiste. Sie ist nur 35 Kilometer von Penneshaw entfernt. Direkt an der Küste. An einem kleinen Bach, der ins Meer fließt. Pass aber bei der Landung auf die Schafe auf."*

„O.K.", versprach ich. *„Nach der morgigen Inseltour komme*

ich vorbei. Die Schafe werde ich im Auge behalten."

Schafherdentreiben aus der Luft

Die Bustour über die Känguru Insel entsprach den Erzählungen der Globetrotter, denn mehr als ein Drittel der Insel ist Nationalpark und Wildschutzgebiet. Mit Kolonien von Wallabies, Seelöwen, Zwergpinguinen und Koalas. Die Koalabären waren die coolsten, denn sie saßen in den Eukalyptusbäumen und ließen sich beim Essen und Schlafen nicht stören. Anders die Kakadus, die uns permanent beschimpften. Eine Höhlentour durch die Kelly Hill Caves und ein Rundblick mit Inselpanorama vom Prospect Hill rundete die Inseltour ab. Der freundliche Busfahrer fuhr einen Umweg und setzte mich am Flugzeug ab.

Zehn Minuten später war ich in der Luft, überflog die Nistgebiete der Pinguine, kam zum Bach der ins Meer floss und suchte Toms Wiese. Unter mir graste eine riesige Schafherde. Ich flog ans Ende der Wiese, wo eine große Scheune stand, und entdeckte fünfzig Meter neben der Scheune zwei gelbe Markierungskegel. Auf der Scheune flatterte der Rest eines Windsacks.

Erleichtert, die richtige Wiese gefunden zu haben, flog ich im Tiefflug über die Schafherde. Verschreckt lief sie auseinander. Am Ende der Wiese flog ich eine hundertachtzig Grad Kurve und setzte zur Landung an. Doch so wild, wie die Schafe auseinander gelaufen waren, so schnell waren sie wieder auf der Wiese. Bevor ich landen konnte, war die Piste wieder voller Schafe. Ich musste durchstarten.

So geht's nicht, sagte der Pilot. *Im wilden Durcheinander der Schafe wird immer eins auf der Piste sein.*

Junge, Junge, äußerte sich der Abenteurer. *Worauf habe ich mich wieder eingelassen?*

Dreimal überflog ich die Wiese und schaute mir die Situation an. Links vom Anflug standen die Schafe verängstigt und gedrängt am Zaun. Rechts vom Anflug graste die Herde ungestört zweihundert Meter entfernt.

Hier ist die Lösung, äußerte sich der Pilot. *Du musst die Schafe soweit nach rechts treiben, dass sie keine Zeit haben, auf die Piste zurückzulaufen.*

Erneut flog ich im Tiefflug über die Wiese, allerdings direkt über dem linken Zaun. Die Herde rannte vom Zaun weg und mit einer schnellen einhundertachtzig Grad Kurve blieb ich hinter den Schafen. Die Herde rannte über die Piste und wieder drehte ich eine Steilkurve, sah die Herde immer schneller werden. Nach einem weiteren Tiefflug stand sie dicht gedrängt am rechten Zaun. Ich drehte eine große letzte Kurve, nahm Gas weg, fuhr die Landeklappen aus und setzte im weichen Gras auf. Bevor mich Tom mit seinem Jeep erreichte, war ich von Schafen umstellt.

„Kein leichter Job, eine Schafherde zu treiben, oder?", begrüßte mich Tom. *„Aber jetzt weißt du, wie's geht. Ich hätte schon morgen einen Job für dich. Wie wär's mit einem Bier?"*

„Muss ich ablehnen. Ich muss noch zurückfliegen."

„Das kommt nicht in Frage!", sagte Tom in harschem Ton und winkte ab. *„Ich habe schon einige Nachbarn zum Tee eingeladen. Wir wollen deine Flugabenteuer hören. Heute Nacht schläfst du bei uns."*

Erneut erfuhr ich, was bei den Aussies eine Einladung zum Tee bedeutet. Es ist ein langes Zusammensein mit viel Essen und noch mehr Trinken. Bei meiner ersten Einladung zum *Tea* in Sydney hatte ich noch verlegen nach einer Tasse Kaffee gefragt, hatte die Einladung zum *Tea* wie eine Einladung zum Kaffee in Deutschland verstanden, mit Sandkuchen und einstündigem Geplauder. Doch in Australien kann eine Einladung zum *Tea* eine Party werden. Wie es bei Tom der Fall war. Der Abend im kleinen Kreis war eine hervorragende Vorbereitung für meine Vorträge in Melbourne und Sydney, denn ich spürte, bei welchen Fliegergeschichten Toms Freunde mitflogen, als wären sie meine Copiloten.

Vor meinem Abflug am nächsten Morgen trieb Tom die Schafherde von der Piste und ich hob ab nach Melbourne, zu meinem Vortrag in der TVSA-Flugschule. Wendy, die Chefin der Schule, bat mich, die jungen Piloten zu motivieren, nicht immer die gleichen Flughäfen anzufliegen, nur um Stunden zu sammeln. Dass sie sich hinaus wagen sollten und neue Flugplätze und Routen erkunden. Weiß Gott, darüber konnte ich erzählen, waren mir doch alle Flughäfen, auf denen ich seit sieben Monaten landete, unbekannt. Am Ende des Vortrags schilderte ich mein Schafherdentreiben bei Tom und wurde mit tosendem Applaus belohnt. *That's Australia!*

Charles hatte einen weiteren Vortrag im Royal Aero Club von Sydney organisiert, zu dem Maule-Piloten aus ganz Australien eintrafen. Bei den Schilderungen meiner Flüge durch Grönland und den Nahen Osten standen ihre Münder weit offen, und beim Erzählen der Schafswiesenlandung glänzte es in ihren Augen. Es war die Art zu fliegen, wozu diese Piloten gemacht und die Maule gebaut war.

Passion Palace, just one more time

Am nächsten Tag landete Lawrence, ein Farmer und Freund von Charles, mit seiner Maule auf Charles' Graspiste. Am Vorabend hatte er meinen Vortrag gehört und mir ins Logbuch geschrieben: *Dieter, du fliegst im Himmel, wir sind mit unseren Köpfen noch in den Wolken.*

Beeindruckt von meinem Weltflug mit der Maule, bot er mir sein Sommerhaus in den Blauen Bergen als Quartier an mit dem Worten: *„Es ist nur wenige Kilometer von hier entfernt und hat eine Wiese zum Landen. Du musst nur die Kühe von der Piste jagen."* Dankend nahm ich an, konnte mir aber ein Schmunzeln nicht verkneifen. Ich hatte meine Schafswiesenlandung wieder vor Augen, nur dass es diesmal Kühe waren.

Die Lage meiner neuen Residenz in den Bergen war

traumhaft. Das Sommerhaus stand am Ende eines Tals, umgeben von Eukalyptusbäumen. Die Wiese vor dem Haus führte ins öffnende Tal und hinter der Residenz lagen zwei kleine Seen. Da Donna auf dem Weg nach Sydney war, hackte ich Holz für den Kamin und verzauberte den Salon mit Rosenduft, um ihr einen heißen Empfang zu bereiten. Was mir bestens gelang, denn wir verbrachten unseren ersten Tag vor dem Kamin und nannten unser romantisches Domizil fortan *Passion Palace.*

Am zweiten Tag gestand mir Donna mit verschmitzten Augen, sie hätte heimlich bei meinem alten Fluglehrer fliegen gelernt, um als Copilotin an meiner Seite zu fliegen. Wobei ihr allerdings ein kleines Missgeschick passierte. Bei ihrem ersten Soloflug erwischte sie bei der Landung eine Windböe und hat die Aeronca Champ, das Flugzeug auf dem ich Spornradfliegen lernte, kopfüber im Zaun verschrottet. Lieb umarmte ich sie, denn mein Herz jubelte über den Haudegen, den ich in den Armen hielt.

Mit dem Auto jagten wir die Kühe von der Piste und starteten zu unseren Flügen durch den Süden und Osten Australiens. Von Sydney über Melbourne nach Tasmanien, von der Goldcoast bis zur Sunshinecoast. Entlang kilometerlanger Strände, über blau schimmernde Eukalyptuswälder und blühende Obstplantagen.

Ein wildes Flugwochenende erlebten wir mit Charles und Lawrence, als wir mit unseren drei Maschinen von einer Farm zur anderen flogen, auf Pisten landeten, die bergauf oder bergab gingen, auf Wiesen im hohen Gras und auf engen Grasstreifen. Wie auf Eds riesiger Obstplantage, wo der Landestreifen zwischen den Obstbäumen kaum zu erkennen war.

Eds Farmerherz konnte man spüren und dass er mit seiner Farm erfolgreich war, erkannten wir am großen Farmhaus inmitten der Obstgärten und seiner Maule vor dem Hangar.

„Das war nicht immer so“, begann Ed, uns seine Pionierge-

schichte zu erzählen. *„In den ersten Jahren lief alles wie geplant. Wir beackerten das raue Land, schufen Felder und pflanzten Obstbäume. Nach jeder Ernte vergrößerten wir die Farm und sahen optimistisch in die Zukunft. Doch plötzlich hatte der Brunnen kein Wasser mehr. Über Nacht war er versiegt. Wir konnten die Felder und Bäume nicht mehr bewässern. Am Anfang waren wir unbesorgt, denn ein Brunnenbohrer versicherte uns, eine neue Wasserquelle zu finden. Nach drei Bohrungen, die alle unsere Ersparnisse aufbrauchten, hatte er immer noch kein Wasser gefunden. Unser Land schien ausgetrocknet zu sein. Für eine vierte Bohrung gab uns die Bank kein Geld mehr und unser Lebenswerk schien verloren."*

„Glaub mir, Dieter", sagte Ed. *„Es war der hoffnungsloseste Moment in meinem Leben. Nach vielen Jahren harter Arbeit standen wir vor dem Aus. Aber wir liebten und glaubten an unser Land, und reihenweise studierte ich Bücher über Geologie und Wasserbohrungen. Ich fand eine Stelle, an der ich Wasser vermutete und wollte es ein letztes Mal versuchen."*

Ed blickte dankbar zu seiner Frau und fuhr fort. *„Alles, was wir nicht unmittelbar zum Leben brauchten, verkauften wir. Meine Frau ihren Schmuck, meine Kinder ihre Spielzeuge. Dann stand uns Glück zur Seite. Mit der letzten Bohrung fanden wir den Brunnen, der uns bis heute mit Wasser versorgt."*

„By God, Ed", bemerkte Donna. *„Da hast du den goldenen Fleck auf deiner Farm gefunden."*

„Golden war die Wasserquelle wahrhaftig, Donna. Denn als der Brunnenbohrer von dannen zog, durchsuchte ich den ausgehobenen Sand nach geologischen Merkmalen und fand einen schwach glänzenden Stein. Es dauerte einige Minuten, bis ich begriff, was ich in der Hand hielt."

Ed ging zur Vitrine, entnahm ein Marmeladeglas und stellte es auf den Tisch. Ich traute meinen Augen nicht. Das Marmeladeglas war mit Goldklumpen gefüllt. Mit Nuggets, von denen ich in Alaska geträumt hatte.

„Unser Glück an diesem Tag“, beendete Ed seine Pionierstory, *„war überwältigend. Wir stießen auf Wasser, das bis heute fließt, und etwas Gold, das uns den Tag versüßte.“*

„Wenn ich mir das Marmeladeglas so anschaue, könnt ihr noch heute feiern“, entschlüpften Worte meiner Fantasie.

„Oh nein, Dieter“, sagte Ed schmunzelnd. *„Du musst wissen, in Australien gehören Mineralien, die drei Fuß unter der Erde gefunden werden, dem Land. Wir haben das Goldprojekt nie weiterverfolgt.“*

„Natürlich Ed!“, antwortete ich mit ernster Miene und blickte in lachende Gesichter.

Beladen mit Obst, Gemüse und Blumen, stiegen wir in die Luft auf und verabschiedeten uns mit einer Ehrenrunde über Eds Goldgrube.

„Jeden Goldklumpen, den Ed gefunden hat, hat er verdient“, hörte ich Donna über den Kopfhörer. *„Die schöne Farm zeigt, dass er hart dafür arbeitet.“*

Mein letzter Abend mit Donna wurde nicht so romantisch, wie ich ihn mir im *Passion Palace* vorgestellt hatte. Denn ich gestand ihr, das Flugzeug nicht, wie in ihren Armen versprochen, in Australien zu verkaufen, sondern den Flug über den Pazifik zu wagen.

„Bist du total verrückt?“, schoss es aus ihr heraus. *„Hast du mir nicht versprochen, es hier zu verkaufen? Hier wolltest du deinen Flug um die Welt beenden. Du hast doch allen gezeigt, dass du fliegen kannst. Was willst du mehr?“* Donnas Augen wurden feurig, dann traurig.

„Hast du die grausamen Flüge, die du überstanden hast, vergessen? Es ist Wahnsinn, die langen Strecken über den Pazifik mit der kleinen Maschine zu fliegen. Möge Gott dich beschützen, ich verstehe dich nicht.“

Verlegen blickte ich auf meine Hände, hatte nicht die Kraft, ihr in die Augen zu schauen. Meine Vernunft gab ihr Recht, aber in mir wuchs der Wille, das Unmögliche zu wagen.

„Rational denkend verstehe ich dich, Donna. Nur sagt mir eine innere Stimme, den Flug hier nicht zu beenden. Mein Leben lang würde ich mir vorwerfen, es nicht versucht zu haben."

Mit Tränen in den Augen nahmen wir Abschied. *„Ich bete zu Gott, dass er dein Copilot bleibt"*, flüsterte Donna und stieg ins Flugzeug nach Kalifornien.

Zusatztanks für den Pazifik

Zurück auf meiner Home Base, fragte mich Charles erneut, ob ich ihm mein Flugzeug verkaufen würde. Er hätte bereits zwei Käufer für die Maschine. Nach meinem eindeutigen Nein zeigte sich der Abenteurer in ihm. Erfreut rieb er sich die Hände und sagte: *„Dann lass uns loslegen und die Maschine für den Pazifikflug fertig machen."*

Das wichtigste waren Aluminiumtanks für 320 Liter zusätzlichen Flugbenzins, die wir im Innenraum der Maschine unterbringen mussten. Schwierig war es, sie so zu konstruieren, dass sie durch die kleinen Türen des Flugzeugs passten. Nach zehn Tagen Biegen und Schweißen von Aluminiumblech, saß ich in der mit Tanks gefüllten Maschine. Neben mir ein 120-Liter Tank, (wir hatten Copilotensitz und das zweite Steuerhorn entfernt), hinter mir der alte 250-Liter Tank vom Atlantikflug und hinter diesem ein 200-Liter Tank. Unter meinem Sitz installierten wir die Durchflusshähne der Innentanks zum Motor, seitlich am Fenster die Entlüftungsleitungen der Tanks und unterm Dach über dem Copilotensitz das Funkradio. Mein Pilotensitz war derart eingeengt, dass ich die Ellenbogen weder nach rechts noch links ausbreiten konnte.

„Wie kannst du in dieser Position überhaupt noch fliegen?", bemerkte Charles' Ehefrau Carol und betrachtete kopfschüttelnd unsere Konstruktion.

„Den Tank neben mir nehmen wir wieder heraus", antwortete ich cool. *„Erst auf Hawaii werde ich ihn für den Flug nach Kalifornien installieren. Bis dahin verstaue ich ihn im Gepäck-*

raum. So eng wie es jetzt ist, muss ich nur dreiundzwanzig Stunden fliegen. Dann bin ich entweder in Kalifornien oder irgendwo über dem Meer sind die Tanks leer."

„Du wirst es schon schaffen, Dieter", bemerkte Charles.

Carol verließ kopfschüttelnd den Hangar, drehte sich nochmals um und rief: *„Glück wirst du brauchen, Dieter. Ganz viel Glück."*

An meinem Abflugtag waren wir alle etwas bedrückt. Zum einen mussten wir *Goodbye* sagen zu einer wundervollen Zeit, zum anderen verdunkelte eine riesige Gewitterwolke das *Passion Palace*-Tal, als wollte das Wetter meinen Abflug verhindern. Ich schob den Gasknopf nach vorne und begann den dritten und letzten Teil meines Weltflugs.

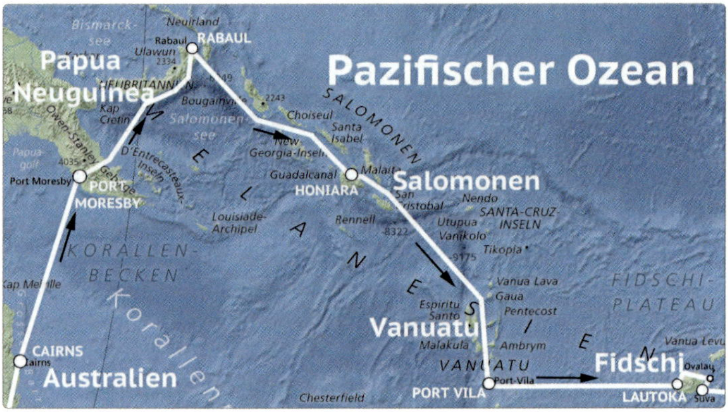

Flugroute durch Melanesien

Bis Cairns, im Nordosten Australiens, verliefen die kurzen Flüge problemlos. Dann, nach nur einer Stunde über dem Pazifik, auf dem Flug nach Papua Neuguinea, fiel der künstliche Horizont aus. Ein Fluginstrument, das ich im Fall einer Wetterverschlechterung beim Instrumentenflug dringend benötigte. Auch die Kommunikation übers Kurzwellenradio war schwer verständlich. Nach nur tausend Flugmeilen gab es die ersten Probleme und zehntausend Flugmeilen über den Pazifik hatte ich noch vor mir.

Du hättest die Maschine in Australien verkaufen sollen, äußerte sich der Pessimist.

Es gibt kein Zurück, antwortete der Abenteurer. *Es hätte schlimmer kommen können.*

Dschungelflüge in Papua-Neuguinea

Zwei Tage später traf es mich schlimmer. Diebe brachen in Port Moresby, der Hauptstadt Papua-Neuguineas, in mein Hotelzimmer ein und stahlen meine Filmkamera, meinen Fotoapparat und Filme mit wertvollen Erinnerungen. Ich fiel in ein Gefühlstief voller Zweifel. Gibt mir jemand ein Zeichen, die riskanten Flüge über den Pazifik abzubrechen?

„So leid es uns um deine Kameras und Filme tut", kommentierte ein Fliegerkollege mein Malheur, *„hier in Papua-Neuguinea hast du ganz andere Probleme. Du musst überleben."*

Betroffen erzählten die Piloten von Kollegen, die sie hier verloren hatten. Von einer jungen australischen Pilotin, die zwei Jahre durch den Dschungel geflogen war und nach Australien zurückkehren wollte. Beim Verkauf ihres Autos wurde sie vergewaltigt und ermordet.

Sie erinnerten sich an den erfahrenen Piloten, der eine Bruchlandung im Dschungel zwar überlebt hatte, aber, nachdem er noch ein Notsignal gefunkt hatte, von den *OneTalks* ermordet wurde. Die *OneTalks*, die Einheimischen die die gleiche Sprache sprechen, hatten sich an ihm für die ‚Ermordung' ihrer Stammesbrüder gerächt. Denn sie verstanden nicht, dass der Balus, der große Vogel, technische Probleme hatte. Für sie war es der Pilot, der ihre Brüder ermordet hatte.

Stolz erzählten die Fliegerkollegen vom Helikopterpiloten, den sie retten konnten. Der ebenfalls technische Probleme hatte und in den Dschungel gestürzt war. Der sich mit der Pistole verteidigte, bis ihn ein zu Hilfe kommender Helikopter vom Dach des Wracks zog. Am nächsten Tag mussten sie ihn aus dem Land schmuggeln, die *OneTalks* hätten ihn umgebracht.

„*Wenn du morgen über die Owen Stanley Berge fliegst*“, warnte mich Tom, der chinesische Besitzer der kleinen Luftfahrtgesellschaft, bei der ich mein Flugzeug geparkt hatte, „*sei sicher, dass du nicht in die False Gap, das Falsche Tal, fliegst. Viele Flugzeuge liegen dort. Die Piloten haben sich optisch täuschen lassen. Sie haben es nicht geschafft, die steil ansteigenden Dschungelberge zu überfliegen. Und noch eine Warnung: wenn du in Rabaul ankommst, kümmere dich sofort um einen bewachten Hangar. Nur so ist dein Flugzeug sicher.*“

„*Ich bin fertig*“, rief Matt, ein junger neuseeländischer Pilot, dem Tom erlaubt hatte mich auf einen Dschungelflug mitzunehmen. „*Wir müssen sofort abfliegen, sonst fangen uns die Wolken ein.*“

Die Tür der Cessna hatte ich noch nicht verriegelt, da rollten wir schon zur Startbahn. Zwei Minuten später waren wir in der Luft.

„*Wir fliegen entlang des Kokoda Trail. Das ist die gleiche Route, die du morgen nach Rabaul fliegen musst*“, hörte ich Matt im Kopfhörer. „*Ich werde dir die False Gap zeigen, das Falsche Tal, in das du auf keinen Fall fliegen darfst.*“

Je tiefer wir in die Berge flogen, desto dichter wurde der Dschungel. Straßen waren nicht mehr zu erkennen. Matt zeigte auf eine Graspiste am Berghang, an dessen oberem Ende einige Hütten standen. Er drosselte den Motor und trimmte die Maschine fürs Landen.

„*Landepiste Kagi! Zwölfeinhalb Prozent Steigung*“, bemerkte er cool. „*Wenn die Landung nicht auf Anhieb klappt, hast du keine Chance mehr. Du endest im Dschungel.*“

Ich schaute auf die Anflugskizze auf meinem Schoß und sah die Bemerkung: Landestreifen knickt oben nach rechts ab.

Matt blieb gelassen und landete perfekt. Er ließ den Motor aufheulen und wendete auf dem kleinen Plateau am Ende der Graspiste. Sehr nahe den Einheimischen, die lachend im Wege standen.

„Immer das Gleiche“, sagte Matt und schüttelte den Kopf. *„Zigmal habe ich ihnen erklärt, den Platz freizuhalten, wenn ich lande. Sie begreifen nicht, wie tödlich der Propeller ist.“*

Unsere Fracht, Säcke mit Reis, Fischkonserven und Soft Drinks, wurde entladen und die Maschine mit Süßkartoffeln und Zuckerrohr beladen. Matt wurde zum Händler und legte den Preis für die Fracht fest. Inzwischen schaute ich mir den Schrott eines Flugzeugs an, der verstreut am Ende des Plateaus im Dschungel lag.

„Das Wrack liegt schon seit Jahren hier“, kommentierte Matt meine Beobachtungen. *„Der Pilot hat die Landung überschossen.“*

Mir lief es kalt über den Rücken bei dem Gedanken, wie der Pilot begriffen haben musste, dass es nach dem Aufsetzen keinen Ausweg mehr gab. Was danach passierte, wusste Matt nicht, es schien ihn auch nicht zu interessieren. Er konzentrierte sich auf seinen Job als Pilot und Kaufmann.

Zwei Einheimische nahmen hinter uns Platz und wir starteten zum kürzesten Flug, den ich je erlebte. Neunzig Sekunden dauerte er. Kaum waren wir in der Luft, flog Matt eine Linkskurve und setzte zur Landung in Efogi an, auf einer tiefer gelegenen Graspiste mit neuneinhalbprozentiger Steigung. Zwischen beiden Pisten lag ein tiefes, mit Dschungel überwuchertes Tal.

„Zu Fuß würden die Leute Tage benötigen das andere Dorf zu erreichen“, erklärte mir Matt den kurzen Flug und legte eine perfekte Landung hin.

Die *False Gap* konnte mir Matt nicht mehr zeigen, Wolken begannen das Tal zu verschließen.

Am nächsten Morgen verabschiedete ich mich eilig von der

Fliegertruppe, da sich in den Bergen die ersten Wolken festsetzten. Matt warnte mich erneut: *„Vor einigen Monaten haben wir einen australischen Piloten und fünf Passagiere in der False Gap verloren, obwohl der Pilot am Tag zuvor einen Einweisungsflug erhalten hatte. Pass höllisch auf, und viel Glück!"*

Mount Victoria, der viertausend Meter hohe Berg an dem die False Gap lag, war bereits von Wolken umgeben, als ich auf ihn zuflog. Wenige Meter unter den Wolken fliegend, erkannte ich die Graspisten von Kagi und Efogi und flog weiter auf den Berg zu. Ich suchte die Kokoda Gap, das richtige Tal.

Der Luftraum wurde enger und von unten kam der Dschungel auf mich zu. Mein Gefühl riet mir umzukehren. Ich flog eine einhundertachtzig Grad Kurve und suchte eine Lücke für den Rückflug. Vergebens. In wenigen Minuten hatten die Wolken das Tal verschlossen. Mein einziger Ausweg war nach oben, durch die Wolken. Ängstlich flog ich im Kreis, schraubte mich im Nebel auf Höhe. Anfangs waren die Wolken hell, dann wurden sie dunkel. So dunkel, dass ich glaubte, in den Berg zu fliegen. Dann brachen die ersten Sonnenstrahlen durch die Wolken und Minuten später kam der rettende Durchbruch, ein blauer Himmel. Vier Stunden später landete ich in Rabaul, auf der Insel Neu-Britannien.

Sichtbar für das Towerpersonal, parkte ich die Maschine im Gras vor dem Empfangsgebäude und kümmerte mich als erstes um einen Hangar. Der größte gehörte der lokalen Fluggesellschaft *Aerolink*, direkt neben dem Empfangsgebäude. Das Hallentor stand offen, und noch bevor ich eintreten konnte, stand mir ein salopp gekleideter Herr gegenüber.

„Nice little bird you got there!", begrüßte er mich und schaute zu meinem Flugzeug.

„That little bird flew me around the world", antwortete ich stolz.

Auf Englisch erzählte ich ihm vom Diebstahl der Fotoausrüstung und dass ich um die Sicherheit des Flugzeugs bangte.

Er schaute mich an und fragte:

„Bist du Deutscher?“

„Ja! Ich bin mit der Maschine in Kalifornien gestartet.“

„Ich bin Hans, auch Deutscher“, antwortete er.

Er reichte mir die Hand und wir stellten uns einander vor.

„Bring deine Maschine zu uns rüber“, sagte er wie selbstverständlich. *„Mein Hangar wird Tag und Nacht von Sicherheitspersonal mit Hunden bewacht. Bei uns ist deine Maschine sicher.“*

Rabaul, Perle des Südpazifiks

Im Briefing-Room stellte mich Hans seinen Piloten vor und ich erfuhr, dass er die lokale Fluglinie seit acht Jahren betrieb und seine sechs Maschinen die umliegenden Inseln anflogen. Nachdem wir einige Fliegergeschichten ausgetauscht hatten, lud mich Hans spontan zum Betriebsausflug seiner Firma ein, der am selben Abend auf seiner luxuriösen Motoryacht mit einer Cruise durch die Harbor Bay gefeiert wurde.

Während der nächtlichen Party bot mir David, ein australischer Buschpilot, sein Gästezimmer an und bemerkte: *„Du solltest auf keinen Fall schon morgen weiterfliegen. Bleib einige Tage bei uns und schau dir Rabaul an. Rabaul ist die Perle des Südpazifiks.“*

Am nächsten Morgen waren alle Piloten in der Luft und ich bummelte durch die Stadt. Vorbei an schönen Villen im Kolonialstil aus deutscher Zeit, entlang schattiger Alleen und durch Parks voller Hibiskus und blühender Bougainville. Auf dem bunten Obst- und Gemüsemarkt verkauften die Einheimischen säckeweise Kakaofrüchte, von denen ich unbedingt eine Kostprobe wollte. Denn als Kind hatte ich täglich Kakao getrunken und geglaubt, dieser wachse so geschmackvoll wie in meiner morgendlichen Tasse an den Bäumen. Eine Marktfrau lachte über meine Erklärung und teilte mit einem großen Messer eine Frucht in zwei Hälften. Sie pulte die Bohnen aus einer Hälfte und drückte sie mir in die Hand. Dankbar begann ich die erste Kakaobohne meines Lebens zu zerkauen und spuckte sie nach wenigen Sekunden wieder aus. Der bittere Geschmack hatte nichts mit meinem Kakao gemein. Die Marktfrau amüsierte sich über mein verzerrtes Gesicht und erklärte, dass Kakaobohnen erst durch Fermentieren und Rösten den Geschmack entwickeln.

Stolz erzählte sie mir die Geschichte der Kakaopflanze. Dass diese nicht, wie ich glaubte, aus Papua-Neuguinea käme, sondern aus Südamerika, wo die Spanier sie bei den Azteken entdeckten. Dort war die Pflanze heilig und die Bohnen wurden als Zahlungsmittel verwendet oder zermahlen als Zutaten für Gewürzgetränke genutzt. Die Europäer verliebten sich in den Kakaogeschmack, fuhr sie fort, und verarbeiteten die Bohnen zu Kakaopulver und Schokolade. Als der Bedarf der Europäer stieg, errichteten sie in ihren Kolonien Kakaoplantagen, wie hier auf Papua-Neuguinea.

Als Davids Copilot, flog ich an den folgenden Tagen in einer zweimotorigen Cessna von einer Graspiste zur anderen. Wir durchkreuzten die Inseln New Britain und New Ireland, und aus der Luft zeigte mir David Flugzeugwracks im Urwald, die im Luftkampf über Rabaul ihr Ende fanden. Umgehend erzählte ich David von meinem Dschungelflug über Burma, wo ich mir eine Notlandung vorstellte, bei der sich das Geäst über mir schließen und mich nie wieder freigeben würde.

„Das hast du bestens erkannt“, bestätigte er meine Befürchtung. *„Hier auf New Britain hat man kürzlich eine vor fünfzig Jahren notgelandete Maschine im Dschungel entdeckt. Mit den Piloten im Cockpit bzw. was von ihnen noch übrig war.“*

Warum die Japaner während des Zweiten Weltkriegs Rabaul zum Hauptquartier ihrer Südpazifikflotte machten, wurde deutlich, als ich vom Hafen auf die Blanche Bay und die umliegenden Vulkane blickte. Die Perle des Südpazifiks lag von Bergen geschützt am Ende der Bucht.

In den mit Dschungel bewachsenen Bergen um die Stadt herum verbarg sich ein weiteres Relikt aus dem Zweiten Weltkrieg. Ein über fünfhundert Kilometer langes Tunnelsystem, das die Japaner während des Krieges als gigantische unterirdische Basis angelegt hatten. Es diente ihnen als Nachschublager, Truppenzwischenlager und Lazarett. Das größte Lazarett war vier Kilometer lang und hatte zweitausendfünfhundert Patienten aufnehmen können. Sogar Schnellboote hatten die Japaner auf Schienen aus dem Wasser gezogen und in den Tunneln versteckt. David erwähnte, dass die Amerikaner gegen Ende des Krieges, um große Verluste beim Mann-zu-Mann-Kampf im Tunnelsystem zu vermeiden, diese zugemauert hätten, und zig Kilometer Tunnel nie wieder geöffnet wurden. Ich sah mir noch eine der vielen Küchen an, stimmte mich an Sushi und Sake denkend positiv und verließ das Massengrab.

Als sportliche Herausforderung bestieg ich den siebenhundert Meter hohen Mother Vulkan, setzte mich auf den Kraterrand und blickte über die tiefblaue Simpson Bucht. Rechts am Ende der Bucht lag das mit Grün durchzogene Rabaul, weit vor mir die Vulkaninsel, die erst vor hundert Jahren aus dem Wasser emporgestiegen war, und unter mir lag die Halbinsel mit dem Airport, wo meine kleine Maschine stand. Verträumt blickte ich über die schöne Bucht und versprach mir wiederzukommen.

Wasserschlacht über den Salomonen

Der Weiterflug zu den Salomonen wurde zu einer Wasserschlacht in der Luft. Ununterbrochen flog ich durch Regenwolken, die so dicht wie Wasserwände waren, in denen ich glaubte, der Motor bekäme keine Luft mehr. Die Sicht war null und nach vier Stunden begannen meine Nerven zu flattern. Ich blickte auf die kleine Rettungsinsel auf dem Copilotensitz und hielt eine Wasserlandung für den einzigen Ausweg.

Über Funk rief ich um Hilfe und der Pilot eines Inlandflugs, der in meiner Nähe flog, meldete sich. Er hatte seine Landung, bedingt durch schlechte Sicht in Giza, abgebrochen.

„Fliege so tief wie möglich. Nur wenige Meter über dem Wasser“, riet er mir. *„Nur dort unten hast du etwas Sicht. Fliege auf keinen Fall über die Inseln, da krachst du in die Berge.“*

Fünfzig Meter über dem Wasser, näherte ich mich Honiara, der Hauptstadt der Salomonen. Kein anderes Flugzeug war in der Luft und man ließ mich den Flugplatz in geringer Höhe anfliegen. Mit den Nerven am Ende, landete ich auf der überschwemmten Landebahn.

Hinsichtlich des Wetters machten mir die umstehenden Piloten keine Hoffnung, dass es sich in den nächsten Tagen ändern würde.

„Der Zyklon über Vanuatu vor zwei Wochen“, erklärten sie, *„hat enorm viel Wasser in die Gegend gebracht. Das schlechte Wetter wird noch viele Tage andauern. Erst in Fidschi wirst du bessere Sicht haben.“*

Ich bin kein Freund von Regen und hob am nächsten Morgen ab, zum Flug nach Vanuatu. Erneut war es ein Flug durch Wasserwände, der durch den Blick auf Betonsockel weggefegter Häuser und umgeknickter Palmen stündlich trister wurde. Nach achteinhalb Stunden landete ich in der Hauptstadt Port Vila und hatte von der Schönheit Melanesiens wenig gesehen.

Erst drei Tage später, über den farbigen Koralleninseln, die Viti Levu, Fidschis Hauptinsel, umlagerten, kam wieder Sonne in mein Leben. Hellgrüne Kokospalmen standen im weißen Sand der Atolle und bunte Fischerboote ankerten in türkisfarbenen Lagunen. Schneeweiß brachen sich Wellen über hellbraune Korallenbänke inmitten eines tiefblauen Ozeans. Endlich war ich im Südpazifik, wie ich ihn erträumt hatte.

Als hätte die Sonne die Menschen verändert, wurde ich von lachenden Menschen begrüßt. Mit Bula-Bula von den Fidschijanern und mit Hallo Mister von den einheimischen Indern. Die Airport Crew in Lautoka ließ mich nicht mehr aus den Händen, nachdem ich ihnen Bilder vom meinem Flug über das ewige Eis Grönlands zeigte. Dschungel und Wüste kannten sie oder konnten sich diese vorstellen. Aber im ewigen Eis zu leben, war für sie unvorstellbar. Als ich ihnen erzählte, dort vor Jahren auf Skiern und mit Hundeschlitten unterwegs gewesen zu sein, und bei minus fünfundvierzig Grad Celsius im Zelt übernachtet zu haben, musste ich ihnen versprechen, am nächsten Tag die ganze Geschichte zu erzählen. So verbrachte ich den zweiten Tag in Fidschi am Flughafen, und erzählte von meinen Reisen. Zwischendurch reparierte ich die Vakuumpumpe für den künstlichen Horizont, gab einem Reporter der Fiji Times ein Interview und war am Abend so erschöpft, als hätte ich acht Stunden Flug hinter mir.

Ovalau, Insel des letzten Fidschikönigs

Am nächsten Morgen weckte mich der Chef des Hotels mit der Fiji Times unterm Arm, die täglich als erste Zeitung der Welt erscheint. Er zeigte auf den Artikel mit meinem Bild und ergänzte: *„Wenn du weiterfliegst, solltest du unbedingt einen Stopp auf Ovalau machen, der Insel unseres letzten Königs. Sie ist nicht weit von hier und du kannst dort auf einer Graspiste landen."*

Mein zustimmendes Nicken hatte ich noch nicht beendet, da griff er schon zum Telefon und sprach mit der Chefin vom Royal Hotel, einem der ältesten Hotels im Südpazifik.

„Du sollst einige Runden über Levuka, der alten Hauptstadt auf der Insel, drehen", rief er vom Telefon. *„Dann schickt dir die Chefin ihren Fahrer zur verlassenen Graspiste am anderen Ende der Insel. Er holt dich dort ab."*

Ungewollt hatte ich mich wieder zu einem Flug hinreißen lassen, der auf einer verlassenen Wiese endete.

Zwei Tage später kreiste ich mit gedrosseltem Motor über der kleinen Hafenstadt Levuka und gab der Chefin des Royal

Hotels das verabredete Zeichen. Nach drei Runden über der Stadt flog ich aufs türkisfarbene Meer, drehte eine Runde um die Mastspitzen eines romantischen Zweimasters, der inmitten farbiger Korallen ankerte, und flog entlang der mit Palmen gesäumten Küste zur Graspiste. Kurz nach meiner Landung traf der Fahrer ein und fuhr mich auf holprigen Wegen zum Hotel. Die Chefin quartierte mich in der Royal Suite ein und erzählte stolz, in dieser Suite die englische Queen beherbergt zu haben.

Mitten in der kleinen Suite stehend, fragte ich mich, ob das Bett noch das gleiche war. Hatte ich doch in vielen Betten der Welt übernachtet, aber noch nie im Bett einer Königin.

Königlich war auch mein Blick aufs Meer am nächsten Morgen und er blieb am klassischen Schoner hängen, dessen Mastspitzen ich im Tiefflug umflogen hatte. Das monotone Tuk-Tuk seines Motors hatte mich geweckt und ich sah seine Segel mit Wind gefüllt. Seinen Anker hatte er geliftet und segelte zu den Trauminseln, die ich überflogen hatte. Ich behielt den Schoner im Auge, bis er als kleiner Punkt am Horizont verschwand. Segelromantik füllte meine Gedanken und ich sah mich auf hoher See: *ruhiges, tiefblaues Meer, ein im Wind segelnder Clipper, zwei Holzmasten, drei rostbraune Segel und ein Seemann, der träumend auf Deck liegt.*

Drei Tage stöberte ich durch Levuka, das nur noch einen Hauch der Pracht hatte, als es die Hauptstadt der britischen Kronkolonie Fidschi war. Zeitlich abgestimmt mit Fiji One, Fidschis Fernsehsender in der Hauptstadt Suva, hob ich in Ovalau ab und die Fernsehcrew filmte meine Landung in Suva. Das anschließende Interview wurde in den Abendnachrichten gesendet, worauf ich zum traditionellen Kavatrinken eingeladen wurde. Zu einem Getränk, das aus der Wurzel der Pfefferpflanze gebraut war. Es gab mir ein leicht taubes Gefühl auf der Zunge und sorgte in unserer Runde für entspannte Atmosphäre. Immer wieder klatschten wir in die Hände und leerten die Bilo, die mit Kava gefüllte Kokosnussschale, in einem Zug. Erst als die Tanoa, die mit Schnitzereien verzierte Holzschüssel, bis zum letzten Tropfen geleert war, durfte ich ins Hotel zurück.

Auf dem Weiterflug nach Tonga, über den Moala und Totoya Inseln, wünschte ich, ich läge dort mit einem Traumboot vor Anker. Jeder Meter der weißen Strände und jeder Baum in den Kokospalmhainen versprachen ein Paradies. Einsame Gärten Edens inmitten des tiefblauen Ozeans, der so friedlich unter mir lag. Der gleiche Ozean, der mir vor Tagen im Grau des Unwetters noch kalte Schauer über den Rücken jagte.

Ein südpazifischer Abend in Nokualofe, der Hauptstadt Tongas, brachte mich vollends in Südseestimmung. Mit pulsierender Musik, graziösen Ta'oinga-Tänzen, einigen Schalen Kava und der tongalesischen Spezialität, geröstete Ferkel. Mit einem Fly-By am Palast des Königs verabschiedete ich mich und flog über die Ha'apai Inseln nach American Samoa.

Samoa, „Aller guten Dinge sind Drei!“

Erneut verschlechterte sich das Wetter und umgeben von Regenwolken landete ich in Pago Pago, der Hauptstadt von American Samoa.

Obwohl die Wettervorhersage negativ war, startete ich am nächsten Morgen zum dreizehnstündigen Flug nach Kiritimati, der größten Koralleninsel der Line Islands im Zentralpazifik. Nach drei Flugstunden verstärkte sich der Gegenwind auf zwanzig Knoten und nahm mir jede Chance, die Insel vor dem Sonnenuntergang zu erreichen. Was notwendig war, da die dortige Betonpiste aus dem Zweiten Weltkrieg weder eine Landebahnbeleuchtung noch Funkfeuer hatte. Zum zweiten Mal auf meinem Weltflug musste ich umkehren.

Mit den Vorhersagen der Wetterstation unterm Arm ging ich zu den Piloten, die täglich über Samoa in der Luft waren. Ihre einhellige Meinung: *„Deine Chancen auf besseres Wetter* *und weniger Gegenwind sind Null."*

Einige sagten mir eine wochenlange Wartezeit voraus: *„Es sei denn, du fliegst um Mitternacht los. Aber mit deiner kleinen Maschine wirst du die Hölle erleben. Jede Nacht haben wir Gewitter und es ist Wahnsinn, sich in die Luft zu begeben."*

Sie hatten Recht. Die Nacht zuvor erlebte ich prasselnden Regen und krachende Blitze, die mich die halbe Nacht hindurch wachhielten. Aber welche Alternative hatte ich? Wochenlang auf einer Insel ausharren, die wenig südpazifischen Zauber bot?

Nein, sagte der Abenteurer. *Lieber für einige Stunden einen turbulenten Nachtflug überstehen, als wochenlang in den Regen starren.*

Ungläubig sah mich der Chef im Tower an, als ich um die Sondergenehmigung bat, in der Nacht vom geschlossenen Flughafen starten zu dürfen. Nach Darlegung der Fakten, dreizehnhundert Flugmeilen, einhundert Meilen pro Stunde Fluggeschwindigkeit und ein Gegenwind von zwanzig Knoten, war auch ihm klar, dass ein Abflug um Mitternacht meine einzige Chance war, Kiritimati vor Tagesende zu erreichen. Kopfschüttelnd stimmte er zu: *„Die Nachtwache wird dir das Tor öffnen und dich zur Startbahn begleiten.* Der *Tower ist erst ab sechs Uhr besetzt, also eröffne deinen Flugplan mit Nadi, der Flugkontrolle für den Südpazifik, sobald du in der Luft bist. Deinen Flugplan werde ich an Nadi weiterleiten. Have a nice flight!"*

Blitze schossen durch die Nacht, als ich um Mitternacht das Hotel verließ, und der Donner tönte wie eine Ouvertüre zu meinem bevorstehenden Wahnsinn. Im Taxi kamen mir Zweifel und dennoch liefen meine Beine durch heulenden Wind und prasselnden Regen zum grünen Licht der Radarschirme in der Wetterstation am Flugplatz.

„Du musst wahnsinnig sein, jetzt loszufliegen", begrüßte mich der Wetterexperte. *„Deine Flugroute ist voller Gewitter.*

Du hast weiterhin einen Gegenwind von zwanzig Knoten und eine Wetterverbesserung ist nicht in Sicht."

„Ich muss es versuchen", antwortete ich und steckte die Wetterkarten in meine Fliegertasche.

Er legte seinen Arm auf meine Schulter und sagte, als verabschiede er sich für immer: *„Na dann, viel Glück mein Freund."*

Der Pre-Flight-Check der Maschine war Routine und als das aggressive Motorengeräusch in meinen Ohren brüllte, war ich mental zum Abflug bereit. Immer wieder erhellten Blitze das Flugfeld, während ich dem Jeep folgte, der mich zur Startbahn führte. Schon vor der Startbahnmitte schob ich den Gasknopf nach vorne, wollte keine Zweifel aufkommen lassen.

Langsam kam die überladene Maschine auf Geschwindigkeit, hob mühsam ab. Das Gewicht des zusätzlichen Flugbenzins zeigte sich im Flugverhalten, sie flog instabil.

Gefangen im Dunkel der Wolken, konnte ich den Gewittern nicht ausweichen und flog in Turbulenzen, die mich wie ein Spielball durch die Luft warfen. Immer wieder blinkte die rote Warnlampe, ertönte das Horn für einen bevorstehenden Strömungsabriss. Es war ein Hilfeschrei der Maschine, den Flug zu beenden. Als ich den ersten Stern zwischen den Wolken sah, flog ich sofort in seine Richtung. Denn solang ich ihn sah, flog ich in kein Gewitter. Dass ich dreißig Grad vom Kurs abkam, war unwichtig geworden. Mehr Sterne wurden sichtbar, und als das Morgenlicht den Horizont erhellte, wurden die Gewitterwolken sichtbar. Problemlos konnte ich sie umfliegen. Das Schlimmste hatte ich hinter mir. Entspannt lehnte ich mich zurück, aß eine Banane, trank etwas Wasser und hatte ungewollt ein Grinsen auf dem Gesicht.

Du hast das Unmögliche geschafft, flüsterte der Optimist. *Der Rest des Fluges ist eine Kleinigkeit.*

Das Rot der Morgensonne hatte auch mein Cockpit rot gefärbt und erst als sich der Himmel blau färbte, fiel mir das rote Licht der Batterieentladung auf.

Das kann nicht wahr sein, schoss es mir durch den Kopf. *Nach allem was ich durchgemacht habe.* Der Schock des roten Lichts blockierte mein Denken. Ich wollte das Problem der sich entleerenden Batterie nicht wahrhaben, war mental nicht bereit umzukehren. Ich starrte in die aufgehende Sonne und flog weiter. Das laute Pochen in meinem Kopf beruhigte sich und der Pilot verlangte eine Entscheidung.

Wenn ich alle elektrischen Geräte abschalte, überlegte ich, könnte ich es mit der Batterieladung bis Kiritimati schaffen. Das Funkfeuer und das GPS kann ich kurzzeitig jede Stunde einschalten und meinen Kurs korrigieren. Zehnmal, dann bin ich in Kiritimati. Es wird knapp werden, aber es kann reichen. Optimistisch kalkulierte ich weiter. Das Kurzwellenradio, für den stündlichen Positionsbericht an Nadi-Flugkontrolle, durfte ich auf keinen Fall benutzen, es verbrauchte zu viel Strom. Mit dem UKW-Radio konnte ich Flugzeuge in meiner Nähe kontaktieren und sie bitten, meine Position an Nadi weiterzugeben.

Sofort schaltete ich das UKW-Radio ein und rief nach einem Flugzeug in meiner Nähe. Nach drei Versuchen gab ich auf. Es gab kein anderes Flugzeug.

Das wird dein Problem, meldete sich der Pilot. *Wenn du dich nicht jede Stunde bei der Flugkontrolle meldest, gibt's großen Ärger.*

Vielleicht fliegt ja doch mal ein anderes Flugzeug in meiner Nähe, beharrte der Optimist.

Aus der Traum!, meldete sich der Ingenieur. *Was machst du, wenn die Lichtmaschine kaputt ist? In Pago Pago bist du auf amerikanischem Hoheitsgebiet und kannst das Problem in wenigen Tagen lösen. Auf Kiritimati würdest du wochenlang festhängen.*

Widerwillig drehte ich das Steuerhorn nach links und flog eine einhundertachtzig Grad Kurve.

„Welcome back, Five Niner Papa", begrüßte mich der Chef im Tower humorvoll. *„Dir scheint es ja auf Samoa zu gefallen. Mach dir ein schönes Wochenende. Der Flughafen in Kiritimati ist übers Wochenende geschlossen. Am Montag wird dir der Flug gelingen."*

Die optimistischen Worte vom Tower halfen mir, meine Niedergeschlagenheit zu überwinden und mit Elan reparierte ich die Lichtmaschine. Da ich genügend Zeit hatte, entfernte ich den Copilotensitz und installierte den dritten Zusatztank. Etwas Freude in meinen arbeitsreichen Sonntag brachte ein amerikanischer Helikopterpilot, der mich zu einem Flug auf einen Thunfischfänger einlud und auf diesem mit einer perfekten Landung brillierte. Sein Job an Bord war, Fischschwärme auf offener See zu entdecken und dem Schiff die Positionen mitzuteilen.

Am Montag, bei meinem dritten Versuch Kiritimati zu erreichen, blitzte und donnerte es wie jede Nacht zuvor. Der Flug ins nächtliche Gewitter wurde erneut ein Balanceakt, und wieder blendeten mich Blitze. Doch diesmal blickte ich bewusst in den kurz aufleuchtenden Himmel, denn für den Bruchteil einer Sekunde konnte ich die hoch in den Himmel ragenden Gewitterwolken erkennen. Es half mir, einen besseren Weg zwischen den Wolken zu finden. Die Gefahr eines Blitzschlags hatte ich aus meinem Kopf verdrängt, ich hätte ihn ohnehin nur kurz gespürt.

Gegen Morgen hatten sich die Gewitterwolken ausgeregnet und die Turbulenzen in den Wolken wurden geringer. Genüsslich aß ich einen Müsliriegel, trank etwas Wasser und entspannte mich. Die Sonne begann meinen Tag zu erhellen, das Fliegen wurde angenehmer und stündlich gab ich meine Position an die Flugleitstelle in Nandi durch.

„Nein!", schrie ich, *„das darf nicht wahr sein."*

Das rote Licht der Lichtmaschine blinkte kurz auf, dann blieb es erleuchtet. Das gleiche Problem wie vor drei Tagen, die Batterie wurde nicht geladen. Apathisch flog ich weiter. Der Abenteurer verbot mir das Nachdenken. *Egal wie der Flug heute ausgeht, du fliegst nicht zurück.*

Jede Stunde schaltete ich kurz das Funkradio und GPS ein, gab Nandi meine Position durch und korrigierte meinen Kurs. Dann schaltete ich die Geräte wieder ab. Nach drei Stunden ohne Batterieladung erreichte ich den *Point of No Return.* Ohne zu zögern flog ich weiter, denn es war sonnig und der Motor schnurrte sauber vor sich hin.

Eine Stunde später schaltete ich beide Geräte erneut ein und gab Nandi meine Position durch. Dabei sah ich, dass der Gegenwind zugenommen hatte. Das GPS zeigte noch sieben Stunden Flugzeit, eineinhalb Stunden mehr als ich geplant hatte. Erneut kalkulierte ich den Benzinverbrauch. Kein Problem, dachte ich, denn ich hatte noch für zwei Flugstunden Reserve in den Tanks.

Dann lief ein Kribbeln durch meinen Körper und mein Herz näherte sich dem Stillstand. Mein Kopf fiel kraftlos nach vorne und ich schrie: *„Das ist unmöglich, das darf nicht wahr sein!"*

Wie eine Explosion im Kopf wurde mir bewusst, dass ich den Sprit in den äußeren Flügeltanks mit den elektrischen Benzinpumpen in die Haupttanks pumpen musste. Dass ich genug Sprit in meinen Tanks hatte, aber keinen Strom, ihn zum Motor zu pumpen.

Zu meiner Überraschung setzte keine Panik ein. Ich beruhigte mich und nahm mein Schicksal zur Kenntnis. Entspannt lehnte ich mich in den Sitz zurück und ließ meinen Weltflug Revue passieren.

Bei den Erinnerungen an Grönland, den Atlantik und den Jemen wurde mir deutlich, mit wie viel Glück ich die Flüge überstanden hatte und dass Glück ein Teil meines Lebens war.

Auch wenn der heutige Flug im Wasser endet, bemerkte der Abenteurer, *war es verdammt schön, die Welt aus der Luft zu sehen.*

Es war Zeit, Abschied zu nehmen. Ich dachte an meine Freunde und stellte mir vor, was sie sagen würden, wenn sie erfuhren, dass ich Kiritimati nie erreichte. Die meisten würden sagen: *Soviel verrückte Abenteuer, wie der überstanden hat, da musste es irgendwann schiefgehen.*

Freunde, die mich besser kannten, würden zweifeln: *Der Bursche kämpft um sein Leben. Der hängt irgendwo im Ozean an einem Stück Treibholz. Und mit dem Glück, das er hat, schützen ihn Delphine vor den Haien.*

Einige Wenige würden lächeln: *Der Mann hat gelebt. Er hat sich seine Träume erfüllt. Wahrscheinlich hat er gelächelt, als er ging.*

An Donna denkend, wurde ich traurig. *Das Flugzeug ist nicht für diese großen Distanzen gebaut,* hatte sie mich gewarnt, *erzwinge dein Glück nicht.*

Nach vierzehn Flugstunden keimte wieder Hoffnung auf. Die Batterie hatte noch etwas Kraft und bis Kiritimati war es nur noch eine Flugstunde. Ein letztes Mal schaltete ich das Kurzwellenradio ein, wechselte zur Flugleitstelle Honolulu und gab ihnen meine Position durch.

Die Nadeln der Tankuhren näherten sich der Anzeige ‚Empty'. Mit der schwachen Batterie pumpte ich die letzten Liter in die Innentanks und eine Meile vor Kiritimati drosselte ich den Motor, glitt auf die grasüberwachsene Betonpiste.

Kiritimati, Insel der roten Krabben

„Vor zwei Wochen haben wir dich im Fidschi-Fernsehen gesehen", begrüßte mich die Airportcrew. *„Wir haben schon auf dich gewartet."*

Die Crew, das waren vier Beamte in einem Minibus. Ihr Büro waren zwei Klapptische vor dem Bus, da es kein Flughafengebäude gab. Zuvorkommend stempelten sie die Ein- und Ausreise in meinen Pass, kassierten die Landegebühr und waren in wenigen Minuten wieder verschwunden. Beim Wegfahren riefen Sie mir noch zu, dass ein Pick-Up mit den zwei von mir bestellten Fässern Flugbenzin unterwegs sei.

Eiligst entfernte ich die Verkleidung des Motors und suchte im letzten Sonnenlicht den Fehler in der Batterieaufladung. Gleichzeitig traf der Kleinlaster mit dem Flugbenzin ein und ich zeigte dem Fahrer die Tanks, die er füllen sollte.

Weiter suchte ich nach dem Problem der Lichtmaschine und entdeckte die kleine Ursache, die mir diesen hoffnungslosen Flug bescherte: eine gebrochene Kabelklemme. In zehn Minuten hatte ich sie ersetzt, während der Tankwart weiterhin die Kurbel seiner Handpumpe drehte. Bei einbrechender Dunkelheit waren die Tanks gefüllt.

Um nicht verlassen auf dem Betonfeld zurückzubleiben, versprach ich dem Fahrer ein ausgiebiges Dinner, wenn er mich zu einem Hotel fahren würde. Was er mit Freude tat und dabei den tausenden handgroßen roten Krabben auf der Teerstraße nicht auswich.

„Diese wilden Krabben schmecken nicht“, antwortete er auf meine Frage nach deren Essbarkeit. *„Nur die von uns gezüchteten Krabben haben einen guten Geschmack. Heute Abend essen wir lieber Fisch. Der ist bei uns hervorragend.“*

Während des Dinners erklärte ich ihm, dass ich am nächsten Morgen den Motor mit der Hand starten müsste, da die Batterie leer sei. Wobei er im Pilotensitz Platz nehmen und auf die Bremse treten sollte, damit die Maschine nicht ohne mich fortflöge. Nach seinem vierten Bier war er bereit, mir beim Handstart zu helfen.

Am nächsten Morgen fuhren wir mit seinem Taxi zum Flughafen, wo er mit heftigem Kopfschütteln sein Unbehagen zeigte, sich ins Flugzeug zu setzen. Als ich mich hinters Steuerhorn setzte und versuchte, den Motor mit schwacher Batterie zu starten, war ich nicht der einzige, der die Götter bat, ihn anspringen zu lassen. Stotternd drehte sich der Propeller und mit einem Knall zündete der erste Zylinder. Der Schwung zündete den zweiten Zylinder und mit Gebrüll erwachte der Motor.

Auf dem Weg zur Startbahn überrollte ich noch einige rote Krabben, schob den Gasknopf nach vorne und hob ab. Flugverkehr über Kiritimati gab es keinen und ich stieg durch die Wolken auf dreitausend Meter. Auf die Höhe, in der die Maschine den geringsten Spritverbrauch und die beste Reisegeschwindigkeit hatte. Der Flugleitstelle in Honolulu gab ich meine Position durch und man sagte mir für die nächsten zwölf Stunden gutes Wetter bis Hawaii voraus.

In den aufgebrochenen Wolken zwischen hellblauem Himmel und tiefblauem Meer ließ ich meiner Fantasie freien Lauf. Ich flog durch blaue Löcher in weißen Bergen, unterflog drei hintereinander aufgereihte Autobahnbrücken, umkreiste schneebedeckte Tannenbäume, jagte durch schneebedeckte Täler mit riesigen Sprungschanzen und über ein endloses Schneefeld, das mich an meine Hundeschlittentour in Grönland erinnerte. Das Weiß der Wolken schmerzte nicht in meinen Augen, wie es der reflektierende Schnee Grönlands tat und wie ein Kind spielte ich im ‚Schnee' der Wolken.

Stündlich veränderte sich die Welt meiner Fantasie und erst als der Kilauea Vulkan am Horizont auftauchte, verließ ich meine Traumwelt. Ich flog hinab zur Dampfsäule, wo sich die heiße Lava des Vulkans ins Meer schob. Über schwarze Lavafelder flog ich zur Küstenstraße und landete bei Sonnenuntergang in Hilo.

„I feel good ...“, ertönte es aus dem Hotelradio am nächsten Morgen und so fühlte ich mich. Nur noch ein Flug, dann hatte ich den Pazifik überquert.

„Für die nächsten drei Tage hast du Gegenwind“, erklärte mir der Wetterexperte die Winde entlang meiner Flugroute. *„Halte dich am vierten Tag für den Abflug bereit. Das Tiefdruckgebiet kann sich zu deinen Gunsten verschieben.“*

Für drei Tage legte ich die Füße hoch, plauderte mit anderen Piloten über meine Flüge und erhielt zwei Angebote mein Flugzeug sofort und gegen Bares zu verkaufen. Bei meiner abendlichen Fitnessrunde joggten die Kaufangebote durch meinen Kopf, da sie mir den gleichen Preis boten, den ich für das Flugzeug bezahlt hatte. Noch am selben Tag könnte ich mit einer Linienmaschine nach Los Angeles fliegen, könnte den Risiken des längsten Fluges ausweichen, die mir zum x-ten Mal durch den Kopf gingen.

Das größte Risiko war der Start. Würde die Maschine abheben, wenn alle drei Zusatztanks gefüllt sind? Reichten einhundertachtzig Pferdestärken, die zusätzlichen sechshundert Kilogramm in die Luft zu befördern?

Die persönliche Herausforderung war, auf dem langen Flug nicht einzuschlafen. Ohne Autopilot wäre schon ein Nickerchen von wenigen Minuten tödlich.

Die große Unbekannte war das Wetter. Wie war der Wind in der geringen Flughöhe? Reicht mein Flugsprit, wenn nach dem *Point of No Return* ein Gegenwind die Flugzeit verlängert?

21 ½ Stunden in der Luft

Am dritten Tag lehnte ich die Kaufangebote ab, denn der Wetterexperte gab mir grünes Licht fürs *GO!* Um kein Detail zu vergessen, schrieb ich eine Checkliste, die ich wie ein Uhrwerk abarbeitete:

07:00 – Frühstück im Hotel
08:00 – Wetterbericht. Wenn O.K., Flugplan aufgeben
08:30 – Donna anrufen, mit voraussichtlicher Ankunftszeit
09:00 – Check-Out im Hotel
09:30 – Gepäck mit der Post nach Long Beach schicken
10:00 – Leihwagen volltanken
10:30 – Leihwagen zurückgeben
11:00 – Flugzeug volltanken, Pre-Flight-Check

11:30 – Inspektion durch das Büro für Landwirtschaft

12:00 – Take-Off und viel Glück!

Hilo Tower erteilte mir die Startfreigabe und langsam schob ich den Gasknopf nach vorne. Schwerfällig setzte sich *Five Niner Papa* in Bewegung. Länger als gewohnt hielt ich das Spornrad auf der Piste, wollte ein Auf- und Abschwingen vermeiden. Als ich die Abhebgeschwindigkeit erreichte, versuchte ich abzuheben. Schwerfällig fiel die Maschine auf die Piste zurück. Sofort drückte ich das Steuerhorn nach vorne und verhinderte das Aufsetzen des Spornrads. Meine Geschwindigkeit erhöhte sich und ich versuchte erneut abzuheben. Wieder fiel die Maschine auf die Piste zurück. Sie war überladen und an der Grenze des Fliegens. Die Hälfte der zweieinhalb Kilometer langen Startbahn hatte ich hinter mir und die Geschwindigkeit der Maschine erhöhte sich nicht mehr. Mir blieb ein letzter Versuch.

Anders als zuvor zog ich nicht grob am Steuerhorn, um die Maschine in die Luft zu zwingen, sondern drehte einige Grad am Trimmrad, um mit kleinstem Steigwinkel abzuheben. Instabil hielt sich die Maschine in der Luft und zentimeterweise gewannen wir an Höhe.

Der Flugleiter im Tower fragte, ob ich ein Problem hätte, da er die Maule als Rakete kenne. Ich verneinte und bat ihn, in geringer Höhe geradeaus fliegen zu dürfen, um mir die Küste Hawaiis anzuschauen. Er gab mir das rettende O.K., denn hätte ich versucht, die geforderte Linkskurve zu fliegen, wäre ich aus der Luft gefallen. Mit kleinsten Korrekturen am Seitenruder drehte ich die Maschine auf nordöstlichen Kurs. Trotz Vollgas flog die Maschine nur 75 Knoten und bei 600 Höhenmetern war Schluss. Die Maschine schaffte es nicht höher.

Die ersten drei Stunden waren ein Balanceakt zwischen Strömungsabriss, Hoffnungslosigkeit und Aufgabe. Dann zeigte die Gewichtsabnahme durch das verbrannte Flugbenzin im hintersten Tank seine Wirkung. Millimeterweise hob sich der

Schwanz der Maschine. Unsere Geschwindigkeit nahm zu, die Maschine kam in die Waagerechte und nach sechs Stunden, bei Sonnenuntergang, flog sie stabil.

„Das Schlimmste haben wir hinter uns", sagte ich zu *Crashy* und drückte ihm einen Kuss auf die Nase. *„Jetzt müssen wir bis zum Sonnenaufgang wach bleiben."*

Bis Mitternacht hielten mich Selbstgespräche und Singen wach, Essen und Trinken. Dann zollte ich Tribut für die nervenverzehrenden ersten Flugstunden. Mein Kopf fiel zur Seite. Ich hatte keine Kraft mehr mich wach zu halten. Ich starrte auf den Kompass und immer wieder fielen mir die Augen zu.

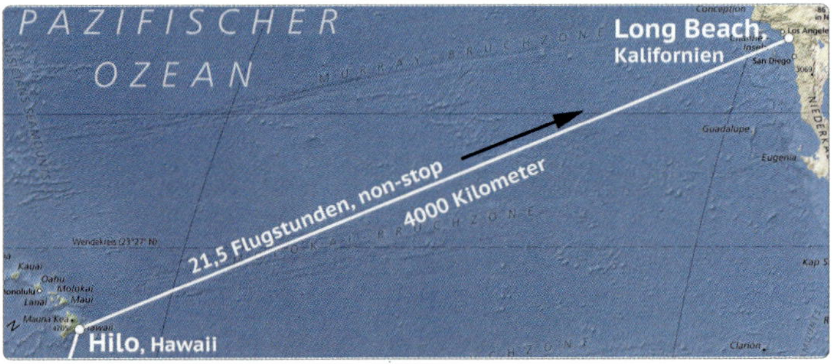

Der längste Flug: Hawaii - Kalifornien

Ich erinnerte mich noch, dass ich meine Flugrichtung korrigieren wollte, wachte aber erst auf, als helle Lichter an meiner Windschutzscheibe vorbeischossen. Es waren die Sterne am nächtlichen Himmel, die bei meiner Spirale nach unten vor mir vorbei rauschten.

Keine Panik!, befahl der Pilot.

Auf die Instrumente schauend, brachte ich die Maschine in die Waagerechte und die Sterne zum Stehen. Wieder auf Kurs, hielt ich zwei Sterne als Wegweiser im Auge, um nicht beim Starren auf den Kompass einzuschlafen.

Der Funkkontakt mit Flugzeugen in meiner Nähe ging verloren, die letzten Linienmaschinen nach Los Angeles hatten mich überholt. Ich war der letzte Flieger auf halber Strecke zwischen Hawaii und Kalifornien.

Erneut ging ich die Checkliste durch und kalkulierte meinen Spritverbrauch. Wenige Minuten später fiel mein Kopf erneut auf die Seite. Erschreckt wachte ich auf und suchte die zwei Sterne in der Windschutzscheibe. Sie waren dreißig Grad südlich.

Du musst mit dir reden um wach zu bleiben, befahl der Pilot. *Rede oder singe, aber bleibe nicht stumm.*

Ich nahm Crashy vom Seitentank und setzte ihn aufs Armaturenbrett.

„O.K. mein Freund, jetzt werde ich dir einige Lieder singen. Hänschen klein als erstes, dann Hoch auf dem gelben Wagen." Zwei Stunden hielt mich das Singen wach, dann war auch mein Mundwerk müde.

Der Film von Charles Lindberghs Atlantiküberquerung kam mir in Erinnerung, wo er gegen seine Müdigkeit ankämpfte, er immer wieder einnickte und es dennoch nach Paris schaffte.

„Er ist eintausendfünfhundert Meilen mehr geflogen als du", spornte ich mich an, *„und er war dreiunddreißigeinhalb Stunden in der Luft. Ich muss durchhalten."*

Erneut goss ich mir Wasser über den Kopf und ging meine Checkliste durch. Ein leichter Rückenwind und das geringer werdende Gewicht hatten meine Geschwindigkeit um zehn Knoten erhöht. Den Rückstand auf der ersten Flughälfte hatte ich aufgeholt. Noch sieben Stunden bis Kalifornien.

„Wenn doch bloß die Sonne käme", flüsterte ich mit halb geöffneten Augen, *„dann hätt ich's geschafft."*

Zum x-ten Mal schüttete ich mir Wasser über den Kopf, hatte keine Ideen mehr, mich wachzuhalten.

„Noch fünfzehn Minuten musst du durchhalten", schrie ich und hielt mit Zeigefinger und Daumen meine Augen offen. Dann erhellte sich der Sternenhimmel und der Tag kündigte

sich am Horizont an. Meine zweite Herausforderung, die schlaflose Nacht, hatte ich hinter mir.

Mit der aufgehenden Sonne schoss frisches Leben in meinen Körper und plötzlich fühlte ich mich wach, als hätte ich die halbe Nacht geschlafen.

Du wirst auch die letzten sechs Stunden schaffen, flüsterte der Abenteurer.

Die Kalkulation des Benzinverbrauchs war positiv. Nach zweiundzwanzig Flugstunden hätte ich noch eine halbe Stunde in Reserve.

Meine Gedanken liefen mir voraus. Ich stellte mir meine Ankunft in Long Beach vor, wo Donna und Fliegerfreunde auf mich warteten. Keiner von ihnen hatte geglaubt, dass ich den ‚unmöglichen' Flug wagen würde. Schon gar nicht meine Fluglehrerin, die mich für diesen Flug schelten wird. Ein letztes Mal ging ich die Checkliste durch und teilte der Flugleitstelle in Oakland meine Position und die geschätzte Ankunftszeit in Long Beach mit.

Am Horizont tauchten die Berge Kaliforniens auf, zu meiner Rechten blickte ich auf die Insel Santa Catalina, dann wurden die Hochhäuser von Long Beach sichtbar und schneller als erwartet war ich über dem alten Luxusdampfer Queen Mary im Hafen von Long Beach. Plötzlich ging alles viel zu schnell. Mir blieb keine Zeit, mich am Anflug auf Long Beach zu erfreuen. Nervös hielt ich Ausschau nach anderen Flugzeugen und verfolgte den hektischen Funkverkehr mit dem Tower. Erst im Anflug auf die Landebahn entspannte ich und setzte Crashy aufs Armaturenbrett. Er sollte die letzte Landung miterleben. Ungewollt wurde sie länger, da die Maschine mit den letzten Litern Benzin im Tank leicht wie ein Vogel durch die Luft schwebte. Vor meiner alten Flugschule ließ ich die Maschine ausrollen, schaltete den Motor ab und blickte in Donnas tränengefüllte Augen. Erst da begriff ich, welche Schmerzen ich ihr mit den langen Flügen über den Pazifik zugefügt hatte. Verlegen stieg ich aus dem Flugzeug und nahm sie liebevoll in die Arme.

Auf den Wellen der Kulturen

305 Seemeilen bis Salvador

Beidrehen & Beiliegen

Wellen mit langgezogener Dünung ziehen durchs Meer, als wäre die See nach der stürmischen Nacht müde. Müde wie ich, denn ich kann mich kaum noch auf den Beinen halten. Drei Eimer Salzwasser über den Kopf erfrischen mich, aber erst die wärmende Tasse Kaffee und das Müsli wecken meine Lebensgeister. Schwach und kraftlos bleiben sie, können meine Augen kaum noch offenhalten. Obwohl die aufgehende Sonne bestes Segelwetter mit blauem Himmel und schneeweißen Wolken ankündigt, habe ich heute keine Wahl. Ich muss das Boot ins Beiliegen drehen und ausschlafen.

Für viele Segler ist Beiliegen und Beidrehen das Gleiche, für mich nicht. Beiliegen ist für mich, wenn ich bei schönem Wetter das Boot in den Wind drehen und mich in der Koje ausschlafen kann.

Beidrehen ist bei mir ein Muss, wenn die Wellen einige Meter hoch sind, die Winde über vierzig Knoten, und der Autopilot es nicht schafft, am oder vor dem Wind den Kurs zu halten. Dann steuere ich das Boot in den Wind, lasse es rückwärts treiben und den Sturm in Ruhe durchziehen. So, wie ich es zum ersten Mal auf meinem Törn von Mikronesien zu den Philippinen tat. Wie stark die Winde damals waren, wusste ich nicht, denn ich habe keinen Windmesser an Bord. Ich bin noch der traditionelle Segler, der die Nase in den Wind steckt. Die Wellenhöhe war schwer abzuschätzen und meine Masten kamen mir klein vor. Zu den Wellen aufschauend, sagte mir mein Gefühl: *Beidrehen.*

Eine halbe Stunde lang zögerte ich und las immer wieder die Prozedur, die Lin und Larry Pardey in ihrem Segelhandbuch übers Beidrehen im Sturm beschrieben haben. Für mich war es das erste Mal, solch ein Manöver durchzuführen und ich erinnerte mich, wie beide im Segelseminar das ‚heave to' geschildert hatten. Als sie vom Mut sprachen, den es verlangt, das Boot gegen die hohen Wellen zu drehen und so in den Wind zu stellen, dass es mehr treibend als segelnd im Wind liegt.

Gesichert an der Lifeline, kroch ich zum Hauptmast, und zurrte das Hauptsegel am Baum fest. Das Sturmsegel zog ich am inneren Vorstag hoch und legte die Schot nicht zu Backbord, wie die der anderen Segel, sondern zu Steuerbord. Zurück im Cockpit rollte ich den Rest der Genua ein, der noch im Wind stand, und versicherte mich, dass das Besansegel im dritten Reff war. Den Motor startete ich zur Absicherung. Er sollte mir helfen, Korrekturen durchzuführen, wenn ich einen Fehler machte. Auf keinen Fall durfte ich quer zu den Wellen zum Stehen kommen, es wäre der Anfang vom Ende.

Minutenlang wartete ich auf den richtigen Moment, bis mir klar wurde, dass es diesen nach jeder Welle gab. Ich musste nur den Mut aufbringen, das Steuer herumzureißen. Mit einem lauten *‚Jetzt'* feuerte ich mich an und drehte in den Wind. Das Sturmsegel bekam Rückenwind und stand ‚verkehrt' im Wind. Das Boot segelte nicht mehr vorwärts, es legte sich etwa fünfundvierzig Grad zur anlaufenden See und trieb mit einem Knoten rückwärts. Vor dem Bug zogen wir eine beruhigte Wasseroberfläche hinter uns her, in der sich die Wellen nicht mehr brachen. Sofort kehrte Ruhe ein. Über die Wellen gleitend lag ich im Sturm.

Heute ist die See ruhig und der Wind stabil. Der Himmel ist mit kraftlosen Wolken gefüllt und ohne Zögern drehe ich das Boot ins Beiliegen. Schaukelnd treibt es im Wind und sorglos lege ich mich in die Koje, zu meinem lang verdienten Dauerschlaf.

Kurz wache ich auf, bin mit der Nase gegen das Kojenbrett

geschlagen, welches mich daran hindert, aus dem Bett zu fallen. Ganz automatisch drehe ich mich auf die andere Seite. Dann weckt mich mein linkes Bein, es ist in der Lücke zwischen Kojenbrett und Matratze eingeklemmt. Ich drücke ein Kissen in die Lücke und schlafe weiter. In meinem Traum hält Wolfgang Wache und erschreckt wache ich auf, schaue durch den hellen Salon und erinnere mich beizuliegen. Erleichtert fällt mein Kopf wieder ins Kissen.

Mein knurrender Magen beendet den zehnstündigen Schlaf. Im Salon ist es bereits dunkel und ich warte auf den richtigen Moment, im Bootsgeschaukel übers Kojenbrett zu steigen. Flink springe ich die Treppe hoch und mein Blick übers Meer bleibt ungebrochen, nirgends eine Menschenseele.

Hungrig wie ein Löwe geht's runter an die Dosenkiste unter der Backbordkoje und im Nu stehen alle Zutaten für einen Gemüsesalat auf der Arbeitsplatte, für ein Dinner auf die Schnelle: ein Glas gekochte Kartoffeln, eine große Dose Mischgemüse, eine kleine Dose Mais und zwei Dosen Thunfisch. Womit ich meinem Namen wieder gerecht werde, den mir die Segeldamen gaben: der Dosen-König. Frisch sind nur die Zwiebeln und der Knoblauch. Etwas Thymian, Rotweinessig und Olivenöl verfeinern meine ‚Kochkunst' und nach nur zehn Minuten sitze ich mit der Salatschüssel im Beanbag. Das Angenehme nach einem Dosendinner ist der geringe Abwasch. Nicht nur, weil mir das Abwaschen schon als Kind keine Freude machte, sondern weil es in dem winzigen Spülbecken eine Qual ist. Heute ist der Abwasch in einer Minute erledigt.

Im hellen Mondlicht hangle ich mich aufs Vordeck, ziehe das Hauptsegel hoch und beende das Beiliegen. Wind füllt die Segel und *Ala di Sabah* geht wieder auf Kurs. Zur Nachtwache drücke ich mich in den Beanbag, in meinen Sessel im Cockpit.

Ein klarer Sternenhimmel begleitet meine Erinnerungen,

die mit Kopfschütteln beginnen, mit dem meine Pilotenfreunde den 21½-stündigen Flug von Hawaii nach Kalifornien kommentierten. Für sie war der Flug ein Husarenritt, den ich ein zweites Mal durchlebte, als ich ein Buch über ihn schrieb.

Da mein Bankkonto durch den Weltflug geplündert war, verkaufte ich *Five Niner Papa* und löste die Firma *AeroManiacs* auf. Jeder Luftverrückte bekam anteilig sein Geld zurück, wovon Utz sich eine Garage fürs Auto kaufte und ich meine stillgelegte Verkaufs- und Servicefirma wiederbelebte. Nur Wolfgang legte seinen Anteil in unsere Abenteuerkasse und bemerkte: *„Halte mich auf dem Laufenden, was du als Nächstes planst."*

Drogen in Mexiko

Meine alten Geschäftsfreunde ließ ich wissen, dass ich wieder ins Geschäftsleben einsteigen müsste, und erneut zeigten sich menschliche Stärken und Schwächen, wie nach jeder meiner längeren Reisen. Die Schwachen rieten mir zum Weiterreisen, denn für sie war meine zweijährige Arbeitspause gleichbedeutend mit Unzuverlässigkeit, wobei ich oft Neid in ihren Augen sah.

Die Starken standen mir zur Seite, hielten Augen und Ohren für mich offen. Wie mein Freund Dieter aus Köln, der vor meinem Weltflug mit seinem Logistikunternehmen die von mir verkauften Maschinen von Deutschland in die USA verschifft hatte. Wenige Wochen nach meiner Rückkehr bot er mir ein lukratives und interessantes Logistikprojekt an. Die Verlagerung einer Halbleiterfertigung von Mexiko in die Schweiz. Für das Projekt benötigte er einen technisch versierten Projektleiter, der Spanisch, Englisch und Deutsch sprach, und der ein Team von Maschinenschlossern, Elektrikern und Installateuren zur Hand hatte, die mit den temperamentvollen und von Mañana geprägten Mexikanern zusammenarbeiten konnten. Wobei es sich um ein Turn-Key Projekt handelte, bei dem mir am letzten Produktionstag in Mexiko die Schlüssel der Produktionshallen übergeben wurden und vier Monate später die Produktion in der Schweiz wieder anlaufen musste. Alle Maschinen, Vorrichtungen, Werkzeuge und sonstige Ausrüstung mussten unter Reinraumbedingungen im mexikanischen Werk verpackt, versiegelt und in der Schweiz wieder aufgebaut werden. In den vier Monaten dazwischen lag die koordinierte Arbeit der Maschinenschlosser, Elektriker, Installateure, Maschinenverpacker, Verschiffungsagenten und Buchhalter. Selbst die Logistik fürs Personal, d.h., deren Arbeitserlaubnis und Umzüge in die Schweiz, waren zu organisieren.

Den Vertrag mit der Schweizer Firma handelten wir in deren Büro in Los Angeles aus, wo ich bewundernd an Dieters Seite saß. Er war der geschickteste Verhandlungspartner, den ich kannte, und nach drei zähen Verhandlungstagen unterzeichnete er den Vertrag mit der Schweizer Firma und ich den meinen mit ihm. Die Bezahlung war sehr gut und bei erfolgreichem Abschluss des Projektes hatten wir noch eine Bonuszahlung ausgehandelt. Ein Bonus, der mich für den Rest des Jahres über Wasser halten würde.

Eine Woche später schlug ich in Mexiko mein Quartier auf. Die Arbeit mit den Mexikanern verlief komplikationsloser als ich es mir vorgestellt hatte, denn nur wenige Male hörte ich das Wort Mañana, was ich La Professora in Guanajuato verdankte, die mir zwölf Jahre zuvor das Zertifikat ausstellte, Mañana richtig verstanden zu haben. Wenn ich dennoch Mañana hörte, spendierte ich eine Runde Bier und einen Teller voller Tacos, verschob das Mañana auf Heute.

Was mich begeisterte, war die Flexibilität der Mexikaner, die, wenn notwendig, improvisierten und immer eine Lösung zur Hand hatten. Wir lagen im Zeitplan bis zu dem Tag, als alle Maschinen der Produktionsanlage vakuum- und reinraumverpackt auf Lkw's an der mexikanischen Grenze zu den

USA standen. Zwei Tage später sollten die sechsunddreißig Holzkisten mit Frachtmaschinen von Los Angeles in die Schweiz geflogen werden.

Hatte ich bis dahin geglaubt nur auf Reisen Abenteuer zu erleben, so folgte eins, das meinem Around-the-World-Flug um nichts nachstand.

„Alle Maschinen müssen wieder ausgepackt werden", befahl der stellvertretende Chefinspektor. *„Wir müssen prüfen, dass keine Drogen geschmuggelt werden."*

„Das ist unmöglich", antwortete ich konsterniert. *„Die Maschinen sind reinraumverpackt und vakuumverschweißt. Die können wir hier nicht öffnen."*

„Müssen sie aber", sagte er herablassend.

„Ihr Chefinspektor hat mir zugesagt", antwortete ich erbost, *„die Maschinen ohne Öffnen über die Grenze zu lassen. Ich hatte ihm angeboten, die Maschinen vor dem Verschließen von einem Zollbeamten prüfen zu lassen, was er nicht für nötig hielt, da wir eine weltbekannte Firma sind."*

„Nur ist mein Chef nicht hier", sagte er trotzig und zeigte ein leichtes Grinsen. *„Ich lasse die Maschinen auf keinen Fall ungeprüft über die Grenze."*

Das Projekt stand still. Dieter war in Asien unterwegs und als ich ihn endlich in Hong Kong am Telefon erwischte, war seine Antwort erschreckend kalt: *„Das ist dein Problem. Denk an deinen Bonus und dass uns jeder verlorene Tag zigtausend Dollar kostet. Du hast genug Geld in der Kasse, also löse das Problem."*

Dem stellvertretenden Chefinspektor schlug ich vor, dass ein mexikanischer Zollbeamter die Fracht begleiten und bei der Öffnung der Kisten in der Schweiz anwesend sein könnte. Es koste sehr viel Geld, aber wir wären bereit, einen Inspektor zu bezahlen. Sein Lächeln wurde freundlich und er versprach alles zu versuchen, seinen Chef zu erreichen. Ich solle ihm meine Handynummer geben, damit er mich jederzeit erreichen könne.

Zwei Stunden später erhielt ich den anonymen Anruf eines angeblichen Buchhalters, der mir die Kosten für den von mir vorgeschlagenen Zollbeamten nannte. Es waren viele tausend Dollar, die ich nicht bar in der Kasse hatte. Sollte ich jedoch die Summe noch an diesem Tag in bar bezahlen, versicherte er mir, würden die Laster schon am nächsten Morgen über die Grenze fahren.

„Es eilt doch, oder?", betonte er.

Ich sagte ihm zu, das Geld zu beschaffen. Er solle mich am Abend erneut anrufen. Wie ein Drogenhändler fuhr ich über die Tijuana-San Diego-Grenze und kam mit einem Stapel nagelneuer Einhundertdollarscheine zurück.

Der Anruf, den ich erwartete, kam nicht vom Buchhalter, sondern von einem Fahrer, der es für selbstverständlich hielt, dass ich das Geld hatte. Denn sofort beschrieb er einen Treffpunkt und erklärte mir, wo und wie ich parken sollte.

Mit meinem Paket voller Geldscheine auf dem Beifahrersitz fuhr ich auf den verabredeten Parkplatz, der in der dunkelsten Ecke Tijuanas lag, hinter einem Hotel, das keinen Stern hatte. Erst als ich den Motor abstellte und das Licht ausschaltete, wurde mir bewusst, welches Risiko ich eingegangen war. Für Wochen würde ein toter Gringo auf dem versteckten Parkplatz unentdeckt bleiben. Als ich den Motor starten wollte, um vor dem Hotel zu parken, kam ein Taxi auf mich zugefahren, stoppte, behielt mich kurz im Scheinwerferlicht, setzte zurück und fuhr vom Parkplatz.

Eine Minute hielten meine Nerven stand, dann startete ich den Motor. Ich legte den ersten Gang ein, kam aber nur fünf Meter weit. Eine schwarze Limousine fuhr auf mich zu und hielt zentimeterdicht an meiner Beifahrerseite. Die Scheiben der Limousine waren verdunkelt und undurchsichtig. Meine Türen hatte ich verriegelt, ich wollte auf keinen Fall aussteigen. Das hintere Fenster der Limousine öffnete sich eine

Handbreit und wie versteinert starrte ich auf den dunklen Schlitz, erwartete einen Mündungslauf. Dann kam eine geöffnete Hand aus dem Spalt.

Mit dem Dollarpäckchen in der Hand stieg ich über den Schaltknüppel auf die Beifahrerseite, drückte den Abwärtsknopf meines Fensters und lehnte mich weit hinaus, um sicherzugehen, dass mein Päckchen die Hand nicht verfehlte. Bevor ich fragen konnte, wann die Laster über die Grenze kämen, war das Fenster geschlossen und die Limousine fuhr vom Parkplatz.

Um neun Uhr am nächsten Morgen standen unsere Laster immer noch an der Grenze und ich glaubte, ein zweites Mal in die dunkelste Ecke Tijuanas zu müssen. Um elf Uhr rief mich der Chefinspektor persönlich an.

„Just in diesem Moment", sagte er so freundlich, wie ich ihn kennengelernt hatte, *„fahren alle Laster über die Grenze."*

Die restliche Zeit des Projekts arbeitete ich in der Schweiz, beendete es im Zeitplan und stabilisierte mein Bankkonto.

Projekt Olympische Spiele

Zurück in Kalifornien, war ich beruflich wieder voll beschäftigt, was Donna auch für unser Zusammenleben wollte. Nach sieben gemeinsamen Jahren bat sie um einen Hochzeitstermin.

Donna wusste, dass sie einen heiklen Punkt ansprach, über den wir viele Male diskutiert hatten. Doch sie bestand auf einer Hochzeit. So sehr ich Donna liebte und so herrlich unsere gemeinsamen Abenteuer waren, eine Ehe unter amerikanischen oder deutschen, staatlichen oder kirchlichen Gesetzen kam für mich nicht in Frage. Überall auf der Welt, versprach ich ihr, würde ich sie heiraten, aber nicht unter derzeitigen Gesetzen. Ich schlug ihr vor, mit mir nach Papua Neuguinea oder auf eine einsame Insel im Südpazifik zu fliegen und uns dort von einem Häuptling trauen zu lassen.

Mein Vorschlag traf Donna ins Herz und sie gestand mir, dass es für sie der größte Wunsch war, wie für die meisten Amerikaner, von Gott begleitet, vor einem nahezu zweihundertköpfigen Freundeskreis mit großer Show in einem Ressort oder Golfclub zu heiraten. Für ein halbes Jahr gaben wir uns eine Auszeit, dann trafen wir uns zur letzten Aussprache. Ein weiteres halbes Jahr verging, dann lud mich Donna zu ihrer Hochzeit ins Clubhaus des Golfclubs ihres zukünftigen Mannes ein.

Auf ihrer Hochzeit nahm ich am Tisch ihrer besten Freundin Platz, die unsere gemeinsame Zeit miterlebt hatte. Wie sie mir später erzählte, glaubten die Hochzeitsgäste, dass Donnas Ehemann Frank, als er auf unseren Tisch zukam, mich in einer wilden Keilerei aus dem Saal werfen würde. So, wie es Cowboys manchmal tun. Aber er umarmte mich, freute sich, dass ich gekommen war. Denn er und Donna hatten eine Überraschung für mich. In ihrer Hochzeitsrede spiegelten sie ihr persönliches Leben bis zur Hochzeit in Worten wider, abwechselnd und zeitgleich. Als Donna zum Zeitpunkt kam, wo ich in ihr Leben trat, erwähnte sie, dass, wenn sie mit mir nicht die Welt gesehen hätte, sie nicht die Frau geworden wäre, die nun an Franks Seite stand. Über ihre Offenheit war ich dankbar und begriff, für eine zweite Ehe nicht geschaffen zu sein.

Mein Leben waren Abenteuer, und die Idee zu meiner nächsten Weltreise kam mir auf einem Segeltörn zur Insel Catalina, die fünfundzwanzig Seemeilen vor der Küste von Los Angeles liegt. Mitten auf dem Meer drehte ein kleines Sportflugzeug einige Runden um unsere Mastspitzen und der Pilot winkte uns aus dem geöffneten Fenster zu. Erfreut winkte ich zurück, hatte er doch den gleichen traumhaften Blick auf unser Segelboot, wie ich ihn in Fidschi auf den Schoner hatte, der in Levuka vor Anker lag.

Das Motorengeräusch seiner Maschine war noch nicht

verstummt, da sah ich mich mit einem Wasserflugzeug um die Welt fliegen. Sah mich in blauen Buchten paradiesischer Inseln landen, die ich auf meinem ersten Weltflug überflogen hatte.

Sofort begann ich mit der Machbarkeitsstudie. Die Maule kam als Flugzeug wieder in Frage und die Firma Maule bot mir ihre Hilfe an, ein derartiges Projekt durchzuziehen. In der Fabrik hatte man gebrauchte Schwimmer verfügbar, die sie mir für das Projekt leihen würden. Da die Schwimmer auch über ein Fahrwerk verfügten, hätte ich ein Amphibienflugzeug, mit dem ich überall landen konnte.

Je tiefer ich ins Projekt einstieg, desto unromantischer wurde der Flug. Mein Traum an einsamen Inseln zu landen, war nicht zu realisieren. Nur wenige Wasserflächen standen als gekennzeichnete Wasserflughäfen zur Verfügung und neunzig Prozent meiner Landungen müsste ich auf harten Pisten absolvieren. Abgesehen davon, hätte ich das Problem, die großen Entfernungen mit dem zusätzlichen Gewicht der Schwimmer und geringerer Geschwindigkeit zu überbrücken. Große Umwege und zusätzliche Kosten kämen auf mich zu, die nicht im Rahmen meines Budgets waren. Nur hatte mich die Machbarkeitsstudie gedanklich wieder in die Luft befördert und ich war heiß darauf ein zweites Mal um die Welt zu fliegen, diesmal andersherum. Auch sollte es kein weißes Flugzeug sein, sondern ein bunter Vogel, der langsam über die Köpfe der Menschen hinweg flog. Ein Vogel, zu dem die Menschen mit Freude aufschauen konnten.

Ich griff die olympische Idee auf und wollte im Jahr der Olympischen Spiele 1996 zu jeder Stadt fliegen, in der Olympische Spiele stattgefunden hatten. Der Flug sollte ein Teil der völkerverbindenden Olympiade sein und für jede Olympische Stadt kreierte ich eine Logbuchseite, auf der sich Olympioniken, Schüler und Piloten eintragen konnten sowie ansässige Fallschirmspringer, mit denen ich einen Sprung über der

Stadt absolvieren wollte. Es sollte ein weltweites Puzzlespiel werden, mit der letzten Landung während der Olympiade in Atlanta.

Die Nacht ist überstanden, in wenigen Minuten wird sich die Sonne am Horizont zeigen. Der Himmel ist bereits hellblau und die grauen Wolken beginnen weiß zu strahlen, was einen ruhigen Segeltag verspricht. Mit zwölf Knoten ist der Wind perfekt und wenn er beständig bleibt, werde ich in drei Tagen in Brasilien sein.

Auf den Morgenschlaf verzichte ich, da mir die Nachtwache mit vielen Nickerchen sehr leicht fiel. In den Beanbag gekuschelt, genieße ich meinen ersten Pott Kaffee und schau in die vorüberziehenden Wolken, lasse meine Gedanken mit ihnen wandern. Nach Brasilien, wo ich mir die Worte Glenn Clarks wieder vor Augen führen muss: *Wenn du in ferne Länder reist, reise mit wenig Gepäck. Lasse Vorurteile, Rechthaberei, Eigennutz und Angst zurück.*

Falsches Gepäck & kleine Nuancen

Als ich Glenn Clarks Worte zum ersten Mal las, war es wie ein Aufwachen für mich. Mir wurde bewusst, dass ich von einem kulturellen Gitter umgeben war. Ein Gitter, durch das ich schlüpfen musste, wollte ich fremde Kulturen kennen- und verstehen lernen.

Ohne Vorurteile durch die Welt zu reisen, dieses Gepäck zu Hause zu lassen, wie Glenn Clark empfiehlt, war eine Herausforderung. Nicht nur, dass sich Vorurteile durch das kulturelle Gitter und Massenmedien tief in meinem Unterbewusstsein festgesetzt hatten, sie wurden mir auch entgegengebracht. Auf einer Party in den Vereinigten Staaten, die meinem Kulturkreis sehr nahestehen. Drei Sätze, die ich mit dem Amerikaner Harry wechselte, machten es deutlich:

„Hi, mein Name ist Harry, wie heißt du?"

„Hallo, mein Name ist Dieter, ich bin aus Deutschland."

„Oh! Aus Deutschland. Dann hast du ja immer Recht. Ist es nicht so?"

Ich wollte gerade mit meiner Tirade ‚wenn ich Recht habe, habe ich Recht', beginnen, als ich mich an die Worte eines griechischen Freundes erinnerte: *‚Du hast Recht, sind Worte mit denen du in Deutschland viele Freunde gewinnst.'*

Ich antwortete Harry mit einem Lächeln, denn er half mir, durch mein Gitter zu schlüpfen. Natürlich hätte ich ihm mit dem Vorurteil, die Amerikaner seien oberflächlich, antworten können, mit einer billigen Retourkutsche. Aber dieses Vorurteil hatte ich schon lange abgelegt. Mir gefiel die freundliche und unkomplizierte Art der Amerikaner. Sei es im Geschäftsleben, beim Sport oder auf Parties. Auf Parties war ich als Gast immer willkommen, konnte jeden ansprechen und wurde angesprochen. Nie wurde ich mit erhobener Nase und herber Muffeligkeit abgewiesen oder gar nach meinem Titel gefragt.

Ein Schweizer Freund hielt die Amis für oberflächlich, weil einige von ihnen die Schweiz und Schweden verwechselten. Woraufhin ich ihn nach der Hauptstadt von Texas fragte, einem Staat, der siebzehn Mal größer ist als die Schweiz. Dallas, hatte er geantwortet, und ich ließ seine falsche Antwort im Raum stehen.

Meine deutschen Freunde bissen sich an der amerikanischen Begrüßung *How are you*? fest, *wie geht es Ihnen?*

Sie hielten die Begrüßungsfloskel für eine persönliche Frage, die es in den Staaten nicht ist.

„Warum fragen sie", erklärten sie mir erbost, *„wenn sie nicht wissen wollen wie es mir geht? Das ist doch oberflächlich."*

Bei uns in Deutschland haben sie durchaus Recht. Es ist unhöflich, auf diese Frage nicht zu antworten. Aber in den USA ist *How are you?* keine Frage, es ist eine freundliche Begrüßung. Die Dame an der Kasse im Shopping Center begrüßt jeden Kunden mit *How are you today?* und erwartet auf keinen Fall, dass ihr jeder Kunde seine Schmerzen mitteilt. Ein kurzes *Fine* reicht aus. Es ist nicht die Bestätigung, dass es einem gut geht, sondern ein Dankeschön für die freundliche Begrüßung. Das *How are you* ist so unbestimmt wie das *Mañana*. Denn wenn sich Mexikaner mit *Hasta Mañana* verabschieden, ist es selten der nächste Tag.

Sehr stark wurden mir meine Vorurteile und Befangenheit bewusst, wenn ich sie physisch erlebte. Wie die arabische Tradition des Fingereinhakens, das *Finger-in-Finger-Gehen* unter Freunden. So, wie mich der jemenitische Kapitän durch den Basar von Sanaa führte. Seit meiner Kindheit war es mit dem Gefühl verbunden ‚das tut man nicht', weil es in Deutschland unter Männern eine andere Bedeutung hat. Tief in meinem Unterbewusstsein war es vergraben und es fiel mir schwer, die Freundschaftsbekundung des Captains mit meinem kleinen Finger zu bestätigen. Mir wurde bewusst, wie engmaschig mein kulturelles Gitter noch war, obwohl ich mich auf meiner zweiten Weltreise und das zweite Mal im Jemen befand. Dass er mich fingerhaltend seinen Freunden vorstellte, war in seiner Kultur eine Ehre für mich. Mein Wissen über die jemenitische Kultur war eine Sache, in ihr zu leben eine andere. Womit ich mich Huxley anschließe, der erkannte: *Dass am Ende des Lebens nicht das Wissen, sondern die Tat zählt.*

Zur besonderen Tat musste ich in Asien schreiten, wenn ich täglich zur Toilette ging. Das Stehklo zu benutzen, bereitete mir dabei kein Problem, denn ich war sportlich genug, elegant in die Hocke zu gehen. Was mir fehlte, war die Klopapierrolle, die ich glaubte, immer bei mir haben zu müssen. Nach einigen Tagen in Indien benutzte ich diese nur noch zum Abtrocknen, nachdem mir ein indischer Geschäftsmann, der in Europa den Wasserhahn neben dem Sitzklo vermisste, seine indische Duftversion erklärte. Ich sollte mal ein Häuflein daneben setzen und versuchen, „den Flecken“ nur mit Papier wegzuwischen. Die Duftnote wollte ich gar nicht erst riechen und benutzte fortan meine linke Hand und Wasser, das in Asien auf allen Klos in Reichweite verfügbar ist.

Dass ich Rechthaberei aus meinem Gepäck entfernen musste, wurde mir schon auf den ersten tausend Kilometern mit dem Camper bewusst. Der Überlebensinstinkt war wichtiger und mit Intoleranz hätte ich es nicht bis in die Türkei geschafft, von Asien ganz zu schweigen. Denn Recht ist nicht gleich rechtens und ein Gesetz ist nur Geschriebenes, das für gültig erklärt wird. Es gibt hunderte ungeschriebener Gesetze des Lebens und jede Kultur hat ihre eigenen. Clark hatte es bestens erkannt. Ich sollte auf keinen Fall meine Rechthaberei in andere Länder tragen. Wenn ich glaubte, ein Land ändern zu müssen, sollte ich zu Hause bleiben. Denn zu Hause gibt es viele Dinge, die zu verbessern sind.

So reiste ich 1974 in Singapur ein, wo ich mir meine langen Haare abschneiden lassen musste. Ich hatte kein Problem damit, denn ich hätte nicht einreisen müssen. Ich hatte die Wahl. Länder wie Saudi Arabien und China ließen mich auch mit kahl geschorenem Kopf nicht einreisen.

Obwohl ich zu dieser Zeit noch rauchte, gefiel mir in Singapur die Strafe für auf die Straße geworfene Kippen. Auch ich wollte nicht über einen Teppich speichelgeladener Infektionsherde laufen. Was viele Politiker in Deutschland, die noch sehr grün hinter den Ohren waren, als diktatorisch bezeichneten. Heute gibt es Strafen fürs Kippenwegwerfen in den meisten Ländern, weil sie begriffen haben, dass es mit Diktatur nichts zu tun hat.

Das Kaugummiverbot in Singapur bereitete mir sogar Wohlbefinden, da ich beim Essen nicht mehr in die ekligen Kaugummis unter der Tischplatte griff und auf den Bürgersteigen nicht durch ein Meer von Kaugummis lief, was in meiner Heimatstadt noch immer der Fall ist. Rechthaberei ist, wie mir Harry deutlich machte, besonders für uns Deutsche ein sehr schweres Gepäckstück.

Wer Eigennutz zurücklässt, wie Glenn empfiehlt, wird auf Reisen schöne Erfahrungen machen. So, wie ich es auf der Eremiteninsel Luf in Papua Neuguinea erlebte, einer Insel mit circa einhundert Einwohnern, die fern jeglicher Moderne lebten. Vor dieser einsamen Insel lag ich zwei Monate vor Anker, gemeinsam mit Rolf und Daniela, einem Schweizer Ehepaar. Rolf war Zahnarzt und setzte täglich Plomben, zog Zähne und betreute die Einheimischen bei allen Wehwehchen, mit denen sie zu ihm kamen. Sie nannten sein Boot bereits Danielas Krankenstation. Mein Boot richtete ich als Werkstatt ein, denn ich verfügte über alle Werkzeuge zum Reparieren der Einbäume, der Außenbordmotore sowie der Wasserpumpe am Dorfbrunnen.

Ohne darauf zu achten, ob es Rolfs letztes verfügbares Amalgam für eine Zahnfüllung war oder mein letzter Tropfen Holzleim für eine Kanureparatur, wir lebten bei und mit den Insulanern, teilten alles, was wir entbehren konnten, was auch die Einheimischen taten, die frische Fische, Obst und Gemüse zu uns brachten. Es war ein freudiges Geben und Nehmen, das uns allen eine glückliche Zeit bescherte.

Ohne Angst sollten wir auf Reisen gehen, empfiehlt Glenn Clark, und unsere erste Reise nach Afghanistan machte es deutlich. Mit Angst im Gepäck fuhren wir mit dem Camper ins Land ein, glaubten die Räubergeschichten, die uns andere Reisende erzählt hatten. Doch je mehr wir uns öffneten, je mehr wir unsere Ängstlichkeit ablegten, desto schöner wurde das Land und interessanter unsere Begegnungen mit den Afghanen. Ihr räuberisches Aussehen mit bärtigen Gesichtern und Gewehren über den Schultern hatte uns geblendet. Es entsprach nicht der Gastfreundschaft, die sie uns entgegenbrachten. Hatten wir uns in einem abgelegenen Dorf, irgendwo auf dem Weg durch das Hindukusch Gebirge, erst einmal vorgestellt, ihnen mitgeteilt, wer wir waren, fühlten wir uns als ihre Gäste sicher. Afghanistan wurde, nachdem wir unsere Ängstlichkeit abgelegt hatten, zu einem der interessantesten Länder, die wir je bereisten.

Wobei eine gesunde Angst natürlich ist, besonders in einer Welt, die man nicht kennt. Sei es auf Reisen, beim Sport oder im täglichen Leben. Diese Angst spürte ich bei meinem ersten Fallschirmsprung, da ich nicht in die Luft gehörte wie ein Vogel. Als sich die Flugzeugtür in tausend Meter Höhe öffnete und ich die Erde weit unter mir sah, war meine Angst verflogen. Denn ich hatte meinen Schirm auf dem Rücken, hatte gelernt, wie ich abspringen und landen musste, und was im Notfall zu tun wäre. Nicht Angst, sondern Wachsamkeit, keinen Fehler zu machen, beherrschte die Sekunden vor dem Absprung. Dann hing ich am geöffneten Schirm und jubelte vor Freude.

„Hattest du keine Angst, auf dem Riff ins Wasser zu springen?", werde ich immer wieder gefragt, wenn ich vom Kampf auf dem Riff erzähle. Natürlich hatte ich Angst, aber nicht um mich. Die Vorstellung, dass meine *Ala Di Sabah* auf dem Riff zerschellte, ließ keine Angst um mich zu. Erst als die Krankenschwestern meine Wunden mit Jod abtupften, wurde mir bewusst, wie riskant es war.

Angst hatte ich vor meinem ersten Flug um die Welt. Nur war es nicht die Angst vor dem Fliegen, es war die Angst vor dem Scheitern. Ein Überbleibsel aus meiner Jugendzeit, in der ich einen Misserfolg als Niederlage wahrnahm und nicht als Vorstufe zum Erfolg, wie der ‚Korb' beim Tanzen oder eine nicht bestandene Prüfung. Beim Weltflug fürchtete ich das höhnische Gelächter meiner Fliegerkollegen, denn die meisten glaubten, dass ein derartiger Flug weitaus mehr Flugerfahrung verlangte, als ich Flugstunden in meinem Logbuch hatte. Folglich klebte ich die Buchstaben *Around the World* erst aufs Flugzeug, als ich Long Beach verlassen hatte.

Diese, in meinem Unterbewusstsein tief vergrabene Angst vor einem Misserfolg, beseitigten der erfolgreiche Flug und die Einstellung der Amerikaner in meinem Umfeld. Wo ich erlebte, wie Menschen innere Größe zeigten und ihren Freunden gratulierten, obwohl deren Projekte gescheitert waren. Sie gratulierten ihnen, weil sie es versucht hatten.

Auf kleine Nuancen, denen ich zu Beginn meiner Reisen wenig Beachtung schenkte, werde ich auch in Brasilien wieder achten müssen. Denn bei längeren Aufenthalten in neuen Kulturen sind sie wichtig, will man verstehen und verstanden werden.

Wie in Mexiko, wo *Mañana* als ‚morgen' im spanischen Wörterbuch steht, nur ist *Mañana* in Mexiko viel unbestimmter. *Mañana* kann morgen, mal schauen, vielleicht, vielleicht auch nicht oder irgendwann in unbestimmter Zukunft bedeuten. Für mich als Zeitmensch war es eine Unbekannte, mit der ich nur schwer leben konnte. Ich glaubte, in Mexiko Zeit zu verlieren, den Tag nicht in den Griff zu bekommen. Immer wieder blieb mein Unterbewusstsein an der gradlinigen Übersetzung ‚morgen' hängen, am Zeitbegriff meiner Kultur. Ein halbes Jahr später hatte ich das Gespür, am Klang des Wortes, an den Augen des Gegenübers und an seiner Körpersprache das *Mañana* zu verstehen. Denn es ist ein Teil des mexikanischen Lebens, ein Ausdruck der Gelassenheit und der Möglichkeiten, ist eine Antwort für den Moment, *Hasta Mañana*.

In Thailand, obwohl ich das Land mit dem Camper durchreist hatte und mit meinem Flugzeug dort gelandet war, lernte ich erst auf meiner Segelreise, dass es dort das Wort *Nein* nicht gibt. Vergeblich suchte ich es im Wörterbuch, denn ich glaubte, das Wort *Nein* dringend zu benötigen, um mich bei den Thais, die an meinem Boot arbeiteten, klar auszudrücken. Doch schnell lernte ich, das englische *No* nicht mehr zu benutzen. Denn mein brutales *Nein* verletzte die Thais, sie verloren die Motivation und kamen nicht mehr zur Arbeit. Zwangsläufig lernte ich mein *Nein* auf angenehmere Art zu äußern. Mit einem Lächeln und zusätzlichen Worten, wie die Worte *mai mi*: habe ich nicht, kann ich nicht, will ich nicht oder vielleicht. Klangvolle und versöhnlichere Worte als mein hartes ‚*No*'.

Dieses *Nein* wollten auch die Orientalen nie aussprechen, besonders wenn ich auf den Straßen nach der Richtung fragte. Zeigte ich in eine Richtung, war ihre Antwort ja, zeigte ich in die andere Richtung, war sie ebenfalls ja. Sie wollten mir auf keinen Fall mit nein antworten, wollten mir Achtung entgegenbringen. Philosophisch betrachtet, hatten sie Recht. Ich könnte auch andersherum ans Ziel kommen. Die falsche Richtung wäre richtig, wenn ich einmal um die Welt fahren würde.

Bei Indern kam noch die Schwierigkeit des Kopfnickens hinzu, das, mehr als bei uns, das Ja und Nein begleitet. Nur nicken die Inder zum Ja nicht mit dem Kopf nach vorne wie wir, sie kippen ihn nach rechts und links. Es ist mehr ein Kopfwackeln, ähnlich unserem zweifelnden Kopfschütteln. Wippen sie ihren Kopf nach hinten, bedeutet es Nein. Deuten sie die Kopfbewegung allerdings nur kurz an, ist es sehr schwer die Antwort zu interpretieren. Es sei denn, sie wird von einem ‚Adja' begleitet, dann ist es ein eindeutiges Ja.

Die Sonne nähert sich dem Horizont, ein ruhiger Segeltag geht zu Ende. Es war ein erholsamer Tag mit konstantem Wind und mühelosem Trimmen. Langsam färben sich die Wolken feurig, zeigen mir, dass das Wetter schön bleiben wird. So, wie es die Bauernregel sagt: *Abendrot - Schönwetterbot.* Schrittweise rolle ich die Angelleine ein mit der kleinen Hoffnung, noch einen Biss am Haken zu spüren.

Hinunter geht's in die Kombüse und mit der gefüllten Thermosflasche und einer Schüssel Salat wieder hoch ins Cockpit. Ausgeruht und hellwach, wie seit Tagen nicht mehr, lasse ich mich in den Beanbag fallen und meine Erinnerungen zum zweiten Weltflug wandern, zu einem wahrhaft bunten Abenteuer. Ein Flug, den einige Freunde für verrückt hielten, andere die Idee großartig fanden und viele Piloten erneut mit dem Kopf schüttelten. Wie konnte ich es riskieren, mit einer einmotorigen Maschine ein zweites Mal um die Welt zu fliegen? Recht hatten sie, denn als der Propeller kurz vor Ende des Fluges in der Luft stoppte, erinnerte ich mich an ihre Worte.

Dritte Weltreise

Flight of Beauty um die Welt

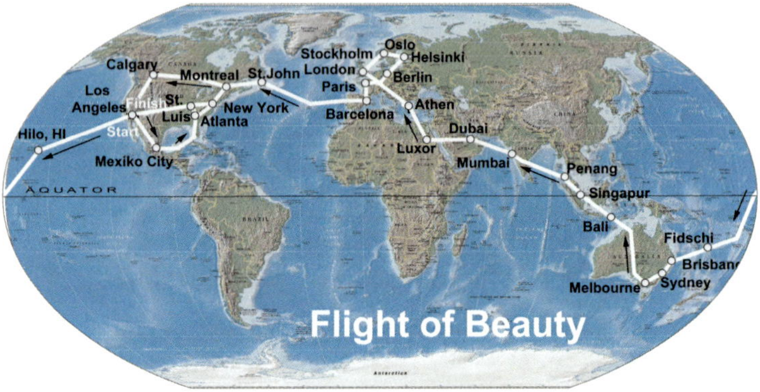

Jagd auf Olympioniken, 1996

Der „Olympische Vogel"

Im Cockpit über dem Pazifik

Mein Sprung aus dem „Vogel"

Kurz vor der Landung

Harry(lks) und Carlos nach dem Sprung in Tequesquitengo, Mexiko

Dimitri zeichnet seine „Goldene Feder“ in Athen, Griechenland

Wolfgang nach der Landung in Berlin-Tempelhof

Scheich Mohamed vor dem Absprung über Umm Al Quwain, VAE

Sean zeichnet als Schüler das Logbuch, Montreal, Kanada

Bob zeichnet als Olympionike das Logbuch, Melbourne, Australien

Anu zeichnet als Journalistin das Logbuch, Helsinki, Finnland

Peter & Weltmeister Karl-Heinz mit olympischer Fackel, Augsburg

Nichts auf der Welt ist so stark wie eine Idee,
deren Zeit gekommen ist.

Drei Jahre nach dem ersten Weltflug begann mein zweites großes Flugabenteuer. Ich flog zur Maule Fabrik und holte N3FB (*Three Foxtrott Bravo*) ab, einschließlich des jungen australischen Malkünstlers Henk, der das Flugzeug in einen bunten Vogel verwandelt hatte.

Den Flug nannte ich *Flight of Beauty*, den *Flug des Schönen*. Fliegerfreunde wollten mich als Copiloten einige Tage begleiten und vom *Flight of Beauty* Begeisterte kauften golden gedruckte Federn, die sie mit ihrem Namen signiert aufs Flugzeug klebten. Als Sponsor ‚flogen' sie mit mir um die Welt.

Long Beach war der Startflughafen für Los Angeles, Olympiaden 1932 und 1984, denn auf dem internationalen Flughafen von Los Angeles durfte ich als kleiner Vogel weder starten noch landen. Viele Freunde kamen zur Verabschiedung aufs Rollfeld und wünschten mir und Harry, einem Fliegerfreund, der mich durch Mexiko bis nach Florida begleitete, einen guten Flug. RTL schickte ein Kamerateam und eine Silbermedalliengewinnerin zeichnete als Olympionikin mein Logbuch.

Dann begaben wir uns in die Luft und flogen der kalifornischen Küste entlang nach Mexiko City, Olympiade 1968, wo wir von mexikanischen Freunden empfangen wurden, die uns mit Olympioniken, Korrespondenten und Schülern zusammenbrachten. Zum Fallschirmspringen flogen wir nach Tequesquitengo und genossen den Blick auf die Vulkane der Sierra Madre aus viertausend Meter Höhe.

Über Kuba hinweg flogen wir zur Sun'n Fun-Flugshow nach Florida, wo mein bunter Vogel einiges Aufsehen erregte. Mehrere Piloten fanden meinen *Flight of Beauty* originell und kauften für einhundert Dollar eine goldene Feder. Sie wollten ‚mitfliegen'.

Harry verabschiedete sich und ich flog entlang des Mississippi nach St. Louis, Olympiade 1904. In großer Runde ging es weiter durch Nordamerika zu den Olympiastädten Lake Placid, 1932 und 1980, Montreal, 1976, Calgary, 1988, und Squaw Valley, 1960.

Squaw Valley verfügte über keinen Flugplatz und ich landete in Lake Tahoe, um mit Katie über Squaw Valley zu fliegen. Katie ist die Tochter eines Springerfreundes, die sich als neunjährige Schülerin in mein Logbuch eintrug. Dem Flugleiter im Tower hatte ich von meinem Weltflug erzählt und so fragte er Katie, wie ihr der Flug gefiel und was sie sah. Aufgeweckt wie sie war, drückte sie ununterbrochen den Sprechknopf am Steuerhorn und teilte aller Welt mit, wie hell der weiße Schnee in den Bergen glänzte und wie blau das Wasser im Lake Tahoe war. Andere Piloten schalteten sich ein und für die nächsten zehn Minuten war Katie der Star im Luftraum über Lake Tahoe.

Zurück in Long Beach, beobachtete ich das Wetter zwischen Los Angeles und Hawaii und wartete geduldig auf einen Flugtag ohne Gegenwind. Am fünften Tag war ich des Wartens leid, denn mein Vortragstermin in Melbourne rückte immer näher, und in drei Monaten wollte ich die Welt umrundet haben, zu den Olympischen Spielen in Atlanta eintreffen.

Mit zwei Änderungen entschloss ich mich zum Abflug. Zusätzlich zu den hinter und neben mir installierten 400-Liter-Zusatztanks nahm ich noch einen 70-Liter-Gummitank mit, den ich so installierte, dass ich ihn während des Fluges in den Zusatztank umfüllen konnte. Obwohl ich theoretisch mit den offiziell erlaubten Tanks genug Benzin an Bord hatte, sagte mir mein Bauchgefühl, dass es bei starkem Gegenwind knapp werden würde.

Die Flugdistanz verkürzte ich um einhundert Flugkilometer, indem ich am Abend des fünften Tages nach Santa Barbara flog, das nordwestlich von Los Angeles liegt. Auch entschied ich mich, nicht durch die Nacht zu fliegen, wie bei meinem ersten Flug. Ich wollte so früh wie möglich starten und gegen Mitternacht auf Hawaii landen.

Noch bei Dunkelheit am nächsten Morgen hob ich in Santa Barbara ab. Starke Bewölkung war vorausgesagt und die meiste Zeit des Fluges regnete es. Dank des starken Luftverkehrs von und nach Hawaii war ich ständig in Funkkontakt mit Piloten der Passagiermaschinen über mir. Sie gaben mir die neuesten Wetterberichte und wir plauderten übers Fliegen. Zweimal fielen mir kurz die Augen zu und nach achtzehneinhalb Stunden, kurz vor Mitternacht, landete ich in Hilo.

Ermüdet vom Flug, legte ich einen Erholungstag ein, dann setzte ich die Überquerung des Pazifiks in großen Flugabschnitten fort. Das Wetter über Kiritimati, American Samoa und Fidschi war ‚träumende Südsee', nur Australien empfing mich mit einem Unwetter vor Brisbane, das mich an einer sicheren Landung auf dem fünften Kontinent zweifeln ließ. Es war der *Flug durch die Hölle,* der mein Durchhaltevermögen nervenzerreißend auf die Probe stellte und bei dem ich nur dank der Fluglotsen von Brisbane sicher landen konnte.

Ein „verlorener" Tag

Beim Frühstück, am Morgen nach dem nervenbelastenden Flug, dachte ich darüber nach, wie viele graue Haare er mir beschert und um wie viele Tage er mein Leben verkürzt hatte. Dass es ein ganzer Tag war, bestätigte der Kellner, als ich beim Ausfüllen des Logbuchs das falsche Datum eintrug. Diesen Tag, erklärte er, hätte ich beim Überfliegen der Datumsgrenze über dem Pazifik verloren.

Damit war ich einen Tag hinter meinem Zeitplan und verkürzte auch Wolfgangs Urlaubstage mit mir, der in Melbourne, Olympiade 1956, wartete, um bis Malaysia mitzufliegen. Peinlich war, dass ich meinen geplanten Vortrag in der TVSA-Flugschule in Melbourne, den ich an diesem Abend halten sollte, um den verlorenen Tag verschieben musste.

Wendy, die Chefin der Flugschule, ließ es sich am nächsten

Tag nicht nehmen, bei meiner Vorstellung darauf hinzuweisen, dass nicht schlechtes Wetter mich um einen Tag verspätet hätte, sondern mir als Weltenbummler der Verlust des Tages beim Überfliegen der Datumsgrenze entgangen war.

Dennoch war der Hörsaal der Flugschule zu klein, um all die Fluginteressierten aufzunehmen. Einige Piloten kannte ich noch vom Vortrag drei Jahre zuvor, als ich ihnen meinen Flug von Amerika nach Europa, durch den Nahen Osten, Asien und Australien geschildert hatte. Nun wollten sie den Rest des ersten Fluges hören, von Australien über den Pazifik nach Amerika. Besonders die langen Flüge zwischen den Inseln interessierten sie und wie ich den 21½-stündigen Flug von Hawaii nach Kalifornien ohne Toilette schaffte.

Ungeniert demonstrierte ich ihnen meine Erfindung der kleinsten Toilette der Welt. Es war eine zusammengepresste 3 mm starke Sprungfeder, in der eine Plastiktüte klemmte. Das Drahtgestell war nur einen Finger dick, zwei Hände im Durchmesser und hatte im engen Cockpit Platz, zwischen Tür und Sitz. Zur Demonstration setzte ich mich auf einen Stuhl und zeigte im ‚Trockenen', wie ich im Ernstfall meine Hose herunterließ, das Steuerhorn nach vorne drückte und in den Sturzflug ging, denn nur so hatte ich im Flugzeug genügend Platz, in eine Hocke auf den Pilotensitz zu springen. Dann ‚zog' ich das Steuerhorn wieder zurück und brachte das Flugzeug in die normale Fluglage. Ich demonstrierte ihnen, wie ich die zusammengepresste Sprungfeder einschließlich Plastiktüte unter meinen Allerwertesten schob, die Federspannung freigab, und in der Hocke sitzend, mit der federnden Toilette unterm Hintern, entspannt weiterflog. Den erneuten Sturzflug, um in die normale Sitzlage zurückzuspringen, musste ich nicht mehr demonstrieren. Ich wurde mit brüllendem Applaus belohnt, von Fliegerenthusiasten, die wahrhaftig ‚mitflogen'.

Beim Verabschieden von der TVSA-Flugschule, nach einem

Treffen mit Bob vom Australischen Olympischen Komitee, drückte mir Wendy eine Kreditkarte der Flugschule in die Hand, mit der ich das Benzin für die restlichen Flüge durch Australien bezahlen durfte. Ein wahrhaft königliches Sponsoring für einen Vortrag, den ich mit großer Freude hielt.

Obwohl das Wetter regnerisch war und die Sicht unter drei Meilen, hob ich ab. Wolfgangs Zeitplan und der meine erforderten es. Welch großer Unterschied zum Abenteuerflug, auf dem wir genug Zeit hatten, einige Tage abzuwarten, bis sich das Wetter auf Sichtflug verbesserte.

Monsun über Singapur

Wie herausfordernd tropisches Wetter ist, erfuhren wir auf unserem Flug von Bali nach Singapur, als wir kurz vor Singapur von der Flugleitstelle die Nachricht erhielten, in Indonesien zu landen, da die Flughäfen Singapurs durch starken Monsunregen geschlossen wurden. Es sei denn, wir hätten genug Treibstoff in den Tanks, um einige Stunden in der Luft zu bleiben.

Da wir noch Flugbenzin für drei Stunden hatten, flog ich, wie die Jets, eine Warteschleife nach der anderen. Die Turbulenzen im Unwetter waren aber derart brutal, dass Wolfgang ohne Tüte nicht mehr auskam und es für mich unmöglich war, die Flughöhe auf wenige Meter einzuhalten. Die Flugleitung beschwerte sich über meine Luftakrobatik, vertraute aber meiner Erklärung, dass ich mit dem kleinen Flieger trotz überfluteter Landebahn sicher landen könnte. Mit Radaranweisungen leiteten sie uns durchs Gewitter und mit aufspritzendem Wasser landeten wir auf dem Seletar Airport.

„Das ist unglaublich“, begrüßten uns Piloten, die auf ihre Starterlaubnis warteten. *„Wir warten schon seit zwei Stunden und ihr kommt hier locker reingeflogen.“*

„Wir haben ja auch den richtigen Vogel dazu“, gab ich stolz zur Antwort, obwohl Wolfgangs bleiches Gesicht ihnen die

Wahrheit verriet.

Unser *Flight of Beauty* begeisterte die Piloten und eine lokale Fluggesellschaft ließ uns kostenlos in einem Appartement ihrer Crews übernachten. Auch kauften sie zwei goldene Federn, um unsere Benzinkasse aufzufrischen, was uns für den Flug zur alten Kolonialstadt Malakka reichte.

Wolfgangs letzten Abend in Malaysia verbrachten wir in einer chinesischen Spelunke, wo sein bleiches Gesicht wieder Farbe bekam. Wir hörten einem alten Kuomintangkämpfer zu, der uns eine abendfüllende Geschichte über die Kämpfe zwischen Kuomintang-Chinesen und chinesischen Kommunisten nach dem Zweiten Weltkrieg erzählte, von Kämpfen im malariaverseuchten Dschungel, wo er sich mehr gefangen als versteckt fühlte. Dennoch entschloss er sich in Malaysia zu bleiben und vom Schmuggel zu leben, für den Malakka berüchtigt war. Niedergeschlagen, als wäre es gestern passiert, schilderte er uns die Fahrt mit seiner Dschunke voller Schmuggelgut, die er auf der Flucht vor der Wasserpolizei in einem Mangrovenwald zurücklassen musste, und dass er tagelang durch den Sumpf geirrt sei, hungrig und ohne einen Cent in der Tasche. Woraufhin Wolfgang ihm ein weiteres Bier bestellte und die um uns sitzenden Chinesen misstrauisch wurden. Argwöhnisch schauten sie uns an, als planten wir ein großes Ding mit dem alten Kuomintangkämpfer. Da wir die einzigen Langnasen in der dunklen Kaschemme waren, entschieden wir uns zum Gehen.

Scheich Mohamed springt aus dem Flugzeug

Mein großes Ding war keine Schmuggeltour, sondern der dreitägige Flug nach Dubai mit zwei Übernachtungsstopps in Indien. Dubai strotzte vor Geld und Aktivität, aber in Bezug auf meine Überfluggenehmigung für Saudi Arabien herrschte Funkstille. Meine Anfragen bei der saudischen Luftfahrtbehörde für den Weiterflug blieben unbeantwortet. Wie auf meinem ersten Flug um die Welt, musste ich auch für Saudi Arabien wieder Menschen finden, die einen direkten Draht zu den dortigen Behörden hatten.

Der Besitzer des Hotels, in dem ich Quartier bezogen hatte, rief die Khaleej Times an, die einen Bericht über meinen Flug und mein Problem veröffentlichte. Woraufhin mir ein Geschäftsmann aus Riad, der ebenfalls in dem Hotel übernachtete und den Zeitungsartikel gelesen hatte, seine Hilfe anbot.

„Ich fliege morgen nach Saudi Arabien", erklärte er, *„und werde mich am Flughafen um deine Genehmigung kümmern. Es wäre traurig, wenn du es mit dem bunten Vogel nicht zur Olympiade nach Atlanta schaffen würdest."*

Nach fünf Tagen Wartezeit in Dubai zweifelte ich, je eine Antwort von den Saudis zu erhalten. Ich musste eine andere Lösung finden, um es im Zeitrahmen nach Atlanta zu schaffen. Grübelnd spazierte ich am Kai des Dubai Creek entlang und dachte über meine Optionen nach. Nördlich, in Richtung des Iraks, konnte ich nicht weiterfliegen, dort waren alle Länder seit dem Einmarsch der US-Truppen in Alarmbereitschaft. Nie würde ich eine Überfluggenehmigung erhalten. Südlich, um Saudi Arabien herum, war meine einzige Alternative. Ich könnte über den Oman in den Jemen fliegen und von dort nach Ägypten. Auf der gleichen Route wie vor drei Jahren, jedoch in entgegengesetzter Richtung. Was mir gelingen sollte, nur müsste ich von Dubai aus zwei Fässer Flugbenzin in den Jemen vorausschicken, um nicht mit stotterndem Motor in der Wüste zu enden.

Gedankenversunken ging ich an aufgestapelter Fracht auf dem Kai des Dubai Creek vorbei und warf einen Blick auf die alten hölzernen Dhaus, die seit Jahrhunderten entlang der arabischen Küsten bis Indien segelten. Bewundernd blieb ich vor einer alten Dhau stehen, die schon seit Jahrzehnten übers Meer segelte. Die Deckplanken waren ausgewaschen, die Ruderpinne abgegriffen und die Planken mit tiefen Kratzern übersät. Alte Holzplanken, die Geschichten erzählen konnten. Wenn das Flugabenteuer vorbei ist, versprach ich mir, werde ich mit einer Dhau nach Indien segeln. Wolfgang macht bestimmt mit.

An den Dhaus hingen Plakate, die anzeigten, wohin sie segelten und ob sie noch Fracht mitnahmen. Auf einem handgeschriebenen Plakat las ich: *Freight for Al Mukalla*. Al Mukalla, das war die Hafenstadt im Südjemen, wo ich vor drei Jahren auf meinem Abenteuerflug das geringwertige Straßenbenzin getankt hatte.

„Salem Aleikum", begrüßte ich die Mannschaft und fragte nach dem Kapitän. Die bärtige Crew schaute von ihrer Arbeit auf und nickte Richtung Steuerhaus. Im Schneidersitz und mit halb geschlossenen Augen saß der Kapitän vor seiner Wasserpfeife, hielt sie genüsslich am Leben. Fast teilnahmslos hörte er mir zu, als ich fragte, ob er zwei Zweihundertliterfässer nach Al Mukalla mitnehmen könnte und was es kosten würde. Nach kurzem Bartkrabbeln nuschelte er *„one thousand Dirham"*, etwa 300 US-Dollar.

„Für beide Fässer", bestätigte ich schnell und schaute fordernd in seine Augen.

Er nickte.

„Wie lange braucht ihr bis Al Mukalla?"

„Zwei Wochen", antwortete er.

„Ma'a Salama", verabschiedete ich mich und ging erleichtert ins Hotel zurück. Ich hatte eine Alternative gefunden.

Dennoch rief ich Khalil an, einen Fallschirmspringerfreund aus den Vereinigten Emiraten, den ich flüchtig in Kalifornien kennengelernt hatte. Er ist der Sohn eines sehr begüterten Scheichs, dessen Einfluss bis nach Saudi Arabien reicht. Spontan arrangierte Khalil eine Audienz bei seinem Vater, wo mir dieser zehn Meter entfernt in seinem königlichen Palast gegenübersaß. Sein Vater hörte sich die Geschichte meines Weltflugs an und sagte mir seine Hilfe zu. Da ich nur reden durfte, wenn der Scheich eine Frage an mich stellte, war es schwer abzuschätzen, wie gut er den Scheich in Riad kannte, der mit einem Nicken meinen Flug genehmigen konnte.

Am Abend traf ich mich mit Khalil und einigen seiner Freunde in einer westlichen Hotelbar, wo uns entschleierte Ladies mit aufreizenden Dekolletés echte Drinks servierten. Entsprechend schnell belebte sich unser Abend und mit blumigen Worten versprach mir Scheich Mohamed, ein Fallschirmspringer aus dem Team meines Freundes, dass er mir mit Sicherheit helfen könnte. Denn der Chefpilot seines Vaters befinde sich mit dem Privatjet in Riad und könnte sich sofort um die Überfluggenehmigung kümmern. Scheich Mohamed betrachtete die Bilder von meinem Absprung aus dem bunten Vogel, bestellte eine weitere Runde Drinks und ließ durchblicken, dass er nicht nur vor dem Flugzeug für ein Foto posieren, sondern wie ich, mit dem Fallschirm aus dem Vogel springen wollte. Nordöstlich von Dubai besitze er eine staubige Sandpiste für seine Ultraleichtfliegerei und dort könnten wir hinfliegen und er abspringen. Unbeschwert sagte ich ja, glaubte, der Sprung würde nie stattfinden, da wir uns wieder den heißen Ladies und kühlen Drinks zuwandten.

Zu meiner Überraschung standen Khalil und Mohamed am nächsten Morgen pünktlich um neun Uhr in der Hotel-Lobby.

„Let's go", sagte Mohamed. *„Let's have fun."*

Zweifelnd, eine Fluggenehmigung zu erhalten, stieg ich ins Auto und wir fuhren zum Dubai International Airport. Doch was in der arabischen Welt sonst Wochen dauerte, ging plötzlich innerhalb weniger Minuten. Mein Flug zu einer Sandpiste, die auf meiner Flugkarte nicht eingezeichnet war, wurde genehmigt und auf dem Rückweg sollte ich mich bei der Leitstelle wieder melden, sobald ich in der Luft war. Einfacher ging es wahrhaftig nicht. Wir stiegen in meine Maschine, hoben ab und bekamen auch vom Sharjah International Airport die Genehmigung, durch ihre Kontrollzone zu fliegen. Zwanzig Minuten später landeten wir auf Mohameds staubiger Sandpiste in Umm Al Quwain.

Dass ich mit einem Scheich gelandet war, wurde mir sofort bewusst. Mohamed gab nur noch Anweisungen und ließ sich seinen Fallschirm anlegen. In fünf Minuten hatte ich die rechte Tür vom Flugzeug abmontiert und Mohamed zwängte sich mit dem Fallschirm auf dem Rücken auf den Copilotensitz, begleitet vom lauten Gebet seines Dieners, der Allah um Hilfe bat, seinen Meister wieder unverletzt landen zu lassen. Dass er auch für mich betete, ahnte ich nicht.

Der Start auf der Wüstenpiste war so holprig wie die Landung und durch die fehlende rechte Tür bliesen Staub und Wüstensand ins Cockpit.

Junge, Junge, was machst du da wieder, flüsterte der Pilot und dennoch hob ich ab, nur fünfzehn Kilometer vom Sharjah International Airport entfernt. Die Flugleitstelle hatte uns auf dem Radar und wollte wissen, welche Absicht ich hatte und wohin ich fliegen wollte. Dass mein Passagier aus dem Flugzeug springen würde, konnte ich ihnen auf keinen Fall sagen und klarierte den Flug als Sightseeing Tour über Umm Al Quwain.

Langsam stiegen wir auf Höhe und in 2000 Meter konnte ich die Sandpiste in der hellbraunen Wüste nur noch schwer erkennen. Mohamed schaute durch die Türöffnung nach unten und gab mir die notwendigen Richtungskorrekturen über Handzeichen. Dann kam sein Zeichen, die Geschwindigkeit für den Absprung zu verringern. Ich drosselte den Motor und zog die Nase des Flugzeugs gering nach oben. Mohamed setzte seinen linken Fuß auf die Trittstufe und zog sich an der Querverstrebung des Flügels nach draußen. Er nickte mir zu, ich kippte die Maschine leicht nach rechts ab, er sprang.

Sofort flog ich eine steile Rechtskurve, um Mohamed durch die fehlende Tür im Auge zu behalten. Schnell wurde er kleiner, wurde zu einem schwarzen Punkt. Nach fünfzehn Sekunden verlor ich den Punkt aus den Augen und sah auch keinen geöffneten Fallschirm. Hatte Mohamed ein Öffnungsproblem?

Wie ein Schlag ins Gesicht wurde mir bewusst, welches Risiko ich eingegangen war. Wie hoch der Preis war, sollte Scheich Mohamed bei dem Sprung verunglücken. Als Pilot wäre ich dafür verantwortlich. Keine Frage, der Sprung war illegal und bei tödlichem Ausgang wäre ich in der arabischen Welt noch am gleichen Tag das zweite Opfer.

Nirgends im Luftraum unter mir schwebte sein bunter Gleitschirm. Vergeblich suchte ich den Farbklecks seines geöffneten Schirms im Wüstensand. Ich flog eine Linkskurve, dann eine Rechtskurve und spürte, wie mir Adrenalin ins Blut schoss. Meine Flugkurven wurden immer größer und verzweifelt hielt ich Mohameds Sandpiste im Auge, auch den Wellblechhangar wo wir gestartet waren.

Endlich, in 50 Meter Höhe beim Gegenanflug zur Landung, sah ich Mohamed und seinen Diener neben dem Pick-Up stehen. Auf der Ladefläche lag sein Fallschirm. Erlöst lehnte ich mich in den Sitz zurück und flog einen extra langen Landeanflug, um meine Nerven zu beruhigen.

„Ich Idiot“, brüllte ich in den Flugwind, um Dampf abzulassen. *„Warum lerne ich erst hinterher?“*

Als sich der Wüstenstaub nach der Landung gelegt hatte, kam Mohamed lachend auf mich zu.

„Ich habe den Schirm erst in dreihundert Meter Höhe gezogen“, sagte er mit verschmitztem Grinsen. *„Ich wollte dir einen kleinen Schreck einjagen.“*

„Das ist dir gelungen“, antwortete ich, ohne zu grinsen. *„Nur kostet es dich einige Drinks bei den Ladies.“*

Mein Rückflug von Mohameds staubiger Sandpiste war so komplikationslos wie der Hinflug, nur hatte ich keinen Diener, der die Fluginstrumente vom Wüstenstaub befreite.

„Allah hat dich erhört“, begrüßte mich der Hotelbesitzer und überreichte mir ein zusammengerolltes Fax. *„Vor einer*

Stunde ist die Genehmigung für Saudi Arabien eingetroffen. Ich habe mir die Freiheit genommen, das Fax zu lesen, denn viele Gäste wollten wissen, wie es mit deinem Flug weitergeht. Inch Allah!"

„Al Hamdulillah", rief ich, sprang erneut ins Taxi und fuhr zum Flughafen zurück. In wenigen Minuten hatte ich alle Formalitäten erledigt und mein Abflug für den nächsten Tag wurde genehmigt. Im Hotel verabschiedete ich mich von den freundlichen Helfern und erfuhr nie, wer mir die Genehmigung verschafft hatte.

Der Flug über die Rub al Khali Wüste entsprach ihrem Namen. Im ‚Leeren Viertel' gab es nur Sand und ausgetrocknete Steinformationen. Die Hitze in 2000 Meter Höhe war unerträglich und erst über dem Roten Meer fühlte ich mich überlebensfähig, obwohl nur Wasser unter mir war.

Luxor und der Nil gaben mir kurzzeitig das Gefühl der Sicherheit, aber schon fünfzehn Flugminuten hinter Luxor zeigte die Sahara ihr sandiges Gesicht, bis ans Mittelmeer.

Von Athen bis Atlanta

In Athen war Party-Time angesagt, da mein griechischer Fliegerfreund Costa - wir hatten in Long Beach gleichzeitig die Berufspilotenlizenz erworben - einen Job bei Olympic Airways bekommen hatte. Zwei Tage feierten wir, obwohl ich durch die Verzögerung der Saudis bereits über eine Woche hinter meinem Zeitplan war. Wir begaben uns in die Luft, flogen über das alte Olympia und trafen Olympioniken, Flugschüler und Kinder, die mein *Flight of Beauty*-Logbuch unterzeichneten. Im Olympia Stadion, während der Griechischen Leichtathletikmeisterschaften, feierten wir das einhundertste Jahr der Olympischen Spiele der Neuzeit: von Athen 1896 bis Atlanta 1996.

Meine Termine für Berlin, London und Paris rückten näher und ich verschob Rom ans Ende meiner Europatour, flog direkt nach Augsburg. Peter, mein Reise- und Fallschirmspringerfreund, hatte bereits Termine für die Unterschriften in meinem Logbuch arrangiert und mit der Olympischen Fackel in der Hand, die der Kanu-Weltmeister Karl-Heinz 1972 durch Augsburg getragen hatte, lief ich zum Applaus meiner Freunde eine Runde ums Flugzeug. Mit Peters Sohn flog ich eine Sightseeingrunde zwischen Augsburg und München und am Nachmittag genoss ich für fünf Minuten den Blick auf München aus viertausend Meter Höhe, dann sprang ich mit dem Fallschirm aus der Absetzmaschine.

Über Europa lag gutes Flugwetter, was mich zuversichtlich stimmte, die geplanten Flüge zu den Olympischen Städten einhalten zu können. Verzögerungen waren nicht mehr möglich. Am Abend landete ich in Mönchengladbach und schon am nächsten Tag war ich mit Wolfgang auf dem Weg nach Berlin. Wir flogen nach Tempelhof, dem Flughafen der Olympischen Spiele 1936. Zu jener Zeit erlebte der Flughafen seine Blütezeit und elf Jahre später schrieb er Weltgeschichte, als die Sowjetunion die Zufahrtswege nach Berlin blockierte und die Stadt ein Jahr lang über eine Luftbrücke am Leben gehalten wurde. Als fürs Überleben der Stadt alles eingeflogen werden musste, von Seidenstrümpfen bis Mohrrüben. Ein logistisches Meisterwerk, bei der jede zweite Minute ein Flugzeug in Tempelhof landete und bei den tausenden Flügen nur ein einziges Flugzeug wegen technischer Mängel abgestürzt war. Wie knapp die Flugzeuge über und zwischen den Häusern einflogen, erlebte ich als kleiner Bub, wenn mich meine große Schwester, sie war fünf Jahre älter als ich, an die Hand nahm und wir uns am Ende der S-Bahn Station Tempelhof unter die einfliegenden Flugzeuge stellten. Meistens war es schon dunkel und ich schaute ängstlich zu den brüllenden und feuerspeienden Monstern auf.

Wie damals die Großen, flogen auch wir zwischen den Wohnhäusern zur Landung ein. Weit am Ende der Landebahn lag das halbrunde Flughafengebäude und ich schob noch etwas Gas rein, um eine lange Landung hinzulegen. Ein *Follow-Me*-Fahrzeug erwartete uns, und als würde der Fahrer meine Verbundenheit zu Tempelhof kennen, führte er uns übers leere Rollfeld zu einem Parkplatz, wo vierzig Jahre zuvor mein Vater aus einer PANAM-Linienmaschine gestiegen war. Vor vierzig Jahren, als ich mir an der Fensterscheibe der Besuchergalerie die Nase platt drückte und wild mit den Armen winkte, um meinen Vater auf mich aufmerksam zu machen. Denn nur einmal im Jahr kam er von Düsseldorf nach West-Berlin geflogen, wo wir ihn von Ost-Berlin aus besuchen konnten. Anderthalb Jahre vor dem Mauerbau floh auch ich und stieg genau dort, wo ich meinen bunten Vogel geparkt hatte, in eine viermotorige Vickers Viscount Maschine, die mich in den Westen flog.

Wolfgang sah mich gedankenversunken auf das Flughafengebäude starren, und da er meine Lebensgeschichte kannte, kümmerte er sich ums Gepäck und ließ mich mit meinen Erinnerungen auf dem Rollfeld zurück.

„Schluss jetzt", rief Wolfgang und hielt die Ausgangstür offen. *„Sonst werden wir hier eingeschlossen. Der Chef sagte mir gerade, dass du deinen Fallschirmsprung über Tempelhof vergessen kannst."*

Schade, denn es wäre die Krönung unseres Berlinaufenthalts geworden. Wir fuhren nach Berlin-Fürstenwalde in der ehemaligen DDR und ich sprang zum ersten Mal aus einer polnischen Wilga Maschine, deren Sternmotor mir bullige Begleitmusik beim Absprung gab.

Wolfgang hatte keine Zeit für einen längeren Urlaub und ich flog die Runde durch Nordeuropa solo. In London, Olympiade 1908, forderte ich das Wetter heraus und flog zur Schafswiese von Tim, einem begeisterten Sportflieger, den ich in Singapur kennengelernt hatte. Tim hatte mir am Telefon zugesagt, mir beim Anflug über Funk Anweisungen und

Windrichtung durchzugeben, da meine einzige Information von der Wiese die GPS Koordinaten waren. Und, dass er mit seinem weißen Porsche erkennbar in der Wiese stehen würde.

Die Sicht im Regen war derart gering, dass ich weder seinen Porsche, noch die Schafe erkannte, geschweige die freigeschnittene Hecke, die er erwähnte. Aus einhundert Meter Höhe sahen alle Wiesen und Hecken gleich aus. Über Funk teilte mir Tim mit, dass er mich nördlich von der Wiese hören würde. Verzweifelt drehte ich eine weitere Runde in fünfzig Meter Höhe und flog erneut den Koordinatenpunkt an. Nah dran die Landung bei Tim abzubrechen, entdeckte ich die eckige Aussparung in einer Baumreihe. Rechts hinter der Baumreihe stand ein Wellblechhangar und davor Tims weißer Porsche. In die Ecke getrieben standen die Schafe.

Die Landung war so holprig wie die Wiese und Tim dirigierte mich vor seinen Hangar, in dem drei meiner Lieblingsflugzeuge standen. Ein Great Lakes Doppeldecker, auf dem ich in Kalifornien Kunstfliegen lernte, eine Tiger Moth, mit der Sir Francis Chichester von London nach Sydney geflogen war und die Leopard Moth, der Hochdecker, mit dem es Tim nach Australien schaffte. Eine De Havilland Maschine, die vor dem Zweiten Weltkrieg gebaut wurde und meiner Maule sehr ähnlich war. Für die nächsten zwei Tage gab es für uns kein anderes Thema als Fliegen, aber keine Gelegenheit, im Londoner Wetter gemeinsam in die Luft aufzusteigen.

Das Wetter in Nordeuropa blieb verregnet und im Instrumentenflug flog ich nach Oslo, Winterolympiade 1952, und Helsinki, Sommerolympiade 1952. Moskau musste ich auslassen, da der Papierkram zu viel Zeit beanspruchte und meine Ankunft in Atlanta gefährdet hätte. Fallschirmspringen konnte ich nur in Ipswich, nahe London, und in Gryttjom, nahe Stockholm, Olympiade 1912.

Erst in Antwerpen, Olympiade 1920, änderte sich das Wetter und ab Amsterdam, Olympiade 1928, wurde mein Flug wieder von Sonne begleitet. Auch, weil Peter aus Augsburg mitflog, der inzwischen über dreihundert Sprünge auf dem Rücken, sprich Fallschirm, hatte. Gemeinsam mit zwei holländischen Springern fielen wir nahe Amsterdam in einer Sternformation vom Himmel.

In Augsburg setzte sich Utz, *AeroManiac#3,* auf den Copilotensitz und wir flogen zu den traumhaft in den Bergen versteckten Städten der Winterolympiaden. Nach Innsbruck, 1964 und 1976, St. Moritz, 1928 und 1948, und Grenoble, 1968. Dem höchsten Berg der Alpen, dem Mont Blanc, gab ich ein haarsträubend nahes Fly-By, nach dem Utz wieder mit der Linienmaschine weiterfliegen wollte. Doch wie schon auf Bali blieb er sitzen und wir sahen uns Paris, Olympiade 1900 und 1924, aus der Vogelperspektive an, von der obersten Plattform des Eifelturms, weil ein Flug über die Stadt verboten war.

In Barcelona, Olympiade 1992, waren meine Gedanken schon beim anstehenden Atlantikflug, den ich mit meinem Pilotenfreund Horst geplant hatte. Ein Luftverrückter der in Mallorca lebte und mit dem ich in Kalifornien oft am Fallschirm hing und im Segelflugzeug durch die Lüfte glitt. Wir wollten gemeinsam die Route Mallorca - Lissabon - Santa Maria - St. Johns fliegen. Über dem Mittelmeer, auf dem Weg nach Portugal, schaute Horst aufs Meer und fragte mich: *„Wann ziehst du auf dem Meer um die Welt? Solltest du je um die Welt segeln, bin ich dabei."*

Ich flog weiter und grübelte über seine Bemerkung nach. Wird Segeln mein nächstes Abenteuer? Horst musste ahnen, was in meinem Leben noch anstand, denn sechs Jahre später segelten wir gemeinsam durch Polynesien.

Wenige Stunden vor dem Take-Off in Lissabon stieg Horst aus der Maschine, weil ihn die Lufthansa dringend in Frankfurt benötigte. Wieder flog ich solo über den Atlantik, aber die zwölf Stunden bis St. Johns waren nicht besonders herausfordernd. Bei sonnigem Wetter behielt ich den Schiffsverkehr im Auge, dann war es nur noch ein Katzensprung bis Atlanta.

Die Olympiade in Atlanta feierte ich fallschirmspringend am Himmel über Monroe und tanzend mit einer Fliegerfreundin in den Wasserfontänen des Olympiaparks. Ob nun meine hübsche Copilotin mir den Kopf verdrehte oder ich nachlässig war, auf alle Fälle waren wir auf dem Rückflug nach Kalifornien sehr nahe an einer Bruchlandung. Und diese vor hunderten Piloten in Fond Du Lac, wo wir alle auf die Startfreigabe zur größten Flugshow der Welt für Privatflieger warteten, nach Oshkosh. Einer Show, zu der jährlich über zehntausend Flugzeuge einfliegen und täglich ein Band von Flugzeugen in der Luft ist. Aufgrund einer Flugshow war der Flugplatz kurzzeitig geschlossen und nach zweistündigem Warten war es soweit. Alle Flugzeuge reihten sich für den Start auf. Als unser Tross die große Startbahn kreuzte, fragte ich den Tower, ob ich auf halber Startbahnlänge starten dürfte, denn ich hätte eine Maule, die sofort abhebt. Prompt kam die Starterlaubnis: *„Colored Bird, cleared for Take-Off."* Bunter Vogel, Start-frei.

Für den Run-Up und die Checkliste hatte ich keine Zeit mehr. Ich schob den Gasknopf nach vorne und hob ab. Keine zwanzig Meter war ich in der Luft, da stoppte der Motor. Im Gleitflug ging‘s abwärts, dem Ende der Startbahn entgegen. Jetzt rächte sich der Start auf halber Länge. Ich zog das Steuerhorn nach hinten, die Nase des Flugzeugs kam nach oben und die restliche Landebahn entschwand meinem Blick. Aus den Augenwinkeln hielt ich mich mittig über dem Asphalt, setzte mit allen drei Rädern gleichzeitig auf und trat voll auf die Bremsen. Weniger als eine Flügellänge vor dem Ende der Startbahn kamen wir zum Stehen. Unangenehm laut, kommentierte meine Copilotin den kurzen Flug: *„Check-, Check-, Checkliste!"*

Ich drehte den Benzinhahn in die richtige Position und der Motor sprang wieder an. Eine halbe Stunde später landeten wir in Oshkosh, wo mir als Weltflieger ein Ehrenparkplatz am Eingang zur Flug-Show gegeben wurde. Mein *Flight of Beauty*, manchmal nenne ich ihn auch den *Olympischen Flug*, war zu Ende.

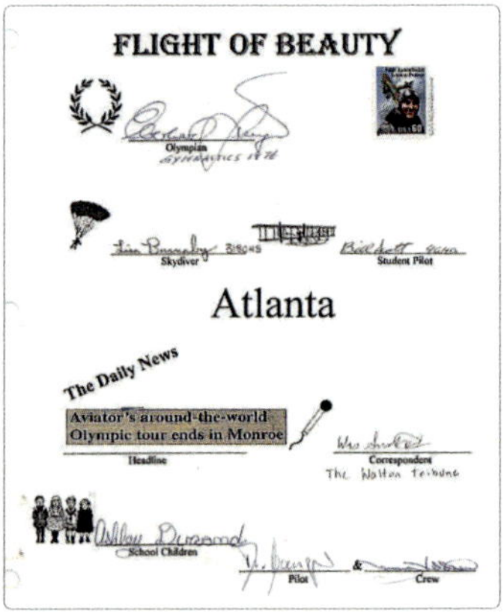

Wind der Veränderung

Die letzte Nacht auf See

Leben & Loslassen

Ausgeschlafen, als wäre die Nacht vorbei, zuckt es mir in den Händen, den Tag zu beginnen. Noch ist es dunkel auf dem Meer, doch ich bin hellwach. Mein Schlafrhythmus ist durchs gestrige Beiliegen vollkommen durcheinander.

Am frühen Morgen beißen die Fische, äußert sich mein Tatendrang und in hohem Bogen fliegt der Köder über die Reling. Fünfzig Meter Leine lasse ich von der Rolle gleiten, dann arretiere ich sie an der Ankerklampe, einschließlich des Holzklotzes, der hoffentlich bald übers Deck fliegt.

Zurück im Beanbag verweilt mein Blick im Himmel, der sich nur langsam von Schwarz in Blau färbt. Die Nachtwache geht zu Ende. Die See zeigt sich so ruhig wie vor vier Tagen und ein moderater Wind bläst mich gen Westen. Die grauen Passatwolken über mir werden allmählich weiß und die aufgehende Sonne trifft aufs Deck, wärmt meinen Rücken. Heute wird es ein Segeltag, wie ich ihn auf langen Passagen liebe: Bücher lesen und übers Leben philosophieren.

Bis Brasilien sind es noch 122 Seemeilen und wenn ich die Augen schließe, sehe ich bereits Land am Horizont. Weil ich Salvador de Bahia entgegenfiebre, der Stadt mit dem afrikanischen Flair. Portugiesische Kolonialisten hatten Millionen afrikanischer Sklaven dorthin verschleppt, und der Mix der Kulturen soll noch heute das Leben der Stadt prägen, mit Sambamusik und schwingenden Hüften. Am Strand werde ich mich zu den exotischen Girls legen und ein Auge auf sie werfen.

Meine Tasse Kaffee ist noch halbvoll, da fliegt bereits der Holzklotz übers Deck. Sofort ist die Leine in meiner Hand und für eine halbe Minute spüre ich einen kraftvollen Kampf.

Plötzlich verringert sich der Zug und ich kann die Leine mit Leichtigkeit einholen. Eine Bootslänge vom Boot kommt der zappelnde Fisch an die Oberfläche. Er ist schlank und silbrig, sieht einer Makrele ähnlich. Ohne Mühe kann ich ihn ans Boot ziehen, doch als ich ihn aus dem Wasser heben will, wird der Bursche schwer. Drei oder vier Kilo hat er mindestens. Erst als er sicher auf dem Teakdeck landet, sehe ich, dass ihm der Schwanz fehlt. Einige Male bäumt er sich noch auf, dann ist sein Leben vorbei.

„Danke!“, rufe ich übers Meer. Denn wer immer sein letztes Drittel abgebissen hat, hat mir viel Mühe erspart. Erfreut über den leichten Fang, lasse ich mich in den Beanbag fallen und genieße den Rest des kalt gewordenen Kaffees.

Meine Augen verweilen auf dem Fisch und ich grüble, ob es eine Makrele ist. Nur werden diese nicht so groß. Einen halben Meter lang ist sie, also war sie mindestens siebzig Zentimeter groß. Schuppen hat sie keine und die Haut ist ähnlich eines Thunfischs, hart und glänzend. Schade, dass ich kein Fischbuch an Bord habe, denn ich wüsste gerne, was ich verspeise. Ist es ein junger Fisch, der sein Leben noch vor sich hatte? Schwer zu sagen, da ich mir übers Alter der Fische nie Gedanken gemacht habe. Für mich sind sie groß oder klein und ihre Haut ist immer gleich, glatt und glitschig. Sind sie fünf oder schon zwanzig Jahre alt?

Ich halte inne, lege mich in die wärmende Sonne auf dem Teakdeck und blicke in eine jungfräulich weiße Wolke über mir. Kein Grauton zerstört ihr zartes Weiß und ihre wolkige Form ist abgerundet wie ein Kinderpopo, ohne jegliche Fransen. Hat auch sie ein Leben? Sicher hat sie ein Leben! Sie ist aus einem winzigen Wassertröpfchen entstanden und gewachsen. Wächst sie immer noch? Ich glaube nicht. In der Hitze, mit der die Sonne niederbrennt, wird sie sich auflösen. Dann ist auch ihr Leben vorbei, wie das vom Fisch. Es sei denn, sie wird in die größere Wolke eingesogen, die sich neben ihr bildet. Dann wird sie weiterleben, nur wird es nicht mehr das gleiche Leben sein, weil sie nicht mehr sie selbst ist. Sie wird ein unbestimmbarer Teil der größer werdenden Wolke. Und wenn die große Wolke gierig ist und immer mehr kleine Wolken in sich aufsaugt, wird diese zu einer dunklen Gewitterwolke. Dann wird die kleine Wolke über mir ein Teil des Bösen. Traurig, denn dann wird sie ausgeregnet und stirbt mit dem Gewitter. Aber vielleicht befreit sie ein wirbelnder Wind aus dem tobenden Gewitter, reißt sie heraus aus der großen Wolke. Etwas zerfranst wird sie dann am Himmel schweben, hat aber die Chance auf ein neues Leben.

Nachdenklich bleibe ich auf dem warmen Teakdeck liegen und denke an unser Menschenleben, ist es doch vergleichbar dem Leben der kleinen Wolke. Aus einem winzigen Tröpfchen werden wir geboren, wachsen brav und jungfräulich in unseren Kinderjahren auf, werden in die Gesellschaft eingesogen, müssen arbeiten und unseren Platz behaupten, kommen nicht mehr heraus aus dem Gewitter und werden im Kampf ausgeregnet. Oder aber, wir stecken die Nase in den Wind und nehmen die Chance auf ein anderes Leben wahr.

Der Wind ist entscheidend. Würde die kleine Wolke ihre Nase in den Wind stecken, hätte sie die Chance, einen anderen Weg zu gehen. Schade, dass ich nicht mit ihr reden kann, heute hätte ich Zeit zuzuhören. Sie könnte mir erzählen, ob sie es in den befreienden Wind schaffte oder im Gewitter unterging.

Natürlich würde ich der Wolke auch vom Wind erzählen, der mich aus dem Gewitter riss. Damals, am Morgen nach dem Piratenüberfall. Nach dem gewaltigsten Gewitter meines Lebens. Als ich mit überwältigendem Glücksgefühl im Krankenbett aufwachte und mir Tränen der Dankbarkeit aus den Augen wischte. Erlösende Tränen, die mir ein Infusionsbeutel in den Arm tröpfelte und mich am Leben hielt.

Welch herrlicher Morgen! Für Stunden hörte ich mich *Ich*

lebe, ich lebe, flüstern, denn niemals zuvor wurde mir das Glück zu Leben so bewusst, wie nach der Piratennacht. Nie fühlte ich soviel Dankbarkeit zu leben. Die Kugel hatte mich aus der großen Wolke gerissen, denn Freunde, die mich am Krankenbett besuchten, hatten mich leidend erwartet. Ich war es nicht.

Als ich zurück auf meinem Boot im Fischerdorf war, glaubten die Menschen, dass ich die Jagd nach dem Täter beginnen würde, dass ich Ecuador voller Hass verlassen und meinen Segeltörn enttäuscht aufgeben würde. Das Gegenteil geschah. Die Dankbarkeit fürs Überleben versperrte meinem Geist den Weg zu hasserfüllten Gedanken. Obwohl der Alptraum des Überfalls noch viele Nächte zurückkehrte und der Schmerz der Kugel mir keinen Schlaf ließ, beherrschte das überwältigende Gefühl zu leben die Tage nach dem Überfall.

Im Fischerdorf war die Nacht der Piraten in aller Munde und da mich jeder kannte, blickte ich in Gesichter voller Mitleid und Freude. Heimlich wischte ich mir Glückstränen aus den Augen, erkannte mich selbst nicht wieder. Hätte ich doch vor dem grausamen Erlebnis mit Sicherheit den Weg der mich umgebenden Machos eingeschlagen, die mit Rachegelüsten den Täter fassen wollten. Ich hätte wie sie den Täter suchen, jagen und unschädlich machen wollen, hätte im Zorn meine Heilung gesucht. Dieser Hass, dieses Verlangen nach Rache, blieb meinen Gedanken fern. Dankbarkeit beherrschte meine Gefühle. Mein innerer Frieden heilte die Wunde und nur selten dachte ich an den Täter, er wurde unbedeutend. Für Tage schwebte ich auf einer Wolke, ähnlich der kleinen weißen über mir.

Leises Knarren im Holz ruft mich und sofort bin ich auf den Beinen. Der Wind hat zugenommen, das Boot kämpft sich in starker Schräglage durchs Wasser. Ich lasse etwas Wind aus den Segeln und *Ala di Sabah* richtet sich wieder auf, schneidet sanfter durch die Wellen, gleitet ruhiger übers

Meer.

„Dein Leben und meines sind sehr ähnlich“, rufe ich ihr zu. *„Nehme ich etwas Druck von meinen Schultern und öffne meine Gedanken, gleite ich sanfter durchs Leben.“*

Mit dem Beanbag als Kopfkissen lege ich mich aufs wärmende Teakdeck und lasse mich von der Sonne verwöhnen. Die Nacht vor acht Jahren ist vergessen, denn der Wind, der mich damals aus dem Gewitter riss, gab mir ein freieres Leben. Er blies Zwänge über Bord, die aus meinem alten Leben in meinem Unterbewusstsein vergraben waren. Auf den wochenlangen Ozeanpassagen, nach der *Kugel,* öffnete ich meine Gedanken und ließ sie mein Unterbewusstsein ausmisten.

Zum ersten Mal in meinem Leben dachte ich tiefer über den Tod nach. Viele Male hatte er bei meinen Abenteuern ein Auge auf mich geworfen, doch erst beim Piratenüberfall sah ich seine ausgestreckte Hand. Plötzlich stand er neben mir, der Sensenmann. Er war aus der Ecke, in der ich ihn in meinem Denken vergraben hatte, hervorgetreten. In meinem christlichen Umfeld wollte und sollte man nicht an ihn denken, und ich wollte seine ausgestreckte Hand auch nicht sehen. Doch mir wurde bewusst, welch psychischer Ballast die Angst vor dem Tod ist. Nicht nur bei meinen Abenteuern, auch im normalen Leben. Diesen Ballast musste ich abwerfen und mir stärker vor Augen führen, dass das Leben endlich ist. Wie es bei Billy der Fall war. Meinem Freund in den USA, den ich beim Fallschirmspringen kennengelernt hatte und der mit uns durch Nepal getrekkt war. Ein Geschäftsmann und Abenteurer, der mir bei meinem Neuanfang in den Staaten viele Kontakte verschaffte und mich bei einigen Loopings in seinem Sportflugzeug das Fürchten lehrte. Ein wilder Hund, wie ich ihn nannte, mit dem ich dennoch ein Jahr später in seiner kleinen Maschine über den Atlantik fliegen wollte. Mit fünfundvierzig Jahren, erzählte mir Billy damals, würde er aufhören zu arbeiten, was ihm sein Finanzberater versprach der seine Geldanlagen, Versicherungen und Häuser managte. Dann, so träumte Billy mit achtundzwanzig Jahren, würde er auf große Reise gehen. Als mich sein Chef anrief und mir mitteilte, dass Billy tödlich verunglückt sei, gab es für mich keinen Zweifel, dass Billy mit seinem Sportwagen, am Fallschirm oder mit seinem Flugzeug verunglückt war.

„Das wäre ein schöner Tod gewesen“, antwortete sein Chef. *„Billy ist von seiner Freundin erschossen worden.“*

Die kleine Wolke ist weitergezogen und meine Gedanken wandern zu den Hinduisten und Buddhisten, mit denen ich in Asien fünf Jahre lebte. Mit ihnen sprach ich auch über Billys Tod, und sie waren es, die mir halfen, den Ballast meiner alten Vorstellungen vom Tod über Bord zu werfen. Bei ihnen lernte ich, den Tod als Teil meines Lebens zu sehen und nicht als grausames Ende. Millionen Menschen akzeptieren den Tod, kennen eine Dimension des Weiterlebens, die mir bis dahin verborgen war. Erst in Asien wurde mir bewusst, dass, wenn ich mit Freude mein Nirwana finde, meine Lebensfreude auf Erden weiterlebt. Dass ich in Zukunft die vernebelten Flüge meines Lebens in positiver Erwartung genießen und nicht mit negativen Gedanken an den Tod verdunkeln sollte. Lächelnd sollte ich dem Tod zurufen: *Ja, ich komme! Nur nicht heute!* Wissend, dass er unvorhersehbar antworten wird.

Eine L-geformte Wolke antwortet, wirft ihren Schatten aufs Boot. Mit meinen Gedanken noch in Asien, fällt mir das Wort Loslassen ein. Das notwendige Loslassen, das mir ein buddhistischer Mönch im Norden Thailands erklärte. Mit ihm hatte ich über ein Leben auf Wanderschaft philosophiert und über mein Verlangen, mein Unterbewusstsein zu enthüllen. In orangefarbener Robe und mit kahl rasiertem Kopf saß er neben mir, hörte mir lange zu, schaute mich an und sagte: *„Du musst loslassen, um frei zu sein. Dann findest du zu deinem Herzen.“*

Er hatte etwas in meinem Unterbewusstsein entdeckt, das

ich nicht sah. Denn das Loslassen von materiellen Dingen hatte ich hinter mir. Ich besaß weder Haus noch Hof, nur mein Boot. Und das hatte ich in der Südsee erleichtert, wo ich meinen zweiten Computer und alle Kleidungsstücke, die ich in den letzten Jahren nicht getragen hatte, verschenkte. Ich war den ‚Bettelmönchen' schon recht nah, wenn ich an meine Konsumzeit in Kalifornien dachte und was dort alles an mir hing. Auf meinem Boot war ich wieder frei, ich hatte losgelassen.

Nur tief in meinem Unterbewusstsein war noch die christliche Kultur mit den Geboten *Du sollst nicht...* Es dauerte einige Zeit, bis ich begriff, wovon der Mönch sprach. Nach einigem Nachdenken warf ich die christlichen Gebote über Bord, denn Buddhas Weisheiten sind verständlicher für mich. Sie passen besser zu mir. Es sind keine Verbote, die mich mit dem Gefühl der Sünde überhäufen und fast ersticken, es sind Erkenntnisse, die ein Lächeln in mein Leben bringen. Die mir einen schöneren Weg zeigen, die mir sagen, *Du darfst...*

Nur in Bezug auf den Verzicht von Genüssen, wie es der Mönch vorlebte, da brauche ich noch etwas Zeit. Auf die Freude, eine schöne Frau in den Armen zu halten, will ich noch nicht verzichten. Ist auch schwer als Einhandsegler, da ich wochenlang allein auf See bin. Dann ist jeder Hafen, in den ich einlaufe, ein Paradies mit süßen Früchten und ich kann das Naschen nicht lassen. Denn in Mexiko, Polynesien und Asien schmecken die Früchte lieblich und erfrischend anders. In Thailand war ich nicht der einzige Segler, der sich verliebte, aber einer der wenigen, die weitersegelten. Ich hatte gelernt loszulassen.

Leider ließ ich auch den großen Koffer los, der voller Bilder meiner Zeit in Amerika und dem zweiten Flug um die Welt war. Ich war so begeistert vom Loslassen, dass ich den Vorstellungen eines französischen Philosophen folgte, dessen Buch ich gerade las: *'Dass man viele Erinnerungsstücke seiner*

Vergangenheit beseitigen muss, um neu anzufangen.' Gleichzeitig las ich Berthold Brecht, der meinte, *'dass das Alte beseitigt werden muss, bevor man neu aufbauen kann'.* Nach der Segelreise würde für mich ein neues Leben beginnen und so versenkte ich den Koffer voller Bilder mitten im Indischen Ozean. Was mir heute noch leid tut. Wobei mich die Worte meiner Mutter trösteten, die uns Kindern oftmals sagte: *„Alles passiert zur richtigen Zeit. Ihr müsst nur die Botschaft hören."*

Die Botschaft meines Magens ist ein Knurren, denn er verlangt sein Mittagessen. Ich schütte den Rest vom gestrigen Reis in die Pfanne und mit einer Dose Gemüse und viel Chili gelingt mir ein feuriger Fried Rice. Zum Abkühlen meines Gaumens greife ich zur letzten Dose Bier. Neptun bekommt wieder einen kleinen Schluck über die Reling und in den Himmel schauend proste ich dem Universum mit einem kräftigen Schluck zu. Ich bedanke mich für die drei Jahre nach dem *Flight of Beauty,* in denen ich schneller Geld verdiente, als ich es erwartet hatte, denn Dieters Logistikunternehmen arbeitete bereits an einem Terminplan für mich.

„Du müsstest die Logistik für den Aufbau einer neuen Halbleiterfertigung in der Schweiz leiten", erklärte er am Telefon. *„Honorar wie beim letzten Projekt, plus Bonuszahlung."*

Da die Zusammenarbeit mit der Schweizer Firma beim Mexikoprojekt hervorragend war, stimmte ich zu. Nur erfüllte sich meine Vorstellung nicht, den Winter auf verschneiten Pisten zu erleben. Das Projekt war herausfordernd und nur mit langen Arbeitstagen im Zeitplan zu halten. Der einzige Schnee, an dem ich mich erfreute, war die Bonuszahlung am Ende des Projekts.

Südseeträume

Bevor ich nach Kalifornien zurückkehrte, besuchte ich deutsche Firmen, die eine Vertretung in den USA suchten. Einige Firmen kannten mich, und ein Jahr nach dem *Flight of*

Beauty war ich wieder auf Verkaufsreisen durch die USA unterwegs. Wenn ich nicht in einer Linienmaschine quer durch die USA saß, war mein täglicher Weg ins Büro die Küstenstraße entlang des Pazifiks, dem berühmten Pacific Coast Highway. Jeden Morgen und Abend fuhr ich durch Huntington Beach, das sich stolz Surf City USA nennt. Dort, wo hunderte von Surfern auf die richtige Welle warteten, um zum Strand zu surfen. Hinter ihnen standen weiße Segel im Wind und am Horizont lag Catalina Island, die Insel, die ich ‚Little Hawaii' nannte, weil es dort warm, ja fast tropisch war. Hinterm Horizont lagen Trauminseln, die ich auf meinen Weltflügen überflogen hatte. Inseln in weiter Ferne, die mit jedem Blick übers Meer meine Erinnerungen belebten, mich träumen ließen.

Da mein Büro nur eine Meile vom Newport Beach Segelclub entfernt war und dieser exzellente Segelkurse anbot, zog ich kurz entschlossen von Long Beach nach Newport Beach um. Ich wollte der Segelschule nah sein und Fähigkeiten lernen, die für einen Segeltörn um die Welt notwendig waren. Anker setzen, Segel reffen, bei Sturm beidrehen und die Mann-über-Bord-Prozedur. An Wochenenden nahm ich an Regatten teil und obwohl mich perfekt gesetzte Segel und gute Taktik begeisterten, hing mein Blick am Horizont.

Ein halbes Jahr vor der Jahrtausendwende hatte ich das Geld für eine fünfjährige Segelreise zusammen, wollte aber noch ein, zwei Jahre arbeiten, bevor ich in See stach. Dass das 'Segel hoch' schon zur Jahreswende geschehen würde, diesen Wind der Veränderung ahnte ich nicht. Er kam mit einem Anruf aus Düsseldorf, von meiner kleinen Schwester Siggi.

„Inge ist mit dem Auto schwer verunglückt", berichtete sie traurig, *„sie liegt im Koma."*

Obwohl ich seit Jahren von Inge geschieden war, konnte ich meine schönen Erinnerungen an unsere gemeinsamen Jahre nicht verbergen. Noch am selben Abend stieg ich in Los Angeles ins Flugzeug und stand am nächsten Tag an ihrem

Krankenbett in Düsseldorf.

Inge war aus dem Koma erwacht und es war grausam anzusehen, wie sie mit gebrochenen Knochen und eingewickelt in Binden im Bett lag, meine Jugendliebe und einstige Ehefrau. Ich nahm ihre Hand und ein Lächeln huschte über ihr Gesicht. Beide spürten wir Dankbarkeit für unsere gemeinsamen Jahre. Reden fiel Inge noch schwer, aber sie hatte sich bereits mit ihrer Zimmernachbarin ausgetauscht. Beide hatten sich von ihren Weltreisen erzählt. Inge von unserer Reise mit dem Camper und die Nachbarin von ihrer Segelreise mit ihrem Ehemann. Als ich der Nachbarin erzählte, kurz davor zu sein, um die Welt zu segeln, gab sie mir die Telefonnummer ihres Mannes Klaus.

Noch am Abend traf ich Klaus im Café Muggel, in dem ich mich auch oft mit Wolfgang traf. Da ich Segeln in Kalifornien lernte, war mir nicht bewusst, einen der bekanntesten Fahrtensegler Deutschlands zu treffen. Ich ahnte auch nicht, dass wir fünf Jahre später gemeinsam auf meinem Boot durch südpazifische Inseln kreuzen würden. An diesem Abend überschüttete mich Klaus mit Tipps über das Fahrtensegeln, und mit einem Stapel Bierdeckel voller Notizen in der rechten Hand und einem Bierdeckel voller Striche für die Biere in der linken, beendeten wir unseren Seemannsabend. Beim Verabschieden gab mir Klaus eine Seglerweisheit mit auf den Weg.

„Den Anker hochziehen", sagte er warnend, *„ist das Schwerste. Nicht von der Kraft her, vom Kopf."* Motivierender hätte er nicht sagen können, dass es Zeit war, meinen Anker zu liften.

Einen siebzehn Meter langen Zweimaster vom Typ Vagabond, der in Formosa gebaut wurde, hielt ich für das richtige Boot für meine Segelreise. Es war ein hübscher Clipper, der mit eingeprägten Kalfaterlinien im Kunststoff alt aussah und an die romantische Seefahrt erinnerte. Im hinteren Teil des Bootes befand sich die Eignerkabine mit zwei Fenstern im Heckspiegel, durch die man vom Bett aufs Kielwasser schaute. Der Salon bot Platz für acht Personen und die Gästekabine im vorderen Teil des Bootes verfügte über eine eigene Dusche und Toilette. Die Kombüse hatte Kühlschrank, Herd und Spüle und war groß genug, ein mehrgängiges Menü zu kochen. Je nach Baujahr und Zustand wurde die Vagabond für etwa einhunderttausend Dollar angeboten.

Je öfter ich mit Fahrtenseglern sprach, desto klarer wurde mir, dass ein siebzehn Meter langes Boot für mich als Einhandsegler zu groß war. Lin und Larry, ein welterfahrenes Cruiser-Pärchen aus den USA, rieten mir zu einem Einmaster zwischen neun und zehn Meter Länge, womit sie das romantische Bild meiner Segelreise verkleinerten, denn mein Traum war ein Zweimaster. Und dieser sollte ein flaches Cockpitdeck aus Teak haben, auf dem ich nach rechts und links an die Reling gehen konnte, ohne über Sitzbänke steigen zu müssen. Ein Deck, groß genug, auf dem ich mich neben dem Steuerrad in die Sonne legen und mit Freunden eine gemütliche Party feiern konnte.

Die Mehrzahl der Segler rieten mir zu einem Bootsrumpf aus Kunststoff obwohl Boote aus Holz, Aluminium und Stahl verfügbar waren. Unentschlossen, ob Zweimaster oder Kunststoff, suchte ich die Marinas von Südkalifornien ab, bis ich in Long Beach einen Zweimaster entdeckte, der meinen Vorstellungen entsprach, die *Sea Witch 37*. Ein fünfzehn Meter langer Clipper mit weit vorausragendem Bugspriet. Ein Boot, das Ende der sechziger Jahre von Hugh Angelman noch in Holz gebaut wurde. Es war hervorragend instand gehalten, und ich erzählte dem Besitzer von meinem Plan, mit einem Boot wie diesem um die Welt zu segeln. Spontan lud er mich zu einem Segeltörn ein und ich erlebte, wie das schwere Holzboot mit Leichtigkeit durch die Wellen schnitt. Ich sah aber auch, wie die dreiköpfige Crew voll beschäftigt war, die drei großen Segel zu setzen und das Boot auszutarieren. Besser hätte ich nicht sehen können, dass auch sein Boot zu groß für einen

Einhandsegler war.

„Wäre ich du“, riet mir der Skipper, *„würde ich mich nach einer Sea Spirit 30 umschauen. Sie wurde ebenfalls von Hugh Angelman gebaut und ist der Sea Witch 37 sehr ähnlich. Mit neun Meter Rumpflänge und zwölf Metern einschließlich Bugspriet ist sie ideal für einen Einhandsegler, obwohl sie zwei Masten hat.“*

„In unserer Holzboot Society“, ergänzte er, *„will ein Mitglied seine gut restaurierte Sea Spirit verkaufen. Ich werde ihm deine Telefonnummer geben.“*

Als ich ihn auf die aufwendige Wartung ansprach, die ein Holzboot erforderte, lächelte er: *„Darum kannst du dich auf deiner Reise kümmern. Irgendwo auf einer traumhaften Insel, mit einer schönen Frau im Arm.“*

Ich erinnere mich seiner leicht gesprochenen Worte und schaue die lackierten Masten hoch. In Brasilien müssen beide wieder lackiert werden und die Holzreling hat ebenfalls fünf neue Lagen nötig. Über das wochenlange Ab- und Anschleifen des alten Lacks hatte er geschwiegen und dennoch würde ich wieder ein Holzboot wählen, weil Holz lebt. Unter Deck spendet es matt lackiert Wärme und über Deck zeigt es klar lackiert seine Schönheit. Ein Holzboot strahlt Lebensfreude aus, wie es meiner Reise entspricht: ein romantischer Segeltörn ohne Hast und Eile.

Genug der Liebe zu meiner *Ala di Sabah*, meine Gedanken verlangen eine Siesta. Ein letzter Blick geht in die Segel, dann lasse ich mich vom warmen Wind in den Schlaf streicheln.

Vogelgezwitscher & Luftkampf

Vogelgezwitscher weckt mich, kommt näher, wird lauter. Plötzlich ist es ein wildes Kreischen und über mir flattern hunderte weißer Seeschwalben und braune Sturmtaucher. Wild fliegen sie durcheinander, stürzen sich kopfüber ins

Wasser. Fische runterwürgend tauchen sie wieder auf und steigen erneut in die Luft auf. Flink bin ich auf den Beinen und sehe Millionen fingergroße Fische im Wasser.

„Welch Wahnsinn!“, rufe ich *Ala di Sabah* zu. *„Wir sind mitten in einem Sardinenschwarm.“*

Zu Steuerbord, zu Backbord, vor dem Bug und zu achtern, mein Boot scheint zwischen Fischen eingeklemmt. Dicht gedrängt wie in einer Dose schwimmen sie, während sich Seeschwalben und Sturmtaucher unermüdlich auf sie stürzen. Die Seeschwalben jagen aus geringer Höhe, es ist mehr ein Picken der Fische. Die Sturmtaucher schießen aus etwa fünf Meter Höhe ins Wasser und tauchen Sekunden später wieder auf, würgen einen Fisch runter oder steigen mit einem im Schnabel in die Luft auf.

Das Piepsen der Schwalben übertönt das Gekrächze der Fregattvögel, die nur wenige Meter über meinen Mastspitzen kreisen. Pechschwarz und mit gezackten Flügeln, sehen sie wie Ungeheuer aus prähistorischer Zeit aus. Sie täuschen vor, an der Jagd nicht beteiligt zu sein, gleiten ruhig durch die Luft. Aber wehe eine Schwalbe oder ein Sturmtaucher haben ihre Beute noch nicht verschlungen. Pfeilschnell stürzen sie sich auf sie, jagen ihnen mit bewundernswertem fliegerischen Können die Beute ab. Mich schmerzt es zu sehen, wie sie den kleinen Vögeln nachjagen und ich wünschte, ich könnte den Sturmtauchern mit einer Steinschleuder zur Seite stehen.

Misch dich nicht ein, brummt der Homo Sapiens. *Die Fregattvögel sind keine Schwimmer oder Taucher, ihre Stärke ist der Luftkampf. Davon leben sie.*

Mein Blick folgt einem Sturmtaucher, der mit angelegten Flügeln nur wenige Meter neben mir ins Wasser schießt. Mit glitzernder Beute im Schnabel taucht er wieder auf, als hätte er sich unter Wasser so wohl gefühlt wie in der Luft. Kaum ist er in der Luft, wird er von den Fregattvögeln angegriffen. Sie sehen, dass er den Fisch quer im Schnabel hat und ihn drehen muss, um ihn runterzuwürgen. Mit schnellen Flügelschlägen hält sich der Sturmtaucher in der Luft, versucht zu entkommen. Vergebens. Wo immer er hinfliegt, die schwarzen Jäger versperren ihm den Weg. Ermüdet lässt er den Fisch fallen und wie Blitze schießen die schwarzen Jäger der fallenden Beute hinterher. Der schnellste unter ihnen fängt den Fisch mit seinen Krallen und schwingt in den Steigflug, wird aber sofort von den anderen Jägern attackiert. Auch ihm wollen sie die Beute abjagen und blockieren seinen Flug. Wild schlägt er mit den Flügeln, lässt sich aus der Luft fallen, weicht geschickt seinesgleichen aus und würgt während des Luftkampfs den Fisch hinunter.

Auf dem Wasser ist weiterhin ein chaotisches Durcheinander. Die Seeschwalben flattern hektisch mit den Flügeln und fliegen hopsend übers Wasser, picken die kleinen Fische an der Oberfläche. Kaum sind sie einen Meter in der Luft, stürzen sie sich erneut ins Wasser. Freudig piepsen sie, als wäre ihre Jagd ein Spiel. Einige schaukeln ermüdet auf den Wellen, gehen dem Boot nicht aus dem Weg. Vorwurfsvoll schauen sie zu mir hoch, weil wir ihre Fressorgie stören. Dann verebbt das Vogelgezwitscher, der Sardinenschwarm ist durchfahren.

Plötzlich ist die Angelleine gespannt, ohne dass der Holzklotz übers Deck fliegt. Kurz ziehe ich an der Leine und sehe an ihrem Ende einen Sturmtaucher wild mit den Flügeln schlagen. Für einige Sekunden hält er sich in der Luft, dann stürzt er ins Wasser. Die Leine spannt sich, er hängt an meinem Haken. Sofort gebe ich den Rest der Angelleine frei und löse die Schoten meiner Segel. Während der Wende lasse ich die Segel aufs Deck fallen und starte den Motor. Wenn ich nicht schnell zum Sturmtaucher komme, ertrinkt er an der Leine. Wieder versucht er in die Luft abzuheben, schafft nur einen halben Meter. Ohne an der Leine zu ziehen bringe ich sie ein, steuere direkt auf ihn zu.

„Bleib ruhig, ich komme um dich vom Haken zu befreien“,

rufe ich dem Sturmtaucher entgegen.

Erneut versucht er aufzusteigen, schafft es nicht mehr. Nur sein rechter Flügel flattert über dem Wasser. Wenige Meter neben ihm, sehe ich, dass er den Drillingshaken im Schnabel hat und die Schwimmflosse seines linken Beines ebenfalls eingehakt ist. Er muss mit dem Bein versucht haben, sich vom Haken zu befreien. Hilfe suchend schaut er zu mir hoch. Vorsichtig ziehe ich ihn ans Boot und aus dem Wasser. Sofort kehrt Leben in ihn zurück. Wild schlägt er mit den Flügeln, was mich freut, denn er hat noch Kraft zu überleben. Nur macht er mir das Leben schwer, als ich ihn aufs Deck lege. Seine Flügel habe ich kaum berührt, da pickt er schon nach meiner Hand. Beim schreckhaften Zurückziehen streife ich um Haaresbreite am Haken vorbei. Mir bleibt keine Wahl, und wie bei den Fischen werfe ich ein Handtuch über ihn. Unter dem Handtuch ist er hilflos und ich versuche, ihn mit Worten zu beruhigen: *„Wir beide müssen zusammenarbeiten."*

Er versteht mich nicht, wehrt sich weiterhin. Nur befürchte ich, dass er sich beim Wehren die Flügel bricht. Mit den Händen drücke ich ihn aufs Teakdeck und klappe gleichzeitig seine Flügel nach hinten. Weiterhin schlägt er mit dem Kopf um sich, kann mir aber dank des Handtuchs nicht in die Hände picken. Zu unser beider Vorteil, bleibt der Haken in seinem Schnabel im Handtuch hängen und sein wilder Kampf wird ein hektisches Zappeln. Auf meine Ellenbogen gestützt liege ich über ihm, drücke ihn mit der Brust aufs Teakdeck. Meine Beine sind gespreizt, halten die Balance auf dem schaukelnden Boot. Unerwartet schnell kann ich den Haken aus seinem Schnabel ziehen und schiebe ein Stück Handtuch zwischen Haken und Schnabel. Kräftig wehrt er sich mit dem befreiten Fuß, in dem noch der Haken hängt. Nur bin ich nicht mehr zimperlich. Ich erhöhe meinen Druck auf ihn und ziehe den Haken aus der Schwimmflosse, behalte ihn in der Hand, damit er nirgendwo hängen bleibt. Beim Aufspringen reiße ich das

Handtuch an mich und schneller als ich es bin, ist der Sturmtaucher auf den Beinen. Kurz schlägt er mit den Flügeln, dann ist er in der Luft. Als wolle er sich für die Befreiung vom Haken bedanken, fliegt er drei Runden um die Mastspitzen, dann gleitet er zum Fischschwarm runter. Er wird wieder Freude an den vielen Fische haben, doch mir hat er das Angeln vergraut.

Der Tag verabschiedet sich mit türkisfarbenen Wolken, es wird eine ruhige Nacht werden. Bis auf das Gekrächze eines Fregattvogels, der fünf Mastlängen über uns seine Kreise zieht. Als schwarzgezacktes W ist er kaum noch zu erkennen, aber sein Ruf nach Beute ist zu hören.

Ohne Sicherheitsleine gehe ich aufs trockene Vordeck, über das heute keine einzige Welle brach. Wie bei jedem Sonnenuntergang ziehe ich ein Reff ins Hauptsegel und bleibe am Besanmast stehen, bis mich die Dunkelheit in die Kombüse schickt. Als letztes Nachtmahl vor dem Landfall brate ich mir den Fisch ohne Namen, der zu meiner Überraschung ganz vorzüglich schmeckt, nicht zu fischig und zart auf der Zunge.

Hoch geht's auf die Achterbank zur Nachtwache und ich erinnere mich an meinen Geburtstag im Jahr 1999. Es war ein sonniger Tag, an dem ich in diesem Cockpit saß und dem Besitzer der *Sea Duchess* mit Freude das vereinbarte Bargeld übergab. Mit gleicher Freude steckte er es in die Tasche, denn es realisierte sich der Spruch unter Seglern, dass die glücklichsten Tage eines Bootsbesitzers der Kauf und der Verkauf sind. Dazwischen liegen Jahre, in denen man tausende Dollar ‚im Wasser versenkt', aber auch glückliche Jahre auf den Weltmeeren, wenn man die Kraft hat den Anker zu liften.

Vierte Weltreise

Segelreise um die Welt

Getrieben vom Wind, 2000 - 2009

„Ala di Sabah" auf hoher See

Mit Wolfgang in Mexiko

Delfine vor der Bugspitze

Raue See im Pazifik

Insel-Resort in Polynesien

Am Palmenanker in Aitutaki

Segelregatta Fidschi-Vanuatu

Klaus & Christian auf dem „Floß"

Tavurvur Vulkan, Papua Neuguinea

Vor Anker in Madagaskar

Wale in Moçambique

Salvador Marina, Brasilien

Wer auf die Insel will, muss übers Meer.

Mit brasilianischen Freunden feierte ich im Yachthafen von Long Beach meinen Abschied von Kalifornien, wobei uns drei Feuerwerke ums Boot herum den Jahreswechsel ins Jahr Zweitausend verschönten. Das letzte Feuerwerk kam von der Queen Mary und gab uns einen spektakulären Nachthimmel. Es war wie ein Abschiedsgeschenk von Long Beach, lag die große Dame der Weltmeere doch jahrelang vor meiner Haustür.

Während wir auf dem Deck meiner *Ala di Sabah* standen und das Feuerwerk bejubelten, bemerkte keiner von uns, dass wir kurz davor standen, selbst zum Feuerwerk zu werden. Denn meinem Freund Paulo war es in der kalifornischen Nacht zu kalt geworden und er hatte den Ofen im Salon mit Eierbriketts vollgestopft und angezündet. Oberhalb der Wasserlinie feierten wir unsere Party und unterhalb der Wasserlinie glühte feuerrot, von Holz umgeben, der gusseiserne Ofen. Mit einer Rohrzange holten wir die glühenden Briketts aus dem Ofen und verhinderten das vierte Feuerwerk.

Die erste Nacht als Einhandsegler verbrachte ich zwischen San Diego/Kalifornien und Ensenada/Mexiko. Unerfahren wie ich war, holte ich bei einbrechender Nacht und sterbendem Wind die Segel ein und legte mich sorglos in den Beanbag. Kurz nach Mitternacht weckten mich helle Scheinwerfer. Erschreckt sprang ich auf, glaubte, ein riesiges Schiff käme auf mich zu. Bis ich begriff, dass ich auf eine Ölplattform zutrieb. Wache halten, Strömung berechnen, all das hatte ich in den Segelseminaren gelernt, doch das große Meer hatte mir unendliche Weite als Sicherheit vorgetäuscht.

Für die nächsten drei Monate stand ich auf der Schiffswerft in Ensenada auf dem Trockenen, ließ den Rumpf neu streichen und die Masten lackieren. Dabei lernte ich Segler kennen, die schon zigtausend Seemeilen auf den Weltmeeren hinter sich hatten. Allabendlich diskutierten wir über die verschiedensten Situationen beim Fahrtensegeln, vom sicheren Ankern bis zum Beidrehen im Sturm, vom Kochen auf rauer See bis zum Krankheitsfall. Auch über die nie endenden Details der Bootsinstandhaltung, von der Segelreparatur bis zur Holzpflege, von der Motorreparatur bis zur Stromversorgung.

Wenn Cerveza und Tequila die alten Seebären in Stimmung brachte, beschrieben sie in herrlichen Farben das Segelparadies Mexiko. Sie kannten auch das saisonale Wetter und empfahlen mir, schnellstmöglich nach Puerto Vallarta aufzubrechen, da die Hurrikan-Saison nahte. Nur verlängerten die Arbeiten auf der Schiffswerft meinen Aufenthalt um zwei Wochen, sodass ich erst zehn Tage vor Beginn der offiziellen Sturmsaison lossegeln konnte.

„Segle einhundert Seemeilen von der Küste weg in den Pazifik", rief mir ein Seebär beim Leinenlos hinterher. *„Dann wechsle auf Kurs Puerto Vallarta und segle an der Südspitze der Baja California vorbei. In elf Tagen kannst du in Puerto Vallarta sein."*

Seekrank nach Mexiko

Am nächsten Abend war ich einhundert Seemeilen von der Küste entfernt und drehte auf Kurs Puerto Vallarta. Der Wind blies schräg von achtern und mein Etmal, Seemeilen in vierundzwanzig Stunden, stieg auf 135. Ein gutes Etmal für ein Neunmeterboot, doch stündlich erhöhten sich die Wellen und zu meiner Überraschung wurde ich seekrank.

Dann brachen die ersten Wellen an der Bordwand, überspülten das Cockpit und meine Seefahrt wurde feucht. Mit zunehmender Wellenhöhe erhöhte sich der Druck aufs Ruder und immer öfter konnte der Autopilot unseren Kurs nicht halten. Kreidebleich setzte ich mich hinters Steuer und würgte die ersten Happen meiner Seekrankheit runter.

Dass der erste Hurrikan der Saison, *Aletta,* nur zweihundert Seemeilen von mir entfernt auf dem Pazifik tobte, wusste ich nicht, denn durch die Verzögerung auf der Werft hatte ich das Kurzwellenradio noch nicht installieren können und somit auch keinen Wetterbericht hören.

Um Mitternacht hörte ich die Kupplung des Autopiloten durchrutschen, worauf er sich ausschaltete. Das Boot lief aus dem Ruder und stellte sich quer zu Wind und Wellen. Die Segel standen wie steife Bretter im Wind und langsam legte sich das Boot auf die Seite. Das Cockpit füllte sich mit Wasser und die ersten Wellen spülten in die Kabine. Falle, Stage und Schoten heulten im Wind und instinktiv griff ich zum Messer. Kaum hatte ich die dicken Schoten mit der Klinge berührt, zerrissen sie. Beide Segel flogen aus dem Wind und *Ala di Sabah* richtete sich wieder auf. Mit Motorkraft stellte ich sie gegen den Wind und erst in diesem Moment wurden mir die meterhohen Wellen bewusst. Bei jeder Welle, die ich ansteuerte, zeigte die Bugspitze in den Himmel, dann stürzten wir kopfüber ins Wellental. Voller Angst vom Deck gespült zu werden, kroch ich aufs Vordeck und zurrte Baum und Hauptsegel fest. Zurück im Cockpit verharrte ich minutenlang, bevor ich den Mut hatte, das Steuer herumzureißen und wieder auf Kurs zu gehen.

Entkräftet, verharrte ich die Nacht hinter dem Steuer aus. Mein Körper rebellierte gegen die tobende See und ich übergab das Abendessen dem Meer, vorne und hinten heraus. Doch weiterhin erhöhte sich der Seegang und ich zweifelte den Törn zu überleben.

Der nächste Tag brachte keine Besserung, weder beim Wetter noch bei meinem Unwohlsein. Ich hing in den Seilen wie ein angeschlagener Boxer und krabbelte auf allen Vieren übers Deck. Ans Essen denkend verging mir der Hunger und trinken konnte ich nichts. Kaum hatte ich einen Schluck Wasser heruntergewürgt, kam er mit giftiger Galle wieder hoch. Mangels Nachschub wurde ich immer schwächer, legte mich in den Beanbag und starrte teilnahmslos übers Meer. Vom

Autopiloten ließ ich mich durch die Nacht steuern.

Am dritten Tag beruhigte sich die See, aber meine Seekrankheit hielt an. Neben der körperlichen Schwäche war ich auch mental am Ende. Die See hatte mir gezeigt, dass ich für eine Seefahrt nicht geschaffen war und das Boot wieder verkaufen müsste.

Bei einbrechender Dunkelheit dürstete mein Körper nach Tee. Ungewöhnlich, da ich leidenschaftlicher Kaffeetrinker bin, doch nur an Kaffee denkend, drehte sich mir der Magen um. Ich stieg in die Kombüse ab und brühte mir einen schwarzen Tee auf. Wie ein Wunder blieb der erste Schluck ohne Würgesperre im Magen, der zweite Schluck wärmte mich. Nach der dritten Tasse schwand mein Unwohlsein und am nächsten Morgen war meine Seekrankheit überwunden.

Nach sechs Tagen auf rauer See warf ich vor Cabo San Lucas, an der Südspitze der Baja California, den Anker. Zehn Stunden Tiefschlaf stellten mich wieder auf die Beine und beim ersten Tageslicht zog ich den Anker hoch. Ich setzte volle Segel, denn ich musste so schnell wie möglich einen schützenden Hafen erreichen. Mit dem Hurrikan *Aletta* hatte die offizielle Sturmsaison begonnen, womit der Versicherungsschutz für mein Boot erlosch. Fünf Tage später lief ich in die Marina von Puerto Vallarta ein.

Für fünf Monate lebte ich im harten Kern der Fahrtensegler, die während der Hurrikan-Saison an ihren Booten arbeiteten und Stürme mit horrenden Regengüssen über sich ergehen ließen. Wobei wir unsere Kochtöpfe weniger zum Kochen als zum Auffangen des tröpfelnden Wassers im Schiff verwendeten. Ob Stahl-, Kunststoff- oder Holzboot, immer stand irgendwo ein Topf.

Eines Tages klopfte ein Einhandsegler an mein Boot und fragte, ob ich Interesse hätte, mit ihm gemeinsam gen Süden zu segeln. Es war Tim, ein hochgewachsener bärtiger Schotte, der in San Franzisko lebte und von dort mit seinem Einmaster zu einer Segeltour ‚wohin auch immer' gestartet war. Nach einigen gemeinsamen Abenden in den Kneipen der schönen Altstadt von Puerto Vallarta waren wir uns sicher, ein gutes Team zu sein. Auch bei den Ladies, denn Tim stand auf blond und ich auf brünett. Er war ein echter Seebär mit jahrelanger Erfahrung und der richtige Segelpartner für mich. Dass er mir ein Jahr später, nach zweitausend gemeinsamen Seemeilen, das Leben retten würde, ahnte ich nicht.

Während draußen stürmischen Winde pfiffen, zeigte mir Tim unter Deck, wie und wo ich die Lebensmittel verstauen sollte, wie man kräftige Suppen im Schnellkochtopf zubereitete und beim Kochen Gas sparte. Meinerseits zeigte ich ihm, wie wir unsere leeren Gasflaschen wieder voll bekämen, wenn keine Abfüllstation in der Nähe war, was auf meinen Camperreisen oftmals der Fall war. Eine landesübliche volle Gasflasche hängte ich dabei verkehrt herum am Fall auf und meine leere Flasche stellte ich aufs Bootsdeck. Beide Flaschen verband ich mit einer zwei Meter langen durchsichtigen Gasleitung und öffnete die Gashähne. Das flüssige Gas floss sichtbar von der oben hängenden Flasche in die untere.

Mitte Oktober waren sich alle Segler einig, dass die Hurrikan Saison vorbei war. Ein Boot nach dem anderen machte die Leinen los, auch Tim. Wir wollten uns in Acapulco wieder treffen.

Meine Segel zog ich erst hoch, als mein Freund Peter aus Augsburg eintraf. Entlang der Küste segelten wir nach Süden, ankerten mal in sandigen Buchten, die seicht ins Meer gingen, mal in Buchten mit steil abfallenden Klippen, die uns wenig Raum am Anker ließen. Aber immer fanden wir eine Bar, die kaltes Bier servierte und uns den Sonnenuntergang mit Salsa-Musik verschönte. Mehr als eine Bar gab es im Marinahotel La Barra de Navidad, wo wir unsere Leinen festmachten um Wasser aufzufüllen, Diesel zu tanken und Wäsche zu waschen. Auch, um etwas Luxus zu genießen und uns am

Swimmingpool einige frisch gekühlte Coco Loco, mit Rum und Ananas gefüllte Kokosnüsse, servieren zu lassen. Drei Tage lebten wir unter Palmen im tropischen Garten des Hotels, bis unsere Bordkasse geplündert war.

Eine Nacht auf der Sandbank

Die Liegegebühr für eine weitere Nacht in der Marina wollten wir uns sparen, lösten die Leinen und schipperten in die angrenzende Lagune. Leider kamen wir nur eine halbe Seemeile weit, dann saßen wir auf einer Sandbank fest. Weder volle Kraft voraus noch rückwärts befreite uns vom Grund. Einen vorbeifahrenden Fischer baten wir um Hilfe, doch der winkte ab, rief uns zu, dass das Wasser steigen würde.

Gut gelaunt öffneten wir zwei Dosen Bier, setzten uns ins Cockpit und genossen den Sonnenuntergang, wobei wir uns an die Sonnenuntergänge beim Fallschirmspringen erinnerten, wo wir oft im Flugzeug noch die Sonne sahen und dann im Dunkeln auf der Wiese landeten.

Auch in Barra de Navidad wurde es dunkel und schockiert merkten wir, dass sich das Boot kaum noch bewegte und das Wasser aus der Lagune floss. Hastig blätterte ich durch die Ebbe-Flut-Tabellen und las das Unfassbare: der Tidenwechsel war vor zwei Stunden und die Tide betrug einen Meter. Bei *Ala di Sabahs* Kieltiefe von einem Meter und fünfunddreißig Zentimeter blieben uns bei Ebbe nur fünfunddreißig Zentimeter Wassertiefe. Zu wenig, um das Boot aufrecht zu halten.

„Wenn ich den Namen La Barra de Navidad richtig übersetze“, kommentierte Peter unsere Misere, *„dann ist Barra die Sandbank und Navidad Weihnachten. Hoffen wir, dass uns die christliche Sandbank noch vor Weihnachten frei gibt.“*

Ich machte mir Vorwürfe über meine Nachlässigkeit, sah mein Boot bereits auf der Seite liegen. Wie konnte ich die Tide so sträflich vernachlässigen? Würde sich das Boot bei steigendem Wasser wieder aufrichten?

Langsam neigte sich *Ala di Sabah* nach Steuerbord und um zu verhindern, dass sie sich auf die Seite legte, steckten wir den Spinnakerbaum in den Grund und vertäuten sein oberes Ende an der Reling. Dann fuhr ich im Beiboot etwa fünfzig Meter zu Backbord in die Lagune und ließ den Anker fallen. Peter zog mit der Winde das Ankerseil stramm und setzte den Anker. Danach verbanden wir das Ankerseil mit dem Großfall und zogen es stramm, bis sich die Mastspitze bog. Auf gleiche Weise setzten wir den Heckanker an den Besanmast und den Ersatzanker ans Spinnakerfall.

Eine Stunde später saßen wir wieder im Cockpit und hofften, unser Einfallsreichtum hielt das Boot aufrecht. Das Wasser stand bereits dreißig Zentimeter unter der Wasserlinie des Bootes und strömte weiterhin aus der Lagune. Beide bewegten wir uns nur noch in der Mitte des Bootes, um ein Umkippen zu vermeiden. Peter richtete sich sein Bett auf den Bodenbrettern ein und ich stand am Besanmast und warf eine Kippe nach der anderen ins Wasser, wollte sehen in welche Richtung das Wasser floss. Kurz nach Mitternacht verlangsamte sich das ausströmende Wasser und eine Stunde später schwamm die erste Kippe in die andere Richtung. Ich schloss die Augen und schlief ein.

„Frohe Weihnacht“, flüsterte mir Peter ins Ohr, *„wir schwimmen.“*

„Eines muss ich dir ja lassen“, bemerkte er grinsend. *„Du weißt, wie man das Segeln auch am Anker spannend macht.“*

Eine Spannung schönerer Art, bot uns das Meeresleuchten phosphoreszierenden Wassers in der folgenden Nacht. Fasziniert schauten wir übers dunkle Meer und sahen brechende Wellen hell aufleuchten. Unsere Bugwelle strahlte permanent weiß und das Kielwasser war ein meterlanger weißer Schweif. Plötzlich schossen helle Lichter wie Torpedos auf uns zu. Einige Sekunden blickten wir verdutzt ins Wasser, bis wir erkannten, dass es Delfine waren. Durchs Verwirbeln des mit Algen angereicherten Wassers erzeugten sie weiße Blitze, brachten die Algen zum lumineszieren. Kurz vor unserem Boot tauchten die Delfine ab und vor oder hinter dem Boot wieder auf. Ihre dunklen Körper waren kaum zu erkennen, aber überall im Wasser blitzte es. Jubelnd stellten wir uns auf die Bugspitze und applaudierten dankbar für ihre Show.

Dem Barkeeper im Las Hadas Resort erzählten wir von unserem schönen Erlebnis und erfuhren, dass Las Hadas 'die Feen' bedeutet. Dass Segler, die früher vor Manzanillo navigierten und nachts das Leuchten um und unter ihren Booten sahen, glaubten, dass Meeresnymphen bei Vollmond um ihr Boot tanzten. Was sie als gutes Omen nahmen und den Ort Las Hadas nannten. Dort, wo die schönen Geschöpfe zu Hause waren.

So märchenhaft wie die Story war auch das Ambiente des Las Hadas Resort, wo wir Peters Abschied feierten.

„Die Nymphen und unsere Nacht auf der Sandbank", erklärte er mit Coco Loco belegter Stimme, *„waren die Highlights meines Urlaubs."*

Südlich von Manzanillo stieß ich wieder auf Tim und gemeinsam segelten wir nach Zihuatanejo, von den Amerikanern auch Z-Town genannt. Es war der belebteste Ankerplatz für Segler an der Pazifikküste von Mexiko, wo wir unsere Anker für zwei Wochen im Sand stecken ließen. Zum einen waren wir in der Bucht vor Wind und Wellen geschützt, und zum anderen lebte das verträumte Fischerdorf in einer Hippieatmosphäre, in der angenehme Geruch am Strand nicht nur von Räucherkerzen kam. Es war ein Ort zum Verweilen, wollte man dem hektischen Leben den Rücken kehren.

Die morgendliche Funkrunde war eine ausgezeichnete Quelle nützlicher Informationen. Als erstes wurden Notfälle besprochen, sollte es sie geben. Danach die Themen, die alle Segler interessierten: der Wetterbericht, wie man ein- und ausklarierte, welcher Zahnarzt Englisch sprach, wo wir preiswert einkaufen konnten und Ersatzteile bekamen. Segler, die auf dem Weg nach Süden waren, bildeten auf der Funkrunde bereits Teams für einen gemeinsamen Törn durch den Panamakanal oder über die Galapagos-Inseln in die Südsee. Oftmals lernten sich Segler über Funk kennen, die meilenweit voneinander entfernt waren.

Zur Jahreswende flog Wolfgang in Acapulco ein, für einen dreiwöchigen Urlaub auf See. Er überbrachte mir Grüße von Inge und die gute Nachricht, dass sie wieder flott übers Parkett fegte.

Gemeinsam mit Tim bejubelten wir eine Lasershow über dem Strand von Acapulco, die uns in den Wolken ein *Feliz Año Nuevo* wünschte und das Jahr *2001* zeigte. Während unser aller Augen in den Wolken weilten, hatte Wolfgang eine Mexikanerin im Auge, die ihm mit einem verzaubernden Lächeln den Kopf verdrehte. Was darin endete, dass ich die ersten Stunden des neuen Jahres, begleitet von vielen Margaritas, als Dolmetscher fungierte, um der hübschen Señorita Wolfgangs 'ernste' Absichten darzulegen.

Auf See stellte Wolfgang seinen neu erworbenen Segelschein unter Beweis, sodass ich mich nachts sorglos in die Koje legen konnte. Tagsüber lasen wir in unseren Büchern, während der Autopilot uns auf Kurs hielt. Hinter uns zogen wir eine Angelleine her und immer wenn ein Fisch biss, ergriff Wolfgang das Jagdfieber.

„Lass ihn nicht entkommen", rief er begeistert und tänzelte hektisch übers Deck. Doch sobald ich den Fisch an Bord gezogen hatte, kam er ihm keinen Meter nah, weder um ihn zu töten noch auszunehmen. Obwohl er als Arzt mit dem Messer perfekt umgehen konnte, war sein haarsträubendes Argument die fehlenden Gummihandschuhe. Bis zum fünften Tag, als ich einen drei Kilo schweren Tunfisch aufs Deck zog.

„Den werfen wir wieder rein", sagte ich so cool, als hätte

ich's schon getan.

„Der ist zu klein", bluffte ich.

„Nein, Meister", schrie Wolfgang, *„der reicht uns fürs Abendessen."* Flink griff er zum Fisch und zerlegte ihn fein säuberlich wie ein Chirurg, ganz ohne Gummihandschuhe.

Tim, der etwa eine Meile voraus segelte, hielten wir über unsere Fänge auf dem Laufenden, denn er war der einzig begnadete Koch unter uns Dreien. Kaum waren wir am Anker, kam Tim mit einer Kiste voller Kräuter und Gewürze auf unser Boot und brutzelte ein köstliches Dinner. Wie immer steckte auch eine Flasche Glenfiddich in Tims Kiste, die am Ende des Abends keinen Tropfen mehr hergab. Denn unser heißes Thema waren die feurigen Mexikanerinnen, die so lockend und unnahbar wie Kakteenblüten sein konnten.

In der Nacht schwächte der Wind ab und den folgenden Tag blieben wir am Anker. Wolfgang hatte ein Buch vor der Nase und ich studierte die Seekarte, um geeignete Ankerplätze zu finden. Plötzlich hob Wolfgang seinen Arm, streckte den Zeigefinger nach oben und gab mir seinen 'jetzt gut zuhören' Blick. Die Geste kannte ich seit Jahren, denn sie ging Wolfgangs philosophischen Geistesblitzen voraus. Ich nahm meine Lesebrille von der Nase und sagte leicht grinsend:

„Großer Denker, lass mich wissen, zu welchen Gedanken dich Homer inspiriert hat."

„Meister", sagte Wolfgang und streckte seinen Finger noch höher in die Luft. *„Heute ist es nicht Homer, sondern Stefan Zweig. Ich lese gerade seine Romanbiographie ‚Magellan, Der Mann und seine Tat'.*

Mit seinem noch ausgestreckten Finger zeigte Wolfgang aufs Buch und gab seine neueste Erkenntnis zum Besten:

„Die Freiheit, die so scheinbar leicht zu nehmen ist, hat als ewigen Begleiter ihren eigenen Schatten im Schlepptau. Den Schatten der Verantwortung, der Kompetenz, der Fähigkeiten und der Selbstkritik. Das Leben in Freiheit zu beherrschen ist

die Herausforderung, damit wir nicht von ihr, wie von einem Leviathan, gefressen werden. Ein freies Leben ist mit der Haltung eines 'Hans guck in die Luft' nicht zu meistern."

„Wow, Freund der Weisheit", antwortete ich mit gekräuselter Stirn. *„Glaubst du, das mythische Seeungeheuer reißt uns jetzt in die Tiefe?"*

„Nein, Meister, das kann der Leviathan nicht. Denn wir haben uns die Freiheit, die so schwer zu bewahren ist, erhalten. Wir segeln auch nicht wie 'Hans guck in die Luft' um die Welt. Ich nehme lobend zur Kenntnis, dass du dein Handwerk wieder gelernt hast. Das ist die Freiheit von der ich spreche, die hart erarbeitete Freiheit."

„Diesem Gedanken stimme ich zu, großer Denker, sehe aber einen weiteren Schatten der Freiheit, die klingende Münze. Denn ohne Moos nix los, wie wir Berliner sagen. Dieser Schatten ist so hart zu erarbeiten wie die Kompetenz eines guten Skippers. Hättest du nicht unsere Abenteuerkasse gefüllt, säßen wir jetzt nicht auf dem Boot. Wir haben uns ergänzt und damit unsere Freiheit bewahrt"

„Symbiose ist das Wort", sagte Wolfgang und tänzelte mit seinem Finger wie ein Lehrmeister durch die Luft.

„Unsere Symbiose hat uns die Abenteuer ermöglicht. Du, als Mann der Tat, mit unbändigem Freiheitswillen und auf der Suche nach Abenteuern, und ich, der von einer calvinistischen Mutter erzogene Sprössling, dem schon im Jugendalter die Pflicht auferlegt wurde, viel Geld als Arzt zu verdienen. Wir zwei sind die geglückte Symbiose zweier Alphatiere. Obwohl unsere Charaktere verschieden sind und unser beider Leben nicht kompatibel, schaukeln wir gemeinsam auf den Wellen des Pazifiks."

Ich hob meinen Finger wie ein Schüler der sich zu Wort meldet, denn meine Gedanken waren viel simpler.

„So weit, wie in deiner Symbiose-Analyse, liegen wir gar nicht auseinander, lieber Wolfgang. Auch ich spürte den elterli-

chen Druck den Ingenieur zu machen, nur folgte ich nicht ihren Ideen für ein Haus zu sparen. Und du wärst nach dem Geheimflug in den Jemen nicht wieder in die Maschine gestiegen, wenn nicht das Herz eines Abenteurers in dir schlagen würde. Spätestens nach dem Monsun über Singapur, wäre kein normaler Mensch mehr in meine Maschine gestiegen. Du aber bist wieder eingestiegen."

Abwehrend hob ich meine Hand und erstickte Wolfgangs Versuch zu antworten.

„Nur wenn Herzen vereint schlagen, können sie Höhepunkte erreichen. Denke dabei bitte nicht an deine Mexikanerin, sondern an den Gipfel des Dampush Peak, den wir gemeinsam erklommen haben."

Zu meiner Überraschung blieben Wolfgangs Hände in seinem Schoß liegen. Er lächelte und ich war mir sicher, dass seine Gedanken zur Mexikanerin wanderten.

Wind kam auch am Nachmittag nicht auf und ich rief Tim zu uns aufs Boot, um eine Flasche Tequila zu entjungfern, die seit Tagen in der Backkiste darauf wartete. Erneut stand die Symbiose im Mittelpunkt unseres Abends, nur war es die zwischen Männlein und Weiblein.

Am folgenden Tag blieb der Wind schwach und ich wollte unseren Spinnaker setzten, um Meilen gen Süden zu schaffen. Nur meinte Wolfgang verschmitzt, dies in seinem Segelkurs nicht gelernt zu haben. Dennoch folgte er meinen Anweisungen, doch als er unvorhergesehen am Ende des Spinnakerbaums über dem Wasser hing, gab ich meine Lehrversuche auf.

Beim abendlichen Ankersetzen war es mir lieber, er stand weit weg von Kette und Kettenrad und beim Reinigen des Bootsrumpfes unter Wasser glaubte Wolfgang, nach drei abgekratzten Muscheln wäre das Schiff sauber. Zum Lackieren der Reling hatten wir keine Zeit mehr.

„Meister", bemerkte Wolfgang beim Verabschieden in Sali-

na Cruz, *„ich hätte nie gedacht, dass ein Segelboot soviel Arbeit macht."*

Erdbeben auf See

Kurz vor dem 'Leinen los' nach El Salvador stand plötzlich das junge mexikanische Pärchen neben dem Boot, das ich in Ensenada zu einem Segeltörn eingeladen hatte. Mit je einem Rucksack waren sie auf dem Weg nach Brasilien und wollten mit mir nach El Salvador segeln. Der mexikanische Hafenkommandant akzeptierte die beiden als Koch und Helfer auf meiner Crewliste und eine Stunde später zogen wir die Segel hoch.

Obwohl die Wettervorhersage von normalen Winden über dem Golf von Tehuantepec sprach, wehten in der Nacht Winde von über sechzig Knoten. Meine Freunde bekamen bleiche Gesichter und bissen eisern die Zähne zusammen. Am dritten Tag schwächte der Wind ab und am vierten herrschte dreißig Meilen von der Küste entfernt Windstille. Keine Wolke war am Himmel und keine Welle auf dem Meer. Zur Erfrischung sprangen wir ins glasklare Wasser und kratzen Muscheln vom Unterwasserschiff. Als wieder Wind aufkam, segelten wir näher an die Küste und bekamen drei heftige Schläge gegen das Boot, obwohl wir zwanzig Meter Wasser unter uns hatten.

Ich griff zum Mikrofon und warnte Tim: *„DDU2 hier ist Ala di Sabah. Ich bin irgendwo aufgefahren, obwohl ich zwanzig Meter unter mir habe. Halte die Augen auf."*

„Das Gleiche hier", antwortete Tim, der eine halbe Meile hinter mir segelte. *„Ich habe auch drei Schläge bekommen."*

Erst am nächsten Tag, an der Ankerboje in der Barillas Marina in El Salvador, hörten wir von dem Erdbeben, das hunderte von Menschenleben und zigtausend Häuser zerstört hatte. Die Schockwellen des Erdbebens hatten uns auf dem Meer die Stöße verpasst.

Etwa zwanzig Segelboote lagen in der Marina und sofort

bildeten wir eine Hilfsgemeinschaft, um den betroffenen Menschen zu helfen. Der Eigentümer der Marina organisierte ein Hilfsprojekt und mit Schaufeln und Spaten ausgerüstet begannen wir, ein zerstörtes Dorf in den Bergen wieder aufzubauen. Sechs der neun Häuser des Dorfes waren vollkommen zerstört und die restlichen drei so baufällig, dass sie abgerissen werden mussten. Tim und ich wollten nur eine Woche in El Salvador Station machen, doch als wir das Leid der Menschen hautnah erlebten, blieben wir drei Monate und bewährten uns als Bauarbeiter.

Neu eintreffende Segler übernahmen unsere Arbeit und wir segelten in die faszinierende Vulkanlandschaft des Golf von Fonseca, der von drei Ländern begrenzt wird. El Salvador im Westen, Honduras im Osten und Nicaragua im Süden.

Nach einer stürmischen Nacht am Anker segelten wir quer durch die Bucht in die ausgebaggerte Wasserstraße nach San Lorenzo, um uns den größten Hafen Honduras an der Pazifikküste anzusehen. Welch ein Schock, als wir den verrosteten Bojen folgend nach fünfundzwanzig Seemeilen unsere Anker warfen! Der Hafen war ungepflegt, der Supermarkt hatte nichts anzubieten und die Bank wurde von bewaffneten Posten bewacht. Wir hatten ein vom Bürgerkrieg verarmtes Land betreten, das uns mit einer Eintrittsgebühr von einhundert Dollar ein zweites Mal schockte.

Schon am nächsten Tag zogen wir unsere Anker wieder hoch und segelten zurück in den Golf von Fonseca, zur Stadt Amapala auf der nahezu runden und konischen Vulkaninsel El Tigre. Dort wurden wir von Staatsbeamten freundlich empfangen, was am Staatsfernsehen lag, das einen Bericht über den Tourismus in Honduras produzierte. Sie luden uns zu einer Diskussionsrunde ins rustikale Restaurant El Faro Victoria ein, dessen Besitzer Roberto sich seit Jahren bemühte Touristen anzulocken. Als wir von unseren einhundert Dollar Eintrittsgeld berichteten, sagte Roberto den Beamten auf den

Kopf zu, dass sie loco d.h. verrückt seien. Worauf diese versprachen, die Gebühr auf fünfzehn Dollar zu reduzieren, was Roberto animierte Freibier zu spendieren und wir einen versöhnlichen Abend mit den Beamten verbrachten.

In Costa Rica, der ‚Reichen Küste', waren wir als Touristen wieder willkommen. Wir ankerten in traumhaften Buchten entlang der Küste, umgeben von tropischen Wäldern, blühenden Kaffeeplantagen und freundlichen Menschen. Nur die Affen im Dschungel waren nicht freundlich, zeigten uns furchterregend ihre Zähne. Lagen sie tagsüber noch faul neben der Straße am Strand von Naranjo, so gehörte ihnen nachts die ganze Straße. Wobei die ‚ach so süßen kleinen Äffchen' das größte Problem waren. Neugierig umtanzten sie uns, griffen in unsere Taschen, und wehe wir hauten ihnen auf die Finger. Sofort war die Mama da, fauchte uns an und rief den Papa. Der Macho rief seine Truppe und im Nu waren wir von keifenden Biestern umzingelt. Affenfreude, wie so oft gepriesen, empfanden wir nie.

Das Lachen verging uns erneut in der Bucht von Quepos, als wir nach einem Bummel durch einige Bars auf unsere Boote zurückkehrten. Der Wind hatte die Boote gedreht und Tims zweiter Anker an seiner Bugspitze hatte das Heck meiner *Ala di Sabah* zertrümmert. Mein Beiboot, das an den Davids am Heck gehangen hatte, fehlte, es war abgeschlagen worden. Das Solarpanel über den Davids war in Stücke zerschlagen und die Holzreling ums Heck herum zertrümmert. Ungläubig sahen wir uns an, wie konnte uns ein derartiger Fehler passieren? Die Solarpaneele und das Beiboot konnte ich neu kaufen, aber die vierzig Jahre alte, in bester Handarbeit hergestellte Reling aus Mahagoni, war irreparabel zerstört.

Für die nächsten zwei Wochen waren wir über Land unterwegs auf der Suche nach einer Schreinerei, die meine Reling hätte erneuern können. Erfolglos gaben wir auf und folgten dem Rat eines Zimmermanns, der uns empfahl die Reparatur in Ecuador durchzuführen, wo exotische Hölzer verfügbar und Handwerksarbeiten preiswert wären. Wir gaben unsere Pläne nach Panama City zu segeln auf und machten uns auf den Weg nach Esmeraldas.

Unter Seglern war bekannt, dass Esmeraldas eine der gefährlichsten Städte Ecuadors ist, aber wir wollten das karibische Flair der afro-ecuadorianischen Bevölkerung kennenlernen, mit heißen Nächten am Strand von Las Palmas, wo die Bars erst bei Sonnenaufgang ihre Türen schlossen. Um herauszufinden, wo es an der Küste einen sicheren Ankerplatz gab, machten wir am Kai der ecuadorianischen Marine fest.

Piratenküste vor Ecuador

„Nirgends in Ecuador solltet ihr frei ankern“, warnte uns der wachhabende Offizier. *„Aber vor Atacames, dem beliebten Ausflugsort der Hauptstädter, etwa zwanzig Seemeilen südlich von hier, da liegt ihr sicher. Bei auflandigem Wind ist es dort etwas rau und geschützter ankert ihr sieben Kilometer weiter südlich, in der kleinen Bucht vor dem Fischerdorf Sua.“*

Bevor wir die Leinen lösten, fuhren wir mit dem Taxi nach Sua, um den Ort und unsere Ankermöglichkeit in der Bucht zu erkunden. Auch wollte ich mit dem Schreiner sprechen, der dort Fischerboote reparierte. Ich wollte sicher sein, dass er über abgelagertes Mahagoniholz verfügte, um mir eine neue Reling zu zimmern.

Das Fischerdorf war nicht so romantisch, wie wir es uns vorgestellt hatten, aber der Ankerplatz in der Bucht war geschützt. Die Bucht war etwa einen halben Kilometer breit und öffnete sich nach Westen in den Pazifik. Nördlich lag ein Riff und südlich begrenzte eine felsige Halbinsel die Bucht, an deren Fuße ein kleiner Fluss ins Dorf führte. Das Ufer ging seicht ins Meer, sodass nur kleine Fischerboote und Einbäume am Strand lagen. Die Fischerboote mit großem Tiefgang und seitlich herausragenden Netzarmen ankerten etwa dreihundert Meter vom Strand entfernt. Dazwischen war ausreichend Platz, uns an langer Kette am Anker zu drehen.

Gemeinsam mit dem Schreiner aßen wir zu Mittag und hörten uns die positiven Geschichten über das Dorf an. Eine Gemeinschaft von etwa eintausendfünfhundert Bewohnern sei es, wo jeder jeden kennt. Es gäbe eine Krankenschwester und einen Polizisten, und in der Hauptsaison kämen Touristen aus aller Welt, um Wale zu beobachten. Neben kleinen Schlägereien gäbe es keine kriminellen Probleme.

Tim und ich schlenderten nochmals über den Malecon, die Strandpromenade, warfen einen Blick in die Restaurants der drei Hotels und als Tim hörte, es gäbe täglich frischen Rotbarsch, gab er sein O.K. in Sua Anker zu werfen. Wobei das dritte Bier und die rassige Kellnerin an der Strandbar ganz wesentlich zu unserer schnellen Entscheidung beitrugen.

Beim Erreichen der Bucht am nächsten Tag zeigte uns der Schreiner die Untiefen und zweihundert Meter vom Strand entfernt setzten wir Anker. Täglich kam der Schreiner mit seinem Sohn als Gehilfen an Bord und wir begannen das zerbrochene Holz zu ersetzten. Das ecuadorianische Mahagoni war etwas heller und nicht so rötlich wie das japanische, aber durch Beizen kamen wir dem Original recht nahe. Unsere Arbeit ging zügig voran und nach drei Wochen war der Rohbau fertig.

Zum Richtfest der neuen Reling lud ich den Schreiner und seine Familie zu Kaffee und Kuchen aufs Boot ein. Die Mütter wurden seekrank und die lärmenden Kinder eroberten mit meinem Schlauchboot die Bucht vor ihrem Dorf. Erneut hörte ich, dass die Kriminalität in Ecuador hoch sei, Sua jedoch ein sicherer Ort. Vor Sonnenuntergang brachte ich die Schreinerfamilie zurück ins Dorf, trank mit Tim noch ein Bier an der Strandbar und ruderte mit dem Schlauchboot zur *Ala di Sabah* zurück. Flink säuberte ich Deck und Salon, aß ein Sandwich und fiel müde in die Koje.

Piratenüberfall

Geräusche im Boot und eine kurze Berührung weckten mich. Das Licht einer Taschenlampe schweifte durch den Salon und eine dunkle Gestalt stand neben mir. Mit einem Sprung war ich aus der Koje und stürzte mich auf den Eindringling, schrie: *„Raus hier! Raus!“*

Mit aller Kraft drückte ich den Mann gegen den Salontisch und schob ihn zur Treppe zurück. Unsicher tastete er im Dunkeln, suchte Halt. Mein Boot kannte ich mit geschlossenen Augen, stieß mich vom Tisch ab und rammte ihm mein linkes Knie in die Hoden. Vor Schmerz schrie er auf, rief Worte in Spanisch. Ich bekam seinen Arm zu fassen, wollte diesen um die Stütze des Tisches biegen und ihn damit in die Knie zwingen. Im gleichen Augenblick, sah ich aus dem Augenwinkel einen zweiten Mann den Niedergang herunterkommen. Er wollte mich von hinten angreifen. Mit aller Kraft schob ich meinen Kampfgegner zwischen uns. Der zweite Eindringling blendete mich mit seiner Taschenlampe, dann blitzte Mündungsfeuer auf, ein rotes Feuerzentrum umgeben von einem blauen Rauchring. Kurz spürte ich einen Schlag, aber keinen Schmerz. Nur mein Griff am Kampfgegner löste sich. Der

Schuss dröhnte noch in meinen Ohren, da setzte bereits mein Überlebensinstinkt ein. Mit einem Kampfschrei sprang ich dem Kampfgegner hinterher, der dem Schützen folgend die Treppe hoch rannte. Seinen Fuß konnte ich noch fassen, aber nicht mehr festhalten. Dennoch blieb ich nah hinter ihm. Er rannte durchs Cockpit und sprang in ein längsseits liegendes Fischerboot. Links von mir stolperte der Schütze durchs dunkle Cockpit und geduckt stürzte ich mich ihm entgegen. Sein zweiter Schuss fiel im gleichen Moment, als ich ihn über die Reling stieß. Er landete auf einem kleinen Jungen, der das Fischerboot längsseits hielt. Der Steuermann am Außenborder gab Vollgas und mit heulendem Motor verschwanden die vier aufs offene Meer.

Das Wichtigste hast du geschafft, äußerte sich der Skipper. *Die Piraten sind von Bord.* Doch im gleichen Moment übermannte mich Schwäche. Ich sackte auf die Knie und fiel auf die Seite. Meine Augen schlossen sich, ich wollte schlafen. Befehlend meldete sich der Skipper: *Ruf um Hilfe, danach kannst du schlafen.*

Auf allen Vieren versuchte ich zum Funkgerät zu kriechen, aber stechende Schmerzen lähmten meine Arme. Ich schaute auf mein weißes T-Shirt und sah einen handgroßen Blutfleck auf meiner Brust, genau da wo mein Herz liegt. Mitten aus dem Fleck tropfte Blut. Fassungslos starrte ich auf das Einschussloch. Einige Sekunden beobachtete ich das tropfende Blut, dann begriff ich, dass ich schwer getroffen war. Ich legte mich auf die Seite und schloss die Augen. Wieder meldete sich der Skipper: *Prüfe, ob du tödlich getroffen bist.*

Ich ballte meine Hände zu Fäusten und pumpte Blut durch meinen Körper. Weiterhin tropfte Blut aus dem Loch, doch es schossen keine Blutstöße aus der Wunde. Mein Herz schien unverletzt. Beim Durchatmen schmerzte die Brust, aber ich spuckte kein Blut. Auch die Lunge schien unverletzt. Wenn ich ruhig bleibe und meine Kräfte schone, sprach ich mir Hoffnung zu, habe ich eine Chance. Unter Schmerzen kroch ich zum Niedergang und griff zum Mikrofon.

„Timo! Timo! Hier spricht Dieter. Timo ich brauche Hilfe!"

„Dieter, was ist los?", antwortete Tim verschlafen.

„Timo, Piraten haben mich überfallen, haben auf mich geschossen. Timo, ich brauche deine Hilfe."

„Ich komme sofort, Dieter."

Tims vertraute Stimme tat mir gut. Vor Schmerzen gekrümmt legte ich mich aufs Deck und schlief ein.

Dann stand Tim über mir: *„Wo bist du getroffen, Dieter?"*

Ich drehte mich zu ihm und zeigte auf das Loch in meiner Brust.

„Hier!"

„Oh, Gott, was für eine Scheiße", hörte ich Tims verzweifelte Stimme. *„Dieter, ich hole Hilfe, verstehst du? Nicht einschlafen. Ich hole Hilfe und komme sofort zurück. Kannst du mich verstehen?"*

„Ja, Tim, ja", flüsterte ich und spürte den Ernst in seiner Stimme. Mir wurde klar, dass meine Chance zu überleben gering war. Ich drehte mich wieder auf die Seite, um meine Schmerzen zu lindern. Meine Hoffnung die Kugel zu überleben erlosch. Ich nahm Abschied. Bilder meiner Eltern huschten vorbei, Erlebnisse mit meinen Schwestern, Abenteuer mit meinen Freunden und verrückte Abschnitte meines Lebens. *„Auch das schönste Leben geht mal zu Ende"*, flüsterte ich, war dankbar für mein farbenfrohes Leben.

Bleib ruhig, bemerkte der Abenteurer. *Der indische Guru hat dir zweiundachtzig Jahre vorausgesagt. Halte durch!*

„Emergencia, Emergencia!", hörte ich Rufe aus einem sich nähernden Einbaum. *"Wir kommen um dir zu helfen."*

Dann schlug der Einbaum gegen den Bootsrumpf und plötzlich standen drei dunkle Gestalten über mir. Was sie sagten verstand ich nicht, sah nur, wie sie meine Schlafmatratze aus der Kajüte holten und in den Einbaum legten. Vier Arme hoben mich an und wahnsinnige Schmerzen durchzuckten meinen Körper. Sie legten mich auf die Matratze im Einbaum, der nur die Breite meiner Schultern hatte. Es blieb nur noch Platz für einen Mann im Heck, der Paddler und Steuermann zugleich war.

„Nicht sterben! Hörst du. Nicht sterben!“, rief er immer wieder und paddelte so schnell er konnte die zweihundert Meter zum Strand. Salzwasser spritzte über Bord und traf meine Wunde. Erst erfrischte es, dann schmerzte es.

Stimmen wurden laut und viele Hände ergriffen die Matratze. Sie trugen mich den Sandstrand hoch und legten mich auf den Malecon. Tim trat zu mir und sagte mit besorgter Stimme: *„Bleib bei uns, Dieter! Du darfst nicht einschlafen! Verstehst du mich?“*

Ich nicke, konnte meine Augen nicht mehr offenhalten. Meine Kräfte schwanden. Jemand machte eine Mund-zu-Mund-Beatmung an mir und meine Brust drohte vor Schmerz zu explodieren. Mir wurde schlecht und ich erbrach das Sandwich in den Sand. Die Schmerzen lähmten mich. Ich schaute zu Tim, konnte aber nicht sprechen. Mit meinen Augen bat ich ihn, mich nicht mehr zu quälen.

„Dieter“, hörte ich Tims Stimme aus der Ferne, *„wir bringen dich nach Atacames ins Krankenhaus. Wir suchen nach einem Auto.“*

Verzweifelt versuchte Tim die Dinge im Fischerdorf in Gang zu bringen, aber es blieb lange dunkel. Dann erhellten hunderte Stimmen die finstere Tropennacht und samt Matratze wurde ich auf einen Pritschenwagen gelegt. Tim stand neben mir und flehte mich an nicht zu sterben. Er hatte ausgesprochen wie es um mich stand. Ich hatte keine Kraft mehr, ließ meine Augen geschlossen.

Während der Fahrt wurden die Schmerzen unerträglich. Das ruckartige Anfahren und Stoppen, die Luftsprünge in Schlaglöchern und die Vibration der Holzbretter auf denen ich lag, nahmen mir jede Hoffnung, dass ich es bis ins Krankenhaus schaffen würde. Endlich stoppte der Wagen vor dem Hospital, nur ließ uns der Wächter nicht durchs vergitterte Eingangstor. Es war Mitternacht und er fürchtete einen Überfall unsererseits aufs Hospital. Nach langen Diskussionen kam eine Nachtschwester, inspizierte meine Einschusswunde und ließ das Tor öffnen. Sie trugen mich in den OP-Saal und legten mir eine Infusion an. Ich spürte etwas Kraft zurückkehren und schöpfte Hoffnung.

Nach einer Ewigkeit trat der von zu Hause gerufene Chefarzt ins Zimmer, umgeben von einer heftigen Alkoholfahne. Unter Schmerzen musste ich mich aufrichten und wurde geröntgt. Die Diagnose des Arztes nahm mir die verbliebene Hoffnung.

„Die Kugel hat sein Brustbein durchschlagen und steckt in der Wirbelsäule", sagte er zu Tim. *„Hier können wir nichts mehr für ihn tun."*

Dennoch griff er zu einem Instrument und suchte im Einschussloch nach der Kugel. Tim schrie ihn an, das unsterile Instrument sofort aus meinem Körper zu ziehen, und nach noch mehr Geschrei einiger Anwesenden hörte ich die letzten Worte des Arztes:*„Verlasst sofort mein Hospital. Fahrt ins Krankenhaus nach Esmeraldas."*

Wieder lag ich im Sand, im Dreck der Landstrasse vor dem Hospital. Der Arzt hatte uns aus dem Hospital geworfen!

Neben mir standen Tim und der Fischerjunge aus dem Dorf, der den Einbaum gerudert hatte. Er hielt den Infusionsbeutel in der Hand, der noch mit meinem linken Arm verbunden war. Mein rechter Arm lag im Straßendreck.

Ich ergriff eine Handvoll Sand und lies ihn wie in einer Eieruhr durch die Finger rieseln. Meine Zeit und meine Gedanken liefen dem Ende entgegen. Im Dunkel auf der anderen Straßenseite erschienen mir plötzlich meine verstorbenen Eltern, standen nebeneinander und schauten traurig zu mir herüber.

„Tut mit leid, Mutti", flüsterte ich. *„Tut mir unendlich leid."*

Tränen füllten meine Augen, über den Schmerz den ich ihnen zufügte. Der Fischerjunge muss meine Gefühle gespürt haben, denn zornig ergriff er einen Stein und warf ihn gegen das Hospital.

„Ihr Schweine!", schrie er.

Weiterhin ließ ich Sand aus meiner Hand rieseln, ließ meine Zeit ablaufen. Eine Ambulanz gab es nicht, und keines der vorbeifahrenden Autos hielt an. Alle hatten sie Angst, selbst überfallen zu werden. Sie glaubten, dass ich, der blutverschmierte Halbtote am Straßenrand, eine Falle sei. Inzwischen war es weit nach Mitternacht und ich ließ den letzten Sand aus meiner Hand rieseln, schloss die Augen und hoffte einzuschlafen.

Unerwartet stoppte der Pritschenwagen, der uns ins Hospital gebracht hatte. Der Fahrer war bester Laune, denn von Tims zwanzig Dollar Trinkgeld hatte er Rum gekauft und mit Freunden die Flasche geleert. Er konnte nicht glauben, dass uns der Arzt aus dem Hospital geworfen hatte. Sofort war er bereit, uns hilfslose vier die vierzig Kilometer nach Esmeraldas zu fahren. Wieder legten sie mich auf die Holzpritsche des Pick-Ups und im Höllentempo ging's nach Esmeraldas. Die Straße war voller Schlaglöcher und meine Schmerzen wurden entsetzlich. Ich fror, zitterte und meine Zähne schlugen aufeinander. Mein Adrenalin war verbraucht, meine Kräfte ebenso. Ich schloss die Augen, nur ließ mich der Fischerjunge nicht einschlafen. Immer wieder gab er mir Backpfeifen und schrie mich an: *„Nicht einschlafen, hörst du. Nicht einschlafen"*. Tim, der vorne im Auto saß, hatte dem Jungen aufgetragen mich auf jeden Fall wachzuhalten.

Plötzlich blendete mich helles Licht und Straßenlampen rasten über meinen Kopf hinweg. Wir waren in der Stadt.

Vielleicht habe ich noch eine Chance, keimte wieder Hoffnung auf. *Ein Mal noch,* befahl ich mir. *Reiß noch einmal alle Kräfte zusammen. Das ist deine letzte Chance.*

Der Pick-Up stoppte, über mir eine weiße Betondecke, um mich herum Stimmen. Die Ladeklappe des Pick-Ups wurde geöffnet und sie legten mich auf eine Trage. Eiligst fuhren sie mich durch Gänge eines Hospitals. Hier eine Spritze, dort eine neue Infusion und wieder stellten sie mich vor ein Röntgengerät, hörten meinen Körper mit dem Stethoskop ab. Apathisch ließ ich alles über mich ergehen. Endstation war ein hell erleuchtetes Zimmer, ein Krankenbett und eine am Bett wachende Krankenschwester. Schmerzen in der Brust spürte ich nicht, das Morphium wirkte. Die Matratze wurde angenehm weich und der besorgte Blick der Krankenschwester ein freundliches Lächeln. Ich ergriff ihre Hand, suchte Halt.

Entspannt trat der Arzt ins Zimmer. *„Gute Nachricht für dich“,* sagte er mit einer Sicherheit, die jeden Zweifel in mir beseitigte. „D*ie Kugel hat weder dein Herz noch die Lunge beschädigt. Sie liegt hinter deinem Brustbein zwischen Aorta und Herz. Du hast unglaubliches Glück gehabt. Einen Millimeter weiter links oder rechts, einen Millimeter höher oder tiefer und du wärst nicht hier. Mach dir keine Sorgen, du kommst durch. Ich sehe dich morgen früh. Buenas Noches.“*

Die Krankenschwester drückte liebevoll meine Hände, flüsterte *„Gracias a Dios“* und folgte ihm aus dem Zimmer.

Herein kam Tim, begleitet von zwei Ecuadorianern. Erst da erkannte ich Edmundo, den Sohn des Hotelbesitzers und Cartucho, den Fischerjungen aus dem Dorf. Allen dreien stand die Sorge um mich ins Gesicht geschrieben, doch als sie mich lächeln sahen, hellten auch ihre Gesichter auf.

„Du hast es geschafft, Dieter. Du wirst leben“, strahlte Edmundo.

„Das hab ich euch zu verdanken. Ohne euch wäre ich nicht mehr hier.“

„Jetzt lassen wir dich schlafen“, sagte Tim erleichtert. *„Car-*

tucho gibt dir auch keine Backpfeifen mehr. Morgen Nachmittag komme ich vorbei." Ich schloss die Augen und fiel in den lang ersehnten Schlaf.

Unbesorgt wachte ich am nächsten Morgen auf, denn Morphium und Schlaf hatten mir Kraft gegeben. Das überwältigende Glücksgefühl zu leben überstrahlte den Tag und mein Lächeln war nicht mehr auszulöschen. Bei der Visite des Chefarztes fragte ich ihn, ob er die Kugel operativ entfernen könne.

„*Auf keinen Fall solltest du die Operation in Ecuador durchführen lassen*", antwortete er warnend. „*Die Kugel liegt direkt an deinem Herzen. Eine Operation ist so riskant, wie der Schuss es war. Lass die Kugel wo sie ist, sie wird sich einkapseln.*"

Drei Tage später fuhr ich mit dem Taxi zurück ins Fischerdorf Sua und quartierte mich auf der Dachterrasse des Shaman Hotels ein. Von dort hatte ich mein Boot im Auge und konnte über Funk mit Tim und den Schreinern sprechen. Anfangs hatten sich die Schreiner geweigert auf dem Boot zu übernachten, doch als ich ihnen auf dem Schwarzmarkt eine großkalibrige Schrotflinte kaufte und sie fürs Übernachten auf dem Boot extra bezahlte, war ihre Angst überwunden. Ab und zu hörte ich nachts ihre Warnschüsse, mit denen sie jedes sich nähernde Boot auf Distanz hielten. Sie versprachen durchzuhalten, bis ich wieder in der Lage war auf dem Boot zu übernachten. Eine Woche mussten sie durchhalten, dann ließen die Schmerzen in meiner Brust nach.

In Sua war man ängstlich geworden, weil sich der Dorfpolizist nicht um den Piratenüberfall kümmerte. Auch der Hauptkommissar im zuständigen Atacames blieb aktionslos. „*Wenn Sie wollen dass wir Nachforschungen anstellen*", sagte er, „*kostet Sie das eintausendfünfhundert Dollar.*"

„*Spar dir das Geld*", sagten die Dorfbewohner. „*Bei den Nachforschungen kommt nie etwas heraus.*"

Dass die deutsche Botschaft in der Hauptstadt Quito nicht

besser reagierte, schilderte mir Tim, als er dort meinen Bericht über die Piratenattacke abgab.

„Die amerikanische und die britische Botschaft wollten Details über den Überfall wissen und boten mir ihre Hilfe an", schimpfte er. *„Die deutsche Botschaft sagte nur ‚der wird doch wohl in Deutschland Verwandte haben, die ihm helfen können'. Das ist unglaublich!"*

„Nein, Tim", antwortete ich. *„Das war schon 1974 in Malaysia so. Wenn du als Deutscher im Ausland Hilfe brauchst, musst du zu den Amerikanern oder Schweizern gehen. Unter Globetrottern ist das bekannt. Tut mir leid, dass ich dich vorbei geschickt habe."*

Operation am Herzen

Sofortige Hilfe kam von meinen Freunden aus Deutschland und Amerika. Einige boten mir an bei ihnen zu wohnen, sollte ich meinen Segeltörn beenden, wozu mir die meisten rieten. Andere, wie mein Pilotenfreund Horst auf Mallorca, schickte meine Röntgenaufnahmen, auf denen das Geschoss bestens zu erkennen war, an die Duisburger Herzklinik zur Begutachtung. Mit dem Ergebnis: Sollte ich nach Deutschland zurückkehren und man dort jedes halbe Jahr die Lage der Kugel erfassen können, kann ich sie lassen wo sie ist. Wenn ich jedoch wieder aufs Boot steigen würde, müsste sie entfernt werden, da sie die Herzwand durchscheuern könnte.

Da ich mich zum Weitersegeln entschlossen hatte, flog ich zwei Monate später nach Deutschland und ließ im Herzzentrum Duisburg die Kugel von meinem Herzen entfernen. Nicht ohne zuvor alle notwendigen Formulare zu unterschreiben, die bestätigten, dass, sollte ich nicht mehr aufwachen, mein Körper und nicht die Klinik versagt hätte. Ich vertraute ‚Dottore' Walter, einem Freund von Horst, dass er das Bleigeschoss von 9 mm Durchmesser und 18 mm Länge fein säuberlich von meinem Herzen entfernen könnte.

Da Walter mein Vertrauen spürte, fragte er mich, ob er die videoskopische Operation mit nur zwei Schnitten zwischen den Rippen durchführen dürfte. In der derzeitigen Prozedur seien drei Schnitte vorgesehen, doch er wolle es mit nur zwei Schnitten versuchen und im Notfall einen dritten machen. Ich willigte ein, und wieder musste ich Formulare unterschreiben, dass ich mir über alles im Klaren sei. Hätte man mich übers Fliegen gefragt, hätte ich mit Wissen antworten können, aber so vertraute ich Walter, war mir sicher, dass er wusste was er tat.

Bei der Operation war ich ‚abwesend', lag mit pumpendem Herzen auf dem Operationstisch. Wie mir Walter danach erzählte, war es eine vierstündige Arbeit, die mit Erfolg gekrönt wurde. Denn Walters Prozedur gilt heute in Deutschland als Standard.

Standard war auch, eine weitere Woche unter Beobachtung in der Klinik zu bleiben. Nur hatte ich bereits meinen Rückflug nach Ecuador gebucht, vier Tage nach der Operation, am Montag. Walter machte eine Ausnahme und entließ mich auf eigenen Wunsch am Sonntag. Am Montagmorgen half mir Stephan beim Einschecken am Flughafen, da ich durch die Schnitte in der Brust nicht in der Lage war den Koffer zu heben. Doch ich wollte unbedingt nach Ecuador zurück, wo Tim wartete, um mit mir in die Südsee aufzubrechen, bevor die Hurrikan-Saison einsetzte. Just als ich in Sua eintraf, wechselte die Saison und unser *Segel hoch!* mussten wir um ein halbes Jahr verschieben.

Vier weitere Monate blieben wir in Sua vor Anker und zwei Monate standen wir auf dem Trockenen in der Marina Puerto Lucia, wo wir unsere Boote für die Südsee fertigmachten. Denn nach eineinhalb Jahren im Wasser, war es dringend notwendig den Unterwasseranstrich meiner *Ala di Sabah* zu erneuern und dabei die Nieten in den Holzplanken und die Kalfaterung zwischen den Planken zu prüfen. Problemstellen fand ich keine und strich zwei neue Schutzlagen aufs Unterwasserschiff. Ich war bereit für den Südpazifik, wie auch Tim und fünfundzwanzig andere Segelboote, die wir alle auf den Beginn der neuen Saison warteten.

Lebensfroh, als hätte mich die Kugel nie getroffen, verbrachte ich das letzte Wochenende am Himmel über Salinas, dem ‚little Miami' von Ecuador. Gemeinsam mit Edgar, dem bekanntesten Skydiver Ecuadors, sprang ich viermal mit dem Fallschirm aus einer zweimotorigen Arava-Maschine und landete am Sandstrand zwischen badenden Touristen. Wobei das Einfliegen über die Hochhäuser am Strand ein besonderer Genuss war, denn von den Dachterrassen winkten uns nackt sonnenbadende Ladies zu, an denen wir hautnah vorbeiflogen. Wir beendeten unsere Strandshow mit einem 9-er-Stern über Salinas, der mein 611-ter und letzter Fallschirmsprung war.

Allein in die Südsee

Im Mai 2002 verließen Tim und ich die Marina und zogen unsere Segel hoch, zur 3000 Seemeilen Passage in die Südsee. Fünf Seemeilen schafften wir, dann teilte mir Tim über Funk mit, dass sein Motor nicht auf Touren käme und wir in die Marina zurück müssten. Ohne Motor könne er weder die Batterien laden noch den Kühlschrank kalt halten. Schweren Herzens wendeten wir. Eine halbe Meile vor der Marina warf ich ‚draußen' den Anker, denn Dockgebühren und erneutes Ein- und Ausklarieren hätten mich zweihundertfünfzig Dollar gekostet.

In der Marina heuerte Tim einen Spezialisten an und hielt mich täglich über Funk auf dem Laufenden, wie es um seinen Motor stand. Nach einer Woche hatte der Mechaniker das Problem noch nicht gelöst, was für mich problematisch wurde, da ich Trinkwasser und Lebensmittel verbrauchte, die ich für die vierwöchige Passage an Bord hatte. Um unser Zeitproblem zu lösen, kam Tim mit seinem Beiboot für einen Sundowner vorbei, einschließlich einer Flasche schottischem Whisky. Wir beschlossen, dass ich in die Galapagos-Inseln voraus segelte und er nachkäme, sobald sein Motor wieder lief.

Bei herrlichem Wetter mit halbem Wind zog ich am nächsten Tag den Anker hoch und segelte mit vier Knoten gen Westen. Die *Lauritzen Cool*, ein weiß strahlendes deutsches Containerschiff, kreuzte meinen Weg und der Steuermann versprach mir über Funk, meinen Freund Horst anzurufen und ihm mitzuteilen, dass ich auf dem Weg in die Südsee sei.

Als sich die Nacht über den Ozean senkte, spürte ich plötzlich Unsicherheit. Nicht vom Körper her, denn die Schusswunde war bestens verheilt und ich konnte wieder zupacken. Im Kopf fühlte ich mich unsicher. Nach der Piratenattacke war es meine erste Nacht allein auf hoher See und die Dunkelheit gab mir Angstgefühle, obwohl niemand auf dem Ozean zu sehen war. Plötzlich hatte ich nicht den Mut in die Kajüte abzusteigen und mich in die Koje zu legen. Beim abendlichen Kochen stieg ich jede Minute aufs Deck und schaute unruhig übers Meer. Nervös hielt ich im Cockpit Wache und schlief erst im Morgengrauen ein. Drei Nächte kämpfte ich gegen die ‚Piraten' in meinem Kopf, dann wurde mein Unterbewusstsein wolkenfrei und ich erfreute mich wieder am funkelnden Sternenhimmel.

Welch Naturparadies die Galapagos-Inseln sind, erlebte ich am siebten Tag auf See, nahe der Insel San Cristobal, als ich mitten durch einen riesigen Thunfischschwarm segelte. Der Köder meiner Angel war noch keine Sekunde im Wasser, da biss der erste Fisch. Kämpfend hing er an der kurzen Leine neben dem Boot, was die anderen Fische nicht scheu machte. Weiterhin blieben sie nah am Boot und ich hätte noch einige von ihnen aus dem Wasser ziehen können, nur war mein Kühlschrank voll.

Vor dem Hafenstädtchen Villamil auf der Insel Isabela warf ich Anker zwischen zwanzig Booten aus aller Herren Länder. Die Mehrzahl war auf dem Weg in die Südsee, darunter eine Deutsch sprechende Seglergemeinschaft, die aus der Karibik kam. Zwei Wochen schloss ich mich ihnen an, während ich auf Tims Nachricht wartete, dass er unterwegs sei. Wir wanderten über schwarze Lava, sahen Riesenschildkröten und meterlange Leguane, die wie Ungetüme aus prähistorischer Zeit aussahen. Ermüdet vom Wandern genossen wir Sundowner auf Booten die neu eintrafen oder die sich verabschiedeten und in die Südsee aufbrachen. Gerne wäre ich mit ihnen gesegelt, wartete aber auf Tims Nachricht.

In der dritten Woche auf der kleinen Insel, teilte mir Tim per E-Mail mit, dass er seinen Motor generalüberholen müsse und erst gegen Ende der Saison weiter segeln könne. Ich nahm mir einige Tage Bedenkzeit, ob ich warten sollte, denn wir beide waren ein gutes Team und ich wäre gern mit ihm weitergesegelt. Nur hatte ich den leichten Verdacht, er könne sich nicht von seiner ecuadorianischen Freundin trennen, die er nach dem Piratenüberfall kennengelernt hatte. Nach längerem Abwägen entschloss ich mich mit der Deutsch sprechenden Seglergemeinschaft in die Südsee aufzubrechen.

Ich proviantierte für vier Wochen und zog gleichzeitig mit dem Katamaran *Windpocke* und dem Einmaster *Auweia* meinen Anker hoch, obwohl beide Boote weitaus größer als meine *Ala di Sabah* waren. Zwölf Knoten Wind bliesen uns übers Meer, und schon am Nachmittag verschwanden *Windpocke* und *Auweia* am Horizont. Denn wie vereinbart, segelte jeder von uns seine beste Geschwindigkeit und nur im Notfall würden wir aufeinander warten bzw. zu der zuletzt gemeldeten Position segeln. Täglich gegen Mittag und Mitternacht gaben wir uns in kleiner Funkrunde die Positionen durch, wobei das Wichtigste die geschaffte Etmal und die Fische an unseren Haken waren.

Die große Funkrunde für Segler auf dem Pazifik leitete Günter, ein deutscher Radioamateur, der in Panama lebte. Mit seiner professionellen Ausrüstung auf der Insel Contadora erreichte er fast jeden Segler, der auf dem Pazifik unterwegs war. Jeden Morgen ‚trafen' wir Segler uns mit Günter und checkten bei ihm mit unseren Positionen und den jeweiligen Winden ein. Für jedes Boot hatte Günter das zu erwartende Wetter und betreute die Fahrtensegler während der gesamten Saison, auch *Ala di Sabah*.

Die erste Woche der Passage war so traumhaft, wie ich mir einen Törn in die Südsee vorgestellt hatte. Blauer Himmel, blaues Meer und ein funkelnder Himmel in der Nacht, mit hunderten von Sternschnuppen. Träumend genoss ich die unendliche Weite, die Ruhe und das Alleinsein. Angenehm warme Winde wehten übers Meer, und mein Leben spielte sich überwiegend im Cockpit ab. Lesen, schlafen, in der Funkrunde plaudern und ab und zu einen Blick auf die Angelleine werfen. Langgezogene Wellen zogen durchs Meer, die der Autopilot mit Leichtigkeit meisterte. Dank der Funkrunde erfuhr ich wo die besten Winde waren, und segelte südlicher als auf direktem Kurs, mit einem Etmal von 125.

Kurz vor unserer mittäglichen kleinen Funkrunde biss eine Dorade und da ich das Filetbraten leid war, bat ich Martina von der *Windpocke* über Funk um ein neues Rezept. Hastig schrieb ich ins Logbuch:

Die Filets in kleinere Stücke schneiden, in einer heißen Pfanne anbraten, nicht durchbraten. Die gebräunten Stücke herausnehmen und zur Seite legen. In der gleichen Pfanne Zwiebeln und grüne Paprika anschmoren und zerstampftes Knoblauch hinzugeben. In einer Tasse einen Bouillonwürfel in Wasser auflösen und diesen, gemeinsam mit einer kleinen Tasse Sahne, in die Pfanne gießen. Eine Prise Salz, schwarzen Pfeffer oder Curry hinzu. Nicht zu vergessen, einen ordentlichen Schuss Whisky, für den Seemannsgeschmack. Dann die angeschmorten Fisch-

stücke hinzugeben und das Ganze fünf Minuten Simmern lassen.

Endlich, neben Sushi, war mein selbst zubereiteter Fisch eine Gaumenfreude, ob ich ihn mit Reis, Bratkartoffeln oder Kartoffelbrei aß. Selbst kalt schmeckte er, besonders während der langen Nachtwachen. Am Ende der ersten Woche schrieb ich ins Logbuch: *Wer kochen kann, hat mehr vom Leben.*

In der zweiten Woche, und je südlicher ich kam, nahmen die Winde zu. Mein Etmal stieg auf 140 und die ersten Wellen spülten über die Reling. Es wurde feucht im Cockpit. Zum Schlafen musste ich in die Koje, wo auch ein Fliegender Fisch landete der im Dunkeln durch ein Bullauge in die Kajüte geflogen war. Sein lautes Zappeln auf den Bodenbrettern weckte mich, was sein Pech war. Beim Herausklettern aus der Koje sah ich ihn nicht und brach ihm einige Gräten. Dass er nicht der Einzige war, der sich verirrt hatte, sah ich am nächsten Morgen. Übers Deck verteilt lagen sieben Fliegende Fische und achtundzwanzig Calamari. Wieder bat ich Martina um Hilfe. Sie erklärte mir, wie ich die Calamari reinigen musste und gab mir ein schmackhaftes Rezept: Calamari in schwarzer Pfeffersauce.

Der Wind erhöhte sich auf fünfunddreißig Knoten und mein Etmal stieg auf 155. Für mein kleines Boot war es ein Rekord, der mich optimistisch stimmte, die Marquesas eine Woche früher zu erreichen. Es war Freitag, der 7. Juni, und die Position 7° 34" Süd und 113° 36" West. Bis Vatu Hiva waren es noch 1755 Seemeilen.

Zu Beginn der dritten Woche wechselte der Wind von Südost auf Nordost und die Wellen erhöhten sich auf über drei Meter. Permanent überschwemmten Wellen das Cockpit und nur mit großen Korrekturen hielt uns der Autopilot auf Kurs. Unten im Salon wurden mir die gewaltigen Kräfte bewusst, mit denen sich das Boot durch die Wellen kämpfte. Nur mühsam konnte ich mich von Handgriff zu Handgriff durch den Salon hangeln. Plötzlich lief meine *Ala di Sabah* aus dem Ruder und stellte sich quer zu Wind und Wellen. Mit zwei Sprüngen war ich zurück im Cockpit, just im Moment als zwei Wellen übers Boot brachen. Meine Lifeline hatte ich noch nicht eingeklinkt und wurde von der ersten Welle erfasst. Sie spülte mich gegen die Rückenlehne meiner neugezimmerten Holzreling und wie ein Klammeraffe hielt ich mich mit Armen und Beinen fest. Im schäumenden Wasser waren vom Boot nur noch das Kajütendach und die Masten zu sehen. Die nächste Welle hob das Heck aus dem Wasser und warf mich ins Cockpit zurück. Bis an den rettenden Besanmast schaffte ich es nicht und hielt mich mit beiden Händen am Steuerrad fest. Als das Wasser aus dem Cockpit geflossen war, war es leer gefegt. Den Schöpfeimer, zwei Kissen, einen Beanbag, viel Kleinkram, ja sogar eine Winschkurbel hatten die Wellen über Bord gespült. Gleichzeitig war das Hauptsegel umgeschlagen und hatte den Bullenständer aus dem Deck gerissen.

Nach diesem rauen Tag erlebte ich keinen trockenen mehr. Kochen war unmöglich und ich wärmte eine Büchse Hühnersuppe nach der andern auf. An Schlaf war nicht zu denken, denn der Wind hielt an und mein Etmal blieb bei 153.

Iles Marquises

Übermüdet und am Ende meiner Kräfte warf ich nach dreiwöchiger Passage vor Fatu Hiva in der Bay of Virgins den Anker. Direkt neben *Windpocke* und *Auweia,* die fürsorglich bereits ein stärkendes Dinner für den ausgehungerten Einhandsegler gekocht hatten. Zwei Stunden und ebenso viele Gin-Tonics hielt ich noch durch, dann war Schluss. Todmüde fiel ich in die Koje und schlief für vierundzwanzig Stunden.

Als ich den Kopf aus der Kajüte stecke, sah ich acht Segelboote in der Bucht, deren Crews sich nach ihrer Passage ebenfalls ausruhten. Tagsüber schliefen alle auf Deck, da die mit tropischem Wald bewachsene Steilküsteninsel keinen Sandstrand zum Sonnenbaden bot, was meine Vorstellung war, als ich Thor Heyerdahls Buch über seinen Aufenthalt auf der Insel las. Erst auf einer Tageswanderung zu den im Dschungel versteckten Wasserfällen in den Bergen, kam mir seine Beschreibung in Erinnerung, wie er die Berge überquerte und nie einen Sandstrand erwähnt hatte.

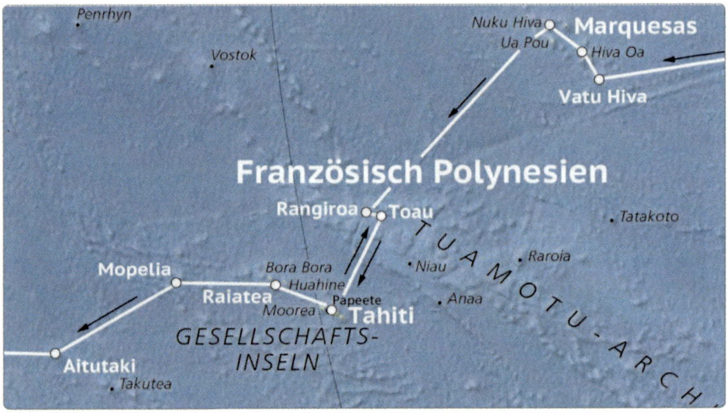

Segelroute durch Polynesien

In Nuku Hiva, der mit zweitausend Einwohnern bevölkerungsreichsten Insel der Marquesas, versorgte ich mich mit frischem Obst, Gemüse, Baguette und Fleisch, um ins Herz der Südsee zu segeln, nach Tahiti, der Hauptinsel Französisch-Polynesiens.

Wie ‚aufregend' der Törn war und wie wenig ich bis dahin von der Schönheit Polynesiens gesehen hatte, schilderte ich meinen Freunden in der folgenden E-Mail.

Betreff: Von den Iles Marquises nach Tahiti.

Hallo liebe Freunde,

hier der Bericht, was sich auf dem 1200-Seemeilen-Törn durch die schöne Inselwelt der Südsee abspielte:

Die ersten Tage waren Segelfreude mit fünfzehn Knoten

Wind und langgezogenen Wellen. Dann erhöhten sich Wind und Wellen über meine Spaßgrenze hinaus, obwohl ich schlechtes Wetter mittlerweile gut vertrage. Ich mag es nur nicht, wenn das Cockpit permanent voller Wasser ist.

Was ich kaum noch ertragen kann, sind die dauernden Reparaturen. In der Nacht zum achten Tag, wie verhext und immer nachts, springt plötzlich der Motor nicht an. Was äußerst stressig wurde, weil ich in einer Flaute mit fünf Knoten Strömung auf die Atolle zutrieb. Über Deck musste ich das Manihi Atoll im Auge behalten und unter Deck das Motorproblem finden. Erst bei Morgengrauen fand ich den Fehler: Das Rückschlagventil in der Dieseleinspritzpumpe hatte den Geist aufgegeben. *Dem Ingenör is nix zu schwör,* und eine Stunde später lief der Motor wieder.

Life is good, dachte ich, doch der böse Geist blieb bei uns. Kurz vor dem Rangiroa Atoll, in das ich hinein motoren wollte, kochte der Motor. Ich musste ihn ausschalten. Das Problem: Der Wärmetauscher war durchgerostet und das Kühlwasser des Motors wurde über den Auspuff ins Meer gespuckt. Eine Reparatur war nicht möglich und so improvisierte ich, baute einen zusätzlichen Wasserkreislauf mit fünfundsiebzig Liter kostbarem Trinkwasser. Nach fünfzehn Minuten kochte auch das zusätzliche Wasser und ich musste den Motor wieder ausschalten, obwohl ich unaufhaltsam auf einen Motu zutrieb.

Ich setzte mich auf die Achterbank und rief meine Gehirnzellen zu einer Sonderleistung auf. Bits und Bytes flogen hin und her und heraus kam die Salzwasserlösung, d. h. den Motor mit durchlaufendem, salzigen Meerwasser zu kühlen. Es wird dem Motor einige Jahre seines Lebens kosten, aber es war meine einzige Möglichkeit nicht auf dem Riff zu landen. Jetzt läuft der Motor permanent kalt und mit den zu- und abführenden Schläuchen sieht er einem Herzpatienten sehr ähnlich.

Liebe Freunde, beim nächsten Mal wird es hoffentlich kein technischer Bericht und ich kann euch von den Schönheiten der Südsee berichten.

A bientôt, El Capitan

Sturm in den Tuamotu

Papeete, die größte Stadt in Französisch-Polynesien, sah ich von der schönsten Seite, vom Quai des Yachts, an dem ich das Boot vertäute. Das Dock lag mitten in der Stadt und vom Cockpit aus konnte ich das *City life* auf dem Boulevard Pomare beobachten. Die Cafés waren nur wenige Meter vom Quai entfernt, wodurch ein erfrischender Pernod unumgänglich wurde, wenn ich bei der Installation des neuen Wärmetauschers eine Pause machte. Länger und häufiger wurden die Pausen, als mein Pilotenfreund Horst und dessen Freund Andy zu einem vierwöchigen Urlaub auf See eintrafen. Wodurch die Versorgung mit Proviant einige Tage dauerte, bevor wir zum Törn in die Atolle der Tuamotu aufbrechen konnten.

Auf den ersten 200 Seemeilen, zum Tikehau Atoll, half uns ein starker Wind durch die Nacht und kurz vor dem Atoll schenkte uns das Meer zwei Korallenfische. Im geschützten Ring der Motu warfen wir den Anker und sofort begann Andy, ein von Gott begnadeter Koch, die Fische im Backofen zuzubereiten. Gleichzeitig lauschten wir auf der Kurzwelle den Berichten der Segler im Südpazifik und hörten, dass Jenny und Pit auf der *Vigilant* eine Fischvergiftung hatten und gelähmt vom Ciguatoxin auf dem Meer trieben. Da Ciguatera vorwiegend bei Fischen nahe der Inseln vorkommt und wir unsere Fische kurz vor dem Motu am Haken hatten, verging Andy und mir der Hunger. Nur Horst konnte Andys Kochkünsten nicht widerstehen.

„Den köstlichen Burschen lasse ich mir nicht entgehen“, sagte er trotzig und legte sich das zarte Fischfleisch auf die Zunge.

„Wenn ich die Augen schließe", erklärte er lachend, *„dann werft mich über Bord."*

Uns lief das Wasser im Mund zusammen, als wir sahen, wie er den ganzen Fisch verspeiste und trauerten dem köstlichen Dinner am nächsten Morgen nach, als sich Horst pudelwohl fühlte.

Mit dem Beiboot gingen wir an Land und schauten uns eines der traumhaften Resorts in Polynesien an, wo eine Nacht soviel kostet wie ein wöchentlicher Pauschalurlaub in Europa. Dafür schläft der begüterte Gast ungestört auf einer Miniinsel, einem Bungalow auf Stelzen im Wasser, versehen mit einem Glasboden, der Tag und Nacht den Blick auf die lebhafte Unterwasserwelt ermöglicht.

Wir blieben über Wasser und segelten nach Rangiroa, dem zweitgrößten Atoll der Welt, wo 240 Motu, kleine Riffinseln, die achtzig Kilometer lange Lagune umschließen. Für Segler eine nur scheinbar traumhafte Lagune, denn überall unter Wasser standen Korallenköpfe, die wir einige Male mit dem Kiel streiften. Auf dem Reporepo-Motu gingen wir erneut an Land, und zur Freude meiner Mitsegler hatte das Dorf Ohotu ein hervorragendes Restaurant mit besten französischen Weinen. Dessen Preise allerdings den 3-Sterne-Restaurants in Frankreich entsprachen und für mich erst erträglich wurden, als meine Freunde erklärten, dass ich, solange sie an Bord wären, ihr Gast sei. Das Restaurant lag direkt an der Ausfahrt aus dem Atoll, am Pass Embarcation. Gegenüber lag das Motu Tiputa und wir studierten die schmale nordöstliche Durchfahrt, durch die wir bei östlichem Wind aus dem Atoll segeln wollten.

Am nächsten Morgen war der Himmel bewölkt und der Wind hatte zugenommen. In Eile, da *Windpocke* im Toau Atoll auf uns wartete, hörten wir keinen Wetterbericht, setzten volle Segel, starteten den Motor und stürmten in die Passage. Die erste Hälfte stampfte uns der Motor durch die Wellen, dann wurden wir nach Backbord gedrückt. Ich steuerte gegen, wodurch wir Geschwindigkeit verloren, und plötzlich standen wir still. Zehn Meter zu Backbord war das Riff. Ich übergab Horst das Steuer und schickte Andy auf den Bug, er sollte das Riff im Auge behalten. Umgehend sprang ich an die Winsch und trimmte die Segel hart an den Wind. Das Boot legte sich auf die Seite und die Backbord-Reling tauchte ins Wasser. Durch die Schräglage hatten wir jedoch weniger Tiefgang und kratzten unbeschadet am Riff vorbei.

Erst auf dem offenen Meer wurde uns die raue See bewusst, die der Wetterwechsel mit sich brachte. Den direkten Kurs, einhundert Seemeilen durch die Atolle, konnten wir nicht segeln und mussten auf die offene See nach Norden ausweichen. Zusehends verschlechterte sich das Wetter, die Wellen wurden größer und der Wind heulte mit über vierzig Knoten. Bei Einbruch der Nacht tobte die See. Wir holten das Hauptsegel herunter, rollten die Fock auf ein Viertel ein und refften das Besansegel zu einem kleinen Dreieck. Abwechselnd übernahmen Horst und ich das Steuer, weil uns der Autopilot nicht auf Kurs hielt. Andy harrte in der Kombüse aus und versorgte uns mit kraftgebenden Nachschub.

Gegen Mitternacht erreichte der Sturm seinen Höhepunkt. Die Schaumkronen der brechenden Wellen wurden vom Wind weggerissen, deckten die Wellentäler ab. Das Meer schien flach zu sein. Horst blieb hinterm Steuer und ich stand auf der Hochseite des Bootes, gab ihm Kurskorrekturen, wenn ich Wellen sah, die querab auf uns zukamen.

Plötzlich schoss aus dem Dunkel eine Riesenwelle auf uns zu, der wir nicht mehr ausweichen konnten. Direkt neben uns brach sie und drückte uns ins Wellental. Der Schaum trug das Boot nicht mehr und wir sanken unter Wasser. Die Wucht der Welle riss mich vom Besanstag, spülte mich an Horst vorbei an die Heckreling. Horst schwamm waagerecht im Wasser, hielt sich am Steuer fest. Andy sah in der Kajüte nur noch

Wasser an den Bullaugen und riss in Panik die Niedergangsluke auf. Drei Stufen schaffte er's die Treppe hoch, dann warf ihn eine zweite Welle in die Kajüte zurück. Ich schwamm noch immer im Wasser, hielt mich mit letzter Kraft an der Reling fest. Horst fand wieder Halt und steuerte das Boot gegen die Wellen. Die Bugspitze hob sich in den Himmel, dann kippten wir ins Wellental. Der Bugspriet krachte ins Wasser und als er wieder auftauchte, war er ohne Teakholzrost. Die See forderte Tribut. Andy rief vom Niedergang er stünde im Wasser.

„Schalt die Bilgepumpe ein und lenze die Kajüte mit dem Eimer in der Toilette", schrie ich. *„So schnell du kannst."*

Ich kämpfte mich wieder auf die Hochseite und starrte geschockt in die schäumende See.

„Zwanzig Grad zu Steuerbord", rief ich Horst zu, *„das bringt uns besser durch die Wellen."*

„In dieser kochenden See gibt es keinen guten Kurs", schrie er in die Gicht.

Im Morgengrauen löste ich Horst am Steuer ab, der am Ende seiner Kräfte in die nasse Koje fiel und sofort einschlief. Andy kam zu mir ins Cockpit als wir die windgeschützte Seite des Toau Atolls erreichten, und für die nächsten zwei Stunden machten wir Dreimeilenschläge am Riff entlang. Als die Sonne hoch genug stand, segelten wir durch den Otugi Pass in die Lagune ein.

Horst wachte erst auf, als wir jubelnd von René und Martina auf der *Windpocke* begrüßt wurden, bei denen wir längsseits gingen. Auch sie hatten eine stürmische Nacht hinter sich, in der eines der Boote den Anker losgerissen hatte und gegen den Katamaran des Nachbarn geknallt war. Beide konnten sich vorstellen, was wir in dieser Nacht auf hoher See durchgemacht hatten, und folglich gab es zum Frühstück Jack Daniels mit Coke.

Gegen Mittag war Partystimmung und alle meinten ich

sollte mit der *Ala di Sabah* längsseits bleiben. Was das letzte Häufchen Verstand im Kopf des Skippers verneinte, denn sollte es in der Nacht erneut stürmen, hätten wir ein riesiges Problem. Ich legte das Boot an eine Mooring und fuhr mit dem Schlauchboot zur Party zurück, zu der sich inzwischen zwei temperamentvolle Burschen der achtköpfigen Dorfgemeinschaft gesellt hatten. Mit swingender Ukulele und rhythmischen Löffelklängen hielten sie die Party in Schwung, bis meinem Team die Augen zufielen.

Wäre ich längsseits geblieben, hätte ich mir Nerven und viel Arbeit erspart, denn wir mussten mit dem Schlauchboot zur *Ala di Sabah* zurück. Mit meinem kleinen Beiboot, das mich mit Freude trug, aber bei drei Personen überladen war. Bei der Überfahrt schwankte es nicht immer wie wir, aber dennoch erreichten wir *Ala di Sabah*. Nur beim Aufsteigen aufs Boot lief alles schief. Horst hielt sich an der Reling fest, aber nicht das Beiboot. Andy stand schwankend neben mir, versuchte die Reling zu greifen. Ich saß neben dem Außenborder und zog den Zündschlüssel ab.

Ohne uns ein Wort zu sagen, sprang Horst aus dem Beiboot und erklomm die Reling. Mit seinem Sprung war die Balance im kleinen Schlauchboot dahin. Die Spitze schoss in den Himmel, Andy fiel auf den Außenborder und beide versanken wir im Wasser. Als wir wieder auftauchten, schwamm das Beiboot verkehrt herum über uns. Unsere gute Stimmung war dahin, denn beide kämpften wir hart über Wasser zu bleiben, wollten die rettende Leiter erreichen. Nur Horst lachte, glaubte wir hätten Spaß dabei.

Am nächsten Morgen wurde mir bewusst, dass der Motor am Schlauchboot durchs Eintauchen ins Salzwasser dahin war. Es sei denn, ich würde ihn sofort in alle Einzelteile zerlegen und reinigen. Während meine Urlaubsgäste an Land gingen und die Südsee genossen, lernte ich jedes Teil des kleinen Motors kennen. Auch die feinen Düsen und kleinen Stellschrauben am Vergaser. Wobei Martina meinte, ich sollte diese besonders gut reinigen und sie hätte dafür ein Ultraschallgerät an Bord. Gute Idee, dachte ich, und gab ihr alle Kleinteile.

Nach dem hart verdienten Mittagsschlaf paddelte ich zur *Windpocke* zurück, wo mich Martina mit traurigem Gesicht empfing.

„Tut mir wahnsinnig leid, Dieter“, gestand sie. *„Mit dem Schmutzwasser im Ultraschallbecken, habe ich auch die Stellschraube des Vergasers über Bord geschüttet. René und Horst tauchen bereits nach ihr.“*

Etwa zehn Meter Wassertiefe war unter der *Windpocke* und meine Hoffnung die winzige Stellschraube zu finden gering. Nach dreißig Minuten tauchten René und Horst auf, ohne Schraube.

„Wie genau sah die Schraube aus?“, fragte Horst.

„Etwa zwei Zentimeter lang und acht Millimeter im Durchmesser“, antwortete Martina.

„Horst“, sagte René, der Tauchlehrer war und eine neue Idee hatte. *„Wir haben noch dreißig Minuten Luft in den Tanks. Lass uns nochmals abtauchen, aber nicht nach der Schraube suchen. Wir müssen über den Grund schauen und erkennen, was dort nicht hingehört.“*

Beide tauchten wieder ab und Martina beruhigte mich mit Jack Daniels und etwas Coke. Nach zwanzig Minuten tauchte René auf und hielt die winzige Stellschraube in der Hand. Martinas Freudenschrei hallte durch die Ankerbucht und uns allen fiel ein Stein vom Herzen. Martina, weil sie die Schraube ins Wasser fallen ließ, Andy und Horst, weil sie sich schuldig fühlten, dass der Außenborder im Wasser gelandet war, und ich, weil ich ein Problem vom Hals hatte.

Nach Wochen ‚träumende Südsee‘, mit Tauchgängen durch farbige Korallenriffe, Spaziergänge auf sandigen Motus und Abenden mit den Einheimischen, wollten meine Freunde nicht mehr mit mir nach Papeete zurück. Sie würden, erklärten sie, ihre letzten Urlaubstage lieber auf dem Boot in den Atollen verbringen und vom Fakarawa-Atoll aus nach Tahiti zurückfliegen.

Für mich war das kein Problem, aber für Manna, dem kräftigsten Sohn der polynesischen Familie. Er segelte mit uns nach Fakarawa und wollte unterwegs Fische fangen. Auf halber Strecke legte er sich aufs Deck, wurde kreidebleich und seekrank. Selbst eine Golddorade am Haken konnte ihn nicht wieder auf die Beine bringen. Ihn, der uns mit seinem kleinen Boot durch brechende Wellen geschippert hatte. Den zweiten Fisch am Haken nahm er nicht mehr wahr, er wollte sich von der Welt verabschieden.

Nicht so Horst und Andy, die in Fakarawa einen Rückflug in drei Tagen ergatterten und wir die Zeit hatten, das zweitgrößte Atoll der Tuamotu kennenzulernen. Einschließlich der Perlenzüchter, denen wir beim Einsetzen des Perlenkerns in die Muscheln zusahen.

Zurück in Papeete, legte ich meine *Ala di Sabah* nicht 'stern to' ans Kai, sondern 'bow to', da der klassische Clipperbug der schönere Teil des Bootes war. Was mir eine nette chinesische Touristin aus Hong Kong bestätigte, die zweimal am Boot vorbei spazierte und mir jedes Mal ein Kompliment zu meinem ‚joli bateau' machte. Beim dritten Mal lud ich die hübsche Dame aufs Boot ein und bedankte mich mit einem romantischen Segeltörn zum Isthmus von Taravao, der Landenge zwischen Tahiti Nui und Tahiti Lti. Mit viel Musik und wenig Tuch ließen wir uns übers Meer treiben, wie zwei Gestrandete auf einem Floß. Weit vor der Marina in Taravao warfen wir den Anker und genossen die verzaubernde Südsee die uns umgab. Auf Deck liegend lauschten wir polynesischen Klängen und in der tropischen Nacht sandten wir unsere Wünsche zu den Sternen: ein Wiedersehen.

Auf dem Rückweg nach Papeete wurde die See etwas rauer

und durch eine hart am Boot brechende Welle löste sich die Radarantenne vom Besanmast. Mit ihr fielen Holzstücke aufs Deck, die zwischen meinen Fingerkuppen wie trockene Kekse zerbröselten. Ein Albtraum wurde wahr: ein morscher Mast. Sofort zog ich das Besansegel runter und entlastete den Mast. In der Marina stieg ich den Mast hoch und prüfte mit stumpfem Messer das Holz. Wie in einen Käse konnte ich das Messer durchs Holz drücken, bis einen Meter über und zwei Meter unter den Salings.

Mastbruch auf Raiatea

Meinen Plan, die stürmische Saison auf Tahiti zu verleben, gab ich auf und segelte westwärts zur Uturaerae Marina auf der Insel Raiatea. Dort hatte ich die Möglichkeit den Besanmast aus dem Boot zu ziehen und zu reparieren. Zuvor erwägte ich einen neuen Mast nach Papeete einschiffen zu lassen, was mich aber ein ganzes Jahresbudget gekostet hätte. Billiger war es beim Holzhändler in Papeete aus einhundert Brettern langfaseriger französischer Tanne die besten vier mit den wenigsten Astknoten auszusortieren. Wobei billiger nicht preiswert war, denn in Französisch-Polynesien gab es nichts Preiswertes. Jede Schraube und jede Tomate wurde aus Frankreich eingeschifft.

Dank einer amerikanischen Einhandseglerin kostete mich das Herausziehen des Besanmasts keine tausend Dollar, wie von der Marina veranschlagt, sondern zwei Kisten Bier. Denn Jenny kam mit ihrer *Vigilant* längsseits, wir vertäuten unsere Boote und zogen mit ihrem Großfall meinen kleineren Besanmast aus dem Boot, wobei der morsche Mast beim Niederlegen ins Gras in zwei Teile brach.

Für die nächsten drei Monate stellte ich mein handwerkliches Können unter Beweis und ersetzte die verrotteten drei Meter Rottanne durch eingespleißtes Pinienholz.

Am Ende der Hurrikan-Saison, ein Jahr war ich bereits in

Französisch-Polynesien, trafen die Segler wieder ein, die ihre Boote während der Sturmsaison in der Marina vertäut und zu Hause ‚Urlaub' gemacht hatten. Einige blieben für eine weitere Saison in Französisch-Polynesien, doch die meisten zogen ihre Anker hoch und segelten westwärts. Wie auch ich, nachdem ich Tims E-Mail gelesen hatte, dass er erst nach Neuseeland und danach nach Asien segeln wollte. Mein Ziel war Mopelia, die westlichste Insel Französisch-Polynesiens. Eines jener farbigen Atolle, die mich auf meinen Flügen um die Welt träumen ließen, im türkisfarbenen Wasser den Anker zu werfen.

Haie in Mopelia

Acht Kilometer im Durchmesser ist das Mopelia-Atoll und schäumend brachen sich Wellen am Saumriff. Mehrere grüne Inseln, die nur wenige Meter über dem Meeresspiegel lagen, waren ein Teil des schützenden Riffs, mit Palmenhainen im weißen Sand.

Nicht nur die Schönheit des Atolls zog mich an, auch die Geschichte des Felix Graf von Luckner interessierte mich. Denn der *Seeteufel*, wie er genannt wurde, war hier auf seinen Kaperfahrten über die Weltmeere während des Ersten Weltkriegs mit dem deutschen Hilfskreuzer *Seeadler* aufs Riff getrieben. Sein Schiff sank und mehrere Monate musste der Seeteufel mit seinen Besatzungsmitgliedern und den Gefangenen der von ihm zuvor gekaperten Schiffe auf der kleinen Insel ausharren. Wie mir die Einheimischen später erzählten lebten alle friedlich miteinander und dennoch versuchte der Seeteufel seiner Gefangenschaft zu entkommen. Mit fünf seiner Kameraden stieg er in ein offenes Sechs-Meter-Boot und segelte 2300 Seemeilen durch den Südpazifik, auch zur Insel Aitutaki, die mein nächstes Ziel war. Auf der Insel Wakaya nahmen ihn Soldaten der Entente gefangen und internierten ihn auf der neuseeländischen Insel Motuihe. Dort kaperte er das Motorboot des Inselkommandanten und enterte den Schoner *Moa.* Fünfhundert Seemeilen schaffte er, dann wurde er erneut eingefangen und verbrachte das letzte Jahr des Krieges auf Motuihe.

Ins Mopelia-Atoll gab es nur eine Einfahrt, die Taihaaru-Vahine-Passage. Vor dieser hatten mich viele Segler gewarnt, die an Mopelia vorbeisegelten. Die Passage war etwa dreihundert Meter lang und nicht breiter als mein Boot lang war. Einhundert Meter vor der Passage sah ich, warum sie mich gewarnt hatten: die Wellen brachen sich etwa 45 Grad quer vor der Passage, und wenn ich die Strömung nicht schnell genug und an der richtigen Stelle durchbräche, würde ich auf dem Riff enden, wie die *Seeadler,* deren Überreste auf dem Grund vor der Passage lagen. Ich zögerte kurz, wollte die Fahrt durchs Riff abbrechen. Das Risiko schien mir zu groß, die Strömung vor der Einfahrt zu turbulent.

Dann kannst du deinen Segeltörn um die Welt auch gleich beenden, äußerte sich der Abenteurer. So, wie er mir bei meinem ersten Weltflug in Arizona zurief, die Landung auf dem Tafelberg in Sedona trotz der turbulenten Winde zu versuchen. *Alles Schöne fordert seinen Preis,* flüsterte er.

Über Funk rief ich die Segler um Hilfe, die im Atoll vor Anker lagen. Hilfreich erklärten sie mir, wie die Einfahrt zu schaffen wäre. Ich solle an der Einfahrt vorbeisegeln, eine 180° Wende machen und mit der sich brechenden Welle in die Passage motoren, ohne Segel und mit voller Kraft. Keiner von ihnen erwähnte die Gegenströmung von fünf Knoten.

Zuversichtlich es zu schaffen, nutzte ich eine anrollende Welle und schoss mit maximaler Geschwindigkeit in die Passage. Nach fünfzig Metern ging meine Geschwindigkeit gegen null, ich kam zum Stillstand. Mein 30-PS-Motor war zu schwach für die entgegenkommende Strömung. Minutenlang stand ich auf der Stelle, suchte nach einer Lösung. Umdrehen konnte ich nicht, dazu war die Passage zu eng. Rückwarts treibend hätten mich die anrollenden Wellen aufs Riff gedrückt. Die einzige Chance, die ich sah, war nah ans Riff der Passage zu steuern, wo die Gegenströmung geringer war, wie an den Ufern der Flüsse. Zu Backbord blickte ich in die tiefblaue Passage und zu Steuerbord aufs farbige Riff. Zentimeterweise näherte ich mich den Korallen und vom Cockpit aus hätte ich auf sie springen können, so nah waren sie, einen halben Meter unter Wasser und den Planken hautnah. Wie gefährlich nah, konnte ich vom Steuerstand nicht sehen, nur erahnen. Es gab keinen Zweifel, sollte ich das Riff auch nur berühren, würde es für immer nach dem Boot greifen. Dennoch blieb ich nah am Riff und nach einer halben Stunde erreichte ich das Ende der Passage. Die Strömung wurde geringer und mit flatternden Nerven schwor ich mir, nie, nie wieder ein derartiges Risiko einzugehen.

Im stillen Wasser der Lagune beruhigten sich meine Nerven und ich warf am südlichen Ende der Lagune Anker. Am Abend saß ich gemeinsam mit Seglern und Einheimischen am Lagerfeuer und trommelte auf einem Kochtopf zu ihren Ukuleleklängen. Kokosnüsse mit Schuss machten die Runde, während auf dem Grill Korallenfische brutzelten. Gestärkt von beiden Köstlichkeiten beschlossen wir, nächste Nacht auf Lobsterfang zu gehen, denn diese, versprachen uns die Polynesier, gäbe es hier in Hülle und Fülle.

Am nächsten Abend, unter Führung von zwei erfahrenen Lobsterjägern, wagten wir uns ins nah gelegene Saumriff. Dorthin, wo die Wellen brachen und das Wasser in die Lagune strömte, wo bei beginnender Dunkelheit die Lobster vom offenen Meer in die Lagune krochen. Einen Meter über den Korallen schnorchelten wir durchs Riff und alle trugen langärmelige Taucheranzüge, nur ich benutzte meinen kurzärmeligen Triathlonanzug. Der einheimische Teamleader ließ den Lichtstrahl seiner Unterwasserlampe über die dunklen Korallen schweifen und sobald er die aufstehende Antenne eines

Lobster entdeckte, hielt er den Schein auf die Stelle gerichtet. Wir Segler, die rechts und links von ihm schwammen, brauchten als Laien des Lobsterfangens einige Zeit die dünnen Fühler zwischen den Korallen zu erkennen. Nach zwanzig Minuten hatten wir Adleraugen für Lobsterfühler und, sobald der Teamleader den Strahl auf eine Stelle fokussierte, schwammen wir los. Uns an den Korallen vorwärtsziehend, jagten wir den Lobstern hinterher. Diese versteckten sich flink unter den Korallenköpfen, aber nicht gut genug für uns. Nach einer Stunde hatten wir vierzehn Lobster im Schlauchboot, das wir hinter uns herzogen.

Plötzlich klopfte mir der Teamleader auf die Schulter und deutete mit Halsabschneidezeichen an meine Jagd zu beenden. Er zeigte aufs Schlauchboot und forderte mich auf ins Boot zu klettern. Erst in diesem Moment sah ich die metergroßen Riffhaie, die hinter uns hektisch hin und her schwammen. Als ich sicher im Boot war, zeigte er auf die blutenden Kratzer an meinen Armen und Beinen.

„Die Haie nehmen das Blut wahr und deshalb sind sie hier. Bleibe im Boot", sagte er cool, *„wir jagen noch ein wenig."*

Am abendlichen Lagerfeuer spendierte ich meine letzte Flasche Rum, aus Dankbarkeit, dass mich die Haie nicht zerfetzt hatten.

Zwei Tage legte ich mich in den Schatten der Palmen, dann segelte ich zur Insel Aitutaki und erlebte ein rhythmisches Feuerwerk, bei dem selbst Mick Jagger Probleme gehabt hätte das Tempo mitzugehen. Beim Tamure Tanz, bei dem die besten Tänzer Polynesiens, immer schneller werdend, ihre Knie wie Scheren hin und her bewegten und am Ende nur die Fittesten den schnellen Rhythmus durchhielten. Ein wilder Tanz, bei dem Männer bildhübsche Frauen umwarben, die lächelnd ihre mit Gras behängten Hüften schwangen und die mit Kokusnusshälften bedeckten Brüste vibrieren ließen. Ein erotisches Spiel zwischen Männlein und Weiblein, das unser aller

Blut in Wallung versetzte und laut der Polynesier früher noch natürlicher und wilder war. Bis, mit den christlichen Kirchenglocken, die Kokusnusshälften zur Pflicht wurden.

Blinder Passagier in Tonga

Zum Törn nach Tonga war ich allein aufgebrochen und ahnte nicht, dass er mir einen blinden Passagier bringen würde. Denn am Nachmittag näherte sich der Australier mit seiner Zwölfmeteryacht, der mich am Grillabend zuvor gebeten hatte, über Funk in Kontakt zu bleiben. Er drosselte seine Geschwindigkeit und auf Sichtweite segelten wir gemeinsam weiter.

Fast zeitgleich hatten wir einen Fisch am Haken, der Australier eine Golddorade und an meiner Leine kämpfte ein armlanger Thun. Nach zehn Minuten hatte ich den Fisch im Cockpit und sah wie Vater und Sohn mit der Dorade kämpften. Diese hatten sie schon nah ans Boot gezogen und als ich glaubte, sie hätten den Fisch sicher im Cockpit, befreite er sich vom Haken und fiel ins Meer zurück.

Keiner von uns fing an diesem Nachmittag einen weiteren Fisch und so bot ich den Australiern die Hälfte meines Thunfischs an. Ich packte ihn in eine Plastiktüte, befestigte diese an einer langen Leine, warf sie ins Wasser und zog sie, mit verringerter Geschwindigkeit, hinter mir her. Vater und Sohn kamen von hinten näher, ergriffen mit einem Bootshaken die Leine und zogen die Fischhälfte an Bord.

Gegen elf Uhr nachts rief mich der Vater über Funk und bat mich seinen Ruf dokumentarisch festzuhalten: *„Mein Sohn bedroht mich mit dem Messer. Es ist 23:03 Uhr."*

Wow, schoss es mir durch den Kopf, die beiden haben ein Problem. Eine derart angespannte Situation auf ihrem Boot überraschte mich, da ich sie am Grillabend zuvor in scheinbar harmonischer Stimmung erlebte. Josh, sein Sohn, hatte mir die drei Monate geschildert, die sie unterwegs waren, das

Boot aus der Karibik nach Australien zu überführen, und von den vielen Nichtigkeiten erzählt, an denen sie sich täglich rieben. Dass er in Australien von seinem Vater getrennt bei seiner Mutter lebte, und diesen Segeltörn nur machte, weil der Vater glaubte, es würde sie einander näher bringen, wonach es sich in dieser Nacht nicht anhörte. Dass der Sohn dem Vater kräftemäßig gewachsen war, daran zweifelte ich nicht, denn er war einen Kopf größer, Anfang zwanzig und durchtrainiert wie ein Rugbyspieler.

Ich stellte mir die Spannung auf dem Boot vor und überlegte, wie ich ihnen helfen könnte. Es mit Worten zu schaffen bezweifelte ich, denn ich bin mehr der Typ der handelt. Kurz nach Mitternacht rief ich den Vater über Funk und fragte, ob sich die Situation auf ihrem Boot beruhigt hätte. Er verneinte und bat mich erneut die Situation schriftlich festzuhalten. Nach kurzem Zögern fragte ich, ob beiden damit geholfen wäre, wenn Josh für die nächsten Tage zu mir aufs Boot käme. Er fragte seinen Sohn und Josh bejahte. Der Vater bedankte sich und wir beschlossen Joshs Übersteigen auf mein Boot für den nächsten Morgen.

Übermüdet von der Nachtwache, kamen mir im Morgengrauen negative Gedanken. Denn die Übernahme war ein Risiko. Was wäre, wenn sie mich täuschten? Wenn mich der junge Hüne über Bord werfen und sie mein Boot kapern würden? Zeugen gäbe es keine, denn das Meer schweigt.

Die aufgehende Sonne löschte meine Bedenken und langsam kam ihr Boot von hinten näher. Ich ließ den Wind aus den Segeln, startete den Motor um manövrierfähig zu bleiben, und hielt meinen Kurs. Der Wellengang war zu rau längsseits zu gehen, also musste Josh zu mir schwimmen. Mit langsamer Geschwindigkeit fuhren sie an mir vorbei, nur wenige Meter zu Backbord. Meine Badeleiter hatte ich zu Backbord an die Reling gehängt und griffbereit lag der Rettungsring an langer Sicherungsleine. Josh stand in Badehose an der Reling und warf geschickt einen wasserdichten Plastiksack auf mein Vordeck. Wie besprochen, fuhren sie zwei Bootslängen voraus, dann sprang Josh. Erstaunlich, wie präzise er seinen Absprung getimed hatte, denn mit nur zehn Schwimmstößen war er an meiner Badeleiter. Lachend stieg er aufs Deck und würdigte seinen Vater keines Blickes mehr. Dieser bedankte sich über Funk für das gute Manöver.

Für die nächsten zwei Tage segelten wir auf Sicht zueinander und alle sechs Stunden sprach ich über Funk mit dem Vater. Zum einen, um ihm zu bestätigen, dass bei uns alles bestens sei und zum anderen, um zu wissen, ob er als Einhandsegler zurechtkam. Ich bat Josh einige Worte mit seinem Vater zu wechseln, was er erbost ablehnte, obwohl die Stimmung auf unserem Boot hervorragend war. Denn wir hatten eine riesige Golddorade gefangen, die uns bis Tonga die Pfanne füllte.

In der folgenden Nacht kam starker Wind auf, die See wurde rauer und mit einsetzendem Regen verloren wir den Sichtkontakt zum Vater. Über Funk teilte er uns mit, dass er Motorprobleme hätte und nicht gegen den Wind ankäme. Worauf ich eine halbe Stunde lang auf Josh einredete, bis er bereit war aufs Boot seines Vaters zurückzukehren, um ihm zu helfen. Ich rief den Vater über Funk und zu meinem Erstaunen lehnte er die Hilfe seines Sohnes ab.

Am Morgen waren Vater und Boot auf dem Meer nicht mehr zu sehen und über Funk nicht zu erreichen. Da wir nicht wussten, ob er vor oder hinter uns war, segelten wir weiter.

Zwei Tage später, bei der Einfahrt in die Bucht von Neiafu auf den tongalesischen Vava'U Inseln, bekamen wir ein Geschenk des Meeres, das ich nie wieder erleben möchte. Plötzlich tauchten drei Wale neben dem Boot auf und bliesen ihre Wasserfontänen in die Luft. Was uns erfreute, bis einer von ihnen wie ein nicht abgetauchtes U-Boot auf uns zuschoss. Unser Jubel verstummte, als er nur noch drei Bootslängen entfernt war und weiterhin auf uns zuhielt. Wir standen auf dem Kabinendach am Hauptmast um die Wale besser beobachten zu können, doch als er eine Bootslänge vom Boot entfernt seinen Kopf hob, meinte ich, in seinen Augen eine Kriegserklärung zu lesen. Wir umklammerten den Hauptmast und ich sah die Planken meiner *Ala di Sabah* bereits auf dem Wasser schwimmen. Als der Wal wenige Meter vor dem Boot abtauchte, war ich sicher, er würde unseren Kiel rammen. Wir verharrten am Mast, nichts geschah. Dann schoss seine Wasserfontäne auf der anderen Seite des Bootes empor.

Mit dem Schock in unseren Gliedern, segelten wir zum Einklarieren in die Vauleleva Bucht und erst in diesem Moment wurde mir bewusst, einen blinden Passagier an Bord zu haben. Einen Passagier, der nicht in meiner Crewliste eingetragen war. Josh musste also von meinem Boot sein, bevor die Beamten von Immigration und Zoll an Bord kämen. Ansonsten würden Josh, meine *Ala di Sabah* und ich an die Kette gelegt. Und, sollte dem Vater etwas zugestoßen sein, würde es für mich sehr problematisch werden.

Ich zog die gelbe Quarantäne-Flagge hoch und fragte den Hafenmeister über Funk, ob Zoll und Immigration an Bord kämen. Mit Erleichterung hörte ich die Aufforderung mit dem Beiboot an Land zu kommen. Versteckt ankerte ich zwischen anderen Segelbooten und wies Josh an ungesehen unter Deck zu bleiben. Wenn sein Vater auftauchte, sollte er ihn über Funk anweisen nah an meinem Boot vorbeizusegeln, damit er unbemerkt zum Boot seines Vaters schwimmen konnte. Mit dem Beiboot fuhr ich zum Hafenmeister und sah während des Einklarierens den Vater in die Bucht segeln. Er hielt direkt auf mein Boot zu und von den Beamten unbemerkt, glitt mein blinder Passagier ins Wasser.

Meinen Plan zu anderen Vava'U Inseln zu segeln gab ich auf, nachdem ich täglich auf der Funkrunde den Kampf um eine gesunkene Segelyacht verfolgte. Sie war in dem Sturm auf einem Riff in den Vava'U Inseln gesunken und lag fünf Meter unter Wasser. Auf der Funkrunde diskutierten wir Segler die verschiedenen Möglichkeiten die Yacht zu heben, aber alle Versuche sie zu bergen scheiterten. Um meine Nerven zu beruhigen, aß ich täglich ein kräftiges Frühstück in der deutschen Bäckerei, legte mich zum Mittagsschlaf ins Cockpit und ließ mir allabendlich ein Stück tongalesische Spezialität, gegrilltes Ferkel, auf den Teller legen. Ausgeruht, und mit zwei Kilo Übergewicht, zog ich die Segel hoch und segelte nach Westen.

Segelregatta nach Port Vila

Der Fünftagetörn nach Fidschi verlief problemlos, obwohl ich wenig Schlaf bekam, denn viele unbeleuchtete Frachter und Fischerboote verkehrten zwischen den Inseln. Im Morgengrau näherte ich mich der Hauptinsel Viti Levu, und kurz vorm Dunkelwerden vertäute ich meine Leinen in der Vuda Point-Marina, nur wenige Kilometer nördlich vom Flughafen Nadi, von dem ich sieben Jahre zuvor zu meinem Höllenflug nach Brisbane gestartet war. Die Marina lag mitten im Grünen, hatte Platz für fünfzig Boote und einen Yacht-Club mit Restaurant. Es war der perfekte Platz um Reparaturen durchzuführen, verkrustetes Salz vom Boot zu waschen und *Ala di Sabah* wieder glänzen zu lassen. Auch um Proviant aufzustocken, was in den Supermärkten von Lautoka eine Freude war, denn es gab preiswerte und geschmackvolle Lebensmittel aus Indien. Besonders preiswert waren Alkoholika, da es in Lautoka eine der größten Zuckerrohrraffinerien im Südpazifik und eine große Destillerie gab.

Eine Woche vor dem Auslaufen nach Port Vila auf Vanuatu, erfuhr ich von meinem Segelnachbar, dass, wer an der Musket Cove/Port Vila-Segelregatta teilnimmt, zollfrei und unbegrenzt Alkoholika einkaufen könne. Diese würden wenige Stunden vor dem Ankerliften ans Boot gebracht. Als er mir die Preisliste zeigte, brauchte ich keinen Computer, um mich am letztmöglichen Tag für die Regatta einzuschreiben, denn mit der Ersparnis bei elf Kisten Gin, Rum, Wodka und Rotwein war die Teilnahmegebühr bezahlt. Nur war der Zoll beim Einklarieren oftmals sehr kleinlich und ich fuhr nach Lautoka und kaufte zwölf durchsichtige 10-Liter-Plastikkanister. Mit dickem Filzstift schrieb ich Lack bzw. Lackverdünner auf die Kanister, denn der Rum würde im Kanister dem braunen Lack sehr ähnlich sehen, und der Gin dem klaren Lackverdünner. Die Kanister für den Wodka markierte ich als Polyurethanverdünner.

„Immer eine Handbreit Wasser unterm Kiel und zwei Finger Schnaps im Wasserglas", rief der Segelnachbar und löste meine Dockleinen.

Die Regatta startete von der Musket Cove Marina auf der Resortinsel Manolo Lailai, nur zwanzig Kilometer westlich der Vuda Point Marina. Am Abend warf ich dort meinen Anker und bunkerte die elf Kisten Alkoholika. Voll beladen segelte ich am folgenden Morgen als Vorletzter von achtzehn Segelbooten über die Startlinie. Die schnellsten fünf Boote waren schon gegen Mittag am Horizont verschwunden und wir letzten Fünf, segelten so gemütlich übers Meer wie wir es immer taten. Den Autopiloten stellte ich auf Kurs und füllte die Plastikkanister mit Gin, Wodka und Rum. Die Flaschen zertrümmerte ich über der Reling, damit sie nicht im Meer schwammen.

Fünf Tage später segelte ich in Port Vila ein, wo mir vom Segelkomitee ein französischer Empfang bereitet wurde. Sie überreichten mir einen Präsentkorb, gefüllt mit Baguette, Paté, Camembert, Rotwein und Früchten. Das Einklarieren geschah in wenigen Minuten und meinen Plastikkanistern mit der Aufschrift Lack- und Polyurethanverdünner schenkte der Zoll keine Beachtung.

Am Partyabend im Yachtclub gab es Preise für die schnellsten Boote und viele Ehrenpreise, wie den für das sexieste Seemannskostüm beim Überfahren der Startlinie. Der Preis war ein Fotoapparat, den ich für meinen weißen Borsalino auf dem Kopf und einen brasilianischen Schnürsenkel-Tanga um meine Männlichkeit bekam, was auch die sexy Ladies erfreute. Ein Dinner für Zwei, der Einhandseglerpreis, wurde mir ebenfalls überreicht, da ich der Einzige war.

Mit der Regatta nach Port Vila endete meine Zeit als Einhandsegler für drei Wochen, denn Klaus, der erfahrene Fahrtensegler aus Düsseldorf, der mir vor der Weltreise viele Tipps gegeben hatte, besuchte mich mit seinem Cousin Christian aus Berlin.

Segelroute durch Melanesien

Gemeinsam ging es zu den nördlichen Inseln Vanuatus und damit trennten wir uns von der Mehrzahl der Segler, die der Barfußroute folgend nach Neukaledonien und Australien segelten. Unser Ziel war die Insel Tikopia, am südöstlichen Zipfel der Solomon Inseln, wo Klaus während seiner Weltumsegelung Anker geworfen hatte und von Deutschland aus eine kleine Krankenstation betreute.

Christian war gewohnt auf größeren Booten zu segeln und als wir im Cockpit saßen, nur einen halben Meter über dem Wasser, bemerkte er kopfschüttelnd: *„Ich bin noch nie mit einem Floß über Weltmeere gesegelt."* Dieses Gefühl verstärkte sich bei ihm mehrmals täglich, denn kaum hatte er ein trockenes T-Shirts angezogen, überspülte eine Welle unser Cockpit und traf, fast unvermeidlich, Christian.

In den Nächten verließen wir das nasse Cockpit und spielten Mau-Mau im Salon. Anfangs spielten wir nur für ein, zwei Stunden, aber je länger unsere Reise dauerte, desto härter wurde unser Kampf den Mau-Mau-König Klaus vom Thron zu stoßen.

Nach Tagen in schönen Buchten der mit Dschungel überwachsenen Vulkaninseln Epi, Ambrym und Ambae, drehten wir in den Banks-Inseln nach Osten ab, zur Insel Tikopia. Leider stand uns der Wind auf der Nase und nach vierundzwanzig harten Stunden hatten wir fünfundzwanzig Seemeilen geschafft. Drei weitere Tage hätten wir gegen die Wellen ankämpfen müssen und entschlossen uns abzudrehen, uns von Wind und Wellen zu den Santa Cruz Inseln treiben zu lassen. Dort stiegen Klaus und Christian auf einen rostigen Seelenverkäufer und stampften gegen den Wind nach Tikopia.

Drei Tage später trafen wir uns im Yachtclub von Honiara wieder, in der Hauptstadt der Salomonen. Beiden sah ich die schlaflosen Nächte auf dem Seelenverkäufer an, auf dem die Toiletten nie funktionierten und wo sie auf Brettern schliefen, die sie im Ernstfall über Wasser halten sollten. Christian fühlte sich erleichtert den Törn hinter sich zu haben und mischte an unserem letzten Abend die Karten derart locker, dass Mau-Mau-König Klaus vom Thron fiel, wobei beiden der ‚Polyurethanverdünner' helfend zur Seite stand.

Versunkene Perle

Auf meinem Törn nach Rabaul, der *Perle des Südpazifiks,*

wie ich sie auf meinem ersten Flug um die Welt kennengelernt hatte, folgte ich der Route meines Fluges. Ich stoppte in Gizo, der Stadt auf den Salomonen, über der mir damals der lokale Pilot im Monsunregen geraten hatte, tief über dem Wasser weiterzufliegen, und von der Insel Bougainville hielt ich wie damals Abstand, weil die politischen Unruhen, wie zehn Jahre zuvor, nicht beigelegt waren, was mir ein australischer Offizier erklärte, der mit seinen Soldaten zwanzig Meilen von der Küste entfernt in einem Landungsboot hinter mir aufkreuzte. Über Lautsprecher rief er mir zu, dass sie mich borden würden und forderte mich auf meine Geschwindigkeit zu verringern. Einspruch konnte ich nicht erheben, denn schon im nächsten Moment schossen sechs Soldaten in einem superschnellen Schlauchboot aus dem Bauch des Landungsbootes hervor. Sie kamen längsseits und sprangen schwer bewaffnet aufs Deck.

Sie müssten mein Boot nach Waffen durchsuchen, sagte der Offizier im kommandierenden Ton, da Australien diese Aufgabe als Schutzmacht im westlichen Südpazifik zugeteilt war. Der Waffenschmuggel, erklärte er, sei in den politisch unruhigen Zeiten ein Problem. Er setzte sich neben mich hinters Steuer, während seine Soldaten mein Boot durchsuchten. Meine Bemerkung, das Borden verstieße gegen internationales Recht, quittierte er mit schroffen Worten: *„Sei dankbar, dass wir es sind, die dich borden. Die bewaffneten Aufständischen sind nicht so freundlich.“*

Da ich keine Waffen an Bord hatte, entspannte ich mich und hielt meine Frage zurück, ob sie die Bevölkerung oder die australischen Erzminen schützten. Wir plauderten übers Segeln und nach zwanzig Minuten zogen sie mit ihrem Landungsboot weiter, bewahrten die Welt vor den ‘Bösen’.

Mit einer riesigen Vulkanwolke am Horizont kündigte sich Rabaul an, doch als ich im Yachtclub den Anker warf, war von der *Perle des Südpazifiks* nichts mehr zu sehen. Die Stadt und der umgebende Dschungel waren unter meterdicker schwarzer Vulkanasche begraben. Einige verzweifelte Einwohner hatten ihre Häuser und einige Straßen wieder freigeschaufelt, aber der Ascheregen des permanent speienden Tavurvur-Vulkans ließ ihnen keine Chance. Auch mich traf es und nach zwei Tagen war mein Boot mit millimeterdicker Vulkanasche bedeckt. Ich zog den Anker wieder hoch und segelte am Flughafen vorbei, wo die damals grünen Palmen rechts und links der Landebahn nur noch ascheverkrustete Holzstangen waren.

Zwanzig Kilometer südlich, vor der neuen Provinzhauptstadt Kokopo, wo sich die meisten Bewohner Rabauls nach dem Vulkanausbruch 1994 niedergelassen hatten, warf ich erneut Anker. Dank eines chinesischen Geschäftsmannes konnte ich der Kriminalität, die sich in Papua Neuguinea nicht verändert hatte, aus dem Weg gehen. Er erlaubte mir vor seinem Grundstück zu ankern und an seinem Bootssteg, der mit Stacheldraht gesichert und von drei Dobermännern bewacht war, mein Dingy anzubinden, wenn ich in die Stadt ging.

Ein Schweizer Seglerpärchen, Rolf und Daniela auf ihrem Katamaran *Yelo*, waren nicht so beschützt und vor der Stadt Lorengau, auf der Insel Manus, wo sie ankerten, brachen Ganoven in ihr Boot ein. Neben Lebensmitteln und Alkoholika stahlen die Einbrecher auch die Navigationseinrichtung und notwendige Seekarten. Auf der Funkrunde beschlossen wir, uns auf der Eremiteninsel Luf im Bismarck Archipelago zu treffen, damit ich Rolf einige meiner Seekarten überlassen konnte.

Eremiteninsel Luf

Vier Tage später segelte ich auf die Insel Luf zu, die etwa drei Seemeilen lang und eine Seemeile breit ist. Sie hat einen Höhenzug von zweihundert Metern und aus zehn Seemeilen Entfernung sah es aus, als wären es zwei Inseln. Zwischen den dschungelüberwucherten Bergen lag das Dorf Luf, nur wenige Meter über dem Meeresspiegel.

Obwohl ich Skizzen der südöstlichen Riffpassage besaß, war die Fahrt durchs Saumriff eine schweißtreibende Herausforderung. Die Einfahrt, mit keinem Leuchtfeuer markiert, war schmal und nur drei Meter tief. Im Schaum der sich am Riff brechenden Wellen war sie erst zwei Bootslängen vor dem Riff zu erkennen. Drei Bootslängen im Riff knickte die Passage nach rechts ab und verlief einhundert Meter parallel zu den rechts und links brechenden Wellen. Die noch schmalere Ausfahrt aus dem schäumenden Riff in die Lagune erkannte ich nicht und war plötzlich von Korallenköpfen umgeben. Über Funk rief ich Rolf, der in der Lagune am Anker lag, um Hilfe.

„Wenn du in der Passage nicht mehr weiter kannst", erklärte er, *„bist du bereits an der Ausfahrt vorbei. Du musst zurück. Das haben wir auch hinter uns. Du musst höllisch auf den Korallenkopf in der Ausfahrt aufpassen. Fahre links an ihm vorbei. Dort hast du zwei Meter Wassertiefe."*

Für die nächste halbe Stunde lief ich zwischen Steuerstand und Vordeck hin und her, um die Korallenköpfe zu erkennen und zu umfahren. Wobei das ständige Piepsen des Tiefenalarms mich nah an den Wahnsinn trieb.

„Riffpassagen sind für Einhandsegler ein Albtraum", begründete ich Rolf und Daniela meine flatternden Nerven beim Sundowner. *„Vom Steuerstand kann ich die Korallenköpfe nicht sehen und wenn ich vorne auf dem Bug stehe, bleiben mir nur wenige Sekunden zurück zum Steuer, um ihnen auszuweichen."*

Am nächsten Morgen weckte mich lautes Klopfen an der Bordwand. Müde stieg ich ins Cockpit hoch und war von einer Kinderschar in vier Einbaumkanus umringt. Sie hielten sich an der Reling fest und ihr herzhaftes Lachen und Rufe nach Sweets übertönten die Stöße ihrer Kanus gegen die Bordwand. Ich verteilte eine Tüte Bonbons und schnatternd paddelten sie ins Dorf zurück, machten Platz für den Chef des Dorfes, der nicht lange auf sich warten ließ. Er wollte sicherstellen, dass mich die Kinder nicht belästigten und lud mich ins einhundert Seelen zählende Dorf ein. In eine paradiesisch gelegene Ansiedlung von achtzehn Holzhäusern auf dem nur wenige Meter über dem Wasser liegenden Isthmus zwischen den Inselbergen. Ein Dorf unter Palmen mit blühenden Hibiskus und Bougainvillea. Paradiesisch war auch das Leben, weil das Wetter den Tagesrhythmus bestimmte. Es gab keinen Strom, kein Fernsehen, kein Telefon, kein Geschäft und keine Straßen. Auf Fußwegen liefen die Siedler von einer Holzhütte zur anderen. Mitten im Dorf stand eine rostige Handpumpe, die schon seit Jahren kein Wasser mehr förderte. Für die Einheimischen war es notwendig, das Regenwasser über ihre Dächer in riesigen Tonnen aufzufangen.

Nach zwei Wochen Eremiteninsel wollte ich mit Rolf und Daniela zu den Ninigo Inseln segeln, nur ließen mich die Einheimischen nicht weiterziehen. Sie hatten mich in ihr Inselleben integriert, nachdem ich einige ihrer Einbaumkanus repariert hatte. Schon kam der nächste Kanubesitzer und bat mich die Risse in seinem Einbaum abzudichten. Da ich über alle notwendigen Holzwerkzeuge verfügte, gelang mir die Reparatur in wenigen Tagen. Wobei der Spezialleim, den ich verwendete, wahre Wunder bewirkte. Es war ein aufschäumender Polyurethanleim, der durch Wasser aktiviert in die verborgensten Holzspalten eindrang und durch Aufschäumen die Durchbrüche versiegelte. Mein Weitersegeln verschob ich für vier Wochen und reparierte Einbaumkanus.

Interessant war, *wie* mich die Einheimischen baten ihre Einbäume zu reparieren. Vorwiegend kam die Bitte von den Frauen, die in ihren Kanus längsseits kamen und mir Eier, Obst und Gemüse brachten. Erst zeigten sie sich besorgt um den Einhandsegler, der ohne Frau und Köchin unterwegs war, dann zeigten sie freundlich lächelnd auf ein Leck in ihren Kanus und fragten, ob ich es reparieren könnte, da sie permanent Wasser ausschöpfen müssten.

Da es auf der Insel mit Geld nichts zu kaufen gab, halfen sich alle gegenseitig und ausgleichend. Als Entlohnung erhielt ich Lebensmittel und sogar Lobster. Was nicht an meinen guten Kanureparaturen lag, sondern am Einsammeln von Seegurken, wozu die Männer in die Lagune paddelten. Wenn sie auf den Meeresgrund abtauchten, huschten auch Lobster an ihnen vorbei, die sie aus religiösen Gründen nicht aßen, und somit nicht jagten. Als ich ihnen sagte, dass ich gerne Lobster in meinem Kochtopf hätte, lag fast täglich einer im Cockpit.

Die Seegurken landeten in einem rostigen Ölfass am Strand, bevor sie nach Stunden im kochenden Wasser zum Trocknen in die Sonne gelegt wurden. Halbjährlich kam ein chinesischer Frachter vorbei, der ihnen die Seegurken, eine Spezialität in Japan und China, abkaufte. Es war die einzige Einnahmequelle des Dorfes.

An den Wochenenden versuchte ich die Insel zu durchwandern, was immer wieder im dichten Dschungel endete. Bis mir der Chef drei Jungs an die Seite stellte, die mich auf die Bergspitze führten. Drei ganz pfiffige Burschen. Denn sobald wir im tiefsten Dschungel waren, verschwanden sie und imitierten die wildesten Tiere um mir Angst einzuflößen. Ihre Kenntnis des Dschungels war hervorragend und in wenigen Minuten zauberten sie Früchte und essbare Wurzeln hervor. Kurz vor dem Berggipfel, wir waren etwa 200 Meter hoch, rasteten wir an einer verlassenen Bambushütte mit herrlichem Blick aufs Dorf, auf mein Boot und zur Riffpassage, durch die ich gekommen war.

„Diese Hütte hier“, begannen die drei voller Begeisterung zu erzählen, *„hatte der Sohn des Chefs gebaut, um sich mit seiner frisch vermählten Braut zurückzuziehen. Er wollte nicht im Dorf bei seiner Familie bleiben, er wollte ein unabhängiges Leben.“*

„Aber nach einem Jahr“, erklärten sie mit trauriger Stimme, *“ist er wieder ins Dorf zurückgekehrt und hat die Insel verlassen. Einige unserer älteren Freunde, die in Lorengau zur Schule gehen, wollen auch nicht mehr nach Luf zurück.“*

Verständlich, dass sie sich nach Freiheit sehnten, denn vieles auf der Insel war aus religiösen Gründen verboten. Neben den kirchlichen Gesängen gab es keine moderne Musik oder Tänze für die jungen Leute. Alkohol war ebenfalls verboten, obwohl einige Männer nach dem Fischen bei mir längsseits gingen und heimlich ein, zwei Whisky tranken.

Wie stark die Inselgemeinschaft zusammenhielt, zeigte sich in der fünften Woche, als ein Sturm über die Insel zog, der die ganze Nacht anhielt. Zu meinem Pech blies der Sturm mit 45 Knoten in die Bucht und drückte mein Boot bis auf wenige Meter ans Riff. Für den Ernstfall startete ich den Motor und harrte im prasselnden Regen hinter dem Steuer aus. Immer höher bauten sich die Wellen auf, drohten mich aufs Riff zu werfen. Die Sicht im Regen war gleich null, doch plötzlich tauchte hinter mir ein Kanu auf. Nur schemenhaft konnte ich es erkennen und der Paddler rief mir zu, dass die Männer des Dorfes bereit stünden mir zu helfen. Ich solle ein Zeichen geben, dann kämen sie zu meinem Boot.

Kaum hatte er seinen Griff an meinem Boot gelöst, entriss ihn der Wind meiner Sicht. Perplex stand ich hinterm Steuer, konnte nicht fassen, dass er es im Einbaum geschafft hatte gegen Wind und Wellen zu meinem Boot zu paddeln. Obwohl mir niemand hätte helfen können, wenn ich aufs Riff getrieben wäre, verringerte ihre Hilfsbereitschaft meine Nervosität.

Nach sechs Wochen bei den Insulanern wurde es Zeit weiterzuziehen. Mein letztes Angelzeug hatte ich verschenkt, die Whiskyflaschen waren leer, wie auch die letzten Konserven- und Erdnussbüchsen.

„Du solltest noch nicht lossegeln“, erklärte mir der Chef den nächtlichen Himmel vor meiner Abfahrt. *„Schau dir den Hof*

des Mondes an. Im nebeligen Ring ist kein einziger Stern zu erkennen. Was bedeutet, dass wir schlechtes Wetter bekommen. Segle erst weiter, wenn du fünf Sterne im Hof siehst."

Über Mikronesien in die Philippinen

Drei Tage später brach ich zu meinem Törn in die Philippinen auf, beladen mit Maniokwurzeln, Obst, Gemüse und getrocknetem Fisch sowie einer toten Schlange, die mir die pfiffigen Jungs in die Backskiste gelegt hatten.

Meine Hoffnung, die Insel Mindanao zu erreichen, gab ich nach zwei Tagen gegen Wind und Wellen auf und drehte nach Norden ab, zur Insel Palau in Mikronesien. Nach elf ermüdenden Tagen über einen windstillen Äquator, musste ich vor Koror wieder durch ein schäumendes Außenriff um vor Anker zu gehen. Leider betrug das Eintrittsgeld auf die Insel 100 US-Dollar und das Cruising-Permit zu den Riffinseln 250 US-Dollar. Ich schlief mich aus, kaufte einige Konserven und stach wieder in See.

Eine Woche später warf ich Anker an der Insel Siargao auf den Philippinen. Gleichzeitig mit drei Norwegern, die ich auf Palau kennengelernt hatte und die einen Tag nach mir aufgebrochen waren. Junge Burschen, die nur eins im Kopf hatten: das Leben genießen. Dass wir noch nicht einklariert hatten, interessierte niemanden auf der Insel und im Fischerdorf freuten sich die Einheimischen über unseren Besuch. Besonders der Barkeeper, der zwei Nachtschichten einlegen musste, weil die Wikinger nie vor der Morgensonne zu Bett gingen. Konditionell überstand ich die Nächte, da ich durch meine Nachtfahrten trainiert war. Mental war es jedoch eine Herausforderung inmitten der jungen Burschen, denn ihre noch jüngeren Mädchen nannten mich liebevoll Papa.

In geruhsamen Tagesetappen segelten wir gemeinsam weiter, in die Inselwelt der Philippinen. Vor kleinen Fischerdörfern warfen wir Anker, wo spät in der Nacht die Fischer aufs Meer zogen. Geschickt paddelten sie ihre Auslegerkanus durch die Brandung, setzten ihre bettlakengroßen Segel und glitten geräuschlos an uns vorbei. Im Morgengrauen tanzten sie als schwarze Punkte auf dem Meer, tauchten kurz auf einer silbrigen Welle auf und verschwanden wieder im Wellental. Zwischen den Fingerspitzen hielten sie ihre Angelleinen und bewegten diese auf und ab, um die Fische anzulocken. Ihre Blicke weilten im Nirgendwo und ihre Konzentration lag auf den Fingerspitzen, an denen sie das Nibbeln des Fisches am Köder spürten. Jahrelange Erfahrung bestimmte den Moment, wenn der Fisch den Köder geschluckt hatte, und mit einem kurzen Ruck setzten sie den Haken, hatten den Fisch an der Leine.

Mit der aufgehenden Sonne kehrten die Fischer ins Dorf zurück und ließen sich von einer Brandungswelle auf den Strand schieben. Frauen und Kinder und auch ich warteten am Strand, um ihre Fänge zu begutachten. Vorwiegend Barsche lagen in Ihren Booten, wobei der Rotbarsch der beliebteste war. Als Erster vom Fang zurückzukehren, erzählten sie mir, sei wichtig, um einen guten Preis zu erzielen. Denn die Restaurantbesitzer kauften sofort. Für diese war es zu riskant zu warten, ob die später zurückkehrenden Fischer größere Fische hatten. Die Chefköche mussten frischen Fisch auf der Speisekarte haben. Bei den Ehefrauen der Fischer war es nicht anders, sie wollten als Erste den frischen Fang auf dem Markt anbieten.

Fisch gab es auch in Cebu, der größten Stadt auf der gleichnamigen Insel, wo ich am Steg in der City-Marina meine Leinen festzurrte. Nur waren Hamburger in der Millionenstadt viel beliebter. War ich zuvor, auf den südpazifischen Inseln, Amerika fern, so war ich in Cebu mittendrin. Die fünfzig Jahre US-Besetzung hatte den Filipinos eine amerikanische Lebensweise beschert, die mich stark an Los Angeles erinnerte. Nicht nur in den Karaoke Bars entlang der Straßen, wo jeder Filipino glaubte ein Frank Sinatra zu sein, auch bei den jungen Filipinas, für die Hollywood das Paradies der Welt zu sein schien. Mit Freude schloss ich mich ihnen an, bewunderte ihre Schönheit und genoss ihre Wärme. Nur bei ihren Wünschen sesshaft zu werden, kühlte meine Bewunderung etwas ab.

Nach drei heißen Monaten und Tagestemperaturen von über dreißig Grad, musste ich mich entscheiden auf den Philippinen zu bleiben oder nach Borneo zu segeln, denn die Taifun-Saison nahte. Die Entscheidung wollte ich in der geschützten Bucht von Bonbonon treffen, am südlichen Ende der Insel Negros. Viele Segler, die sich aufs Verharren in der windigen Saison vorbereiteten, lagen dort am Anker. Und als ich in der Bucht eintraf, sprach alles für ein Bleiben. Das kleine Fischerdorf, die gute Seglergemeinschaft und die hübschen Filipinas. Nur fällte die Entscheidung in See zu stechen ein philippinischer Beamter in der Provinzhauptstadt Dumaguete, der plötzlich 250 US-Dollar für meine Visaverlängerung verlangte. Ich sagte ihm das Geld für den nächsten Tag zu.

Zurück auf meinem Boot zog ich den Anker hoch und segelte ohne auszuklarieren in die Sulu See, mit Kurs auf Borneo. Ein Monsunregen mit wenigen Metern Sicht schützte mich vor Schmugglern und Piraten, die auf der gefürchteten Piratensee unterwegs waren. Nach fünf Tagen verbesserte sich das Wetter, nur wechselten die Winde zu meinem Nachteil. Vierundzwanzig Stunden kreuzte ich gegen Wind und Strömung an, um die letzten zwölf Seemeilen zur Balabac-Passage ins Südchinesische Meer zu schaffen. In der Nacht ließ mich der Gedanke nicht los, zur falschen Zeit am falschen Ort zu sein, denn immer wieder rasten unbeleuchtete Schnellboote an mir vorbei, die nur für Sekunden ihre Navigationslichter zeigten. Eines der Boote verlangsamte seine Fahrt, richtete kurzzeitig einen riesigen Scheinwerfer auf mich, dann schoss es davon. Da ich nicht ausklariert hatte, fürchtete ich, wie die Piraten, die Patrouillenboote der philippinischen Marine. Im Morgengrauen war ich acht Seemeilen vor der Passage, hatte nur vier Seemeilen geschafft. Ich nahm den Motor zu Hilfe, obwohl ich nur noch wenige Liter Diesel als eiserne Reserve im Tank hatte. Kurz hinter der Passage stoppte der Motor und ich segelte ins Südchinesische Meer zum Fischerhafen Kudat an der Nordspitze Borneos.

Holzarbeit auf Borneo

Mein Ziel in Kudat war nicht das schöne Kudat Golf & Marina Resort, sondern die Bootswerft, die dem Resort gegenüberlag. Dort, so hatten mir Segler auf den Philippinen erzählt, spezialisierten sie sich auf Reparaturarbeiten von Holzbooten der Seefischerei.

Kaum an Land, hörte ich das Geklopfe beim Kalfatern von Holzbooten, das wie Musik in meinen Ohren klang. Denn es bestätigte mir, dort Spezialisten und Material zu finden, um meine Planken abzudichten. Nur mein schlechtes Gewissen über die fehlenden Ausklarierungsdokumente aus den Philippinen trübte meine gute Stimmung, doch der malaiische Immigrationsbeamte nickte verständnisvoll, als ich ihm von den finanziellen Forderungen auf den Philippinen erzählte. Problemlos klarierte er mich in Malaysia ein.

Mit einem fahrbaren Kran ließ ich mein Boot neben drei bereits auf Land stehende Segelboote stellen und inspizierte den Bootsrumpf. Nach einem Jahr in den warmen Wassern der Tropen, war es ein Muss die Holzplanken nach Schiffsbohrwürmern, Toredo navalis, abzusuchen, bevor sich diese durchs Holz fraßen. Ein Problem, das schon bei den Holzflotten der alten Ägypter, Chinesen und Römer bekannt war und auch vor der Flotte von Christoph Kolumbus nicht haltgemacht hatte. Hätte ich nur einen Wurm gefunden, wäre es ein Zeichen, dass sie sich eingenistet hatten. Jedes Stück Holz im

Boot, das mit Salzwasser in Berührung kam, hätte ich prüfen müssen. Entgegen seinem Namen, handelte es sich nicht um einen Wurm, sondern um eine lang gestreckte Muschel, die ihre harte Schale zum Bohren benutzt. Ob Wurm oder Muschel, wichtig war, dass sie nicht in meinem Holz steckten und Löcher bohrten. Die Holzspezialisten der Werft entdeckten keine, brannten aber zur Sicherheit das Kielholz mit Gasbrennern kurz an und nahmen dem letzten Wurm die Chance von meinem Holz zu leben. Mit drei Lagen Schutzfarbe hoffte ich, für ein weiteres Jahr den Schädling fernzuhalten.

Schwieriger war es, von der Trockenfäule befallenes Holz aus dem Hauptmast zu sägen bzw. zu meißeln. Neue, passende Holzstücke mussten eingefügt werden, ohne dass ich dem Mast seine Festigkeit und Flexibilität nahm. Was bei zwölf Metern Mastlänge eine filigrane und zeitraubende Geduldsarbeit war. Monatlich bekam ich einen Holzkoller und schwor mir, nie wieder mit einem Holzboot um die Welt zu segeln. Was nach drei Monaten vergessen war, als der Mast wieder im Boot stand und mit zehn Lagen Lack überzogen in seiner Holzpracht glänzte.

Mordsverkehr in Singapur

Alle vier Segelboote, die in Kudat auf Land standen, wurden von Einhandsegler gesegelt und fast so individuell waren auch die Segelrouten, zu denen wir nach der stürmischen Saison aufbrachen. Ein Neuseeländer segelte durch die indonesische Inselwelt nach Australien, ein Italiener übers Südchinesische Meer nach Hong Kong und mit Carl, einem deutschen Segler, machte ich mich auf den Weg nach Singapur. Drei Tage segelten wir gemeinsam, dann trennte uns ein Sturm auf dem Südchinesischen Meer. Carl, der mit seiner *Charlrisma* schon seit Jahren durch die asiatischen Gewässer segelte, erzählte mir später in Singapur, dass er bereits im Südchinesischen Meer auf die Nordseite der Seestraße von Singapur gesegelt war, um dem dichten Schiffsverkehr aus dem Weg zu gehen.

Mir schien dieser Umweg nicht notwendig, doch fünfzig Seemeilen vor der Meerenge von Singapur begegnete ich bereits so vielen Frachtern und Öltankern wie nie zuvor. Ich ging ihnen aus dem Weg und segelte an die Küste der indonesischen Insel Bintan, die Singapur zehn Seemeilen gegenüber liegt. Eine Nacht blieb ich dort zwischen Frachtern und Tankern vor Anker und beobachtete in den Morgenstunden den Schiffsverkehr. Besonders die Fahrweise der Holzdschunken, die permanent die Seestraße der Großschifffahrt kreuzten. Sie brachten Crews, Ersatzteile, Proviant und Fracht zu den Schiffen, die nördlich und südlich der Schifffahrtsstraße vor Anker lagen. Von der Küste aus fuhren sie dem Schiffsverkehr entgegen und sobald sich eine Lücke bot, querten sie die erste Hälfte der Seestraße. Im Mittelstreifen zwischen beiden Fahrtrichtungen warteten sie erneut auf eine Lücke, um den Gegenverkehr zu kreuzen.

Für mich, mit maximal sechs Knoten Geschwindigkeit, war die Überquerung eine Herausforderung. Sollte ich mich in der Geschwindigkeit der großen Schiffe verschätzen, hatten diese keine Chance ihre Fahrt zu verzögern oder mir auszuweichen. Problemlos überquerte ich die südliche Hälfte der Seestraße und harrte eine halbe Stunde im Mittelstreifen aus. Dann sah ich eine Chance die nördliche Hälfte zu überqueren. Was ein Supertanker, der mir entgegenkam und dessen Geschwindigkeit ich aufgrund seiner Größe schwer abschätzen konnte, nicht für möglich hielt. Mit lautem Horn warnte er mich. Meiner Schätzung nach war ich bereits auf seiner Bootsmittellinie, musste nur noch die Hälfte seiner Breite zurücklegen. Nur dauerte diese Breite eine Ewigkeit, denn meine Geschwindigkeit gegen die Wellen war auf drei Knoten gesunken. Wie versteinert saß ich hinterm Steuer, konnte nur hoffen es zu schaffen. Der Tanker kratzte mir fast den Lack vom Heck, so nah zog er vorbei. Dann ertönte das Horn eines kleineren Frachters hinter dem Tanker, den ich übersehen hatte. Ich drehte bei und ließ seine Stahlwand vorbeiziehen.

An der südlichen Spitze der Malaysischen Halbinsel warf ich Anker und wartete auf Carl. Am nächsten Morgen weckte er mich mit lautem Horn und wir segelten nah der Küste zu Singapur in die Malakkastraße, der Piratenallee zwischen Malaysia und Indonesien. Obwohl Carl die malaiische Küste sehr gut kannte - er war beruflich als Chefkoch auf einer Privatyacht viele Seemeilen durch die Piratenallee geschippert - segelten wir nur tagsüber, um nicht in einer der vielen Fischernetze oder Fischreusen zu enden.

Acht Tage später liefen wir die zollfreie Insel Langkawi an, die unter Seglern sehr beliebt war. Zum einen, weil es ein schönes Segelrevier mit guten Marinas war, zum anderen, weil man dort preiswert einkaufen, d.h., bunkern konnte. Doch das Wichtigste für uns Segler war die Möglichkeit, aus aller Welt zollfrei Ersatzteile fürs Boot einfliegen zu lassen, die problemlos und schnell von den Logistikfirmen ans Boot geliefert wurden. Die Steuerfreiheit auf der Insel betraf auch den Bootskauf und dementsprechend vielfältig waren die Angebote von neuen und gebrauchten Yachten. Carl, der mit vierzig Jahren des Segelns müde war, bot seine *Charlrisma* zum Verkauf an und drei Wochen später hatte er das Bargeld in der Tasche, um sich auf der indonesischen Insel Bali ein Häuschen zu bauen.

Tsunami in Thailand

Gemeinsam mit deutschen Seglern feierten wir im Royal Langkawi Yachtclub Weihnachten, und am frühen Morgen des 26. Dezember 2004 checkte ich im Hafenbüro nach Thailand aus. Der Hafenmeister hatte keine negativen Nachrichten bezüglich anstehender Gefahren und stempelte meine Ausreisepapiere. Beide wussten wir nicht, dass just in diesem Moment die Erde im Indischen Ozean bebte und die tödlichste

Tsunamiwelle der letzten hundert Jahre auf den Weg schickte.

Kurz vor dem ‚Leinenlos' sprang Carl aufs Boot, ich sollte ihn in der nächsten Bucht wieder an Land setzen. Eine halbe Stunde später waren wir mitten in der Kuah Bucht, die etwa eine Meile breit und sieben Meilen lang ist, wo uns entgegenkommende Fischer zuriefen: *„Umkehren, umkehren, ein Tsunami kommt."*

Wir nahmen die Warnung nicht ernst, da der Hafenmeister beim Ausklarieren nichts dergleichen erwähnt hatte. Gut gelaunt segelten wir weiter.

„Und wenn", sagte Carl, *„sind wir auf dem Meer sicherer als im Hafen."*

Dann traf der Tsunami auf die Küste. An Land, rechts und links von uns, sahen wir die Riesenwelle brechen. Auf dem Boot spürten wir den erhöhten Wasserspiegel nicht, wurden aber in die Bucht zurückgespült, mit zwölf Knoten über Grund, obwohl wir mit fünf Knoten durchs Wasser segelten. Einige Minuten später wurde die Strömung turbulent, kehrte sich um, und mit achtzehn Knoten trieben wir auf die Inseln in der Passage zum offenen Meer zu. Das Steuer hatte ich nach Steuerbord eingeschlagen, aber die Strömung drückte uns zu Backbord. Die Turbulenz stellte uns quer, warf Bücher aus den Regalen und meine Kaffeetasse über Bord. Mit viel Glück schafften wir es an den Riffen vorbei aufs offene Meer.

Auf der Funkfrequenz des Yachtclubs verfolgten wir die Panik in der Marina am Ende der Bucht, wo sich die schwimmenden Docks auszuklinken drohten. Dort stand das Wasser wenige Zentimeter unter dem Ende der Pylonen, die die Anlegestege in Position hielten. Dann zog sich die Riesenwelle zurück und kurzzeitig kehrte Ruhe ein.

Unsere Nerven hatten sich von der Machtlosigkeit, mit der wir der Strömung gegenüberstanden, wieder beruhigt und wir nahmen Kurs auf die Küste. In der Bucht Pantai Chenang fuhr ich Carl mit dem Dingy an Land, wo die parallel zum Ufer verlaufende Strandstraße von der Welle überschwemmt, aber nur kleine Verkaufsstände oder Holzhütten weggespült worden waren. Plötzlich hieß es, eine weitere Tsunamiwelle käme in etwa dreißig Minuten. Mit Vollgas fuhr ich zum Boot zurück, zog den Anker hoch und warf ihn zwei Meilen vom Sandstrand entfernt wieder über Bord. Ängstlich stand ich auf Deck und hielt mit dem Fernglas das Meer im Auge.

Die Nacht am Anker wurde durch ständige Hilferufe sinkender Schiffe zum Albtraum. Auf Kanal 16, dem allgemeinen Funkkanal für Schiffe, verfolgte ich die Katastrophe, die sich in der Rebak-Marina abspielte und von der ich nur eine viertel Meile entfernt war. Die schwimmenden Docks waren samt Booten von ihren Befestigungen gerissen und auf Land gespült worden. Mit ablaufender Welle wurden viele Boote wieder ins Wasser gezogen, wo einige Boote sofort sanken und Skipper leckgeschlagener Boote über Funk nach Wasserpumpen riefen.

Bis zum Morgengrauen hielt ich Ankerwache, dann brach ich nach Thailand auf. Auf dem offenen Meer war von der menschlichen Katastrophe, die sich an der thailändischen Westküste abgespielt hatte, nichts zu spüren. Weiterhin zogen Fischerboote mit ihren Netzen übers Meer. In der Nacht segelte ich ahnungslos an der Touristeninsel Koh Phi Phi vorbei, wo der Tsunami über zweitausend Menschenleben gefordert hatte. Erst nach Erreichen der Yacht Haven-Marina, auf der Insel Phuket, erfuhr ich vom Ausmaß der Katastrophe. Am Strand in Patong lagen Autos und Busse in den Vorgärten der Hotels, die von der Welle erfasst von der Straße gespült worden waren. Noch immer suchten Einheimische und Touristen nach Vermissten, die am Strand oder beim Frühstück auf der Hotelterrasse der Welle zum Opfer fielen. Allein in Phuket starben etwa 2000 Menschen, die Hälfte davon Touristen.

Zwei Wochen nach dem Tsunami besuchte ich Patong erneut und war erstaunt, wie schnell sich das Leben stabilisiert hatte, der Tourismus wieder in Schwung kam. Wobei den Thais ihr buddhistischer Glaube hilfreich zur Seite stand, denn immer wieder hörte ich die Worte *Mai pen rai,* das Leben geht weiter.

Wie mein Leben weitergehen sollte, musste ich innerhalb der nächsten Wochen entscheiden, bevor die Regensaison mein Weitersegeln über den Indischen Ozean unmöglich machte. Das vierte Jahr meiner geplanten fünfjährigen Segelreise war um, und wollte ich es bis Südamerika schaffen, meinem Endziel, musste ich in zwei Monaten weiter segeln. Viele der Boote im Tross auf der Barfußroute brachen bereits in den Indischen Ozean auf und die meisten von ihnen mit Kurs aufs Rote Meer, Richtung Europa. Bis zu den Malediven könnte ich mich ihnen anschließen, dort nach Südafrika abdrehen, das Kap der Guten Hoffnung umsegeln, dann über den Südatlantik nach Südamerika.

Drei Wochen später entschied ich mich zum Verweilen, denn Thailand gefiel mir von Tag zu Tag besser. Das Leben war preiswert, die thailändische Küche köstlich und das Lächeln der Girls verzaubernd. Ich legte mich in den Beanbag, schaute in den blauen Himmel und ließ mich vom Wind der Veränderung treiben.

„Warum willst du dein Geld für den erneuten Aufbau eines Büros ausgeben", flüsterte der Wind, *„wenn du hier schöne Jahre erleben kannst? Du bist Ende fünfzig! Warum noch fünf Jahre arbeiten, nur um deine Rente etwas zu erhöhen? Jetzt kannst du noch mit dem Hintern wackeln, lebe!"*

Drei lächelnde Jahre

Im Jahr 2008 löste ich die thailändischen Leinen und dazwischen lagen drei wunderschöne Jahre.

Im ersten Jahr kümmerte ich mich um *Ala di Sabah* und ließ sie gründlich überholen. Wir, thailändische Handwerker und ich, zogen die Masten aus dem Boot und lackierten sie mit zehn neuen Lagen. Vom Bootsrumpf kratzten wir den alten Lack ab, erneuerten ihn innen und außen. Im Bootsdeck entdeckte ich morsches Holz und ließ, da die handwerklichen Fähigkeiten der Thais hervorragend und preiswert waren, das gesamte Deck erneuern. Das Klappverdeck über dem Kabineneingang ersetzte ich durch ein festes Holzdach und installierte auf dem Dach zwei Solarpaneele. Über dem Steuerstand baute ich ein weiteres Holzdach, das einen halben Meter übers Heck hinausstand. Wir bauten es stabil genug, um dort das Schlauchboot anzuhängen. Beide Dächer gaben mir Schutz vor Sonne und Regen und eine Persenning zwischen beiden schützte mich, wenn ich vor Anker lag.

Als ich nach fünf Monaten das Boot wieder ins Wasser ließ, waren auch die Kakerlaken verschwunden, die in Borneo aufs Boot gekrochen waren. Ekelhafte Biester, die ich trotz vieler Fallen bis Thailand nicht mehr losgeworden war. Obwohl ganz Asien friedlich mit den Kakerlaken zu leben schien, sah ich rot, wenn nur eine in meinem Boot auftauchte. Teilweise waren sie so groß, dass sie Müsli- und Zuckertüten anknabberten und ich glaubte Mäuse an Bord zu haben. Woraufhin mir eine Schweizer Freundin Mäusefallen mitbrachte, die wir, mit Käse und Wurst geladen, im Boot platzierten. Nur schnappten die Fallen nie zu, obwohl der Käse und die Wurst weggefressen waren. Selbst in den thailändischen Fallen, die ich aufstellte - kleine Papphäuschen mit Lockfutter auf einer Klebefolie - klebten nur noch die Beine der Viecher. Ihre Körper waren von Artgenossen weggefressen.

Endlich war ich die Biester los!

Im zweiten Jahr auf der Insel Phuket lernte ich Thai und erhielt, dank einer thailändischen Freundin, einen tieferen Einblick ins dortige Leben. *Mama-San* hatte ich in einer Karaoke Bar unweit der Marina kennengelernt, in der sie die Chefin war. In einer Karaoke ähnlich denen auf den Philippinen, wo Einheimische preiswert ihren Whiskey mit Cola oder

Bier tranken und von den Girls animiert zum Mikrofon griffen. Nur sangen sie auf den Philippinen englische Songs mit westlichen Rhythmen und in Thailand thailändische Songs, die den Falangs, d.h. uns Ausländern, fremd waren und wo ich viele Abende der einzige Falang in der Karaoke war.

Anders war es dreißig Kilometer südlich in Patong, wo in den hunderten von Lady Bars ein Thailänder so fremd war, wie ich in der Karaoke. Lady Bars, in denen das Geld der Touristen schnell die Kassen der *Mama-Sans* und die Handtäschchen der Girls füllten. Wo ein Gin Tonic soviel kostete, wie Frauen an einem Tag beim Reispflanzen im Norden Thailands verdienten. *Mama-San* hatte das schnell erkannt und eröffnete die erste Lady Bar im Norden der Insel Phuket, am Familienstrand südlich des Flughafens, nur fünf Minuten von der Marina entfernt, in der mein Boot lag. Sie bat mich ihr Falang-Beschützer zu sein, der angeblich zigtausend Dollar in die Bar investiert hatte. Nur zum Schein, denn *Mama-San* hatte mehr Geld auf dem Konto als ich. Jeden dritten Monat flog sie in den Isaan und kaufte ein weiteres Reisfeld. Der Schein war jedoch notwendig, denn viele Male mussten wir in der Bar übernachten, weil männliche Neider diese in Brand setzten wollten. Nach außen lächelten die Thais, doch es war eine Männerwelt mit alten Strukturen, die den Frauen kaum eine Chance ließ. Dies wurde mir erst bewusst, als das Leben einer jungen Thai am helllichten Tag mit einem Kopfschuss beendet wurde. Nur zwanzig Meter neben *Mama-San's* neuer Bar.

„Ich weiß nicht warum", bemerkte *Mama-San*, *„sie hat sicher einen Fehler gemacht."* Auch ich sollte keinen Fehler machen, erklärte sie mir im gleichen Atemzug. Sollte ich je mit einer ihrer Girls ins Bett steigen und sie als Chefin ihr Gesicht verlieren, würde ich das lange Messer nur kurz spüren. So lieblich wie die Thai-Ladies lächelten, so feurig konnten sie auch das Leben eines Falangs ruinieren.

Mitten in *Mama-San*'s Beach Bar hing meine auf Hochglanz

polierte Schiffsglocke aus Messing, die ich ihr zur Einweihung und in Erinnerung an *Ala di Sabah* geschenkt hatte. Die Glocke brachte schnelles Geld in die Kasse und viel Freude an der Bar. Denn wenn ein Kunde sie läutete, war eine Runde für alle Gäste und Girls fällig. Dass ich sie nach dem Aufhängen nur zur Probe läutete, ließen die Girls nicht gelten und machten mich zum ersten Glockenkunden in *Mama-San's* Beach Bar.

Nach einem halben Jahr war die Bar etabliert und die Girls erfreuten das Leben der Touristen. Auch das der Väter des sauberen Familienstrandes, die für ein halbes Stündchen heimlich vorbeikamen und sehr schnell ihr Geld in *Mama-San's* Kasse legten.

Mein zweites Jahr in Thailand ging zu Ende, es wurde Zeit die Leinen zu lösen. Nur sprang mein Bootsmotor nicht an. Zwei der vier Zylinder hatten keine Kompression mehr. Der Motor musste überholt werden. Kurzzeitig war ich niedergeschlagen, dann jedoch dankbar. Denn wäre der Motor auf dem Indischen Ozean ausgefallen, hätte ich nur schwer Ersatzteile bekommen. In Thailand waren diese verfügbar und spontan entschloss ich mich den Motor selbst zu reparieren. Zum einen, weil ich Spaß daran hatte und es als Herausforderung sah, zum anderen, weil ich mir Zeit nehmen und ein weiteres Jahr in Thailand genießen konnte. Es war das Jahr 2007, in dem viele meiner Segelfreunde die Bootsleinen nicht mehr lösten und eine Thai heirateten.

Während der Überholung des Motors besuchten mich Freunde aus Australien, Amerika und Deutschland und fanden das thailändische Leben so aufregend wie ich. Nur einer von ihnen empörte sich über die Prostitution, wie er es nannte. Er hätte lieber gehört, dass die Girls nach einer schönen Nacht um eine kleine Hilfe für die nächste Miete baten. So, wie er es aus Deutschland kannte.

„Du solltest mal", antwortete ihm ein Schweizer Freund, der jährlich nach Thailand flog, *„ins deutsche Internet und*

nächtliche Fernsehen schauen. Das ist das reinste Freudenhaus. Da werden in einer Nacht Millionen umgesetzt. Wo ist der Unterschied?"

Um die Thai-Girls besser zu verstehen, las ich das Buch eines Deutschen, der einige Geschichten deutsch-thailändischer Missverständnisse in seinem Buch *Meine ist anders* zusammenfasste. Wo die Falangs nach wenigen Tagen glaubten, die Frau fürs Leben gefunden zu haben. Und, dass es bei ihm und ihr die wahre Liebe war. Nur endete die wahre Liebe vorwiegend mit bösem Erwachen, denn nur wenige Falangs verstanden die Lebensphilosophie der Frauen an den Bars: *You take care of me and I take care of you.*

Nach drei Monaten lief der Motor wieder wie neu und ich nahm mir Zeit mit hübscher Begleitung durch die Inselwelt Thailands zu segeln. Zu den Hongs in der Phanga Bay, zur Felseninsel James Bond, zu den Touristeninseln Koh Phi Phi und Koh Lipi. Zur Visaverlängerung segelte ich nach Malaysia und bunkerte preiswert Alkoholika. Mein Seglerleben konnte nicht schöner sein. Nur wurde mir bewusst, dass, wenn ich den Anker nicht baldigst oben ließe, ich wie viele Einhandsegler für immer in Thailand bliebe. Was auch *Mama-San* und die Girls glaubten, die mich inzwischen *Papa-San* nannten.

Leinen los!

Es war mitten in meinem dritten Jahr in Thailand, als ich auf einer Segeltour nach Langkawi den Anker spontan oben ließ. Ich schloss mich Rolf und Yai an, die mit ihrer Yacht *Dilan* nach Singapur segelten. Von dort wollten sie übers Südchinesische Meer nach Borneo, und meine Idee war ein Törn von Singapur nach Vietnam. Am Jahresende wollten wir uns in Singapur wieder treffen und gemeinsam in den Indischen Ozean segeln.

Endlich war ich wieder da, wo ich hingehörte, auf dem Meer. Und mit Segelpartnern, die ich schon seit Jahren kannte. Rolf hatte ich in Ecuador kennengelernt, wo er als Einhandsegler mit seiner Segelyacht *Dilan* kurz nach der Piratenattacke in der Bucht von Sua auftauchte. Später saß er neben mir im Flugzeug, bei meinem letzten Fallschirmsprung überm Strand von Salinas, und in Thailand verbrachten wir viele gemeinsame Abende in Patong, wo Rolf Yai kennenlernte und sie ein halbes Jahr später heiratete.

Auf unserem gemeinsamen Törn nach Singapur war es für Yai selbstverständlich, für drei zu kochen und mich als Einhandsegler mit zu verköstigen. Mein Job am Ende des Segeltages war es Wein und Bier auf den Tisch zu stellen, aber auch, und diese Abende gab es häufig, Missverständnisse zwischen Rolf und Yai zu schlichten und Probleme zu lösen, die in ihrer jungen Ehe auftraten. Wobei die sprachlichen Missverständnisse größer waren als die kulturellen, da beide in holprigem Englisch miteinander kommunizierten.

Eine Schlichtung in Singapur fiel allerdings aus dem Rahmen, da ich bereits mit meiner chinesischen Freundin Tinny, die ich auf Tahiti kennengelernt hatte - sie war für ein langes Wochenende aus Hong Kong eingeflogen - auf dem Weg zur Insel Tioman war.

„Dieter, kannst du mir sofort eintausendfünfhundert Dollar leihen?", rief Rolf übers Telefon um Hilfe.

„Kann ich! Die hab ich bar in der Kasse."

„Dann komm bitte sofort zurück. Die wollen mich hier ins Gefängnis stecken."

Tinny schaute mich verdutzt an, lächelte und sagte verständnisvoll: *„Dann genießen wir unser Wochenende in Singapur."*

Bei unserem Eintreffen in der Marina hatte sich die Situation bereits entschärft. Die Polizei hatte Rolf wieder freigelassen, und er erzählte was geschehen war. Dass Yai und er ein Missverständnis hatten, was dazu führte, dass Yai temperamentvoll seinen Navigationscomputer in mehrere Teile zerlegte. Woraufhin Rolf sie am Segelmast ‚ruhig gestellt' hatte, wozu er keine dicken Seile benutzte, was ich Rolf zugetraut hätte, lediglich Kabelbinder. Was die Polizei in Singapur dennoch als Freiheitsberaubung ansah und Rolf ins Gefängnis stecken wollte. Es sei denn, er zahlte fünfzehnhundert Dollar Kaution. Spannung lag immer noch in der Luft, aber Tinny fand die richtigen Worte Yai zu beschwichtigen. Rolf beruhigte ich mit einigen Chang-Bier und zwei Stunden später war ihr Missverständnis vergessen. Wir gingen ins Lavender Distrikt und feierten in einer Thai-Karaoke ihre Versöhnung, wobei mir das Temperament der Thais und *Mama-San's* Worte erneut durch den Kopf gingen: *...ich das lange Messer, wenn nötig, nur kurz spüren würde.*

Bleibe Einhandsegler, sagte eine innere Stimme, *und lass dich vom Wind treiben.*

Dieser Wind trieb mich ins Südchinesische Meer und nordwärts entlang der malaiischen Küste nach Kuala Terengganu, in eine neu eröffnete Marina auf der Insel Duyong. Am Abend tauchte Christoph, ein deutscher Segler, in der Marina auf, der zwei Kilometer flussaufwärts eine Pinas-Dschunke baute, die kurz vor dem Stapellauf stand. Ein Segelboot, gezimmert in malaiischer Dübeltechnologie, die mir vor fünfunddreißig Jahren ein malaiischer Bootsbauer erklärte. Christoph war mit einer Bedar-Dschunke um die Welt gesegelt und hatte nach seiner Reise auf Duyong das Naga Pelangi Projekt gestartet, das den traditionellen Holzschiffsbau in Malaysia erhalten sollte. Nur baute er keine Dschunke für Lasten, sondern eine zweiundzwanzig Meter lange für Chartertörns. Einen „junk rigged schooner" mit Luxuskabinen und einer hübsch verzierten Holzwendeltreppe in die Maharadscha-Kabine, in der es ein Extrabett für den Diener gab.

Begeistert vom klassischen Holzbootsbau, blieb ich einen Monat auf der Werft und half Christian beim Bau der Steueranlage sowie beim Einbau des Motors. Der Stapellauf am

Ende des Monats war allerdings grenzwertig, da die Malaien die Wasserfurche vor der Werft nicht tief genug ausgebaggert hatten. Beim Stapellauf schlug das Ruder auf Grund, und die armdicke Ruderachse brach wie ein Streichholz. Dennoch waren wir optimistisch, das Boot ohne Steuer bis ans Dock der Marina schleppen zu können. Leider war auch der Flussgraben nicht tief genug ausgebaggert und wir liefen auf Grund. Mit ablaufender Tide kippte *Naga Pelangi* auf die Seite. Christoph blieb so gelassen wie die Einheimischen und kommentierte das Geschehen, als sei es kein Unglück: *„Bei steigendem Wasser richtet sie sich wieder auf. Dann ziehen wir sie in die Marina."* Zwei Tage später vertäuten wir *Naga Pelangi* am Dock.

Für mich war es Zeit *Ala di Sabah's* Leinen zu lösen, und ich segelte in den Golf von Thailand. In ein Segelgebiet mit versteckten Ankerplätzen an traumhaften Inseln, welches weniger befahren war als die Westküste der Malaiischen Halbinsel. Da mir Vietnam keine Segelgenehmigung erteilte, ließ ich den Anker länger als vorgesehen am Strand vor Pattaya, an der Full-Moon Partyinsel Koh Phangan und vor der Insel Koh Samui im Sand stecken.

Koh Samui hatte ich als Rucksacktourist vor achtundzwanzig Jahren kennengelernt, als die Straßen noch Sandpfade waren, die Strandhütte zwei Dollar die Nacht kostete und der ‚Buddhastick' für verträumte Stunden einen Dollar. Inzwischen hatte der Tourismus die Insel erobert mit feinsten Restaurants, teuren Resorts und unzähligen Bars. Was auch ich genoss, nur musste ich meine Tage mit den Ladies verkürzen, da der einsetzende Ostmonsun mich nach Singapur blies.

Unter Zeitdruck, Rolf, Yai und *Mama-San* warteten in Phuket auf mich, segelte ich nachts durch die Piratenallee, was ich zuvor aufgrund der vielen Fischreusen und Netze vermieden hatte. Prompt verfing sich ein Netz in der Schiffsschraube und zerstörte das Wellenlager. Trotz sofortiger Reparatur auf der Insel Penang war ich drei Wochen hinter dem Tross von Segelbooten, die in den Indischen Ozean aufbrachen. Rolf und Yai stachen ebenfalls in See und wir verabredeten einen Treffpunkt mitten auf dem Indischen Ozean. Aus Furcht vor Piraten lag er sechzig Seemeilen vom Land entfernt, südlich von Sri Lanka, auf der Position 4° 56' Nord und 80° 30' Ost.

Monster auf dem Meer

Gejagt vom bevorstehenden Saisonwechsel segelte ich Tag und Nacht, musste ununterbrochen den dichten Schiffsverkehr auf der meist befahrenen Wasserstraße der Welt im Auge behalten. An Schlaf war nicht zu denken, nur zehnminütige Nickerchen erlaubt. Übermüdet und kaum noch in der Lage mich wach zu halten, ließ in der dritten Nacht meine Sehkraft nach. Plötzlich konnte ich die roten und grünen Navigationslichter nicht mehr unterscheiden. Die Übermüdung hatte mich farbenblind gemacht. Ich sah nur noch helle Lichter der mich umfahrenden Schiffe. Ob die Schiffe auf Kurs waren, rechts oder links an mir vorbei zu fahren, konnte ich nicht mehr erkennen.

Dann sah ich ein Schiff auf dem Radarschirm in zwölf Meilen Entfernung, das direkt auf mich zukam. Ich wartete bis es drei Meilen vor mir war und erkannte, dass es ein Containerriese war. Helle Deckleuchten strahlten die Container an, doch sein rotes oder grünes Navigationslicht konnte ich nicht erkennen. Vorsichtshalber fiel ich zwanzig Grad von meinem Kurs ab.

Eine Meile voneinander entfernt waren wir immer noch auf Kollisionskurs. Weitere zwanzig Grad fiel ich ab. Schneller und schneller kam der Stahlkoloss auf mich zu und seine Decksbeleuchtung überstrahlte mein Blickfeld. Weitere zwanzig Grad fiel ich vom Kurs ab, doch es half nichts. Das schwarze Monster schoss direkt auf mich zu. Noch immer erkannte ich kein Navigationslicht. Kurz tutete sein Horn, dann richtete er einen riesigen Suchscheinwerfer auf mich. Total geblendet sah ich gar nichts mehr. Dann ertönte sein Horn im Dauerton und eine Kollision schien unvermeidbar. Aus Reflex warf ich das Steuer zur Wende herum, denn es war die einzige Möglichkeit die mir blieb. Sein gewaltiger Lichtstrahl blendete mich weiterhin und ich konnte weder meinen Kompass noch meine Segel erkennen, worauf meine Wende misslang und mich zum Stehen brachte. Das Scheinwerferlicht erlosch, das Horn verstummte und für einige Sekunden war es stockdunkel vor meinen Augen. Dann hörte ich ein immer lauter werdendes Rauschen. Plötzlich schäumte seine Bugwelle vor mir auf und höher als ein Hochhaus kam seine dunkle Stahlwand auf mich zu. *Ala di Sabah* hob sich kurz an, ihr Bug sackte ab und die Bugwelle schoss übers Deck. Mein Boot schaukelte wild und die Segel schlugen von einer Seite zur anderen. Salzwasser brannte in meinen Augen und eine Kältewelle der Angst überschwemmte mich. Ich steuerte nach Steuerbord, wollte weg vom Monster. Dann wurde es windstill und die Luft roch nach Rost und Öl. Nur wenige Meter neben mir zog mit dumpfem Dröhnen die tödliche Stahlwand vorbei. Es schien eine Ewigkeit zu dauern, bis das Motorengeräusch stärker wurde und über mir die hell erleuchtete Schiffsbrücke vorbeizog. Dann erfasste Wind meine Segel und wie gelähmt blieb ich im Cockpit sitzen, war unfähig Gedanken zu fassen. Ich starrte in die Dunkelheit, bis das Motorengeräusch verstummt war.

Bring das Boot auf Kurs, befahl der Skipper, *schalte den Autopiloten ein und leg dich schlafen.*

Mit letzter Kraft segelte ich an die Nordspitze Sumatras und drehte nach Westen ab, weg vom Schiffsverkehr. Erschöpft ließ ich mich in die Koje fallen, hatte keine Kraft mehr wach zu bleiben. Dem Autopiloten überließ ich das Boot und mein Schicksal dem Meer.

Acht Stunden später wachte ich auf, spürte, dass *Ala di Sa-*

bah kraftvoll ihren Kurs segelte. Ich sprang ins Cockpit hoch und war bis zum Horizont der Einzige auf dem Meer. Dankbar drückte ich *Ala di Sabah* einen dicken Kuss aufs lackierte Holz.

„Danke, meine Liebe."

Treffpunkt 4° 56' Nord, 80° 30' Ost

Dass ich Rolf und Yai auf dem riesigen Ozean treffen würde, bezweifelte ich. Der Treffpunkt lag 1200 Seemeilen von Penang entfernt und Rolf hatte kein Funkradio an Bord. Ich konnte nur hoffen, dass er meine blind in den Äther gesandten Positionsberichte auf seinem Kurzwellenradio empfing.

Treffpunkt auf hoher See

Wie verabredet, funkte ich zweimal täglich meinen Kurs, meine Geschwindigkeit und die Entfernung zum Treffpunkt. Mit diesen Daten konnte Rolf meine Position bestimmen, denn nur er kannte die Koordinaten des Treffpunkts, die ich aus Furcht vor Piraten nie erwähnte. Da Rolf noch einige Tage durch die indischen Nicobar Inseln segeln wollte, wusste ich nicht, ob er vor oder hinter mir war. Bis zu unserem Treffpunkt waren es noch 800 Seemeilen.

Vier Tage lang suchte ich stündlich mit dem Fernglas nach der *Dilan,* dann gab ich auf. Ohne den Wecker zu stellen, legte ich mich auf die Achterbank und schlief.

Eine Explosion über mir riss mich aus dem Schlaf und wie ein Fighter rollte ich von der Achterbank aufs Cockpitdeck, blieb aus Furcht vor einem Überfall flach auf dem Deck liegen. Über mir explodierten zwei weitere Raketen, dann hörte ich Rolfs übermütiges Lachen und Yais freudige Begrüßung:

„Savati ka! Savati ka!"

Unbemerkt hatten sie sich auf wenige Meter herangeschlichen und der Überfall war ihnen bestens gelungen. Unser freudiges Wiedersehen und Rolfs seemännisches Können, mich auf dem riesigen Ozean gefunden zu haben, feierten wir mit einigen Dosen Bier, die ich ans Ende meines seitlich ausgefahrenen Spinnakerbaums hängte, wo sie Rolf wie zu Weihnachten vom Baum pflückte.

Sechs erholsame Tage folgten, in denen jeder von uns ausschlafen konnte. Wobei das ‚schlafende' Boot voraus segelte und der Autopilot den Kurs vorgab, dem das wachhabende Boot folgte. Wir fuhren mit gleicher Geschwindigkeit und weckten uns nur, wenn der Autopilot aus dem Ruder lief oder ein anderes Boot unseren Kurs kreuzte. Dass unsere Entscheidung sechzig Seemeilen südlich an Sri Lanka vorbeizusegeln richtig war, hörten wir auf der täglichen Funkrunde, die von einem Piratenüberfall nahe der Küste Sri Lankas berichtete.

Vor Anker in Uligamu, im nördlichen Atoll der Malediven, erfuhren wir die Einzelheiten des Überfalls aus erster Hand. Beide Segelboote lagen dort vor Anker und die deutschen Skipper schilderten uns ihr Erlebnis, wie sie von Piraten bedroht wurden, die mit Enterhaken in der Hand bereitstanden sie zu kapern. Mit Fluchtmanövern und Pistolenschüssen wehrten sich die Segler und entkamen den Piraten. Leider hatte eine der verängstigten Ehefrauen einen Notruf ausgesandt, der von einem Frachter an die Coast Guard weitergeleitet wurde. Die Coast Guard jagte nun die deutschen Segler, denn die ‚Fischer' behaupteten, die Segelboote hätten sie angegriffen und ein Fischer sei von einer Kugel getroffen worden. Die Coast Guard zwang beide Segelboote in den Hafen von Galle, wo sie die Männer ins Gefängnis steckten. Nach einer fadenscheinigen Verhandlung musste jedes Segelboot eintausendfünfhundert Dollar Entschädigung zahlen, dann durften sie Sri Lanka verlassen.

Zwangsläufig gab es unter uns Fahrtenseglern hitzige Diskussionen über Waffen an Bord. Viele Segler waren erstaunt, dass ausgerechnet ich, der eine Piratenattacke um Haaresbreite überlebt hatte, einer der wenigen war, der keine Waffe an Bord hatte. Weiterhin vertrat ich die Meinung, dass Waffen Aggressionen mit tödlichen Folgen auslösen und verwies auf den tragischen Tod des legendären Seglers Sir Peter Blake. Piraten hatten seine Segelyacht *Seamaster* in der Amazonasmündung geentert und einen Außenbordmotor und einige Uhren entwendet. Die Crew hatte sich ohne Schusswaffen zur Wehr gesetzt, und erst als Sir Peter Blake mit einer Waffe in der Hand auftauchte, endete die Piraterie tödlich. Bedauerlicherweise traf die Kugel ihn, der ein berühmter Segler, Forscher und Naturschützer war. So blieb ich der einzige Segler der glaubte, dass die Waffe in seiner Hand sein Schicksal entschieden hatte.

Hätte! Wäre! Wenn! Die Boote die durchs Rote Meer nach Europa segelten, luden ihre Waffen mit frischer Munition.

Malediven, Seychellen & Komoren

Meine beste Waffe wäre ein Unterwassersonar gewesen, das mich vor dem Korallenriff gewarnt hätte, auf dem meine Weltreise zu enden drohte. Es war im nördlichen Atoll der Malediven, wo *Mayday*-Rufe meine einzige Hoffnung waren, bis mir klar wurde, dass nur ich *Ala di Sabah* retten konnte. Dass sie zerschlagen im Riff läge, bevor Hilfe einträfe. Mein Kampf ‚*Im Riff auf den Malediven*' dauerte einige Stunden und eine halbe Stunde, nachdem ich mein Boot von den Korallen gezogen hatte, schoss ein Sportfischerboot mit schäumender Bugwelle auf mich zu. Es kam längsseits und drei junge Männer boten mir ihre Hilfe an. Sie hätten von meinem Hilferuf über Funk erfahren. Der Jüngste griff zum Verbandskoffer und zeigte auf meinen Körper. Er bestand darauf mir zu helfen. Erst da sah ich, dass ich wie ein rot gestreiftes Zebra aussah, übersät mit blutenden Korallenkratzern. Da die Wunden nicht schmerzten, bedankte ich mich für ihre Hilfe und bat sie vorauszufahren, mir im Hafen der Grünen Insel einen Anlegeplatz zu sichern.

Am folgenden Morgen glitt ich erneut ins Wasser und inspizierte das Unterwasserschiff. Das Kielholz war zersplittert, der untere Teil vom Holzruder abgebrochen und einige Kalfatnähte zwischen den Planken undicht. Reparaturarbeiten, die baldigst, aber nicht sofort notwendig waren. Ich verschob sie auf später, da ich in der Hauptstadt Male keine geeignete Werft fand, obwohl die Malediven ein Sammelpunkt für Segler im Indischen Ozean sind, wo Skipper den Saison- und Windwechsel abwarten, um in alle Himmelsrichtungen aufzubrechen. Nördlich nach Indien, wie Rolf und Yai, nordwestlich ins Rote Meer, wie die meisten Barfußroutensegler, westlich nach Afrika und östlich nach Asien. Oder in den Süden, ins Chagos Atoll, um dort auf östliche Winde zu warten für einen angenehmen Törn gen Westen. Dem Chagos-Tross schloss ich mich nicht an, obwohl erfahrene Segler mir davon abrieten zu den Seychellen aufzubrechen. Denn das Wetter war instabil, mit westlichen Winden. Prompt wurde der Törn einer meiner härtesten mit hohen Wellen, dem Wind auf der Nase und einer ständigen Kreuzsee.

In den Seychellen wartete ich einige Wochen auf besseres Wetter, dann versuchte ich auch Madagaskar gegen den Wind zu erreichen. Bis zur zweiten Nacht war ich optimistisch, dann fiel der Autopilot aus. Auf rauer See konnte ich ihn nicht reparieren und die nächste Insel war einhundertsechzig Seemeilen entfernt. In peitschender See harrte ich eineinhalb Tage hinter dem Steuer aus und erreichte müde und ausgehungert die Insel Providence. Ich warf den Anker, ließ mich in den Beanbag fallen und schloss die Augen. Eine halbe Stunde später weckte mich lautes Klopfen und drei Inselbewohner schauten über die Reling.

„Wo kommst du her und was bringt dich zu uns?", fragten sie.

Kurz schilderte ich mein Problem und bat sie später wiederzukommen. Ich hätte nicht mehr die Kraft wach zu bleiben. Sie nickten und ließen mich weiterschlafen.

Bei Sonnenuntergang klopften sie mich erneut aus dem Schlaf. Schlaftrunken kroch ich aus der Koje und köstlicher Duft gegrillten Fischs stieg mir in die Nase. Wieder blickte ich in freundliche Gesichter und sah mitten auf dem Cockpitdeck einen Teller mit gegrilltem Rotbarsch, einer großen Portion Reis, einige Bananen und zwei Papaya.

„Eat! Eat!", riefen alle gleichzeitig und zeigten auf den knusprigen Rotbarsch. Sie müssen mir die Strapazen der letzten Tage angesehen haben, denn ihre Blicke waren voller Mitgefühl. Das Essen mit mir zu teilen lehnten sie ab, ich solle alles aufessen, damit ich wieder zu Kräften käme.

Zu meinem kühl gebunkerten Bier sagten sie nicht nein und erzählten vom Zyklon, der die Insel vor einem Jahr heimgesucht hatte. Wie die Bewohner evakuiert wurden und es ihre Aufgabe war, die drei noch stehenden Häuser zu reparieren sowie die Fundamente der vom Sturm weggefegten Häuser freizulegen.

„Der Sturm kam so überraschend", erzählte der kräftigste unter ihnen, *„dass wir es nicht schafften alle freilaufenden Hühner einzufangen. Der Wind hat viele von der Insel gefegt. Die restlichen haben jetzt Schonzeit, bis der Nachwuchs heranwächst. Unsere Menükarte beschränkt sich zurzeit auf Fisch mit*

Reis und Reis mit Fisch."

Ich konnte mir gut vorstellen, dass dieser Brocken von Mann ein ganzes Huhn pro Tag verspeisen konnte und wahrhaftig eine harte Zeit hatte.

„Der erste Monat nach dem Sturm", fuhr er fort, *„war sehr hart für uns. Wir reparierten die noch stehenden Häuser, kehrten aber mit leeren Booten vom Fischen zurück. Für einige Wochen nach dem Zyklon gab es kaum Fische im Meer. Nur im flachen Wasser vor dem Strand versteckten sich Sandrochen, die mehr Plage als ein guter Fang waren. Für mich wurden sie zum Albtraum, denn ich hatte einen von ihnen übersehen, der sich tief im Sand versteckt hatte. Als ich aus dem Boot sprang und auf ihn trat, hämmerte er mir seinen giftigen Stachel in den Unterschenkel. Mein Schmerzensschrei hallte über die Insel, und obwohl mein Bruder den Einstich sofort mit einem Kreuzschnitt vergrößerte und das Gift absaugte, lag ich drei Tage im Delirium. Ich kann mich nicht mehr erinnern was in diesen Tagen mit mir geschah."*

Ich betrachtete die rotbraune Narbe an seinem Bein und bestätigte ihm, dass er riesiges Glück gehabt hatte. Was im Meer der Stich des Sandrochen ist, ist im Dschungel der Biss der Grünen Mamba, denn beide sind meist tödlich.

„Wirklich, eine harte Zeit für uns", bestätigte der Jüngste. *„Gott sei Dank sind die Fische zurückgekehrt. Das erste Huhn hatten wir auch schon im Topf."*

Fünf Tage verbrachte ich bei den Insulanern, für die mein unvorhergesehenes Auftauchen eine willkommene Abwechslung war. Täglich holten sie mich mit ihrem Fiberglassboot von meinem Boot ab und zeigten mir ihre Insel. Die zerstörten Häuser, den Hühnerstall und drei Baumaschinen, mit denen sie die umgeknickten Kokospalmen aus dem Weg räumten. Gemeinsam fuhren wir zum Angeln ins Riff und grillten unseren Fang über glühenden Baumstämmen. An den Abenden sahen wir gemeinsam Videos auf meinem Boot, und da sie noch nie einen Blick in eine Segelyacht geworfen hatten, waren sie erstaunt, neben Kühlschrank und Herd auch eine Toilette an Bord zu sehen.

Am letzten Abend deuteten wir anhand der Wolken, der untergehenden Sonne und des Mondes das Wetter für die kommenden Tage. Wir waren uns einig, dass die vorherrschenden Winde mir nur eine geringe Chance gaben Madagaskar zu erreichen. Dennoch zog ich bei Sonnenaufgang den Anker hoch, wollte es versuchen. Nach drei ermüdenden Tagen gab ich den Kampf gegen Wind und Wellen auf und nahm Kurs auf die Komoren.

Der Stopp auf der Insel Mayotte tat meiner Bordkasse gar nicht gut, denn die Insel war französisches Überseedepartement, wo eine Tomate aus Frankreich einen Euro kostete und die Reparatur des Ruders mein Jahresbudget gesprengt hätte. Trotz fehlender Winde war es preiswerter für mich, die zweihundert Seemeilen zur madagassischen Insel Nosy Be mit Hilfe des Motors zurückzulegen.

Madagaskar, wo der Pfeffer wächst

Unter Seglern war Madagaskar, der zweitgrößte Inselstaat der Welt, sehr beliebt, da das Land noch nicht vom Pauschaltourismus überrannt war, was auf den Malediven und Seychellen der Fall war, wo man einige hundert Dollar fürs Cruising-Permit hinblättern musste und an vielen Inseln nicht vor Anker gehen durfte, weil die Resort- oder Inselbesitzer es nicht wünschten. In Madagaskar konnten wir fünftausend Kilometer Küste absegeln ohne einen Cent zu bezahlen.

Nosy Be war eine der beliebtesten Urlaubsinseln der Madagassen, wo sich die Leichtigkeit des Seins an den Stränden, in den Restaurants und den Bars widerspiegelte. Besonders am populären Ambatolaoka Strand, der von meinem geschützten Ankerplatz in der Crater Bucht zu Fuß zu erreichen war. Heiße Musik erhellte dort die Nächte, in denen ich, nach

Jahren, mal wieder Boogie-Woogie tanzen konnte. Und das mit einer temperamentvollen Madagassin, die spielend meinen Rhythmus fand.

Duftende Insel wurde Nosy Be genannt, wobei der schöne Duft nicht nur vom Parfüm der hübschen Mädchen kam. Auch von den gelben Blüten der Ylangylangbäume, die zur Essenzgewinnung auf der Insel angebaut wurden. Ebenso duftend und farbenfroh war der tägliche Markt in Hell-Ville, der größten Stadt auf Nosy Be. Obst und Gemüse waren so frisch, wie ich es aus dem Garten meiner Eltern kannte, und es war preiswert. Was Yai, sie war mit Rolf von Indien eingetroffen, veranlasste unsere Boote mit Obst und Gemüse zu beladen, bevor wir wieder in See stachen. Hinzu kamen Vanille, Pfeffer, Zimt und Nelken, die es in Madagaskar in bester Qualität gab.

Begleitet von Frachtenseglern aus Holz, die noch heute an der langen Küste unterwegs sind, brachen wir nach Süden auf. Wegen der kleinen Diebstähle, mit denen man vor Anker und am Strand in Madagaskar rechnen musste, ließen wir unsere Außenbordmotoren unter Deck verstaut und paddelten mit dem Beiboot an die Strände. Auch zur Lemureninsel Nosy Komba, um den Mohrenmaki zu sehen, dessen buschiger Schwanz länger als sein Körper ist. Ein exotischer Lemur, der im Nordwesten Madagaskars in den Bäumen lebt.

Je weiter wir uns vom touristischen Norden entfernten, desto ärmlicher, aber friedlicher lebten die Menschen. Wie in der Baie de Mahajamba, wo wir vor einem Dorf ankerten, das weder Strom noch Telefon hatte. Ein Dorf abseits der Moderne, wo das Getreide wie vor hundert Jahren in einem großen Steintopf zu Mehl zerstampft wurde. Dennoch waren die Bewohner stolz auf ihr Dorf und luden uns freundlich in ihre selbst gebauten Holzhütten ein. Wir waren willkommen bei ihnen und mussten nicht um die am Strand zurückgelassenen Außenborder und Dingys fürchten. Was in der Hafenstadt Majunga wieder der Fall war, wo Diebe die gefüllten Dieselkanister von Rolfs Deck stahlen, während wir in der Hafenkommandatur zur Insel Juan de Nova ausklarierten.

Guano auf Juan de Nova

Wenige Meilen voneinander entfernt, segelten wir in den Kanal von Mosambik, der zwischen Madagaskar und Afrika etwa 250 Seemeilen breit ist. Unser Kurs war südwestlich durch den Kanal zu einer Insel, von der wir nur wussten, dass sie zu Frankreich gehörte und es eine Wetterstation mit Wache haltenden Soldaten gab. Nach drei Tagen auf See wollten wir uns in Juan de Nova eine Nacht vor Anker ausruhen, doch zu unserer Überraschung wurden wir von den französischen Soldaten freundlich auf die sechs Kilometer lange und anderthalb Kilometer breite Insel eingeladen.

Am nächsten Morgen liefen wir durch sandige Dünen zur Wetterstation, wo uns drei Soldaten zum Frühstück mit Kaffee und Croissants einluden. In der ersten halben Stunde stellten die Soldaten die Fragen, denn der älteste unter ihnen hatte nach dem Indochinakrieg einige Jahre in Laos gelebt und wollte von Yai wissen wie sich die Stadt Vientiane verändert hatte. Vientiane, aus der ich 1974 mit dem Camper vor dem Vietnamkrieg geflohen war und die Yais zweites Zuhause war. Dem jüngsten der Soldaten sollte ich vom Leben in Freiburg erzählen, weil er während seiner Dienstzeit mit einem Schwarzwaldmädel sehr viel Spaß hatte. Doch alles was ich über die dortigen Girls wusste, war, dass sie dicke Bommeln in den Hüten trugen.

Als Rolf fragte, warum zwölf Soldaten auf der gottverlassenen Insel stationiert seien, erfuhren wir die Geschichte der Insel. Dass auf Juan de Nova, bis in die siebziger Jahre, tonnenweise Guano abgebaut wurde. Ein feinkörniges Gemenge von Phosphaten, das über Jahrhunderte aus den pastösen Exkrementen von Möwen und Kormoranen durch die Einwirkung auf Kalkstein entstanden war. Eine meterdicke Schicht, die im 19. Jahrhundert als Dünger in der Landwirtschaft und als Natursalpeter in der Sprengstoffherstellung verwendet wurde. Zu jener Zeit ein bedeutendes Importgut der sich industrialisierenden Länder Europas.

Vor der Wetterstation stand als Erinnerungsstück ein kleiner Lorenkipper auf Schienen, der früher, gefüllt mit Guano, von Menschenhand zum Verladesteg geschoben wurde. Ein Lorenkipper, wie ich ihn aus den Jahren nach dem Zweiten Weltkrieg kannte, als in diesen die Trümmer Berlins weggefahren wurden.

Auf dem Rückweg zu unseren Booten kamen wir am Friedhof im weißen Dünensand vorbei, der uns mit seinen vielen französischen Namen zeigte, welch große Bedeutung die unscheinbar kleine Insel im Indischen Ozean hat.

Mosambik

Das uns von den Legionären vorausgesagte schöne Wetter dauerte nur einen Tag, dann wurden unsere Boote durch einen Sturm getrennt. Das Meer kochte mit kurzen Wellen und die Kräfte aufs Boot waren enorm. Ohne Sicherungsleine wäre ich einige Male über Bord gegangen. Selbst in der Kajüte, tief unten im Boot, wo das Schaukeln am geringsten war, musste ich mich mit aller Kraft festhalten, um nicht gegen die Bordwand oder durch die Kombüse geschleudert zu werden. Einige Male war mein ausgestreckter Arm schon nah am Griff, dann warf mich das Boot in die andere Ecke. Der Niedergang war ein besonderes Risiko, obwohl ich mich mit beiden Händen an den Griffen festhielt. Durch die plötzlichen und stoßartigen Bewegungen hing ich oft über oder neben der Treppe. Schon am ersten Tag war mein Körper mit blauen Flecken übersät.

Oben auf dem Cockpitdeck hatte ich mehr Bewegungsfreiheit, um meine Balance zu halten, doch die tückische See schlug noch grausamer zu. Unerwartet lockerte sich die Schot des Vorsegels und schlug wild um sich. Endlich ergriffen, gab mir die Schot einen Peitschenhieb ins Gesicht. Die Sterne, die ich sah, waren nicht am Himmel und das Rot vor dem Auge kein Sonnenuntergang. Ich glaubte mein Augenlicht zu verlieren. Dennoch konnte ich mich nicht um mein Auge kümmern, musste erst das Segel unter Kontrolle bringen und das Boot wieder auf Kurs. Das Auge in der dunklen Nacht zu untersuchen war in der rauen See unmöglich. Ich klebte ein großes Verbandspaket vors Auge und ertrug den Schmerz. Was unerträglich wurde, war das eindimensionale Sehen. Immer häufiger griff ich daneben und verlor meine Balance. Kochen konnte ich nicht mehr und verschlang Obst, Kekse und Nüsse, um bei Kräften zu bleiben.

Drei Tage nach dem Sturm warf ich in der Flussmündung des Rio dos Bons Sinais, neben der *Dilan,* meinen Anker. Meine rechte Gesichtshälfte war ein Gemisch dunkler Regenbogenfarben und Rolf konnte seine anteilnehmende Bemerkung nicht zurückhalten: *„Deine Geliebte ist ja so feurig wie meine!"*

Entlang der versandeten Küste Mosambiks gab es keine Ankermöglichkeit, wo wir hätten proviantieren können, und motorsegelten zwanzig Kilometer das Flussdelta hoch zur Hafen- und Industriestadt Quelimane. Eine Stadt, in der Vasco da Gama fünfhundert Jahre zuvor auf seiner Reise nach Indien Station gemacht hatte und die für Afrikaner und Araber ein großer Handelsplatz gewesen war. Eine lebendige Stadt während der portugiesischen Kolonialzeit mit Gouverneurspalast und Kathedrale.

Der frühere Reichtum der Stadt ließ sich nur noch erahnen, denn der Krieg zur Unabhängigkeit von Portugal hatte Quelimane verarmen lassen. Einschüsse in den Häusern und auf den Straßen waren nur abgedeckt, denn es fehlte an Geld und Material für die Renovierung. Das Straßenbild war grau und die einzigen Farbtupfer waren an die Wände geklebte Plakate der Partei, die eine bessere Zukunft versprach. Autos und Motorräder gab es wenige und das billigste Transportmittel waren Fahrradtaxis, auf deren gepolsterten Gepäckträgern wir uns durch die Stadt fahren ließen, auch zum städtischen Tourismusbüro, das kleiner war als der kleinste Zeitungsstand in Deutschland. Mit nur einem Angestellten, der uns aus Freude, dass zwei Segelboote aus Europa in Quelimane vor Anker gegangen waren, Gemüse aus seinem kleinen Garten hinter dem Büro schenkte. Sein Tipp für uns waren die Bazaruto Inseln. Ein Naturschutzgebiet mit Seekühen, Delphinen und Walen, wo die einst attraktiven Ferienanlagen wieder aufgebaut wurden. Es lag zwei Segeltage südlich von Quelimane, auf dem Weg zur Hauptstadt Maputo. Wir füllten unsere Tanks und Kühlschränke und motorsegelten ins Meer zurück.

Fünf Seemeilen vor der Bazaruto Bucht tauchten die ersten Wale neben unseren Booten auf und begrüßten uns mit schäumenden Schwanzflukschlägen. In die Bucht folgten sie uns nicht, da diese so flach wurde, dass wir mit unseren Kielen Spuren in den Sandbänken hinterließen. Die ruhige See in der fünfzehn Kilometer breiten Bucht versprach traumhaftes Segeln, aber je tiefer wir in die Bucht fuhren, desto öfter mussten wir Sandbänke wie durch ein Labyrinth umfahren. Der Weg führte uns einen Kilometer nah ans Festland, bevor wir zur fünfzehn Kilometer entfernten Insel Bazaruto abdrehen konnten. Am südlichen Zipfel der Insel fanden wir einen Ankerplatz, an dem wir vor stürmischen Winden geschützt waren, was uns ein südafrikanischer Katamaransegler versprach, der dort seit drei Tagen vor Anker lag.

Sorglos bezüglich des Wetters, machten wir uns am nächsten Morgen auf den Weg die flache und sandige Insel, von vielen Reisenden auch vergessene Insel genannt, zu Fuß zu durchqueren. Auf der uns zugewandten Seite ähnelte sie einer Tropeninsel und weiter nördlich einem sandigen Hügel in der Sahara, mit kilometerlangen weißen Sandstränden und meterhohen Sanddünen. Wäre da nicht die Sandpiste durch die Insel gewesen, hätten wir glauben können, die Insel sei ein unbewohntes Paradies. Eine halbe Stunde später begegneten wir den ersten Touristen und einem südafrikanischen Projektleiter, der ein Resort nach ökologischen Gesichtspunkten aufbaute. Spontan lud er uns zu einer Tour durch zwei fertige Bungalows ein, die mit ihren Dächern aus Palmenblättern und in feinster Handarbeit hergestellten Möbeln aus Holz der unberührten Natur entsprachen. Kleine Villen mit eigenem Pool, die nur wenige Schritte vom weißen Strand und der bunten Unterwasserwelt entfernt waren. Mosambik war auf dem besten Weg, touristisch wieder entdeckt zu werden.

Noch gab es auf der Baustelle kein Restaurant und wir gingen zur Ansiedlung Asneira, wo Yai in zäher Verhandlung ein lebendes Huhn für unser Dinner kaufte. Nur wehrte sich das Huhn vehement gegen den Abtransport, sodass Yai es von der Bäuerin köpfen, rupfen und ausnehmen ließ.

Auf dem Rückweg überraschte uns ein Wetterwechsel mit starken Winden und prasselndem Regen. Klatschnass erreichten wir unsere Boote und eine Stunde später tobten Wellen mit kurzer Dünung durch die Bucht. Mein Versuch die *Dilan* mit dem Dingy zu erreichen endete im Wasser und Yais köstliches Chicken Dinner blieb mir verwehrt. Für drei Tage tobte ein Sturm, der uns in die Kojen zwang. Über Funk sprachen wir miteinander und hörten morgens und abends die Wettervorhersage für Südafrika.

Wetterfenster in Südafrika

Am vierten Tag gab uns Roy, ein südafrikanischer Segelwetterexperte mit Funkstation in Durban, grünes Licht für ein *Vier-Tage-Fenster*. Vier Tage mit Winden aus dem Norden, in denen wir es schaffen sollten von Bazaruto bis Richards Bay zu segeln, dem ersten Einklarierungshafen in Südafrika.

Sofort nach seinem *‚GO!'* segelten wir los. Rolf mit seinem modernen zwölf Meter Einmaster und ich mit meinem vierzig Jahre alten Zweimaster. Die ersten zwei Tage segelten wir gemeinsam, nur ein, zwei Seemeilen voneinander entfernt. In der folgenden Nacht drehte der Wind westlich und Rolf konnte mit seinem Einmaster dichter am Wind segeln. Er blieb nah an der Küste. Mit meinem Zweimaster musste ich auf die offene See, war aber optimistisch die letzten einhundert Seemeilen durch Kreuzen zu schaffen.

In der dritten Nacht wurde es schlagartig windstill und innerhalb von Sekunden erschlafften meine Segel. In den Wellen schaukelnd blieb ich gut gelaunt, glaubte es sei eine kurze Flaute. Denn laut GPS trieb ich mit sechs Knoten im Agulhas Strom nach Süden. Ich startete den Motor und steuerte direkt auf Richards Bay zu.

Plötzlich wurde es kühler und die Lufttemperatur fiel um fünfzehn Grad. Dann schlugen die Segel um und so schnell wie der Wind abgeflaut war, baute er sich wieder auf. Leider aus entgegengesetzter Richtung. Es waren antarktische Winde die dem Meeresstrom entgegen bliesen. Innerhalb von Minuten bauten sich meterhohe Wellen auf. Das Hauptsegel holte ich ein und reffte das Vor- und Besansegel zu kleinen Handtüchern. Kreuzseen stellten das Boot quer und peitschende Wellen brachen übers Boot. Der Autopilot konnte den Kurs nicht mehr halten und frierend verbrachte ich den Rest der Nacht hinterm Steuer, zurück nach Mosambik. Im Morgengrauen blinkte der Leuchtturm von Maputo drei Meilen zu Backbord und geschützt vor den Wellen warf ich im Süden der Bucht Anker. Vor Müdigkeit fielen mir die Augen zu, aber ich hörte mir noch Roys Wettervorhersage an: *„Für die nächsten fünf Tage sehe ich kein Wetterfenster für dich. Bleib vor Anker liegen."*

Fürs illegale Ankern bezahlte ich mit Rum, wie auch für frisch gebackenes Brot und Gemüse, das mir zwei aufgeweckte einheimische Jungs in ihrem Kanu vorbeibrachten. Täglich besuchten sie mich und über die Weltkarte gebeugt schilderte ich ihnen meine Segelreise, brachte ihnen eine Welt näher die für sie unerreichbar war.

Am Abend des fünften Tages gab mir Roy sein O.K.: *„Morgen früh kannst du lossegeln. Du hast ein Zwei-Tage-Fenster".*

Dem Zwei-Tage-Fenster traute ich nicht, da der Südwind bereits abschwächte. Ich zog den Anker hoch und segelte in die Nacht. Am Morgen des zweiten Tages lief ich in der Richards Bay-Marina ein und drei Stunden später schloss sich das Fenster, einen halben Tag früher als vorausgesagt.

Nach den touristischen Inselstaaten im Indischen Ozean und dem verarmten Mosambik, fühlte ich mich im industrialisierten Südafrika wie in Europa. Die asphaltierten Straßen waren voller Autos, riesige Einkaufszentren boten Waren aus aller Welt an, es gab ein dichtes Handy-Netz, das ich entlang der Küste auf dem Boot nutzen konnte, und eine Bootsindustrie auf Weltniveau. Endlich hatte ich die Möglichkeit mein im Riff beschädigtes Ruder zu erneuern und die undichten Stellen zwischen den Planken zu kalfatern.

„Der beste Platz für die Reparatur ist Kapstadt", erklärte mir Roy, als ich ihn in Durban traf. *„Bis dahin werden es noch 750 harte Seemeilen. Steche nur in See, wenn du für mehrere Tage keinen Wind aus dem Süden hast."*

„Oh", bemerkte Roy beiläufig. *„Das Boot der polnischen Einhandseglerin, mit der wir im Segelclub gemeinsam Weihnachten feierten, hat der Seenotrettungsdienst gestern südlich von Port Elisabeth vom Riff gezogen. Mehr weiß ich auch noch nicht."*

„Wie", fragte Rudi erstaunt, *„das hübsche Mädchen mit der herrrrlichen Oberweite?"*

„Ihr Zwei!", bemerkte Roy und verabschiedete sich. *„Macht euch besser Gedanken über die gewaltige See, die euch hier überraschen kann."*

Rudi, ein deutscher Einhandsegler, der mit seiner *Nieje Leev* das zweite Mal um die Welt segelte, war ebenfalls auf dem Weg nach Kapstadt und wir nahmen das Schicksal der hübschen Polin zum Anlass über den besseren Weg nach Süden und ums Kap nachzudenken. Die meisten Segler blieben nah der Küste, wo der Agulhasstrom schwächer ist, die Wassertiefe zehn bis fünfzig Meter beträgt und sich keine Riesenwellen aufbauen. Was aber kritisch wird, wenn die Winde auflandig drehen. Schnell enden Segelboote am Strand oder auf einem Riff. Wovon auch Rolf am Telefon sprach, der dicht unter Land segelnd schon kurz vor Kapstadt war.

Unsere zweite Möglichkeit war, zehn bis fünfundzwanzig Seemeilen von der Küste entfernt entlang der 200-Meter-Linie im vier bis sechs Knoten starken Agulhasstrom mit doppelter Geschwindigkeit zu segeln. Wo Segelboote die Chance hatten bei einem großen *Gut-Wetter-Fenster* in drei bis vier Tagen Kapstadt zu erreichen. Die jedoch das Risiko eingingen, bei Windwechsel in den sich schnell aufbauenden Wellen zerhämmert oder von einer Monsterwelle auf Grund gespült zu werden.

Ein großes Wetterfenster war nicht in Sicht und ich segelte in kleinen Schritten die Küste entlang. In East London, Port Elisabeth und Mosselbay wartete ich einige Tage auf gutes Wetter für die nächsten zwei- oder dreihundert Seemeilen, und nach zwei Wochen umsegelte ich das südlichste Kap Afrikas, Cape Agulhas. Wenige Meilen südlich vom Kap der Guten Hoffnung, im False Bay Yacht Club, vertäute ich die Leinen.

Laut Roy war der familiäre Yachtclub, mit Restaurant und kleinem Strand, der ideale Platz für meine Bootsreparatur, da er mitten in dem Städtchen Simon's Town lag, das um die Bucht herum an den Berghängen lag. Ein romantisches Hafenstädtchen, vor dem dreihundert Jahre zuvor die Holländer ihre Anker warfen und die südafrikanische Marine eine kleine

Basis unterhielt.

Fünf Boote passten auf den Stellplatz im Yachtclub, wo wir in kameradschaftlicher Atmosphäre einander halfen unsere Boote zu reparieren. Dass ich drei Monate zum Bau meines neuen Ruders benötigte, lag nicht an der neuen Steuerwelle und den Bronzelagern, die ich bei Spezialisten anfertigen lassen musste, sondern an den vielen Grill-, Wein- und Städtetouren zu denen mich südafrikanische Segler einluden. Touren, bei denen ich überall auf der Welt hätte sein können. Das Fleisch auf dem Grill war so exotisch wie in Asien, die Weinproben endeten wie in Frankreich mit Cognac und köstlicher Schokolade, im riesigen Spielkasino von Kapstadt klingelten die Einarmigen Banditen wie in Las Vegas und in den exklusiven Nachtclubs sprachen die Ladys Russisch wie in Moldawien. Am Kap der Guten Hoffnung pulsierte ein Weltstadtleben, obwohl mir der Blick vom Tafelberg vortäuschte am Ende der Welt zu sein.

Rolf und Yai waren bereits auf dem Törn nach Brasilien unterwegs und Rudi auf seinem Törn zurück nach Deutschland. Beide wollten auf St. Helena auf mich warten, woran ich nicht mehr glaubte, da ich im Yacht Club eine Woche lang auf schwächere Winde warten musste. Nicht wegen der rauen See am Kap, sondern weil ich aus der False Bay, die den Namen ‚Falsche Bucht' zu Recht trug, fünfzehn Seemeilen gegen den antarktischen Wind ankreuzen musste, bevor ich das Kap der Guten Hoffnung umrunden und mit dem Wind nach Norden segeln konnte.

Der Törn wurde nass und kalt, und zum ersten Mal musste ich meine Gummistiefel und dicken Socken aus der Backskiste holen, die dort seit zehn Jahren vergraben waren. Die Winde und der kalte Benguelastrom aus der Antarktis gaben mir das Gefühl auf dem falschen Weg zu sein, stand ich doch jahrelang barfuß im Cockpit.

Nebelbänke entlang der Küste verstärkten mein Unbehagen, und als ich nach 1700 Seemeilen die Insel St. Helena ansteuerte, war meine Segelromantik auf dem Tiefpunkt. Der zweiwöchige Törn war zu kalt, zu lang und zu einsam. Im Grau des Tages sahen die steilen dunklen Felswände der Insel furchterregend aus, standen wie eine Festung im Meer. Ein gruseliger Anblick, den auch das enge Tal widerspiegelte in dem Jamestown lag, vor dem ich Anker warf. Ein kleines englisches Städtchen mit neunhundert Einwohnern,.

Darwins Bemerkung, die Insel lebe in ihrer eigenen Welt, konnte ich nur bestätigen, denn das kleine St. Helena verfügte über eigene Banknoten, die mir später niemand mehr umtauschte. Es waren englische Pfund mit dem Aufdruck: Bank of St. Helena.

Mühelos entdeckte ich die Bäckerei die ein kräftiges Frühstück servierte, das Restaurant mit exzellentem südafrikanischen Rotwein und eine kleine Autowerkstatt die meinen gebrochenen Autopiloten schweißen konnte. Die interessanteste Entdeckung machte ich im Museum des Städtchens, wo ich von der Bedeutung hörte, welche die nur fünfzehn Kilometer lange und elf Kilometer breite Insel zur Blütezeit der seefahrenden Portugiesen, Holländer und Engländer hatte. Dass es zu jener Zeit eine strategisch wichtige Insel war, die Portugiesen lange geheim hielten, die aber mit dem Bau des Sueskanals als Zwischenstation für die Schiffe an Bedeutung verlor. Nicht so für die Kolonialmacht England, die erkannte, dass 1859 Kilometer Ozean bis Afrika und 3286 Kilometer bis Südamerika ein idealer Ort zur Verbannung war. Was die Siegermächte des Wiener Kongresses 1815 bestätigten und Napoleon dorthin verbannten.

Das Museum zeigte nicht nur die berühmteste Exilgeschichte, die von Napoleon Bonaparte in den Jahren 1815 bis 1821, es zeigte auch die vom Zulukönig Dinuzulu in den Jahren 1887 bis 1896, die der sechstausend Boergefangenen in den Jahren 1900 bis 1902, die vom angeblichen Sultan von Sansibar mit seiner Harems-Entourage in den Jahren 1957 bis 1961 und die des Zulukönig Goodwill in den Jahren 1968 bis 1971.

Unglaublich! Der Zulukönig war auf dieser Insel gefangen, als ich meine erste Weltreise mit dem Camper plante. Mit kaltem Rücken trat ich aus dem Museum und fragte mich, wer der nächste 'Böse' des Britischen Empires wird, der hier seine letzten Jahre verbringen muss.

Der Blick auf die zerklüftete Insel von der alten Garnison auf dem Felsplateau Ladder Hill verstärkte mein Gefühl auf einer Insel der Verdammten zu sein. Meine *Ala di Sabah* sah ich als kleinen Punkt am Anker drehen und war dankbar die Insel wieder verlassen zu können.

Brasilien

Die letzte Nacht auf meiner Passage über den Südatlantik geht zu Ende, der Tag kündigt sich mit roten Wolken an. Über mir wird der Himmel feurig und ich hoffe der Seemannsspruch ‚*Red sky in the morning, sailors take warning*' trifft heute nicht zu. Zumal der deutsche Spruch noch extremer ist: ‚*Ist der Himmel morgens rot, ist der Segler abends tot.*'

Land kann ich noch nicht sehen, aber immer wieder blinkt ein Licht am Horizont. Laut meiner Seekarte ist es der Leuchtturm auf dem Ponta Itapua, der zehn Seemeilen nördlich der Einfahrt in die Todos Santos-Bucht liegt. Das GPS zeigt dreißig Seemeilen bis Salvador de Bahia und vor Freude gleich Land zu sehen, verzichte ich aufs Frühstück, genieße einen Kaffee und behalte den Horizont im Auge. Zusehends belebt er sich. Als erstes wird der Leuchtturm sichtbar, dann die nördliche Küste. Zwei Frachter fahren nah der Küste nach Norden und ein Containerschiff verlässt die Todos Santos-Bucht, hält direkt auf mich zu. Die ersten Möwen umkreisen mein Boot und das Meer verliert sein tiefes Blau. Totes Seegras und Plastikmüll strömen mir entgegen. Den roten Bojen in die Bucht folgend, taucht zu Steuerbord die Marina von Salvador auf und mit einem lauten *„Bom Dia"* werfe ich den Marineros meine Leinen zu.

„Die besten Grüße von Rolf und Yai", begrüßt mich der österreichische Nachbar am Steg. *„Beide sind heute für zwei Monate nach Thailand geflogen. Du sollst dich in Salvador gut amüsieren und auf sie warten."*

So lerne ich Manfred kennen, der mit seiner Segelyacht *Maus* schon viele Jahre auf den Weltmeeren unterwegs ist. Einen gestandenen Segler, den es immer wieder nach Brasilien zieht und der Salvador de Bahia wie sein zweites Zuhause kennt. Durch ihn lerne ich innerhalb weniger Tage alle Ämter, Shops und guten Restaurants kennen.

Während Manfred seine *Maus* für einen Segeltörn nach Südafrika vorbereitet, lege ich mich in den Beanbag und erwäge meine Segelreise zu beenden. Auf den fünf Wochen von Kapstadt nach Salvador spürte ich, dass meine Kräfte nachlassen, dass ich älter werde. Es wird Zeit, langsamer zu gehen. Mein Körper und meine Seele sehnen sich nach Ruhe, verlangen einen Lebenswechsel.

Deine Zigeunerjahre auf den Weltmeeren neigen sich dem Ende zu, flüstert der Abenteurer.

Mit Rolf und Yai könnte ich in die Karibik segeln, beharrt der Unentschlossene, *und dort mein Boot verkaufen.*

Hast du Angst, wohin dich dein Lebenswechsel führt? fragt der Abenteurer. *Lass dich vom Wind der Veränderung tragen, in die USA, nach Deutschland, ja vielleicht nach Thailand.*

Deutschland hatte ich vor fünfundzwanzig Jahren verlassen und bin mir nicht sicher dort wieder leben zu können. Zumal mir deutsche Segler in Thailand prophezeiten, als ich von einer möglichen Rückkehr sprach, dass ich als Weltenbummler in Deutschland kein Zuhause fände. Weil das ‚Klein-

Klein' und enge Denken mir keinen Raum zum Atmen lassen würden. Andere sahen eher Gutes darin und nannten es sparsam, fleißig und pünktlich. Ja, so ist Deutschland, und so bin ich. Und, ich habe Heimweh. Die USA sind nie meine Heimat geworden obwohl ich dort sechzehn schöne Jahre verlebte. Und Thailand? Nein! Mein halbes Leben bin ich um die Welt gezogen, jetzt will ich in gewohnter Umgebung zur Ruhe kommen.

Je öfter ich an Deutschland denke, desto stärker wird meine Sehnsucht. Kurz entschlossen gehe ich in ein Reisebüro, kaufe ein Returnticket Salvador-Frankfurt und erzähle Manfred beim Sundowner von meinen Plänen.

„Mach dir keine Sorgen", verspricht er mir. *„Ich werde jeden Tag einen Blick auf deine Lady werfen. Offiziell ist es dir verboten dein Boot in Brasilien zu verkaufen, aber wenn es dir gelingt ohne Bootsstempel im Pass wieder einzureisen, hast du die Chance dazu."*

Bei seinen Worten springen meine Gedanken vierunddreißig Jahre zurück, auf die Brücke der Freundschaft an den Iquazu Wasserfällen. Nach Paraguay, wo ich ohne Con Coche-Stempel im Pass einreiste und den Camper verkaufen konnte. Wird mir ein derartiger Coup wieder gelingen?

Sonne in Deutschland

Deutschland empfängt mich mit sommerlicher Wärme und die Menschen sind so froh gelaunt wie in Brasilien. Straßencafés und Biergärten sind voller Leben und ich verstehe wieder die Klangnuancen in denen Freunde miteinander und zu mir sprechen. Was mir in den USA nur schwer und in Thailand nie gelang. Hier kann ich mit der Sprache wieder fühlen.

Mit jedem weiteren Tag wird mein Kurzbesuch heimatlicher. Mein Rentenantrag wird problemlos entgegengenommen, meine Schwestern freuen sich auf meine Rückkehr, Wolfgang spricht vom nächsten Sechstausender und Stephan hat neue Geschäftsideen. Ich habe keine Wahl, nach 25 Jahren in der Fremde will mein Herz nach Deutschland zurück.

Nur bekomme ich am Tag der Rückfahrt heftige Herzrhythmusstörungen, denn der Automat der Deutschen Bundesbahn nimmt kein Bargeld, sodass ich nur mit Hilfe meiner Freunde in Pforzheim eine Fahrkarte kaufen kann. Im Frankfurter Hauptbahnhof finde ich Gleis 22 nur mit freundlicher Hilfe anderer Reisender, obwohl Stimmen behaupten Deutschland sei das Land der Schilder. Der Zug zum Flughafen hat zwanzig Minuten Verspätung, dabei hatte ich aller Welt erzählt, man könne in Deutschland seine Uhren nach den Zügen stellen. Im Auf und Ab des Frankfurter Flughafens habe ich das Gefühl einen Gipfel mit Gepäck zu besteigen, und beim Einchecken am Condor-Schalter droht mein Herz mit Stillstand.

„Sie müssen als Deutscher ein Rückflugticket haben“, sagt die junge Dame beim Einchecken. *„Das sind die Vorschriften. Ohne Rückflugticket darf ich Sie nicht fliegen lassen.“*

„Ich habe kein Rückflugticket“, erwidere ich gelassen. *„Das ist mein Rückflug.“*

„Tut mir leid“, sagt sie im fordernden Ton. *„Sie müssen als Deutscher ein Rückflugticket haben. Wenn Sie keins haben, müssen sie eins kaufen. Ohne dieses Ticket lasse ich Sie nicht fliegen.“*

„Junge Frau“, sage ich ruhig, obwohl ich langsam nervös werde. *„Ich bin vor einer Woche mit Condor von Brasilien nach Deutschland geflogen und fliege heute wieder zurück. Dieser Flug ist mein Rückflug. Er geht in vierzig Minuten und ich will ihn auf keinen Fall verpassen.“*

„Es tut mir leid“, antwortet sie im harschen Ton, *„so sind die Vorschriften. Kaufen Sie ein Rückflugticket, dann lasse ich Sie fliegen.“*

„Bitte hören Sie mich an“, sage ich in schwach gehobener Stimmlage. *„In Brasilien liegt mein Segelboot und von dort seg-*

le ich in die Karibik weiter. Ich habe nur einen Kurzurlaub in Deutschland gemacht. Ich will nicht nach Deutschland zurück!"

„Ich muss mich an die Vorschriften halten", erwidert sie boshaft. *„Kaufen Sie ein Rückflugticket. Der Nächste bitte!"*

Schade, denke ich, sie ist noch so jung und schon in Vorschriften gefangen. Da es zeitlich eng für mich wird, lasse ich den nächsten Kunden nicht an den Schalter, lege meine Schiffspapiere auf den Counter und verlange ihren Chef zu sprechen. Sie schaut auf meine Papiere und ruft nach einer Spanisch sprechenden Kollegin. Diese kommt und erklärt ihr, dass sie meine Schiffspapiere nicht lesen kann, da diese in der Landessprache Brasiliens ausgestellt sind, in Portugiesisch. Die junge Dame lässt sich ihren Fauxpas nicht anmerken und ruft eine brasilianische Kollegin. Die hübsche Kollegin kommt, wirft einen kurzen Blick auf meine Schiffspapiere und checkt mich mit einem Lächeln ein.

Während des Take-Offs muss ich an die Segler denken, die mir prophezeiten, ich könne mich in Deutschland nicht mehr einleben. Sie liegen falsch. Ich bin mir sicher es zu schaffen, solange lächelnde Brasilianerinnen Deutschland bereichern.

Der letzte Törn

Freundlich begrüßt mich der Immigrationsbeamte in Salvador, fragt nicht nach Rückflugticket oder Schiffspapieren und ich gebe ihm das kleine Touristenformular, das jeder Tourist bei der Einreise ausfüllt. Ich bedanke mich und denke, *man weiß ja nie, vielleicht benötige ich es bei einer schnellen Ausreise mit dem Flugzeug.*

In der Marina zerrt meine *Ala di Sabah* an den Leinen, als warte sie darauf weiter zu segeln. Werden wir, denke ich, bis ich Manfreds Zettel auf dem Salontisch lese: *Ruf ihn an. Ich habe ihm dein Boot gezeigt. Er will es kaufen.*

Benommen stehe ich in der Kajüte, empfinde keine Freude. Zu plötzlich wäre meine Reise zu Ende, zu schnell die

Trennung von meiner Gefährtin der letzten Jahre. Für Stunden quälen mich Zweifel, das Richtige zu tun. Dann wird mir bewusst, dass nicht das Ende der Reise, sondern der Neuanfang mich beunruhigt. Schon Morgen wäre ich ohne ein Zuhause.

Loslassen, sagt eine innere Stimme. *Lass dich vom Wind der Veränderung tragen.*

Traumhaft verläuft der Segeltörn mit dem Käufer am nächsten Morgen unter blauem Himmel und mit perfektem Wind, zur Insel Itaparika. Beim Einlaufen in die Marina teilt mir der Käufer seine Entscheidung mit.

„Einige Tage wird sie hier am Steg liegen müssen“, sagt er mit einem Lächeln, *„bis ich neue Papiere für sie organisiert habe.“*

Meine letzte Nacht in der Koje ist mit schönen Erinnerungen gefüllt. *Ala di Sabah* hat die Welt gesehen, wie ich es ihr bei unserem Kennenlernen versprochen habe. Fast auf den Tag genau vor zehn Jahren. Zum letzten Mal gebe ich ihr einen Kuss aufs lackierte Holz und flüstere: *„Leb wohl mein Schatz.“*

Mit zwei Handkoffern und etwas Geld in der Tasche lande ich in Düsseldorf, wo mein neues Leben in der alten Heimat beginnt. So, wie Ludwig Börne es verstand:

Wenn du dein Heimatland lieben und kennenlernen willst,
musst du in ferne Länder reisen.

Ein Wort danach

Danke! All jenen, die mir bei meinen Abenteuern und diesem Buch hilfreich zur Seite standen.

Ein ganz besonderer Dank gilt *Wolfgang te Breuil,* der als Partner im Abenteuer den Willen und die Kraft hatte, sie durchzustehen. Der mir als Pilot blind vertraute und wieder in die Maschine stieg, nachdem wir wie ein Herbstblatt durch die Luft geworfen wurden. Ein Freund, der „viele Geldscheine im Wasser versenkte", um unsere Segel mit Wind zu füllen und der es ermöglichte, unsere Erlebnisse im Buch festzuhalten.